藍天碧海琉球

沖繩

24~25年版

本島南部•中部•北部•伊江島•渡嘉敷島•久米島•石垣島•竹富島•西表島•波照間島•與那國島•宮古島•伊良部島•那霸市

必去新景點：**iias沖繩豐崎**、**国際通りのれん街**、**Parco City**⋯
新面貌的**首里城**、那霸機場際內連結航廈、**第一牧志公設市場**

- 暢遊逾**390個人氣景點**，包括約**100間地道美食店**
- 更新**交通資訊**，新增**沖繩酒店新焦點**
- 精選**5大賞櫻熱點**，**10大美麗海灘**
- 專業繪製**35幅分區地圖**，超強**離島資訊**
- 介紹**觀光巴士**路線，分享**第一手自駕經驗**

跨版生活

TRAVEL

景點Info Box圖示說明

🏠 地址　　🕐 營業時間　　☎ 電話　　🚃 前往交通
🌐 網址　　🌙 休假時間　　$ 收費　　P 泊車資訊

地圖使用說明：

- ● 書內有介紹的景點
- ● 書內沒有介紹的景點

景點推介標誌

推介！　人氣！　必遊！　賞櫻！　親子！
編瑚！　世界文化遺產　必到！　必買！

序

　　第一次出國旅行，順理成章是跟隨旅行團出發的，發現去旅行的感覺還算不錯。

　　然後第一次出國自由行，完成後的感覺是……去旅行感覺不是不錯，而是自己計劃去旅行原來是如此好玩的啊！

　　從計劃出發，到每天的行程、要去的地方等，全部由自己決定。旅行途中又會遇上不同的突發事件，試過迷路、誤乘、與語言不通的老伯伯交談等……當中有笑有淚，但統統都會成為每次自由行的獨特事件，回想起來比看照片更能令人會心微笑。完成一次自由行，就像完成一篇文章，一幅畫作，一件屬於自己的作品，滿足感比單純隨團旅行來得太多了。

　　就像這次的目的地日本，第一次到日本是隨團而去，但第二次自由行去罷，我才深深愛上這個地方。當你親身自己去感受一個地方的街道，接觸當地的人們，慢慢在旅行中感受這地方的一切，而不是到達景點便下車，拍完紀念照便上車，你才會發現這個地方實在可愛，亦明白何為這麼多旅客會願意不斷到訪日本。

　　而到日本旅行，沖繩未必是許多人的第一選擇，包括我自己在內。但這次去畢沖繩，感受到當地與日本其他地方的不同：店家親切的笑容、路人熱情的幫助、中國式的建築但又帶有日本色彩的文化……當然還有那個深邃透明的藍色大海，在回來後的幾個月內，我已想念沖繩許多遍了。希望藉着這本書，能令你有想到訪沖繩的衝動，讓你知道沖繩其實非常吸引！

　　最後，感謝許多在旅途中與寫作中幫助過我的人，亦希望這本書能讓你的旅程更順利與愉快。Have a nice trip!

Li

CONTENTS

Part 1
精選吃喝玩樂在沖繩
沖繩12個必去新景點...................................P.7
沖繩10大美麗沙灘.....................................P.10
沖繩12大推介景點......................................P.12
精選沖繩料理及特產...................................P.14
沖繩20個必買地道手信................................P.16
跳進沖繩美麗大海潛水、玩水上活動吧！.......P.20
沖繩酒店新焦點..P.24
沖繩浪漫婚禮、婚紗攝影.............................P.26
沖繩獨家櫻花：寒緋櫻................................P.28
沖繩旅遊行事曆..P.30

Part 2
暢遊沖繩行程計劃建議
沖繩旅遊必備品Check List.........................P.33
沖繩旅行預算...P.34
沖繩行程計劃重點Easy Go!.......................P.35
8個特色行程建議(部份附行程地圖).............P.36
沖繩全境地圖...P.47

Part 3
遊沖繩實用資料
沖繩基本旅遊資訊......................................P.49
隨時隨地在沖繩上網！...............................P.52
輕鬆辦妥！出發往沖繩...............................P.54
那霸機場...P.56
那霸機場往市內的交通...............................P.58
沖繩那霸市單軌列車路線圖.........................P.59
主題觀光巴士...P.65
自駕遊必識資料..P.66
沖繩酒店住宿...P.73

Part 4
購物歷史古都　沖繩南部
沖繩南部景點地圖......................................P.89
那霸國際通一帶地圖...................................P.90
國際通景點地圖..P.92

4.1 日本人口密度最高城市　那霸
Ryubo百貨..P.94
國際通..P.95
推介國際通特色手信·宮古島の雪塩............P.96
塩屋·文化屋雑貨店...................................P.97
海人國際通り·泡盛藏·おきなわ屋.............P.98
Fukugiyaふくぎや·Blue Seal...................P.99
沖繩の台所Paikaji·Mija牧志店.................P.100
Steak Dining 88松尾店·御菓子御殿...........P.101
沖繩地料理あんがま....................................P.102
古酒家·沖繩限定佳釀：泡盛......................P.103
Kanoa國際通り店·Eilly.............................P.104

Splash·甘味処 万丸....................P.105
oHacorté Bakery........................P.106
福助の玉子焼き市場本通り店·林檎堂....P.107
第一牧志公設市場........................P.108
第一牧志公設市場食店推介....P.109-110
浮島通·浮屋通購物、餐廳推介.......P.111-113
Ball Donut Park........................P.114
まぜ麺マホロバ·C&C Breakfast...........P.115
沖繩美麗海水族館直銷店Umichurara......P.116
守禮堂·ちゅら玉........................P.117
驚安之殿堂........................P.118
驚安之殿堂食店推介·Captain's Inn........P.119
牛屋·平和通り商店街....................P.120
平和通內商店食店購物推介........P.121
國際通屋台村·国際通りのれん街.........P.122
国際通りのれん街美食推介.........P.123
Calbee+國際通店·Animate.........P.124
鍵石·黑糖屋·D-naha....................P.125
てんぶす那霸·那霸市傳統工藝館.........P.126
沖繩地料理波照間........................P.127
炭火網焼きジンギスカン羊蹄山.........P.127
花笠食堂·YURA YURA 2nd...........P.128
Cosmic·琉球咖啡館·一蘭.........P.129
琉球醬油屋·Ryu Spa....................P.130
桜坂劇場·CARGOES....................P.131
壺屋通·南窯........................P.132
與儀公園........................P.133
ひっぱり鮹·我那霸豚肉店.........P.134
ペンギンのいるダイニングバー沖繩.........P.135
tituti OKINAWAN CRAFT·暖暮拉麺.........P.136
DFS T Galleria·新都心公園.........P.137
CO-OP Apple Town新都心店.........P.138
CO-OP Apple Town店鋪、餐廳推介...P.138-139
沖繩縣立博物館及美術館·Naha Main Place..P.140
泊港漁市場、泊港漁市場美食推介.........P.141
四つ竹 久米店........................P.142
福州園·料亭那霸·護國寺.........P.143
波之上海灘·對馬丸記念館.........P.144
波上宮........................P.145
沖繩郵政資料中心·Jack's Steak House.P.146
漫畫倉庫·通堂拉麺....................P.147
識名園........................P.148

4.2 古琉球王國首都 首里
首里城....................P.149-154
玉陵........................P.154
金城町石板路........................P.155
石疊茶屋 真珠·末吉宮.........P.156
那霸市首里一帶景點地圖.........P.157

4.3 Outlet掃貨小島風情 豐見城
舊海軍司令部壕........................P.158
豐見城景點地圖........................P.159
Okinawa Outlet Mall Ashibinaa·Tomiton..P.160

Jef·豐崎美らSun Beach....................P.161
道の駅豐崎........................P.162
iias 沖繩豐崎·iias娛樂熱點.........P.163
瀬長島·Umikaji Terrace.........P.164-165

4.4 昔日激烈戰爭地 糸滿
道の駅いとまん(糸滿)·道の駅內三大設施...P.166-167
西崎親水公園·平和祈念公園.........P.168-169
姫百合之塔·琉璃玻璃村·喜屋武岬..P.170-171

4.5 人口最少城市 南城
南城市地域物產館·Séifa....................P.172
齋場御嶽........................P.173
Azama Sunsun Beach·知念海洋渡假中心..P.174
知念岬公園·猿人之湯.........P.175
Gangala之谷Cave Café.........P.176
沖繩世界文化王國 玉泉洞.........P.177-179
奧武島及新原海灘景點地圖.........P.180
中本天婦羅店·大城天婦羅店.........P.180
奧武島いまいゆ市場........................P.181
奧武島海底觀光グラスボート·竜宮神.........P.181
新原海灘·浜辺の茶屋.........P.182
Caféやぶさち(附地圖)....................P.183
八重瀬公園(附地圖)........................P.184

Part 5
國際風情渡假地 沖繩中部
沖繩中部東岸景點地圖....................P.186

5.1 穿越琉球王國史跡 東岸
中城城跡........................P.187
中村家住宅........................P.188
Aeon Mall Okinawa Rycom.........P.189
Aeon Mall購物及美食推介.........P.190-191
Bios Hill........................P.192
勝連城跡........................P.193
海中道路·海の駅あやはし館.........P.194
味華海鮮食堂·伊計海灘.........P.195

5.2 親子遊新區 宜野灣及浦添
宜野灣海濱公園........................P.196
普天滿宮·追風丸........................P.197
浦添大公園(附地圖)....................P.198
港川外人住宅街·港川精選店鋪.........P.199
SAN-A 浦添西海岸 Parco City.........P.200
宜野灣及浦添景點地圖.........P.201

5.3 美軍基地 北谷
北谷美國村景點地圖....................P.202
美國村·安良波公園 Araha Park.........P.203
Depot Central·American Depot.........P.204
Benson's·SOHO·Dragon Palace.........P.205
Depot Island·沖繩Okichu沖忠·Gigo北谷..P.206
Kona's coffee·燒內夢丸美浜店·Habu Box..P.207
Akara Gallery·Double Decker·Oak Fashion大樓..P.208
A & W·Zhyvago Coffee Roastory.........P.209

CONTENTS

落日海灘...P.210
Aeon北谷店・Red Lobster.....................P.211
渡具知海灘・Meat House・AEON Center....P.212

5.4 第二大城市 沖繩市
東南植物樂園・Peace...........................P.213
沖繩兒童王國.......................................P.214
泡瀨漁港 パヤオ直売店........................P.215

5.5 體驗傳統工藝的琉球古城堡 讀谷
讀谷、恩納景點地圖...............................P.216
殘波岬公園・BANTA CAFE....................P.217
殘波海灘・座喜味城跡・御菓子御殿本店...P.218
読谷漁協 海人食堂...............................P.219
沖繩體驗王國(附地圖)...................P.220-221
gala青い海...P.222

5.6 渡假Relax最佳 恩納
萬座毛...P.223
萬座毛地區復興設施・萬座毛購物餐廳推介...P.224
恩納海濱公園ナビ-Beach・元祖海葡萄..P.225
御菓子御殿(恩納店)...........................P.226
真榮田岬...P.227
島時間...P.228
琉球村...P.229

Part 6
最美麗的海洋奇觀 沖繩北部
沖繩北部景點地圖...............................P.231

6.1 沖繩名物觀光集中地 名護
名護景點地圖................................P.232-233
Busena海中公園.........................P.234-235
道の駅許田...P.236
Orion Happy Park.............................P.237
名護漁港食堂................................P.238-239
21世紀之森公園..................................P.239
名護曲餐廳...P.240
西松屋..P.241-242
八重食堂...P.242
名護城公園...P.243
名護自然動植物公園....................P.244-245
MaxValu名護店・Pain de Kaito.............P.246
沖繩水果樂園.......................................P.247
Restaurant Flipper...........................P.248
すき家SukiYa・Aeon名護店.................P.249
名護鳳梨園・園內精選..................P.250-251
DINO恐竜PARK やんばる亜熱帯の森...P.252
居酒屋ゆきの・沖繩歷史民俗資料館......P.253
森之玻璃館...P.254
大家...P.255

6.2 探索沖繩洋世界 本部町
本部町、今歸仁村景點地圖...........P.256-257
沖繩美麗海水族館........................P.258-260
Emerald海灘.......................................P.261

熱帶夢幻中心・海洋博公園周邊免費展區..P.262
沖繩民俗村及思絡植物園・海洋文化館..P.263
Cafe Teda・山原そば........................P.264
備瀬のフクギ並木道・備瀬崎.............P.265
本部元気村...P.266
燒肉もとぶ牧場・花人逢・瀬底海灘......P.267
瀬底大橋・八重櫻之森公園(附地圖).....P.268

6.3 世界遺產所在地 今歸仁村
今歸仁城跡.................................P.269-270
古宇利大橋・心形岩...........................P.270
しらさ食堂・Shrimp Wagon...............P.271
古宇利海洋塔.......................................P.272
海洋塔購物與美食推介........................P.273

6.4 沖繩最大紅樹林區 國頭村
邊戶岬..P.274-275
茅打崖...P.275
道の駅ゆいゆい・道の駅おおぎみ・慶佐次灣紅樹林區..P.276

Part 7
大自然原始絕景 本島附近島嶼
本島附近島嶼位置圖...........................P.278
伊江島景點地圖...................................P.279

7.1 擁有戰後遺跡的百合花小島 伊江島
出發往伊江島・島上交通.............P.280-282
リリーフィールド公園..........................P.282
伊江海灘・ニヤテイヤ洞.....................P.283
湧出展望台・芳魂之塔........................P.284
伊江島ハイビスカス園........................P.285

7.2 極多珊瑚礁的浮潛熱門地 渡嘉敷島
出發往渡嘉敷島・島上交通.........P.286-288
渡嘉敷景點地圖...................................P.289
阿波連海灘・阿波連展望台.................P.290
喰呑屋バラック・阿波連園地..............P.291
港の見える丘展望台・集團自決跡地......P.292
渡嘉志久海灘・旧日本軍特攻艇秘匿壕...P.293
白玉之塔...P.293
座間味島...P.294
神山島...P.295

7.3 著名浮潛聖地 久米島
久米島景點地圖...................................P.296
出發往久米島・島上交通.............P.297-299
久米島特產精選...........................P.300-301
久米島度假酒店特集....................P.302-303
終端之濱...P.304
久米島海龜館・畳石...........................P.305
久米島馬牧場・イーフビーチ..............P.306
亀吉...P.307
おろしスーパー・イーフ情報プラザ...P.308
南島食樂園...P.308
比屋定バンタ・熱帯魚の家.................P.309
宇江城跡・女岩...................................P.310

具志川城跡・縣立自然公園 五枝の松園地...P.311
上江洲家・知仁御嶽...P.312
ゆき・久米島博物館...P.313
久米島螢火蟲館...P.314

Part 8
浪漫醉人星空　石垣島及八重山群島

沖繩全境地圖...P.316-317
八重山群島、宮古群島地圖・西面島嶼群..P.318
八重山群島節慶...P.318-319
出發往八重山群島...P.320
石垣島及八重群島定期船時間表...P.321
天上星河轉 石垣島觀星特輯...P.322-323

8.1 八重山群島樞紐　石垣島
石垣島離島碼頭一帶地圖...P.324
石垣島景點地圖...P.325
出發往石垣島...P.326-327
石垣機場美食推介...P.328
島上交通...P.329-331
御菓子御殿石垣店・石垣市立八重山博物館...P.332
北海道物產館...P.332
鄉土料理ひるぎ・島の美食やなかゆくい..P.333
石垣市公設市場...P.334
ユーグレナモール商店街・商店街精選..P.334-337
FamilyMart・海人石垣本店...P.337
Aeon Max Valu平真店...P.338
宮良殿內・Puff Puff...P.339
石垣屋・西松屋・宮良川...P.340
石垣八重山村・手信店...P.341
石垣島鐘乳洞・Banna Park • 子供広場...P.342
川平灣...P.343
川平灣玻璃底觀光船...P.344
川平灣周邊食買推介...P.345
米原原生林・米原原生林周邊商店...P.346
米原海灘・御神崎...P.347
米子燒工房...P.348
玉取崎展望台...P.349
伊原間鐘乳洞...P.350
隱世沙灘Pawasupo・新垣食堂...P.351
平久保崎燈台...P.352

8.2 單車環島原始遊　竹富島
出發往竹富島・島上交通...P.353
竹富島景點地圖...P.354
琉球村集落・ばーらー願壽屋...P.355
なごみの塔・たきどうん...P.356
かにふ...P.357
水牛車觀光・コンドイビーチ...P.358
西棧橋・カイジ濱...P.359

8.3 東方亞馬遜雨林　西表島
西表島景點地圖...P.360
出發往西表島・島上交通...P.361-362

仲間川・浦內川...P.363
唐變木...P.364
星砂之濱・由布島...P.365
由布島坐水牛車...P.366-367
由布島特色景點...P.368

8.4 觀賞南十字星　波照間島
波照間島景點地圖...P.369
出發去波照間島・島上交通...P.370
波照間島特色逐處影...P.370-371
西之濱・日本最南之碑...P.372
星空觀測塔...P.373

8.5 最接近台灣的海底奇觀小島　與那國島
出發往與那國島・島上交通...P.374-375
與那國島景點地圖...P.376
海底遺跡...P.377
志木那島診療所・日本最西端之碑・立神岩..P.378

Part 9
美麗的宮古藍　宮古群島

宮古島景點地圖...P.380

9.1 最大珊瑚礁群　宮古島
出發往宮古島・島上交通 ...P.381-383
平良港(碼頭)・Painagama Beach...P.384
宮古島市公設市場・Aeon MaxValu宮古南店..P.385
宮古島市熱帶植物園及體驗工藝村...P.386
Ganko肉卷き屋・シギラ黃金溫泉...P.387
Utopia Farms...P.388-389
上野德國文化村・Sea Sky博愛號...P.390
與那霸前濱...P.391
來間島・龍宮城展望台...P.392
砂山海灘...P.393
島尻紅樹林公園...P.394
池間島 • 池間大橋...P.395
西平安名岬・池間大橋展望台...P.396
宮古島海中公園・健康ふれあいランド公園..P.397-398
雪鹽製鹽所・東平安名岬...P.399
宮古島海寶館・保良泉海灘...P.400

9.2 神秘新熱點　伊良部島及下地島
伊良部大橋...P.401
牧山公園・Café & Yado Como...P.402
渡口之濱...P.403
下地島巨岩(帶岩)・中之島海灘...P.404
通池...P.405

附錄
遊日必備日語對照...P.407
沖繩各區醫院聯絡電話...P.409
緊急事故及交通天氣聯絡電話...P.409

1

PART 1
精選吃喝玩樂
在沖繩

風獅爺（♂）

風獅爺（♀）

特徵：男風獅爺總是張開大口，時笑時凶，被視為驅除惡運的傳說之獸。

特徵：女風獅爺總是帶着笑意地閉着嘴，意即把幸福都留守在家宅中。

出發到沖繩前，先為大家介紹這次的導遊──風獅爺夫婦！

風獅爺（シーサー）可說是最能代表沖繩的吉祥物，不論大街小巷，樑上屋下都能找到它們的蹤影。而在琉球群島的習俗裏，男女風獅爺是各有用途的，而在本書中，風獅爺夫婦則會不時提供關於沖繩的小知識、日文教室與錦囊給各位讀者，讓大家可以更順利與愉快地去遊覽沖繩這個美麗的群島。

跟着風獅爺出發

沖繩 12個必去 新景點！

新景點

• 10大沙灘 • 12大景點 • 料理特產 • 手信 • 水上活動 • 酒店新焦點 • 婚禮攝影 • 賞櫻花 • 每月活動

1. 第一牧志公設市場
重開日期：2023年

所在區域：國際通(詳見P.108)

第一牧志公設市場在2019年重建至2023年3月完成並重新開幕。重建後的市場和之前一樣，樓下是售賣海鮮、乾貨的店舖，樓上是為遊客加工烹煮海鮮的食店，十分熱鬧！

2. 国際通りのれん街
開幕日期：2022年

所在區域：國際通(詳見P.122)

國際通りのれん街以日本昭和屋台街道為設計風格，有多間美食餐廳、食品店和沖繩各地獨特的美食店，最適合與朋友一起輕鬆聚會。

3. 寶可夢中心 沖繩店
開幕日期：2022年

Pokémon Center OKINAWA

所在區域：東岸(詳見P.190)

迎接Pokemon 25週年改裝為更大型的寶可夢中心，提供更多寶可夢的商品，店內還有多個寶可夢的大型模型。

4. 復建首里城
重啟日期：2022年

所在區域：首里(詳見P.149)

首里城於2000年獲評為世界文化遺產，曾遭戰爭破壞，於1992年進行大型維修工程，其後又經歷2019年大火，2022年啟動再建工程，現在開放部分遺蹟及復修場館供旅客參觀。

5. DMMかりゆし水族館

開幕日期：2020年

所在區域：豐見市(詳見P.163)

　　水族館內有巨型展示窗，可看到魚群暢遊的模樣，2樓有各種淡水魚、爬蟲類及兩棲類生物的展區，還有餵食體驗，可摸觸到懶懶、蘇卡達象龜等陸地生物。

6. 浦添公園C區

啟用日期：2018年

所在區域：浦添市(詳見P.198)

　　新啟用的C區分為兩部分，從兒童遊玩的區域設置巨型環繞式的滑梯及攀爬架，其中還有長的滾輪滑滑梯；幼兒區有小型滑梯，旁邊是家長休憩區，可放鬆觀看孩子玩耍。

7. Depot Central

開幕日期：2020年

所在區域：美國村(詳見P.204)

　　Depot Central共有8層，外型像是趣怪的酒店大樓，裡面有多間餐廳、咖啡店、服飾店、精品店。

8. BANTA CAFE

開幕日期：2020年

所在區域：讀谷村(詳見P.217)

　　BANTA CAFE建於海邊崖上，佔地廣闊，能將海景盡收眼底。咖啡店提供各款特色輕食和飲品，遊客可一邊用餐一邊享受絕美海景。

新景點

• 10大沙灘 • 12大景點 • 料理特產 • 手信 • 水上活動 • 酒店新焦點 • 婚禮攝影 • 賞櫻花 • 每月活動

9. 萬座毛地區復興設施

開幕日期：2020年

所在區域：恩納村(詳見P.224)

　　萬座毛地區復興設施改建後重新開幕，內外裝潢時尚簡約，設施齊全，不時舉辦活動，還可以試穿琉球服裝拍照。

10. Parco City

開幕日期：2019年

所在區域：浦添市(詳見P.200)

　　SAN-A浦添西海岸Parco City是沖繩縣內最大型的綜合購物中心，1至3樓聚集250間店舖，還有多間知名餐廳，重點是還能搭配海景享用！

11. 那霸機場際內連結航廈

啟用日期：2019年

所在區域：那霸市(詳見P.56)

　　際內連結航廈將國內線與國際線相連，航廈內進駐多間手信、禮品店和餐廳，購物、用餐的選擇不變得多樣。

12. iias沖繩豐崎

開幕日期：2020年

所在區域：豐見城(詳見P.163)

　　iias沖繩豐崎是位於Ashibinaa Outlet附近的另一個大型購物中心，有160多間商店，還設有玩樂設施，絕對是一日購物遊的好去處。

沖繩 10大美麗沙灘！

沖繩以陽光與海灘聞名，即使你不會游泳，但到沙灘觀賞一望無際的大海或在沙灘散步也別有一番風味的喔！

1. 與那霸前濱 (与那霸前浜)

所在區域：宮古島(詳見P.391)

與那霸前濱以白沙聞名，更被評為日本國內的最佳沙灘，是宮古島的一大人氣景點。

2. 伊計海灘

所在區域：中部東岸(詳見P.195)

伊計海灘是沖繩縣內以海水透明度聞名的海灘之一，雖然需要收取入場費，但依然人氣高企。另外，因為海灘位於海灣內，風浪較少，適合一家大小前來暢泳。

3. コンドイビーチ

所在區域：竹富島(詳見P.358)

海水澄澈度極高，接近透明，十分漂亮！再加上白色的幼沙，吸引許多國內外的遊客前來游泳或參觀。

4. Emerald海灘(エメラルドビーチ)

所在區域：本部町(詳見P.261)

Emerald海灘在美麗海水族館旁邊，範圍很大，水質被評為AA級最佳，無論是游泳、玩樂和純粹休閒觀景都適合。海灘對面是伊江島，是日落時的絕佳背景！

5. 西之濱 (ニシ浜)

所在區域：波照間島(詳見P.372)

被日本 Trip Advisor 評為日本最佳沙灘第三名，來過的朋友便會明白何謂真正的水清沙幼！於沙灘上欣賞日落亦是一件賞心樂事。

6. 殘波海灘

所在區域：讀谷(詳見P.218)

位於殘波岬附近，可看到一望無際的海岸線，再加上可進行不同水上活動，難怪會成為沖繩的人氣沙灘之一。

7. 終端之濱 (はての浜)

所在區域：久美島(詳見P.304)

終端之濱其實是久米島東部海面露出的約7公里長的沙州，純白色沙灘的兩邊都是湛藍的大海，也是潛潛好去處，是久米島必到的絕景。

8. 新原海灘

所在區域：南城市(詳見P.182)

被遊客推崇為「南部最美沙灘」，天氣晴朗時可眺望萬座毛！遊客可在此乘坐玻璃底船出海觀賞珊瑚礁，更可舉行烤肉派對！

9. 星砂之濱 (星砂の浜)

所在區域：西表島(詳見P.365)

星砂之濱為人氣沙灘之一，除了星砂外，也有不少旅客前來暢泳或潛潛。

10. 落日海灘

所在區域：中部北谷(詳見P.210)

位於北谷公園旁的落日海灘，最吸引的是黃昏時優美的夕陽，所以不但有遊客，附近的美軍及當地人也喜歡在這個沙灘玩樂，許多日本電影曾於此取景。

• 新景點 • 10大沙灘 • 12大景點 • 料理特產 • 手信 • 水上活動 • 酒店新焦點 • 婚禮攝影 • 賞櫻花 • 每月活動

11

沖繩
12大推介景點！

正所謂景點太多、假期太短，要在短短數日內走盡沖繩所有景點當然不可能！那麼先從以下推介的12大景點選出心水目的地，看看怎樣才能計劃出一個最適合自己的行程吧！

所在區域：本部町(詳見P.258)

最高人氣
1. 沖繩美麗海水族館

痛快購物
2. 國際通
所在區域：那霸(詳見P.95)

所在區域：南城(詳見P.177)

體驗傳統工藝
3. 沖繩世界文化王國
玉泉洞

象鼻懸崖
4. 萬座毛
所在區域：恩納(詳見P.223)

盡情血拼
5. Aeon Mall Okinawa Rycom
所在區域：東岸(詳見P.189)

觀星勝地
6. 八重山群島
所在區域：八重山群島(詳見P.320)

回到侏羅紀　　所在區域：北部名護(詳見P.252)

7. DINO恐龍PARKやんばる亞熱帶の森

所在區域：久米島(詳見P.314)

夜遊河川

8. 久米島螢火蟲館

歷史價值　　所在區域：首里(詳見P.149)

9. 首里城

奇特鐘乳洞　　所在區域：石垣島(詳見P.350)

10. 伊原間鐘乳洞

所在區域：北谷(詳見P.203)

沖繩式美國風情

11. 美國村

所在區域：宮古島(詳見P.394)

絕美風景

12. 池間島・池間大橋

• 新景點 • 10大沙灘 **12大景點** • 料理特產 • 手信 • 水上活動 • 酒店新焦點 • 婚禮攝影 • 賞櫻花 • 每月活動

13

精選沖繩 料理及特產！

以健康聞名的沖繩料理，與傳統的日本料理大有不同，你又怎能不嚐一下沖繩地道料理與特產呢！

石垣牛

健康指數：★★

　　要吃沖繩最有名的石垣牛，不必到石垣島，在沖繩本島的食店都可吃到，價錢豐儉由人，從漢堡包到烤肉都可以找到石垣牛的蹤影。特選石垣牛相等於 A5 最高肉質等級的和牛，雪花與油脂分佈最均勻，當然最美味；而銘產石垣牛則相等於 A2 至 A3 級，油脂含量相對較低，不過亦不失和牛的美味啊！

Agu豬

健康指數：★★★

　　沖繩特產的 Agu 豬有「幻之豚」稱號，因其肉質美味得像幻境一樣！Agu 豬屬黑豚類，但產量遠較黑豚低，因此比黑豚更珍貴，琉球方言稱之為「島豚」。Agu 豬的肉質較一般豬肉柔軟，膽固醇含量亦較低，不但可用作 Shabu Shabu 配料，陶板燒也十分美味呢！

苦瓜炒蛋

健康指數：★★★

　　苦瓜是沖繩特產，沖繩任何食店都可找到苦瓜炒蛋 (ゴーヤチャンプル) 的蹤影。這道菜除了苦瓜與炒蛋外，還會加入豆腐與其他沖繩特產的雜菜，每家食店都有自家秘方製作的苦瓜炒蛋。沖繩的快餐店還有苦瓜蛋漢堡出售。

●新景點●10大沙灘●12大景點 料理特產 ●手信●水上活動●酒店新焦點●婚禮攝影●賞櫻花●每月活動

沖繩蕎麥麵

健康指數：★★

沖繩蕎麥麵以小麥製成，再加上豬軟骨或三枚肉一起吃。在沖繩往往較難找到日式拉麵店，倒像是蕎麥麵代替了拉麵呢！

海葡萄

健康指數：★★★

綠色的海葡萄在國際通、食店或機場的手信店都可隨時找得到，因為它絕對是沖繩的一大名物！雖然未必所有人都能接受它那獨特的口感與味道，但來到沖繩當然要嚐一次！

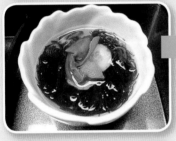

水雲

健康指數：★★★★

水雲生長在琉球群島一帶，與海葡萄一樣是海藻類，不但低卡路里，而且含有保護胃部的獨特成分，是沖繩傳統料理不可缺少的一道菜。

黑糖

健康指數：★★★★

沖繩盛產黑糖，除了零食，亦可作為煮食調味品，熱量較白糖為低，實在是貪吃女生們的最佳選擇！

泡盛

健康指數：★★

若你是愛酒之人，來到沖繩除了一嚐沖繩出產的 Orion 啤酒外，泡盛亦是另一不可錯過的佳釀。沖繩的泡盛已有 500 多年歷史，以白米發酵而成，不但味道香醇，而且不含糖分，相對來説更健康呢！（詳見 P.103）

沖繩 **20個必買** 地道手信！

出外旅遊無論是家人、朋友或同事，總要買些手信回來才不致於招人怨恨啊！到日本買手信的選擇包羅萬有，沖繩當然也不例外了！

1. 風獅爺

來沖繩怎能不買風獅爺作為手信或紀念品呢？以風獅爺為主題的紀念品多不勝數，任君選購。

▲ 風獅爺造型的石敢當，¥735(HK$48)，你會買一隻回家替你看守門口嗎？

◄ 祈求戀愛的風獅爺護身符，每個¥680(HK$44)。

◄石垣島米子燒工房出品的風獅爺，色彩較為大膽鮮艷，¥2,835(HK$184)。

2. 島豆腐蛋糕

島豆腐製成的芝士蛋糕，同樣是沖繩限定的人氣食品。

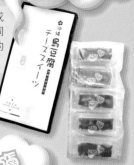

► 一盒 ¥680(HK$44)。

3. 海鹽

沖繩的海鹽世界聞名，其中宮古島的雪鹽更奪得多個國際獎項，看到那蔚藍大海，想必海鹽也一定美味無窮呢！

4. 沖繩麵

手信店可見多款沖繩麵，讓你回家後也可品嚐這款沖繩最具代表性的美食！

▲ 一包(3個麵) ¥1,300(HK$84)，已附湯包。

5. 石垣牛仙貝

▲ 鹽屋內多達30款的沖繩限定鹽可配搭不同烹調方法，每瓶¥496(HK$32)起。

▲ 宮古島的名物雪鹽，雖然產自宮古島，但已成為代表沖繩的名物，60克¥340(HK$22)。

懷念沖繩特產石垣牛的滋味？可選購石垣牛仙貝，標榜用真正石垣牛肉製成，在一般手信店有售。

► 一包 ¥600(HK$39)。

四面環海的沖繩盛產海產，乾海參亦是手信首選。

特產離島便(P.301)以各地農作物為原料，純人手製作不同味道的調味料，以表現石垣島、伊良部島和与那国島等離島的地道風味，當中代表久米島的就有蒜味噌和松果醬等。

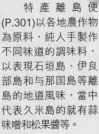

▲乾海參，每包¥1,500(HK$97)。

▶久米島的蒜味噌(¥780，HK$51)。

獲得第33回那霸物產展最優秀賞金賞的ごまふくろう，是一款以黑芝麻、黑糖及夏威夷果製成的小吃，香脆又具有沖繩特色。

◀6包¥864(HK$56)。

不少朋友喜歡在日本購買Royce出品的朱古力，其實Royce在石垣島設獨立店，出售以紅芋、海鹽及沖繩名物製成的Royce獨有朱古力產品！

◀紅芋朱古力每盒¥702(HK$46)。

▶以海鹽製成的朱古力薯片，每盒¥778(HK$51)。

川平燒頸鏈墜子呈現的水滴形狀上有晶瑩得如真正水滴的顏料，猶如將川平灣的海水色融入其中，精美得教人愛不釋手，是必買之選！

◀被稱為川平之雫(即水滴)的項鍊，¥2,980(HK$194)。

• 新景點 • 10大沙灘 • 12大景點 • 料理特產 • **手信** • 水上活動 • 酒店新焦點 • 婚禮攝影 • 賞櫻花 • 每月活動

11. 花瓣鎖匙扣

Utopia Farms(P.388)內種有大紅花(朱槿)及簕杜鵑(九重葛)等花卉,遊客可漫步在花隧道之中,更可購買到各種與花有關的精緻美麗飾品,當中最有特色的是由簕杜鵑包葉製成的鎖匙扣。

◀簕杜鵑包葉製成的鎖匙扣,既美觀又實用,¥860(HK\$56)。

12. 金楚糕

以海鹽製成的金楚糕,甜甜的餅乾上鋪了薄薄一層海鹽,吃起來有點鹹鹹的,十分好吃。

▶著名的宮古雪鹽亦有出產金楚糕,比起石垣之鹽的鹽餅,雪鹽餅的顏色更見雪白,12個¥300(HK\$19)。

▲宮城果子店以石垣之鹽造成的金楚糕,曾於第25回全國果子大博覽會兵庫姬路菓子博名譽總裁賞受賞,沖繩島各處手信店都可以買得到,24個¥525(HK\$34)。

13. 玻璃製品

沖繩的玻璃製品十分有名,造型與顏色亦與日本傳統的玻璃製品有所不同。玻璃製品由日常使用的杯子、碟子、飾物、風鈴等都一應俱全,十分適合當作手信送贈朋友。

◀相片中的玻璃製品用作掛在車輛的倒後鏡上,如在陽光照射下必定會十分漂亮。

14. 黑糖製品

沖繩黑糖亦是另一受歡迎的食材。以黑糖製作的小食隨處可見,而且黑糖比白糖來得健康,送給怕胖的朋友,最適合不過。

▶沖繩黑糖龜餅,23枚裝¥525(HK\$34)。

▲黑糖製的冬甩,名為「淚そ~そ~」,¥525(HK\$34),與沖繩有名的民謠同一名字。

15. 貝殼飾品

石垣及其離島海資源豐富,不少海的資源如貝殼都被製成手信,如把夜光貝打磨拋光而成的首飾,既天然又美觀,而且外觀獨一無二!

▲用夜光貝製成的手鏈,約¥5,800-6,000(HK\$377-390)。

▶有時在道之驛可買到新鮮製成的黑糖,這些黑糖更可用作調味料,¥300(HK\$19)。

16. 紅芋撻

到日本要買草餅，但到沖繩要買紅芋撻。沖繩有許多不同品牌的紅芋撻，其中最有名的當然要數御菓子御殿了。

◀御菓子御殿最具人氣的紅芋撻，15件 ¥1,500(HK$97)。

17. 黑糖年輪蛋糕

Fukugiya製作的自家黑糖年輪蛋糕近年成為沖繩的人氣手信，要留意蛋糕每天都限量發售，要買趁早喔！

18. 島辣椒

島辣椒即是將辣椒泡在泡盛裏，辣度十足，若在沖繩料理店挑戰過又喜歡的話，記得要多買一點回家，因為這是沖繩限定的喔！

◀商店的老婆婆極力推薦的產品：用沖繩出產的大蝦加上島辣椒製成的煎餅，每盒(30塊) ¥1,080(HK$70)，非常惹味！

▲沖繩名物島辣椒，圖中的為石垣生產。

19. 沖繩限定面膜

在國際通甚至機場都有售各款美肌面膜，女士們對日本的護膚品都讚不絕口，不妨試一試這些面膜功效如何？

▶ 琉球美肌面膜，每款約 ¥420-480(HK$27-31)，以沖繩海藻提煉而成，不同顏色代表不同的香味。

20. 沖繩香片茶

さんぴん茶即香片茶，沖繩的香片茶花味較淡，反之茶味較濃，是愛茶人士除了綠茶外的另一選擇。

▶さんぴん茶的茶包，內有56個茶包，¥315(HK$20)。

▶沖繩造型的Hello Kitty面膜(一盒2塊) ¥800，HK$52)，好可愛！

•新景點•10大沙灘•12大景點•料理特產 手信 •水上活動•酒店新焦點•婚禮攝影•賞櫻花•每月活動

跳進沖繩美麗大海 潛水、玩水上活動吧！

到沖繩旅遊，看到美麗清澈的大海，難免心癢癢想一試浮潛或水上活動的滋味，但是不懂日文的話，可以在沖繩擁抱美麗的大海嗎？

不用擔心！近年不少沖繩的浮潛與潛水商店、酒店都有提供英文甚至中文的導覽服務，只要向有關商店預約就可以了！如有特別原因取消行程的話，緊記取消預約，免得商店蒙受不必要的損失呢！

▶沖繩觀光會議局特別印製了中文版的沖繩潛水導覽，可於那霸機場的觀光案內所取得。

1. Marine House Seasir

地圖P.233

| MAPCODE® 那霸店 33246627*42 | | MAPCODE® Marine Club Berry 206413799*01 |

1983 年開業至今的 Marine House Seasir 是沖繩最大規模的潛水項目公司，於那霸及阿嘉島設有潛水中心，以及名護水上及潛水中心 Marine Club Berry，提供各式各樣的水上活動體驗。有興趣參加水上項目的朋友，只需電郵至：english@seasir.com 即可。

▶參加初級潛水的旅客，全程都會有專業教練陪同左右。

◀若參加那霸店舉辦的課程，還會提供免費酒店接送服務。

▲浮潛亦是另一項受大眾歡迎的體驗活動。

▶如你持有潛水執照，更可進入大海深處，盡覽更美麗的海底世界。

▶在慶良間諸島很大機會見到海龜。難得近距離看到海龜，當然要拍照留念。

▲不知道在海底漫步，與在月球漫步的感覺是否一樣？

Seasir 那霸店 (所有課程均於慶良間諸島周邊進行，並已包括來回接送)	
浮潛 (包括裝備)	成人 ¥9,500(HK$559) 起 小童 (6-12 歲) ¥8,500(HK$500) 起
體驗潛水之旅 (包括下潛一次)	¥12,500(HK$735) 起
* 休閒潛水之旅 (包括裝備)	¥19,500(HK$1,147) 起

* 需要持有潛水執照

▲萬座店提供立式單板衝浪課程。
(相片提供：Marine House Seasir)

Marine Club Berry(Seasir 姐妹店)	
浮潛	成人 ¥9,500(HK$5594) 起 小童 (6-12 歲) ¥8,500(HK$500) 起
體驗潛水	¥12,500(HK$735) 起
海上拖曳傘	¥7,000(HK$412)
水上活動組合	浮潛＋體驗潛水＋水上活動＋海上拖曳傘：¥16,000(HK$941) 起
	浮潛＋海上拖曳傘：¥10,500(HK$618) 起
	浮潛＋香蕉船＋超級飛艇：¥8,000(HK$471) 起
	體驗潛水＋海上拖曳傘：¥14,500(HK$853) 起

ℹ Marine House Seasir INFO
- ⌂(那霸店)沖繩縣那霸市港町2-3-13
  (Marine Club Berry)沖繩縣名護市喜瀨115-2
- ☎(那霸店)0120-105-578
  語言：中、英、韓
- ⏰(那霸店)09:00-20:00(冬季至19:00)
- 🚗(那霸店)
  1. 從國際通駕車前往，約需15分鐘；
  2. 或乘搭單軌列車至古島站，3號出口步行約20分鐘
- 🌐www.seasir.com/ct (中)
  (Marine Club Berry) www.berry7.com/lang/zh-TW/

2. NEWS 地圖P.90

　　位於那霸市內的 NEWS 提供浮潛、體驗潛水等活動，更曾接受日本電視台訪問呢！旅客先於網上或由酒店代為報名，職員可以專車到酒店接載旅客到上船點，然後再大伙一起出海探索海龜。

▶NEWS採用較大型的船隻，即使風高浪急也不用怕了！

ℹ INFO
- ⌂集合地點：沖繩縣那霸市西三丁目2-36
- ☎098-891-9090
- ⏰08:30開始前往迎送旅客，09:00出海，預計12:00返回港口；13:00開始前往迎送旅客，13:30出海，預計16:30返回港口
- 💲海龜探索團成人 ¥11,500(HK$676)起，6至11歲小童 ¥10,500(HK$618) 起
- 🚗1. 國際通駕車前往，約15分鐘；
  2. 店鋪亦提供那霸市內一帶酒店的免費接送服務
- 🌐www.tms-news.jp

(相片提供：Hikaru)

▲遊客每人均穿着救生衣，出發時船員亦會講解當天行程。

新景點・10大沙灘・12大景點・料理特產・手信 **水上活動** ・酒店新焦點・婚禮攝影・賞櫻花・每月活動

3. Natural Blue　地圖P.216　MAPCODE® 206062685

　　Natural Blue 提供各類浮潛、潛水及觀鯨鯊活動，由英語導師指導下進行。預約時你只需把課程名稱、預約日期及時間、姓名、聯絡電話、入住酒店名稱、參加人數與各人的身高、體重及鞋子尺寸、潛水經驗等資料電郵給店鋪便可。

　　要留意，此店只收取現金，而預約後一星期內取消的話，需要收取額外費用。

　　店員將於預約當日在真榮田岬 (詳見 P.227) 等候旅客，而真榮田岬內設有收費停車場、儲物櫃與淋浴設備，你可在此更衣後，隨店員開始水上課程。

▲與鯨同潛活動。若持潛水執照的人士更可一嘗與鯨鯊共游的難得體驗！若沒有執照的朋友也不用失望，你亦可參加體驗課程於網外親近一下這種可愛的生物喔！

▲許多人都推薦的青之洞窟潛水體驗。

▲在全球僅有的兩個青之洞窟內，一探美麗的大海。

(相片提供：Natural Blue)

▲近距離看到鯨鯊，相當震撼！

課程類別	需要時間	收費
潛水體驗	1.5 小時	￥11,000(HK$647)
青之洞窟浮潛	1.5 小時	￥6,600(HK$388)
冬季潛水體驗 (與鯨共游)	2.5 小時	￥15,000(HK$974)
冬季 Fun 潛水 (與鯨共游)*	2.5 小時	￥17,000(HK$1,104)
青之洞窟浮潛 + 潛水體驗	2.5 小時	￥16,500(HK$971)

* 需要持有潛水執照

ℹ INFO
⌖集合地點：沖繩縣恩納村真榮田469-1
☎090-9497-7374　⏲10:00-16:00
　語言：英語
🚌1. 從國際通駕車前往，約需1小時；
　　2. 或在那霸巴士總站乘搭琉球巴士20號或 120號，在山田站下車，再轉乘沖繩巴士 48號，在真榮田站下車即達
🌐www.natural-blue.net/tw (中)

4. Reef Encounters

　　Reef Encounters 位於北谷美國村附近，提供各式業餘及專業的潛水課程。有興趣報名的遊客可寄出電郵報名：info@reefencounters.org(日、英)、maggie@reefencounters.org(中)。

課程類別	需要時間	收費
海灘潛水體驗	半日	￥10,780(HK$634)
出海潛水 *	1 日	￥17,600(HK$1,035)，午餐￥500(HK$32) (需另付潛水裝備費用)
夜潛	----	￥10,780(HK$634)

* 需要持有潛水執照

ℹ INFO
⌖沖繩縣北谷町宮城1-493
☎098-995-9414，語言：英語
🌐www.reefencounters.org (英)
電郵：info@reefencounters.org(日、英)
　　　maggie@reefencounters.org(中)

5. 沖繩殘波岬皇家度假酒店 地圖P.216

　　沖繩殘波岬皇家度假酒店提供一系列的水上活動給旅客在殘波海灘 (詳見 P.218) 玩樂，你可電郵至酒店查詢報名細則，酒店資料詳見 P.79。

▲在海底漫步，與熱帶魚極近距離接觸。

▲和朋友們一起玩香蕉船，很刺激！

(相片提供：沖繩殘波岬皇家度假酒店)

ℹINFO
- 🏠沖繩縣中頭郡讀谷村字宇座喜味1575
- ☎098-958-5000(09:00-18:00) 語言：英語
- 💲青之洞窟浮潛：班次8:45、10:15、11:45、13:15、14:45，¥5,850(HK$344)(6歲以上才可參加)；
  鯨鯊浮潛：班次08:30、10:30、13:00、15:00，¥9,300(HK$547)
  更衣室儲物櫃每次¥200(HK$13)、暖水淋浴¥200(HK$13)
- 🚗1. 從國際通駕車前往，約需1小時；
  2. 或乘搭機場巴士B地區：讀谷線直達沖繩殘波岬皇家度假酒店後，再步行前往
- 🕐(海上活動詳細資料) www.daiwaresort.jp/okinawa/marine/enjoy/

▲沖繩殘波岬皇家度假酒店就在殘波海灘旁邊，即使不住在這間酒店，也可報名參與水上活動。

6. ANA Intercontinental Manza Beach Resort 地圖P.216

　　ANA Intercontinental Manza Beach Resort (P.80) 除了提供住宿服務外，非住客亦可參加他們提供的各種水上活動，你只需要電郵至酒店查詢報名細則便可。

▲騎着水上單車，在蔚藍的大海上弄潮。

▲大人小孩都喜愛的香蕉船，日本稱之為龍船(Dragon Boat)。

ℹINFO
- 🏠沖繩縣國頭郡恩納村字瀨良垣2260番地
- ☎098-966-1211　語言：英語
- 🚗1. 從國際通駕車前往，約需1小時30分鐘；
  2. 或乘搭機場巴士D地區：西海岸北線，直達酒店
- 💲海灘浮潛：1小時 - 旺季¥7,500(HK$441)，淡季¥6,500(HK$382)；水上電單車：10分鐘 - 旺季¥3,500(HK$206)，淡季¥4,500(HK$265)；香蕉船：10分鐘 - 旺季¥3,000(HK$176)，淡季¥3,500(HK$206)
- 🌐www.anaintercontinental-manza.jp/experiences (日、英)

(相片提供：ANA Intercontinental Manza Beach Resort)

▲浮潛時可貼身親近海底的魚兒。

• 新景點 • 10 大沙灘 • 12 大景點 • 料理特產 • 手信

水上活動

• 酒店新焦點 • 婚禮攝影 • 賞櫻花 • 每月活動

沖繩 酒店新焦點

BEB5 沖繩瀨良垣　[MAPCODE® 206283801*54]　地圖P.216

Check in **15:00**
Check out **11:00**

　　BEB5 沖繩瀨良垣於 2022 年 7 月開幕，以「自由為本的青年旅館」為概念，酒店房間設計似日式公寓的感覺，各房間都附有廚房和洗衣間，十分適合三五成群的年輕人或一家幾口的家庭入住。酒店內設有無邊泳池、健身房、咖啡廳兼酒吧，而休憩交誼區內有桌上遊戲、書籍等供旅客借用，如果忘記帶泳衣還可在此購買。另外，29 歲以下青年在網上預約房間享有折扣優惠 (住客必須所有人都是 29 歲以下)。

INFO
- 沖繩県国頭郡恩納村瀨良垣1860-4
- 050-3134-8094
- 琉球巴士交通: 那霸機場國內/國際航站樓在旅客ターミナル前上車至太田後原/BEB前下車，或乘空港リムジンバス在那霸機場上車至BEB前下車
- ￥16,800(HK$988)起
- hoshinoresorts.com/ja/hotels/beb5okinawaseragaki/

(撰文：HEI，攝影：蘇飛)

Hotel Collective　地圖P.92

Check in **15:00**
Check out **11:00**

　　Hotel Collective 嘉新酒店鄰近車站，位處國際通內，交通購物都十分方便。酒店 2020 年才開幕，設計高雅時尚，房間內以藏青色為基調配合木系家具和灰石建材，給人沉穩舒適的感覺。酒店內附有室外泳池、健身房、桑拿浴場，還有全日制餐廳，提供西餐、日本料理、沖繩料理等各種美食。另外，酒店提供觀光活動方案，有興趣可向酒店職員查詢。

◀Hotel Collective是國際通內佔地最大的度假酒店。

INFO
- 沖繩県那霸市松尾2丁目5-7
- 098-860-8366
- 單軌電車縣廳前站，步行約7分鐘
- ￥32,200(HK$1,894)起
- hotelcollective.jp
- 一晚￥1,500(HK$88)

(撰文：HEI，攝影：蘇飛)

百名伽藍海濱度假酒店 地圖P.89、180

Check in **15:00**
Check out **11:00**

百名伽藍海濱度假酒店以琉球傳統建築特色為基礎，打造低調中帶奢華的14間客室，房間分為白隱、湛水、仙厓，各具特色。酒店內設有冥想用「禪の間」、畫廊「自了館」、水療按摩「Garan Spa Suite」，讓住客可放鬆身心，享受假期。另外，酒店餐廳提供午晚餐，可享用以時令食材烹調的琉球懷石料理。

▲酒店外型以帶有琉球色彩的灰石牆為設計主調。

◀酒店面海，房間、餐廳都能看到海景。

▲水蓮餐中的新鮮海鮮。

▲水蓮餐，價錢￥4,235(HK$249)。

▲中庭「小さな森」。

▼▶伽藍~がらん~，包括原創Opera蛋糕、黑糖雪糕、茶，價錢￥2,200(HK$129)。

ℹ INFO
⌂沖繩県南城市玉城字百名山下原1299-1
☎098-949-1011
🚍在那霸巴士總站乘搭沖繩巴士39號，在總站新原站下車
💲￥84,700(HK$4,982)起（含早晚兩餐）
🌐www.hyakunagaran.com

(撰文：HEI，攝影：蘇飛)

PART 1 精選吃喝玩樂

沖繩
浪漫婚禮、婚紗攝影

近年不少準新郎、準新娘選擇前往海外舉行婚禮或拍攝婚紗照片。沖繩風景優美，多區擁有不少特色又優雅的教堂，而且與香港及台灣距離不遠，所以越來越多人選擇在沖繩舉行婚禮。不少公司代辦沖繩的婚禮及婚照服務，不諳日文也不怕，讓準新人及賓客留下美好又難忘的回憶。以下是沖繩的教堂介紹：

Aqualuce Chapel (アクアルーチェ·チャペル) 地圖P.216

Aqualuce Chapel位於ANA Intercontinental Manza Beach Resort (P.80)內，婚禮可以使用英語進行，教堂可容納約60人，交通也方便。

INFO
⌂ 沖繩縣國頭郡恩納村字瀨良垣2260
☎ 852-2501 0090(WATABE WEDDING HK Ltd.)
🚌 1. 從國際通駕車前往，約需1小時30分鐘；
　　2. 或乘搭機場巴士D地區：西海岸北線，直達酒店
🌐 www.watabe-wedding.com.hk/overseas_detail/okinawa/aqualuce-chapel(中)
　　www.okinawa-watabewedding.co.jp/chapel/aqualuce (日)

▲ 大部分的沖繩婚禮套餐都包括新娘的化妝及髮型設計。

(相片提供：ANA International Manza Beach Resort、WATABE WEDDING HK Ltd.)

Aquagrace Chapel (アクアグレイス·チャペル) 地圖P.216

位於殘波海灘旁的Auqagrace Chapel，內部以純白色為主，可容納60人，頂部有羽毛形狀的裝飾，大玻璃窗讓新人及賓客們眺望海灘及一望無際的大海。婚禮可以使用英語進行。

教堂內部。

▶ 新人還可額外選擇下午茶點，招呼前來祝賀的親朋戚友。

INFO
⌂ 沖繩縣中頭郡讀谷村字座675　　☎ 852-2501 0090
🚌 1. 從國際通駕車前往，約需1小時；
　　2. 或乘搭機場巴士B地區：讀谷線，直達沖繩殘波岬皇家度假酒店
　　(P.79)後，再步行前往
🌐 www.watabe-wedding.com.hk/overseas_detail/okinawa/aquagrace-chapel (中)

▲ 教堂外部。

(相片提供：WATABE WEDDING HK Ltd.)

KAFUU Chapel 地圖P.216

位於恩納Kafuu Resort Fuchaku Condo · Hotel (P.80)小山丘上的 KAFUU Chapel，其開放式設計的小教堂，非常特別、開揚！你也可以選擇在酒店的沙灘舉行婚禮，適合喜歡接觸大自然的準新人，非常浪漫。

◀在沙灘上舉行婚禮，非常浪漫。

ℹ INFO
🏠沖繩縣國頭郡恩納村富着志利福地原246-1
☎098-964-7000
🕙10:00-20:00
🚌1. 從國際通駕車前往，約需1小時10分鐘；
　 2. 或在那霸巴士總站乘搭琉球巴士20或120
　　 號，於富着站步行約5分鐘
💻www.kafuu-wedding.com (日、英)
電郵：kafuu-wedding@kpg.gr.jp

(相片提供：Kafuu Resort Fuchaku Condo · Hotel)

▲KAFUU Chapel的設計非常新穎。

與伴侶拍下幸福一刻！

除了舉辦婚禮外，在沖繩美麗的風景下拍結婚照亦是許多準新人的選擇。

🖱 沖繩渡假婚禮營辦商推介
沖繩華德培 www.watabe-wedding.com.hk
TUTU Bridal House www.tutuwedding.com

(相片提供：WATABE WEDDING HK Ltd.)

沖繩獨家櫻花：寒緋櫻！

沖繩是日本最早看到櫻花的地方，一般在1月中後期開花，大約到1月尾至2月初時會滿開。「滿開」即是櫻花開到最鼎盛的時間，一般人都會選擇在這個時間看櫻花。

沖繩的櫻花品種叫寒緋櫻，呈桃紅色，沒有日本本土的吉野櫻花那麼淡雅，而且長得較為稀疏，與吉野櫻花的分別也頗大。

(撰文：沙米Sammie www.sami2travel.com)

沖繩各地開花時間表 (2024年)

地點	開花日	滿開日
名護	1月20日	2月1日
那霸	1月7日	1月30日
南大東島	1月26日	2月上旬
宮古島	1月15日	2月3日
石垣島	1月中旬	1月下旬

日本每年天氣變化不同，以上日期只可作初步參考。

▲寒緋櫻的顏色相對較深，乍看之下很容易被錯認為梅花呢！

(相片提供：Melody的身為一道彩虹Blog)

沖繩5大人氣賞花熱點

沖繩本島上從南至北均有賞櫻的地方，不同時間更會舉辦期間限定的賞櫻祭典呢！

1. 八重岳櫻之森公園 地圖P.257

☑ 免費泊車　☑ 免費入場　**MAPCODE** 206830785

八重岳櫻之森公園是沖繩最受歡迎的賞櫻地點，沿着蜿蜒的山道上，兩旁種滿7,000棵寒緋櫻，是自駕人士必到的賞櫻熱點。詳情請見P.268。

▲沿車道步行往公園，兩旁盡是櫻花樹。

(攝影：嚴潔盈)

ℹ INFO
🏠沖繩縣本部町字並里921
🚌1. 從國際通駕車前往，約需2小時；
　 2. 或在那霸巴士總站乘搭琉球巴士20、111或120號，在名護巴士總站下車，再轉乘琉球巴士70或76號，在八重岳入口站下車，再轉乘計程車前往
備註：公園一帶計程車不多，要留意回程交通工具。

▲鮮豔奪目的寒緋櫻。

2. 今歸仁城跡 地圖P.256 ☑ 免費泊車 **MAPCODE** 553081414*17

今歸仁城跡是眾多世界文化遺產之中，唯一可同時參觀歷史古蹟、賞櫻的地點。每年春天，城跡內會舉行為期兩星期的櫻花祭典。詳情請見P.269。

(攝影：嚴潔盈)

ℹ INFO
🏠沖繩縣國頭郡今歸仁村字今泊5101番地
📞0980-56-4400　🕐08:00-18:00(5至8月延長至19:00)
💰成人￥600(HK\$35)，中小學生￥450(HK\$26)，小童免費
🚌1. 從國際通駕車前往，約需2小時30分；
　 2. 或在那霸巴士總站乘搭琉球巴士20、111或120號，於名護巴士總站下車，轉乘琉球巴士65或66號，於今歸仁城跡入口站下車，步行約15分鐘即達
🌐www.nakijinjoseki-osi.jp

▲許多到訪遊客都是衝着櫻花美景來到。

▲蔚藍天空配上粉紅櫻花，謀殺不少遊客的菲林。

3. 名護城公園 地圖P.232

☑ 免費泊車　　☑ 免費入場　　MAPCODE® 206629384

　　鄰近名護城跡的名護城公園，是全日本百大賞櫻熱點之一。櫻花盛開期間，公園內會舉行一年一度的祭典，更可於這裏欣賞到夜櫻喔！詳情請見P.243。

▲較淺色的寒緋櫻，看起來有點像本州常見的吉野櫻。

▲一邊郊遊一邊賞櫻，是最好的親子活動。

ⓘ **INFO**
- 🏠 沖繩縣名護市名護5511
- ☎ 0980-52-7434　🕐 10:00-17:00
- 🚌 1. 從國際通駕車前往，約需1小時30分鐘；
- 　 2. 或在那霸巴士總站乘搭琉球巴士20或120號，在名護城入口站下車，步行約15分鐘即達
- 🌐 www.nangusuku-osi.jp

4. 八重瀨公園 地圖P.89

☑ 免費泊車　　☑ 免費入場

MAPCODE® 232461260

▶看到色澤鮮豔的寒緋櫻，彷彿感覺到一點春意。

　　八重瀨公園位於沖繩縣南部，同時亦是八重瀨城跡的一部分，園內的櫻花依山而開，當然少不了日本人喜愛的櫻花祭典！詳情請見P.184。

ⓘ **INFO**
- 🏠 沖繩縣島尻郡八重瀨町字富盛
- 🚌 1. 從國際通駕車前往，約需30分鐘；
- 　 2. 或在那霸巴士總站乘搭沖繩巴士34或334號，在第二富盛站下車，再步行約10分鐘即達

(攝影：嚴潔盈)

▲登上瞭望台的樓梯兩旁種滿櫻花樹。

5. 與儀公園 地圖P.93

☑ 免費入場　　MAPCODE® 33128490

　　那霸市與儀公園距離壺屋只有200米，絕對是離那霸最接近的賞櫻熱點！公園內的櫻花滿開時會舉行那霸櫻花節。詳情請見P.133。

▲日本許多櫻花都會栽種在小河兩旁，構成一幅美麗的圖畫。

▶走進公園內可看到更多櫻花樹。

ⓘ **INFO**
- 🏠 沖繩縣那霸市與儀1-1
- 🚌 從國際通經平和通，再穿過壺屋，再步行約15分鐘即達
- 🌐 www.okinawainfo.net/yogi.htm

(相片提供：Melody的身為一道彩虹Blog)

沖繩 旅遊行事曆！

沖繩每年都會舉行許多與旅遊相關的活動，以下為其中一些較熱門與大型的活動，若剛好碰上的話不妨去見識一下喔：

一月

1. 首里城新春之宴
首里城 P.149

1月1日至3日期間，首里城會舉行新春之宴，除了有御座樂演奏外，亦有模仿古代朝拜國王的儀式於正殿舉行。

oki-park.jp/shurijo/ht/ (中)

2. 名護櫻花祭
名護城公園 P.243

（相片提供：沖繩觀光協會）

沖繩的櫻花在1月底便開始繽紛綻放，名護市更會於名護城公園與名護市內舉行一年一度的名護櫻花祭。

nagomun.or.jp (日)

3. 座間味島：觀鯨
座間味島 P.294

（相片提供：沖繩觀光協會）

每年1月至3月是觀鯨的好季節，你可以到座間味島一帶出海觀鯨！

二月

1. 沖繩國際洋蘭博覽會
熱帶夢幻中心 P.262

在海洋博公園的熱帶夢幻中心，舉辦為期約1星期「沖繩國際洋蘭博覽會」，可觀賞來自世界不同國家的蘭花爭妍鬥麗。

oki-park.jp/kaiyohaku/tc (中)

2. 沖繩馬拉松大賽

每年2月中沖繩市內舉辦國際馬拉松大賽，吸引世界各地與國內選手參加，海外人士可透過互聯網報名參加。

www.okinawa-marathon.com (日)

五月

那霸港沖繩龍舟大賽

（相片提供：沖繩觀光協會）

每年5月3-5日都舉行為期3天的龍舟大賽，非常熱鬧。

四月

1. 琉球海炎祭

在宜野灣海濱公園舉行，過萬發煙花劃破沖繩的天空，是全日本最早的夏祭花火大會。

www.ryukyu-kaiensai.com (日)

2. 伊江島百合祭
リリーフィールド公園 P.282

每年4月，位於沖繩本島北部的伊江島舉辦一年一度的百合祭。島上的リリーフィールド公園逾20萬棵百合同時盛放，光想像已十分壯觀了！

六月

糸滿龍舟大賽

錯過了5月的沖繩龍舟大賽，可於6月時到糸滿漁港參觀大型龍舟大賽。

詳細活動年表：
www.okinawastory.jp/event/ (日)

七月

1. 海洋博公園花火大會

沖繩海洋博公園每年7月都會舉行盛大的花火大會與表演活動。

2. Orion啤酒節

Orion是沖繩最具人氣的啤酒，每年7月至8月在沖繩市、石垣島與宮古島舉行一年一度的啤酒節。場內除了有各款Orion啤酒出售外，更有日本著名樂隊舉行Band Show，免費入場。

www.orionbeer.co.jp/event (日)

3. 北谷シーポートちゃたんカーニバル
落日海灘P.210

7月的日本各地都有花火大會，北谷的落日海灘亦會於每年7月初舉辦シーポートちゃたんカーニバル，遊客更可看到沖繩縣內唯一的水中花火呢！

八月

1. 那霸萬人Eisa太鼓祭典舞遊行(一万人のエイサー踊り隊)
國際通P.95

每年8月第一個星期日在那霸市的主要街道國際通上舉行。到時約有1,000名太鼓舞者在國際通街上表演，有傳統太鼓、也有創作太鼓舞團體表演，沿途擠滿觀眾，氣氛非常熱鬧。

naha-kokusaidori.okinawa/tw/eventinfo.html

2. 南島星空祭
南之濱町綠地公園P.320

石垣島夏秋季可見到銀河、冬春季天可觀賞到南十字星，不少觀星一族會特地來此。每年8月更會在石垣港旁的**南之濱町綠地公園**舉行星空祭，讓遊客一睹國際級星空。

九月

1. Eisa太鼓舞祭典(沖繩全島エイサーまつり)

沖繩每年夏季都舉行沖繩全島Eisa太鼓舞祭，可欣賞到來自日本各地的太鼓好手一起在街上熱烈起舞。

www.zentoeisa.com (日)

2. 首里城中秋之宴
首里城P.149

每年9月其中兩個晚上，首里城會舉行中秋之宴，現場除了有琉球舞蹈表演，更會舉辦國王與王妃選舉。

oki-park.jp/shurijo/tc (中)

十月

1. 首里城祭
首里城P.149

首里城每年10月都會舉辦首里城祭，模仿古代冊封使節的儀式，遊行隊伍會沿首里城巡遊，並於首里城正殿前舉行冊封儀式。

oki-park.jp/shurijo/tc (中)

2. 國際通：那霸大綱挽
國際通P.95

每年10月於國際通舉辦的拔河大賽，拔河用的大繩極為壯觀，更已列入健力士世界紀錄大全。第一天是民俗傳統遊行，第二天才是拔河大賽，第三天祭典及放煙花。

www.naha-otsunahiki.org (日、英、中)

十一月

1. 琉球王朝祭
首里城P.149

首里城町在每年11月3日都舉行琉球王朝祭，打扮成古代琉球王朝的遊行隊伍沿首里城町巡遊，吸引很多遊客圍觀及拍照。

2. 壺屋陶器祭

沖繩的陶器極具特色，每年11月那霸市都會舉辦為期四天的壺屋陶器祭。遊客可免費入場參觀不同藝術家創作的陶瓷作品，亦可參加陶器製作體驗。

www.tuboya.com (日)

十二月

那霸馬拉松

每年12月於那霸市舉行的大型馬拉松大賽，從那霸市奧武山運動公園內的奧武山陸上競技場出發，至平和祈念公園再折返，任何海外人士都可以越洋參加。

www.naha-marathon.jp (日、英、中)

．新景點．10大沙灘．12大景點．料理特產．手信．水上活動．酒店新焦點．婚禮攝影．賞櫻花 每月活動

2
PART 2
暢遊沖繩
行程計劃建議

沖繩旅遊必備品 Check List

證明文件
- ☐ 身份證 (正本及副本)
- ☐ 護照 (至少 6 個月有效、正本及副本)
- ☐ 國際駕駛執照及原居地駕駛執照 (自駕遊適用)
- ☐ 機票：電子機票收據或網上預辦登機後的登機證
- ☐ 申請住宿的確認信
- ☐ 申請租車的確認信 (自駕遊適用)
- ☐ 旅遊保險文件
- ☐ Visit Japan Web QR code （P.54）

TIPS!

從 2014 年起，國外遊客到那霸機場需繳付「旅客服務設施使用費」，成人及 2-12 歲小童的收費分別為 ¥ 1,000(HK$65) 及 ¥ 500(HK$32)，2 歲以下小童如使用兒童機票亦需繳付小童費用。

衣物

春天、冬天
- ☐ 保暖的厚外套 (12 月至 3 月)
- ☐ 外套 (11 月底、4 月)
- ☐ 保暖衣服 (12 月底至 2 月只有 10-12℃)
- ☐ 長袖上衣、長褲

夏天、秋天
- ☐ 短袖上衣或背心、短褲
- ☐ 泳衣 / 泳褲
- ☐ 風褸、薄外套或披肩 (冷氣地方用)

任何季節
- ☐ 拖鞋
- ☐ 襪
- ☐ 睡衣
- ☐ 內衣褲

日用品
- ☐ 相機、手提電話
- ☐ 充電器、後備電池、旅行插頭轉換器
- ☐ 梳、髮夾、紮頭髮橡筋
- ☐ 毛巾
- ☐ 指甲鉗
- ☐ 隱形眼鏡、後備眼鏡
- ☐ 膠袋
- ☐ 環保購物袋
- ☐ 雨傘 (夏天經常下雨)
- ☐ 旅行風筒

每日隨身物品
- ☐ 現金
- ☐ 信用卡
- ☐ 手提電話
- ☐ 相機
- ☐ 水樽
- ☐ 旅遊書、地圖
- ☐ 記事簿、原子筆
- ☐ 紙巾
- ☐ 太陽眼鏡
- ☐ 帽

個人護理
- ☐ 牙刷、牙膏
- ☐ 沐浴露、洗髮露、護髮素
- ☐ 潔面用品
- ☐ 鬚刨
- ☐ 化妝品
- ☐ 護膚品
- ☐ 防曬液
- ☐ 衛生巾
- ☐ 藥品 (感冒藥及 Covid-19 應對藥、暈浪丸、止痛藥、止屙丸等)
- ☐ 隱形眼鏡清潔液
- ☐ 眼藥水
- ☐ 口罩及體溫計

沖繩 旅行預算

選擇自遊沖繩，令人卻步的因素是預算問題。其實只要計劃恰當，自由行可能比跟隨旅行團更便宜！以下是以自由行形式遊沖繩的預算，供讀者參考：

$ 1. 機票

一般來回香港與沖繩的機票售價為HK$3,300，特價時可能低於HK$2,000！現時不少網站提供特價機票，若可隨時出發的朋友可留意這些優惠喔！而旅行社的自由行套票亦值得參考，很可能比分別單買機票及酒店更便宜呢！

$ 2. 住宿

除了Resort等五星級渡假酒店外，沖繩一般住宿的收費都較東京或大阪等大城市的便宜，一般每晚單人房間從HK$400起，雙人房間則從HK$600起。

TIPS!

大多旅行社售賣的套票已包括3或4晚那霸的酒店，若想前往島嶼或本島北部遊玩的朋友，大可將住宿「分散投資」：購買4日3夜的酒店套票，機票則延長至5日，剩下的1晚酒店可額外訂購，那就可以先在那霸玩三天，繼而前往北部住一天再返回那霸。這樣不但省時，行李還可先安放於酒店，不用提著行李箱走天涯呢！

$ 3. 交通

公共交通：每天平均車費可預算為HK$100至HK$300。那霸大部分景點都可以乘搭單軌列車或巴士前往，若有3-4位朋友同行，乘搭計程車也划算。單軌列車及巴士均提供一日或兩日乘車券，憑券到各大景點更有額外優惠。若前往本島中部或北部，車費則需￥1,000至￥2,000不等，可考慮參加定期觀光巴士團，更加省錢、方便。

自駕：若有多人同遊沖繩，自駕比乘搭巴士來得便宜。租車一般四日三夜為￥40,000(HK$2,200)(不包油錢)，非常划算！

$ 4. 膳食

沖繩一般定食從￥1,000至數千日元不等，視乎選擇平民化的蕎麥麵，或是高級和牛定食，平均每天HK$200至HK$300已經足夠。

$ 5. 入場券、活動費

一些熱門景點如美麗海水族館、沖繩世界文化王國 玉泉洞等的門券較貴，價錢約為￥1,000多，其他則大部分為數百日元。來到沖繩，不少朋友也會參加水上活動或體驗玻璃、風獅爺製作等活動，價錢從數百日元至一萬日元不等。

* 以上預算只供參考。

沖繩 行程計劃重點
Easy Go!

1. 每天集中遊覽同一區域，較省時及方便！

大多數人去沖繩旅遊只逗留4-5天，行程規劃其實很考功夫。沖繩本島呈長形，南北距離頗遠，景點也較分散，能夠自駕當然最好；若乘搭長途巴士前往，車程很長，每天只能參觀一至兩個景點。所以計劃行程時不要早上在本島南部，下午去了北部啊！

2. 須預留長途巴士的乘車時間。

本島中部的主要旅遊點美國村、座喜味城跡、殘波岬和琉球村等，都可以在那霸巴士總站坐長途巴士到達，車程約需1小時以上，停站也多，所以要預留來回坐車的時間。又或可考慮參加本地觀光巴士團，即使導遊以日語導賞，但各景點均可索取中文簡介，這樣便可更有效率地前往多區了。

3. 那霸市內交通方便，跑多個景點也不需太多時間。

大多沖繩遊客都會住在那霸市，市內交通很方便，除了乘巴士、單軌列車外，三、四位朋友同行的話，乘搭計程車也很划算。由於那霸市的範圍不大，從國際通乘搭計程車至機場也不過HK$100左右。那霸市主要景點有首里城、國際通和波之上海灘等。

4. 想遊覽本島北部，以名護或恩納作據點吧！

要數沖繩最著名的景點，非海洋博公園莫屬！可是海洋博公園位於名護，由那霸出發前往的話，要先乘搭兩個多小時的長途巴士(途經萬座毛)至名護巴士總站，隨後再轉車才抵達。名護還有今歸仁城跡、鳳梨園等遊點，因此建議遊客以名護或恩納作為據點，再一次過遊覽北部的景點較好。

5. 計劃行程時，可以加插小島遊啊！

若你打算一次過遊覽沖繩多個島嶼，可計劃一星期旅程當中有4日留在本島，再利用剩餘3日到久米島、石垣島或宮古島一遊。石垣島的著名景點包括石垣島鐘乳洞及川平灣，也可順道前往石垣島附近的一眾小島嶼，例如擁有紅樹林的西表島、以水牛車接載遊客的由布島、至今仍保留完整琉球集落的竹富島及能看到南十字星的波照間島等。這些小島均可租借單車，讓你踏單車環島遊。而宮古島的東平安名岬及雪鹽製鹽所同樣令人回味，畢竟到沖繩就是為了親近蔚藍的大海與大自然而來的呀！

行程1 **4天沖繩櫻花之旅** 賞櫻 1-2月限定

Day 1 香港→沖繩→名護 住宿：名護（詳見 P.82）

　　抵達①那霸機場後，乘搭巴士前往②名護市。前往已預約的住宿安頓好後，乘巴士前往③名護城公園賞夜櫻，並在公園內的攤位吃晚餐。

Day 2 今歸仁村→本部町 住宿：那霸（詳見 P.73）

　　早上從①名護市乘巴士前往②今歸仁城跡賞櫻花，並在此午餐。乘計程車前往③八重岳櫻之森公園賞櫻及參觀，之後乘巴士回名護市轉乘巴士到那霸市。抵達④那霸市後先到酒店 Check In，再到國際通購物及晚餐。

P.269

▶今歸仁城跡
的寒緋櫻

P.268

▲八重岳櫻之森公園的櫻花味雪糕

Day 3 八重瀨町→豐見城 住宿：那霸（詳見 P.73）

　　早上從①那霸市乘巴士前往②八重瀨公園賞櫻，下午回那霸市後，到③瀨長島 Umikaji Terrace 參觀及午餐，之後再乘巴士到④ iias 沖繩豐崎購物及晚餐。

P.164

▶瀨長島Umikaji Terrace

Day 4 與儀公園→那霸機場

　　早上乘巴士前往①與儀公園賞櫻及遊玩，午餐後前往②那霸機場準備回家。

P.133

▲與儀公園

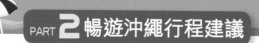

行程2 5天沖繩觀光之旅

N

沖繩美麗海水族館 2

名護市 1 (起點)

名護市 5

萬座毛 3

Busena 4 海中公園

恩納琉球村 2

Day 4

Day 3

美國村 3

波之上海灘、 波上宮 4

Day 2

5 Omoromachi站

1 那霸市首里城公園 (起點)

2 金城町石板路

2 國際通

那霸 機場(起點)

Day 1

2

那霸機場

Day 5

1 那霸市(起點)

1

Okinawa Outlet Mall Ashibinaa(起點)

3 壺屋通

4 那霸市

© 跨版生活圖書出版

計劃行程

行程建議

Day 1 香港→沖繩→那霸 住宿：那霸（詳見P.73）

　　抵達①那霸機場後，乘搭單軌列車或機場巴士前往那霸市已預約的住宿。安頓好後，暢遊②國際通與第一牧志公設市場。

Day 2 首里→那霸  住宿：那霸（詳見P.73）

　　早上前往①首里城公園與②金城町石板路，並於首里午餐。

　　之後返回國際通，遊覽③壺屋通；轉乘巴士前往④波之上海灘與波上宮；乘單軌列車至⑤ Omoromachi 站，逛 DFS Galleria 購物或參觀沖繩縣博物館，並於 Omoromachi 晚餐。

P.144
▲波之上海灘

P.132
▲壺屋通

Day 3 恩納→名護  住宿：名護（詳見P.82）

　　出發前往中部，因第四天會返回相同酒店，可把大型行李寄存酒店內，帶備需要的衣物輕裝上路。

　　上午從①那霸市前往②恩納琉球村，參觀古代琉球村落，感受琉球文化，並於此午餐；乘車前往③萬座毛參觀，然後到名護的④ Busena 海中公園，參觀海中展望塔與乘搭玻璃底船，最後乘車至巴士總站，於⑤名護市吃晚餐及留宿。

P.223
▲萬座毛

P.224
▲琉球村

Day 4 本部町→北谷→那霸  住宿：那霸（詳見P.73）

　　早上從①名護市前往②沖繩美麗海水族館，如有興趣可一併遊覽海洋博公園其他設施，並於此午餐。

　　如能提前離開美麗海水族館，可轉車至位於北谷的③美國村，並於美國村內進食晚餐後再回④那霸市。

P.258
▲沖繩美麗海水族館

Day 5 豐見城→那霸機場

　　早上乘車至① Okinawa Outlet Mall Ashibinaa，內有收費儲物櫃，可先把行李寄存再閒逛及購買減價名牌貨品。

　　有時間的話還可逛附近的購物中心 Tomiton 繼續搜購心愛貨品。中午於 Okinawa Outlet Mall Ashibinaa 或 Tomiton 吃過午餐後，轉車前往②那霸機場準備回家。

P.160
▲Okinawa Outlet Mall Ashibinaa

行程3 5天海灘兜風之旅 自駕遊

N

❸ 邊戶岬

沖繩美麗
海水族館
❷

❹ 古宇利島

Day 3

本部町(起點) ❶

❺
本部町

恩納萬座毛
(起點)
❶

Busena ❷
海中公園

恩納 ❹

❸ 殘波岬

Day 4

❹ 座喜
味城跡

❸ 伊計海灘

Day 2

那霸市
❻

Day 1

那霸機場
(起點)
❶

❺ 美國村

❶ 那霸市Omoromachi站
(起點)

❷ 那霸市

❷ 知念海洋渡假中心

那霸
機場
❸

Day 5

❷
喜屋武岬

❶ 平和祈念公園
(起點)

©跨版生活圖書出版

40

Day 1 香港→沖繩→那霸 住宿：那霸 (詳見 P.73)

抵達①那霸機場後，乘搭單軌列車或機場巴士前往②那霸市已預約的住宿。安頓好後，暢遊國際通與第一牧志公設市場，並於此晚餐。

Day 2 南城→東岸→伊計島→恩納  住宿：恩納 (詳見 P.80)

先到① Omoromachi 站的租車公司取車，然後出發前往位於南城的②知念海洋渡假中心，再到 Komaka 無人島或久高島。

於知念一帶午餐，再前往海中道路開始沿海兜風之旅 (車程約 1 小時 20 分鐘)，途經海のあやはし館，終點至③伊計海灘 (車程約 15 分鐘)，盡情暢泳。之後往恩納 (車程約 1 小時)，並於④恩納一帶晚餐。

▲Komaka 無人島

▲海中道路

▲伊計海灘

Day 3 恩納→名護→國頭村→古宇利島→本部町  住宿：本部町 (詳見 P.83)

早上前往位於恩納的①萬座毛 (車程約 5 分鐘)，然後前往名護的② Busena 海中公園 (車程約 20 分鐘)，參觀海中展望塔與乘搭玻璃底船，可於公園內的萬國津梁館午餐。之後前往位於國頭村的③邊戶岬 (車程約 2 小時)，探索沖繩最北端。然後前往④古宇利島 (車程約 1 小時 40 分鐘)，並於島上晚餐，然後駕車回⑤本部町酒店 (車程約 40 分鐘)。

▲邊戶岬

Day 4 本部町→讀谷→北谷  住宿：那霸 (詳見 P.73)

早上從①本部町駕車往②沖繩美麗海水族館 (車程約 10 分鐘)，並於此午餐。之後前往位於讀谷的③殘波岬 (車程約 1 小時 45 分鐘)，然後亦可到附近的④座喜味城跡參觀 (車程約 10 分鐘)。駕車前往北谷的⑤美國村 (車程約 30 分鐘)，在此晚餐後再返回⑥那霸市 (車程約 40 分鐘)。

Day 5 糸滿→那霸機場

出發前往①平和祈念公園 (車程約 50 分鐘)，然後前往②喜屋武岬 (車程約 30 分鐘)。於附近午餐後前往 Omoromachi 站的租車公司還車 (車程約 20 分鐘)，再乘搭接駁巴士前往③那霸機場，準備回程。

行程4 6天沖繩本島之旅

Day 1 香港→沖繩→恩納 🏠 住宿：恩納（詳見 P.80）

抵達那霸機場後，乘搭機場巴士往已預約的恩納酒店 Check In，並於恩納附近晚餐。

Day 2 恩納→北谷 🏠 住宿：恩納（詳見 P.80）

早上乘巴士至琉球村參觀及參與傳統文化體驗活動，並於村內午飯；然後前往位於北谷的美國村購物，晚飯後返回酒店。

P.203
美國村

P.224
琉球村的體驗活動

Day 3 名護 🏠 住宿：名護（詳見 P.82）

出發前往名護後，先把行李安置在名護的酒店內。

如遇上櫻花季節，可從名護巴士總站乘搭琉球巴士 65 號前往名護城跡賞花；或乘搭計程車前往名護鳳梨園或 DINO 恐竜 PARK やんばる亜熱帯の森參觀，並於名護市內午餐與晚餐。

P.250

P.252

▲ 名護鳳梨園　　▲ DINO 恐竜 PARK やんばる亜熱帯の森

Day 4 本部町→今歸仁村 🏠 住宿：名護（詳見 P.82）

早上前往沖繩美麗海水族館，如有興趣可一併遊覽海洋博公園其他設施或備瀨福木林道，並於此午餐。

如能提前離開美麗海水族館，可轉車至今歸仁城跡或古宇利島參觀，並回名護晚餐。

P.269

▲ 今歸仁城跡

Day 5 那霸 🏠 住宿：那霸（詳見 P.73）

早上乘巴士到那霸市，先往酒店 Check In 寄存行李，再乘單軌列車到首里城參觀。之後再到新都心的 Naha Main Place 午餐及購物。晚上前往國際通買手信及逛街，晚點可去國際通屋台村晚餐，之後返酒店休息收拾行李。

Day 6 豐見城→那霸機場

早上乘車至 Okinawa Outlet Mall Ashibinaa，內有收費儲物櫃，可先把行李寄存再閒逛及購買減價名牌貨品。

有時間的話還可逛附近的購物中心 Tomiton 繼續搜購心愛貨品，新開幕的 iias 沖繩豐崎也在附近。中午於 Okinawa Outlet Mall Ashibinaa 或 Tomiton 吃過午餐後，轉車前往機場準備回家。

行程5 7天沖繩環島之旅

Day 1 香港→沖繩→那霸 住宿：那霸（詳見 P.73）

抵達那霸機場後，乘搭單軌列車或機場巴士，前往已預約的住宿安頓好後，暢遊國際通與第一牧志公設市場，並於此晚餐。

Day 2 那霸→首里 住宿：那霸（詳見 P.73）

如旅行月份為 1 月至 3 月，可考慮參加早上的觀鯨團，並於那霸午餐；其他月份則可乘車前往識名園參觀，並再轉車至首里午餐。

中午前往首里城公園與金城町石板路參觀，然後乘搭單軌列車至 Omoromachi 站，閒逛那霸新都心，並於此晚餐。

P.148
▲識名園

P.149
▲俯瞰首里一帶

Day 3 南城→糸滿 住宿：那霸（詳見 P.73）

乘巴士至琉球王國與玉泉洞，在附近的 Café 午餐。下午前往琉球玻璃村親手做玻璃精品，然後回那霸晚餐。

P.170
◀琉球玻璃村

Day 4 恩納→名護 住宿：名護（詳見 P.82）

上午前往萬座毛參觀，然後再到 Busena 海中公園參觀海中展望塔與乘搭玻璃底船，並於此午餐。

下午乘車前往名護，如遇上櫻花季節可從名護巴士總站乘搭琉球巴士 65 號前往名護城跡賞櫻，或乘搭計程車前往名護鳳梨園；或於 Orion Happy Park 參觀啤酒釀造過程及免費嚐啤酒，並於名護市內晚餐。

Tips! 因第六天會返回同一酒店，可將大型行李寄存酒店，只帶備需要的衣物輕裝上路便可。

P.234
▲Busena海中公園

Day 5 本部町→今歸仁村 住宿：名護（詳見 P.82）

早上前往沖繩美麗海水族館及備瀨福木林道，在此午餐。下午乘巴士前往今歸仁城跡，晚上可返回名護晚餐。

Day 6 恩納→北谷 住宿：那霸（詳見 P.73）

早上乘車前往琉球村，並於琉球村午餐。午餐後乘車前往美國村，可於此晚餐後返回那霸。

P.205
▲美國村的Depot Island

Day 7 豐見城→那霸機場

早上乘車至 Okinawa Outlet Mall Ashibinaa，內有收費儲物櫃，可先把行李寄存再閒逛及購買減價名牌貨品。有時間的話還可逛附近的購物中心 Tomiton 繼續搜購心愛貨品。

中午於 Okinawa Outlet Mall Ashibinaa 或 Tomiton 吃過午餐後，轉車前往機場準備回家。

行程6 5天親子輕鬆之旅 自駕遊

Day 1 香港→沖繩→那霸 　住宿：那霸 (詳見 P.73)

　　抵達那霸機場後，乘搭單軌列車或機場巴士，前往已預約的住宿安頓好後，往那霸市的第一牧志公設市場吃海鮮，之後往國際通購物及吃晚餐。

Day 2 那霸→糸滿 　住宿：那霸 (詳見 P.73)

P.177

　　早上先到租車公司取車後，駕車前往沖繩世界文化王國 玉泉洞，在王國村內與小朋友一起參加體驗活動，如即場為風獅爺上色；並在園內的餐廳吃午餐，這裏提供以沖繩產蔬菜及魚類炮製約 80 種以上料理的自助餐，大人 (12 歲以上) 每位 ￥1,260(HK$91.6)，小童 (4-11 歲) ￥840(HK$61)，營業時間是 11:00-15:00；不想吃自助餐的話，園內也有麵店 (營業時間 10:00-18:00)。

　　午餐後繼續參觀園內另一設施：毒蛇博物公園，讓小朋友認識更多動物；晚上返回那霸市的國際通吃晚餐。

▲沖繩世界文化王國 玉泉洞

Day 3 那霸→北谷→恩納 　住宿：恩納 (詳見 P.80)

P.225

　　早上駕車前往美國村，喜歡逛街購物的話，Depot Island 內有不少商店。

　　在美國村內吃過午餐後，駕車往恩納。先到已預約的住宿辦理手續，然後往恩納海濱公園ナビー Beach 暢泳，也可參加各種水上活動。晚上在恩納吃晚餐。

▲恩納海濱公園ナビー Beach

Day 4 恩納→本部町→名護 　住宿：恩納 (詳見 P.80)

P.244

　　早上駕車前往沖繩美麗海水族館參觀，並在水族館內的餐廳吃自助午餐。

　　下午可繼續參觀水族館，或到附近的 Emerald 海灘；喜歡動物的話，可以駕車前往名護自然動植物公園。晚上駕車往名護巴士總站一帶的餐廳吃晚餐。

▲名護自然動植物公園

Day 5 恩納→豐見城

　　早上駕車前往豐見城歸還車輛後，在 Okinawa Outlet Mall Ashibinaa購物及吃飯，然後轉乘單軌列車前往機場，準備回家。

P.160

▶Okinawa Outlet Mall Ashibinaa的中央廣場

行程1 5天沖繩觀光之旅 自駕遊

Day 1 香港→沖繩→那霸

 住宿：那霸 (詳見 P.73)

抵達那霸機場後，乘搭單軌列車或機場巴士，前往已預約的住宿安頓好後，暢遊國際通與第一牧志公設市場，並於此晚餐。

Day 2 南城→首里→恩納

 住宿：恩納 (詳見 P.80)

在 Omoromachi 站的租車公司取車後，往南城的沖繩世界文化王國 玉泉洞 (車程約 30 分鐘)，並在此午餐。

之後前往首里城公園 (車程約 20 分鐘)，一併遊覽金城町石板路。黃昏或晚上前往恩納 (車程約 1 小時)，並於恩納一帶晚餐。

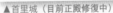
P.149
▲首里城（目前正殿修復中）

P.154
▲展望台

Day 3 恩納→名護

 住宿：名護 (詳見 P.82)

早上於恩納暢玩水上活動，然後出發前往萬座毛 (車程約 30 分鐘)。繼而前往名護的 Busena 海中公園 (車程約 20 分鐘)，並於公園內的萬國津梁館午餐，之後參觀海中展望塔與乘搭玻璃底船。最後到 Aeon 名護店購物及吃晚餐，之後駕車回本部町。

P.20
▲在恩納潛水

P.249
▲Aeon名護店

Day 4 本部町→伊江島

 住宿：那霸 (詳見 P.73)

早上出發前往沖繩美麗海水族館 (車程約 40 分鐘)，並在此午餐。之後前往本部港碼頭購票上船往伊江島 (可連同車輛一起乘船)，4 月可漫步百合花田，其他月份可觀賞大紅花；在伊江島吃伊江牛後，再返回那霸。

P.282
▲伊江島的百合花田

Day 5 豐見城→那霸機場

早上乘車至 Okinawa Outlet Mall Ashibinaa，內有收費儲物櫃，可先把行李寄存再閒逛及購買減價名牌貨品。有時間的話還可逛附近的購物中心 Tomiton 繼續搜購心愛貨品。

中午於 Okinawa Outlet Mall Ashibinaa 或 Jef 吃過午餐後，轉車前往機場準備回家。

P.163
▲Jef 吃苦瓜漢堡包

 行程8 **5天石垣陽光離島遊** 自駕遊

Day 1 香港→沖繩→那霸 住宿：那霸（詳見 P.73）

抵達那霸機場後，乘搭單軌列車或機場巴士，前往已預約的住宿安頓好後，暢遊國際通與第一牧志公設市場，並於此晚餐。

Day 2 石垣島→西表島→由布島 住宿：石垣（詳見 P.85）

沖繩乘飛機出發至石垣（飛行時間約 1 小時），再乘巴士前往石垣島酒店放下行李，之後轉至石垣離港碼頭（巴士前往石垣市中心約 20 分鐘）。

乘船由石垣島至西表島大原港（船程約 35 分鐘），至 Orix 租車出發往由布島（車程約 30 分鐘）。

於由布島午餐後，出發前往星砂之濱（車程約 50 分鐘），遊覽完畢後再駕車前往上原港（車程約 20 分鐘）。

乘船從西表島至石垣島（船程約 40 分鐘），閒逛石垣公設市場後並於附近晚餐。

P.365
由布島

Day 3 石垣島→波照間島 住宿：波照間島

至 OTS 石垣分店取車，出發前往平久保崎（車程約 40 分鐘）。

再轉往川平灣（車程約 1 小時），並乘坐玻璃船，繼而於附近午餐。

出發前往石垣島鐘乳洞（車程約 30 分鐘），然後可先歸還租借車子（車程約 15 分鐘），再轉乘接駁巴士前往碼頭。

乘船從石垣島至波照間島（船程約 1 小時），乘坐入住民宿的接送巴士前往民宿。

租借單車開始波照間島的環島之旅，晚上可欣賞如寶石般的星空；在波照間島吃晚飯。

P.342
▲石垣島鐘乳洞

P.352
▲平久保崎

Day 4 竹富島→石垣島→那霸 住宿：那霸（詳見 P.73）

乘船從波照間島至石垣島（船程約 1 小時），可先把行李寄存在收費儲物櫃，再轉乘船由石垣島至竹富島（船程約 10 分鐘）。於碼頭租借單車作環島遊，並於島上午餐。

乘船從竹富島返回石垣島（船程約 10 分鐘），並乘搭巴士（車程約 20 分鐘）至石垣機場返回那霸（飛行時間約 1 小時），在那霸國際通吃晚飯。

P.353
▲在竹富島單車遊

Day 5 豐見城→那霸機場

早上乘車至 Okinawa Outlet Mall Ashibinaa，內有收費儲物櫃，可先把行李寄存再開遊及購買減價名牌貨品。有時間的話還可逛附近的購物中心 Tomiton 繼續搜購心愛貨品。中午於 Okinawa Outlet Mall Ashibinaa 或 Tomiton 吃過午餐後，轉車前往機場準備回家。

沖繩全境地圖

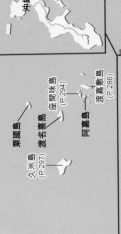

N

伊平屋島
伊是名島
沖繩本島

⊕

© 跨版生活圖書出版

沖繩本島放大圖

國頭村
(P.274)

名護市 (P.234)

今歸仁村
(P.269)

本部町
(P.258)

伊江島 (P.280)

瀨底島 (P.267)

宜野座村
(P.192)

伊計島 (P.195)

宮城島
(P.195)

平安座島 (P.195)

恩納村 (P.223)

讀谷村
(P.217)

宇流麻市

北谷町
(P.202)

北中城市 (P.187)

中城村

浦添市 (P.196)

那覇市 (P.94)

沖繩市 (P.212)

宜野灣市 (P.196)

久高島

豐見城市 (P.158)

南城市 (P.173)

糸滿市 (P.166)

10公里

粟國島

渡名喜島 (P.297)

久米島
(P.297)

座間味島 (P.294)

阿嘉島

渡嘉敷島 (P.286)

宮古島
(P.381)

來間島
(P.392)

伊良部島 (P.401)

下地島 (P.404)

水納島

多良間島

石垣島
(P.324)

由布島
(P.365)

竹富島 (P.353)

黑島

鳩間島

西表島
(P.360)

新城島

波照間島
(P.369)

與那國島
(P.374)

20公里

圖例

沖繩自動車道
那霸空港自動車道

47

3

PART 3

遊沖繩
實用資料

·沖繩基本旅遊資訊·

到沖繩旅遊，一般都認為只有陽光與海灘，其實沖繩有許多歷史古蹟、美食與文化值得遊覽。沖繩擁有美麗的大海與大量的珊瑚礁，屬世界級潛水勝地。島上單是世界遺產已有9個之多，吸引許多國內外遊客前往旅遊。以下是沖繩的基本資料，看看能否讓你心動，來一次沖繩之旅？

沖繩小資料

地理位置：日本的西南面，連同石垣與周邊一帶的島嶼，統稱為琉球群島
總人口：約 140 餘萬，島上居民的平均壽命更是日本之冠
天氣：鄰近亞熱帶區域，冬天平均氣溫達 18℃，屬熱帶海洋氣候，與香港及台灣十分相近
語言：日文為主，部分旅遊熱點的餐廳設有英文或中文餐牌
時差：比香港及台灣快 1 小時
電壓：與日本一樣為 110V，需使用兩腳扁型插頭 (見右圖)
貨幣：日本的貨幣單位為日元
紙幣分為￥10,000、￥5,000、￥2,000 與￥1,000；
硬幣分為￥500、￥100、￥50、￥10、￥5 與￥1

緊急電話

事項	撥打電話
日本警察熱線	110
日本警察英語熱線	3501 0110
海難事故熱線	118
火警與召喚救傷車熱線	119
香港入境處熱線	(852)1868
中華人民共和國駐日本大使館	033-403-0924
為外國觀光客而設的 免費電話諮詢中心 (中文)	0570-077202

TIPS!

日本於2019年起，向各入境旅客收取￥1,000(HK$65)的國際觀光旅客稅，2歲或以下兒童及過境旅客則不在此列。2020年起，日本落實塑膠袋收費政策，購物用塑膠袋會收取￥3-5(HK$0.2-0.3)不等的膠袋稅。

沖繩四季天氣

沖繩的天氣與日本大不相同，大部分時間都比較炎熱與潮濕，夏季及初秋更會有颱風吹襲！出發前可往日本的天氣網頁查看一下最新天氣，再計劃自己的行程。

全年平均氣溫

	1月	2月	3月	4月	5月	6月	7月	8月	9月	10月	11月	12月
平均溫度 （℃）	17	18.6	20.4	20.6	23.7	27.9	29.4	29.6	28.3	25.3	21.3	17.3

四季穿衣小錦囊

沖繩的春冬兩季氣溫較低，雖然不至於帶備羽絨，但到海邊或海岬的話還是相當寒冷，因此謹記帶備厚身外套。至於夏秋兩季，基本上與香港及台灣大同小異，短袖Tee加上短褲，甚至小背心都十分合適。當然，不要忘記帶泳衣到海中暢泳一番！沖繩的天氣既潮濕又炎熱，夏天到郊外的話，記着帶備防曬用品，也要準備充足的飲料補充水份，以防中暑。

日本氣象協會：tenki.jp (日)

TIPS!

沖繩自然災害即時資訊

位處西太平洋的沖繩，每年被熱帶氣旋侵襲的次數不少，特別是8月至10月。熱帶氣旋吹襲沖繩期間，巴士、單軌電車、輪船及航空可能全日停止運作；夏天的沖繩也經常出現雷暴、暴雨等天氣。位於地震帶的沖繩偶爾也有地震，當然強度不及日本本島般高，但也不容忽視。

為了確保觀光客的安全，沖繩當局推出一個發送自然災害訊息的電子郵件服務，除了即時通知使用者有關地震、海嘯等大規模自然災害的情報外，也有大雨、洪水、暴風、山泥傾瀉等惡劣天氣警報。
www.mlit.go.jp/river/bousai/olympic/tw/prepare04/index.html

►每區都有的海嘯避難場所的指示牌，當發生海嘯時能盡快逃到安全場所。(攝影：嚴潔盈)

► 在沖繩街頭的燈柱常見海嘯警告牌，當發出海嘯警報時，可知道該處是否會受影響。例如，若海嘯警告高於12米，即表示此警告牌一帶將會受影響，遊人需到最近的避難中心避難。(攝影：嚴潔盈)

日本法定假期

除了要知道右方的日本法定假期日子外，日本每年4月底至5月初的一星期為黃金週，這段期間大部分日本國民都會休假四出到國內旅行，若你這段時間到訪沖繩的話，要有人多擠逼與旅館客滿的心理準備喔！

日本每年法定假期可參考內閣府：
www8.cao.go.jp/chosei/shukujitsu/gaiyou.html (日)

法定假期	2024 年
元旦 (元日)	1 月 1 日
成人之日 (成人の日)	1 月 8 日
* 建國記念日 (建国記念の日)	2 月 11 日
天皇誕生日 (天皇誕生日)	2 月 23 日
春分之日 (春分の日)	3 月 20 日
昭和之日 (昭和の日)	4 月 29 日
憲法記念日 (憲法記念の日)	5 月 3 日
綠之日 (みどりの日)	5 月 4 日
* 子供之日 (こどもの日)	5 月 5 日
海之日 (海の日)	7 月 15 日
* 山之日 (山の日)	8 月 11 日
敬老之日 (敬老の日)	9 月 16 日
* 秋分之日 (秋分の日)	9 月 22 日
體育之日 (体育の日)	10 月 14 日
* 文化之日 (文化の日)	11 月 3 日
勤勞感謝之日 (勤労感謝の日)	11 月 23 日

* 翌日為補假。

退稅

現時在日本，無論購買消耗品或非消耗品，只要一天內購買總額滿￥5,000(不含稅)都可以退稅！要留意，這些可退稅的物品，須於30天內帶出日本，而且不可在離開日本之前打開或使用，否則就不能退稅了！

國內外打電話方法

可在出發前向電訊供應商申請漫遊服務，抵達日本後即可使用當地電話網絡及4G上網服務。於本地出發前通過電訊公司提供的手機app或網站預購數據漫遊。(詳情見 P.52)

從香港致電沖繩：
電訊供應商的長途電話字頭 + 81(日本國家區號) + 98(沖繩地區區號) + 電話號碼

從沖繩致電回港：
電訊供應商的長途電話字頭 + 852(香港地區區號) + 香港電話號碼

從沖繩地區直撥當地電話：
直接撥打 098 字頭的電話號碼即可

實用網址

沖繩觀光會議局	www.visitokinawa.jp
沖繩防災情報網站	www.bousai.okinawa.jp.cache.yimg.jp
沖繩 2Go！	tc.okinawa2go.jp
日本國家旅遊局	www.welcome2japan.hk
日本氣象協會	tenki.jp
石垣市觀光協會	www.yaeyama.or.jp
西表島之綜合情報	www.iriomote.com/web/
日本 Google 地圖	maps.google.co.jp
日本地圖	www.mapfan.com
Yahoo! 地圖	map.yahoo.co.jp/maps

免費實用Apps推介

App 名稱：是日日本 (旅遊資訊)

適用平台：iOS、Android 系統

語言：中文

App 名稱：Google Map(地圖 & 交通)

適用平台：iOS、Android 系統

語言：中文

App 名稱：日本旅遊 (交通)

適用平台：iOS、Android 系統

語言：中文
*App 內購買

App 名稱：バスなび沖繩 (查詢巴士路線)

適用平台：iOS、Android 系統

語言：日文

App 名稱：Google 翻譯 (翻譯)

適用平台：iOS、Android 系統

語言：中文

App 名稱：tenki.jp(天氣)

適用平台：iOS 系統
*Android 系統可在當地下載

語言：日文

沖繩醫療資訊

在外地最麻煩的事莫過於生病或受傷了，若不幸遇上可按自己所在地區聯絡附錄 P.409表中的醫療機構，只是這些機構多需要以日文溝通，若不會日文，建議找酒店職員幫忙聯絡，酒店職員甚至可提供附近診所的建議。若你是住民宿或一時之間找不到酒店職員的話，也可使用沖繩觀光會議局的免費中文咨詢服務，有關資料如下。或可到公益財團法人沖繩縣國際交流・人才育成財團的網站內搜尋提供外語服務的醫院資訊：

沖繩觀光會議局的免費中文咨詢
電話：0570-077202
網址：tc.visitokinawa.jp

沖繩縣外国語対応医療機關
網址：kokusai.oihf.or.jp/medicalinfo/

若是沒有保險的外國遊客到當地醫院的話，醫療費用可能較貴。若是小病可以到當地診所求醫，但要事先請酒店職員問清楚該診所可否以外語溝通，有些診所醫生會以右圖的問診表格和病人溝通，以達到斷診的目的。以筆者經驗，普通內科的醫生費約三四千日元，另加藥物費，總體來說，收費比香港略貴一些，但相差不太大，不過等候時間頗長，可超過兩小時。另原來日本的醫生也會開漢方藥物(中藥)給病人服用，當然以上所述情況只能參考，詳情都會視乎病情和個別醫生而定。

(圖文：蘇飛)

▶用於問診的表格有英文和漢字，以便醫生了解病情。

• 隨時隨地在沖繩上網！•

隨着智能手機流行起來，不少朋友就算身處海外都會「機不離手」，希望將最新狀態上載與朋友分享。在日本想無時無刻都可上網查詢資料，較多遊客使用的是以下介紹的Wi-Fi Router(即Wi-Fi蛋)及b-mobile上網卡：

1. Japan Wireless

japan-wireless.com

在日本租借Wi-Fi Router，可以考慮Japan Wireless，因為網頁提供英文版本供遊客租借。租借最便宜的Mobile Wi-Fi Router，無限量上網，5天4夜的方案只需￥4,150(HK$269)，連同￥500(HK$32)運費也不過￥4,650(HK$302)，最多可同時連接5部裝置。另有多款速度更快的選擇，詳見官方網頁。預約方法非常簡單，只需填上收取Wi-Fi Router的日本地址(建議租借前先知會酒店有關代收取郵包事宜)，到酒店Check-in時酒店職員便會轉交郵包給你！

◀▲郵包內包括Wi-Fi Router、USB充電線、充電插座及一個備用電池，附有一個藍色公文袋，待歸還時把所有配件放進去，再放入就近郵箱即可。

◀開啟Wi-Fi Router後，再以自己的裝置搜尋Router並輸入貼在上方的密碼，即可使用！

詳細租借程序如下：

▲先到Japan Wireless的網站，按左上角的「Products」。

▲網站會列出多款Wi-Fi Router，選取租借型號後，按「Order」。

▲填寫表格，記着要輸入正確的電郵地址、入住酒店名稱及其中一位住客名字。

▲輸入完畢後，網站會轉至Paypal讓你輸入信用卡資料付款。然後等待確認電郵即可。

2. 香港購買數據漫遊服務

除了啟用電訊公司提供的漫遊服務，還可以按個人需要選購漫遊數據，只需到電訊公司的手機app或網站即可購買，十分方便快捷。以3HK為例，其所提供的「自遊數據王 7日PASS」可於7日內以HK$98在多個國家地區使用4G或5G數據服務，無需更換SIM卡，可保留原本電話號碼，還能將數據分享給朋友。其他電訊公司亦提供類似計劃，詳細及各家公司的優惠可到其網站閱覽。

ℹ️ 數據漫遊服務INFO
3香港 自遊數據王
🌐web.three.com.hk/roaming/ric/index.html
csl. 數據漫遊日費
🌐www.hkcsl.com/tc/data-roaming-day-pass/
smartone 漫遊數據全日通
🌐www.smartone.com/tc/mobile_and_price_plans/roaming_idd/data_roaming_day_pass/charges.jsp

3. Wi-Fi Walker

www.otsinternational.jp/otsrentacar/cn/rental/wifi

OTS租車公司除了提供租車服務外，更提供Wi-Fi Walker的出租服務，可於租車時同時在網頁預約(詳見P.67)。讓你與同行者一起在旅程中，隨時利用智能手機或手提電腦連接Wi-Fi上網。價格方面，租用5天(120小時內)只需￥2,000(HK$130)，如需要租借更長時間，每天多付￥1,000(HK$65)。Wi-Fi Walker的出租服務只限在那霸機場的臨空豐崎營業所。如果想在其他營業所還機，如DFS營業所，租借時須付￥5,000(HK$325)押金，在還機時退還。

4. 購買b-mobile 上網卡

www.bmobile.ne.jp/english/bmarket.html

b-mobile為一家日本電訊公司，現時特意為遊客提供名為Visitor Sim的21天5GB上網卡（可參考下表），遊客只需於出發前在網上訂購，便可於機場或酒店取得，若選擇在機場取卡的話需要另付￥216(HK$14)手續費用，同時亦要注意個別機場的營業時間。

卡種	價錢	通話	上網	電郵
b-mobile Visitor Sim 21 days prepaid	連稅 ￥3,480 (HK$226)	不可直接通話，但可透過 LINE 或 Skype 通話	可以	可以

* 上網卡均有 Micro Sim 及 Nano Sim 供遊客選擇。

訂購過程

各機場郵政署位置及時間可瀏覽：
www.bmobile.ne.jp/english/aps_top.html

STEP 1

▲ 先到 b-mobile 的英文網站，在中間表格選擇 Visitor SIM Official site 下面的 "Online store"，即透過 b-mobile 官網購買。

STEP 2

▲ 選擇需要的 SIM 卡尺寸，並選擇於酒店或機場取卡。雖然大部分酒店都願意為客人收取包裹，但若選擇直接寄往酒店的話，最好先通知酒店比較安心。另外若選擇在機場郵政署 (Post Office) 取卡需要另付￥216(HK$16) 手續費，並要留意郵政署在不同機場的營業時間。

STEP 3

▲ 細看各項條款後，按 "Next"，並按下方的 "Fill in your information"。

STEP 4

▲ 填上個人資料，包括姓名及酒店地址等，然後以信用卡付款。完成後便會收到電郵通知，最後到酒店登記入住時，酒店職員就會把卡轉交給你，或可在機場郵政署取卡。

STEP 5

▲ 每張 SIM 卡均有一個獨立編號，以供客人隨時到 b-mobile 的網站查詢剩餘用量，有需要的話可於 14 天後於網站充值再繼續使用。

TIPS!

沖繩不少景點均提供免費Wi-Fi服務，若景點有出示以下貼紙，即代表該處有免費Wi-Fi。你亦可瀏覽以下網址，以地圖查詢最近的免費Wi-Fi點。

www.naha-navi.or.jp/zh_tw/sitepage/wi-fi/

FREE
NAHA Wi-Fi

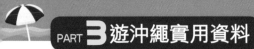

・輕鬆辦妥！出發往沖繩・

日本入境教學

Visit Japan Web提交資料

現時入境日本雖也可在搭飛機時填寫入境表格，但要走快速通道要用Visit Japan Web網上提交入境審查表格、海關申報表，然後在過海關時出示Visit Japan Web的QR Code就可以快速通道過關。Visit Japan Web使用步驟如下：

Visit Japan Web：www.vjw.digital.go.jp

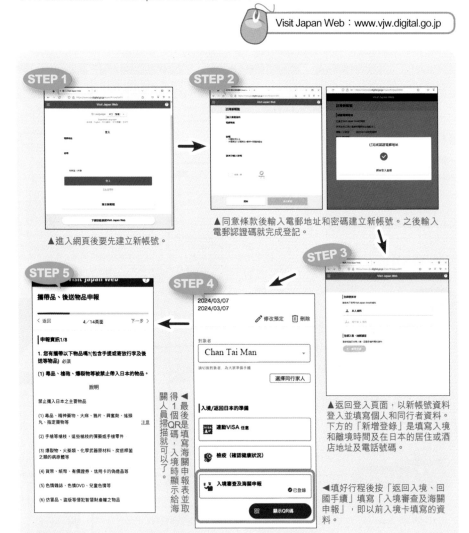

STEP 1

▲進入網頁後要先建立新帳號。

STEP 2

▲同意條款後輸入電郵地址和密碼建立新帳號。之後輸入電郵認證碼就完成登記。

STEP 3

▲返回登入頁面，以新帳號資料登入並填寫個人和同行者資料。下方的「新增登錄」是填寫入境和離境時間及在日本的居住或酒店地址及電話號碼。

STEP 4

2024/03/07
2024/03/07

✏ 修改預定　🗑 刪除

對象者

Chan Tai Man

請切記對象者，為大眾準備手機

選擇同行家人

入境/返回日本的準備

連動VISA 任意

檢疫（確認健康狀況）

入境審查及海關申報　　✅ 已登錄

顯示QR碼

▲最後填寫海關申報表並取得1個QR碼，入境時顯示給海關人員掃描就可以了。

◀填好行程後按「返回入境、回國手續」填寫「入境審查及海關申報」，即以前入境卡填寫的資料。

STEP 5

攜帶品、後送物品申報

< 返回　　　4/14畫面　　　下一步 >

申報資訊1/8

1. 您有攜帶以下物品嗎?(包含手提或寄放行李及後送等物品) 必須

(1) 毒品、槍砲、爆裂物等被禁止帶入日本的物品。

說明

禁止攜入日本之主要物品

(1) 毒品、精神藥物、大麻、鴉片、阿爸剔、搖頭丸、指定藥物等

(2) 手槍等槍枝，這些槍枝的彈藥或手槍等零件

(3) 爆裂物、火藥類、化學武器原材料、炭疽桿菌之類的病原體等

(4) 貨幣、紙幣、有價證券、信用卡的偽造品等

(5) 色情雜誌、色情DVD、兒童色情等

(6) 仿真品、盜版等侵犯智慧財產權之物品

入境表格：入境記錄卡及海關申告書樣本

外國旅客入境日本需填寫外國人入境記錄與海關申告書。其中外國人入境記錄於入境時與護照一起交給入境處職員便可，而海關申告書則於領取行李後離開時交給海關人員，每組旅客(如一家人)遞交一張便可。

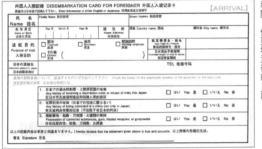

► 海關申告書 A 面，如所攜帶的物品要報關，便要填寫背後的 B 面。

► 海關申告書 B 面。

▲外國旅客入境日本需填寫外國人入境記錄。

直飛沖繩的航班選擇

由香港直飛沖繩那霸機場，約需2小時25分鐘；而由台北桃園機場直飛沖繩那霸機場，約需1小時30分鐘。

香港←→沖繩本島

	去程時間	回程時間	班次
香港航空	07:15 起飛，11:00 到達（日本時間）	12:00 起飛（日本時間），13:45 到達	每天
	11:15 起飛，15:00 到達（日本時間）	/	每天
香港快運	07:00 起飛，10:35 到達（日本時間）	11:30 起飛（日本時間），13:10 到達	每天

*以上航班時間僅供參考，最新的航班時間請向航空公司查詢。

台北←→沖繩本島

	去程時間	回程時間	班次
中華航空	08:05 起飛，10:40 到達（日本時間）	11:50 起飛（日本時間），12:30 到達	每天
樂桃航空	09:35 起飛，12:20 到達（日本時間）	08:15 起飛（日本時間），08:50 到達	每天
	02:35 起飛，17:20 到達（日本時間）	13:20 起飛（日本時間），13:55 到達	每天
虎航	06:50 起飛，09:20 到達（日本時間）	10:10 起飛（日本時間），10:40 到達	每天
長榮航空	06:45 起飛，09:15 到達（日本時間）	10:15 起飛（日本時間），10:55 到達	每天
	12:00 起飛，14:30 到達（日本時間）	15:30 起飛（日本時間），16:10 到達	每天

香港航空：
www.hongkongairlines.com
樂桃航空：
www.flypeach.com
中華航空：
www.china-airlines.com
長榮航空：
www.evaair.com
虎航：
www.tigerairtw.com

TIPS!

航空公司的官方網頁不時推出機票優惠，如樂桃航空、中華航空及香港航空，隨時買到超抵的來回機票！除了留意官方網頁的公佈外，航空公司的Facebook專頁也會預告各項限時優惠，不要錯過啊！

香港航空 www.hongkongairlines.com
中華航空 www.china-airlines.com
樂桃航空 www.flypeach.com

基本資訊 · 上網 · 航班 · 機場 · 交通 · 自駕 · 酒店

・那霸機場・

全新面貌 那霸機場際內連結航廈

　　那霸機場為沖繩本島唯一的國際機場，分為國際線航廈與國內線航廈，前往石垣島等八重山諸島的旅客均在國內線航廈出發。以往廉航飛沖繩需經LCC航廈再轉乘巴士到主航廈，但2019年沖繩啟用際內連結航廈，將國內線與國際線相連。

　　際內連結航廈1樓是入境大廳，2樓是出境及保安檢查處，而辦理登機手續的櫃檯統一位於3樓，亦因應國外航空公司需求，引進自助登記設備，減少旅客登機所需時間。4樓則是美食餐廳和觀景台。際內連結航廈2樓的Yuinichi St.還進駐多間手信、禮品店和餐廳，購物、用餐的選擇亦變得多樣。

▲那霸機場上空。

▶租借WiFi蛋的櫃檯。

◀2樓的Yuinichi St.連接國際、國內航廈，這裏還有各式各樣的手信店、藥妝店和食店。

▲2-4樓都有不少商店、餐廳。食店主要集中在4樓的Food Court。

▶Yuinichi St.內的手信店。

◀▲[oHacaoete]的蛋糕和水果撻十分出名！

▲無印良品都有。

▲▶中庭有比卡超的裝飾。

ℹ INFO
📍沖繩縣那霸市鏡水150番地
☎(國內線)098-840-1179
　(國際線)098-840-1350
🌐www.naha-airport.co.jp/zh-hant/

（撰文：HEI，攝影：蘇飛）

航廈內推介餐廳

辣度刺激味蕾 CRAZY SPICE

Crazy Spice主要售賣印式咖哩和其他辛辣食物。這裏的湯咖哩源自札幌及附近地區，不似普通咖哩稠密，而是用香料和高湯做成像湯一樣的清爽咖哩湯汁，口味比較偏向印度、尼泊爾。CRAZY SPICE 的湯咖哩可以自行選擇辣度，如果對辣有自信心的可以去挑戰一下喔。

ℹ INFO
⌂國際線區 4F美食廣場
🕐10:00～21:00

(撰文：HEI，攝影：蘇飛)

▲ Crispy Fried Chicken Soup Curry，相當美味，￥1,280(HK$75)。

▲店面裝飾很有熱帶風情。

沖繩必食餐肉蛋飯糰 pork tamago onigiri

沖繩的人氣餐肉蛋飯糰在那霸機場也有分店，而且還有2間，分別在國際線4/F、國內線1/F。餐肉蛋飯糰正如其名，是夾在午餐肉和雞蛋之間的飯糰三明治，而每間分店都有該分店的限定口味，如魯肉飯、吉列雞肉、印度烤雞等口味。

▲ 炸蝦塔塔醬飯糰，￥750(HK$44)。

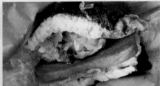

▲ 苦瓜天婦羅飯糰，￥600(HK$35)。

ℹ INFO
⌂國際線區 4F美食廣場　📞098-966-4351
🕐平日08:00-14:00，星期六日08:00-16:00

▶ 有很多人在排隊。

(撰文：HEI，攝影：蘇飛)

香港人熟悉的味道 吉野家 (那霸空港店)

吉野家牛肉蓋飯、烏冬和咖哩味道對香港人來説應該不陌生，剛到埗或等登機時想吃點東西填填肚子，可以用熟悉的感覺去點一份牛肉烏冬，或者試試日本店期間限定的特別餐單。

▶牛肉溫泉蛋烏冬，￥690(HK$41)。

ℹ INFO
⌂國際線區 4F美食廣場　📞098-987-4755
🕐09:00～20:00

(撰文：HEI，攝影：蘇飛)

▲ 吉野家。

• 那霸機場往市內的交通 •

　　剛抵達沖繩，不妨先在抵達旅客出口處找觀光案內所(營業時間為09:00-21:00，全年無休)，在這裏不但可取得有用的旅遊資訊，一些免費雜誌內更附有優惠券，可節省旅費呢！

　　作為踏入沖繩的大門，那霸機場的交通完善，由那霸機場通往市區或其他地方，有5種交通方式，包括單軌列車、機場巴士(P.60)、市內巴士、觀光巴士及計程車。

　　前往那霸市中心如國際通、縣廳或旭橋的旅客可選擇乘搭單軌列車(沖繩都市モノレール)、巴士或計程車，價錢從￥230(HK$15)至￥1,200(HK$78)不等，另外，亦有長途巴士供旅客前往中部恩納村一帶。

▲從觀光案內所可取得沖繩最新資訊及地圖，甚至還可得到額外的優惠情報！(相片提供：蘇飛)

1. 單軌列車 (沖繩都市モノレール)

單軌列車：www.yui-rail.co.jp

　　由那霸機場通往市區，可考慮乘搭單軌列車。沖繩不像日本其他地區有JR連接，沖繩縣唯一的鐵路系統是單軌列車，日文是「Yui-Rail」（ゆいレール），總共19個車站，主要連結那霸機場至那霸市的周邊地區，最遠至浦添。

▲單軌列車行駛於那霸市內各主要景點。(攝影：嚴潔盈)

▲搭乘時保持安靜，先讓乘客下車再慢慢上車。(攝影：嚴潔盈)

▲高架路軌。(攝影：蘇飛)

▲「Yui-Rail」單軌列車。(攝影：蘇飛)

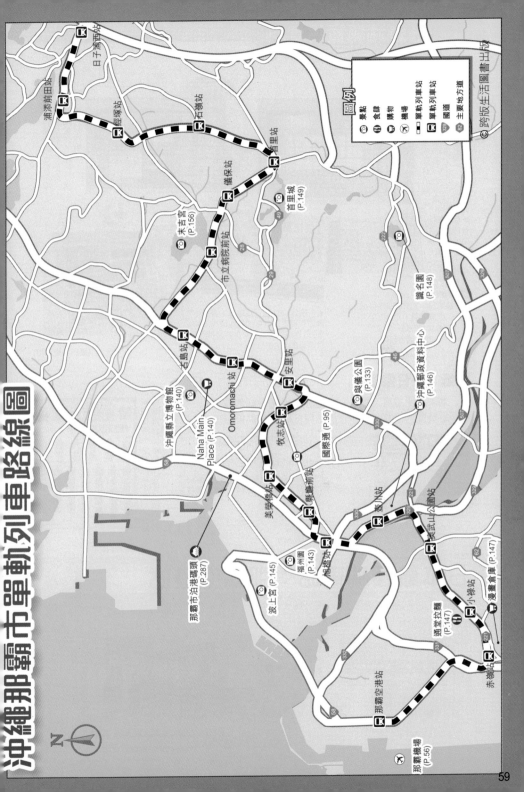

沖繩那霸市單軌列車路線圖

日子浦前西站

浦添前田站

經塚站

石嶺站

首里站

儀保站

末吉宮 (P.156)

市立病院前站

首里城 (P.149)

識名園 (P.148)

沖繩縣立博物館

古島站

Omoromachi站

安里站

與儀公園 (P.133)

沖繩縣政資料中心 (P.146)

Naha Main Place (P.140)

沖繩縣立博物館 (P.140)

牧志站

國際通 (P.95)

美榮橋站

縣廳前站

壺川站

奧武山公園站

小祿站

漫畫倉庫 (P.147)

那霸市泊港碼頭 (P.287)

福州園 (P.143)

旭橋站

波上宮 (P.145)

通堂拉麵 (P.147)

赤嶺站

那霸空港站

那霸機場 (P.56)

59

單軌列車如何購票？

STEP 1

▶在螢幕上先按目的地的車站，「當駅」表示你身處。紅色車站，左方的人形公仔表示你身處。按鈕為購票數量。

STEP 2

◀螢幕隨即會出現需要支付的金額，即使身上只有紙幣也不要緊，購票機設有找贖。

▶單程票上有日期、入閘地點與車票的價錢。

i INFO
- **$** ¥230-¥370(HK$14-22)，小童半價
- **○** 06:00-23:55（尾班車開出時間：23:30）

▲若購買1日或2日乘車券，車票上會印有可使用車票的最後時間。圖為2日乘車券，最後可使用時間是1月31日的16:18。

STEP 3

◀購票完成了！

(攝影：嚴潔盈)

勁抵！一日乘車券

　　為了方便遊客，車站售票處亦有出售不同的乘車券，除了節省時間與金錢外，部分景點與食肆更提供折扣優惠。

一日乘車券（24 小時）	成人¥800(HK$52)，小童¥400(HK$26)
兩日乘車券（48 小時）	成人¥1,400(HK$91)，小童¥700(HK$45)
一日巴士加單軌乘車券（バスモノパス）	成人¥1,000(HK$65)，小童¥500(HK$32)（一日內無限次乘搭單軌列車與那霸巴士市內線）

*12歲以上小童須購買成人票

◀一日巴士加單軌乘車券，購買時職員會替你刮走銀色的部分來辨識使用日期。

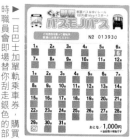

日本最西端車站：那霸空港站

　　那霸空港站位於那霸機場國內線大樓的2樓，是全日本最西端的車站。而一站之隔的赤嶺站則是全日本最南端的車站。

◀首先你需要到國內線大樓搭乘扶手電梯，再到2樓。

◀穿過行人天橋，便會抵達那霸空港單軌列車站。

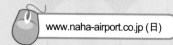

www.naha-airport.co.jp（日）

2. 機場巴士

　　那霸機場設有多條前往那霸、北谷、恩納的高速機場巴士線。巴士依照不同地區劃分成5條路線，旅客只需根據酒店所屬地區選擇路線便可。機場巴士售票處設於國內線機場1樓的詢問處對面，旅客須於乘搭巴士前於售票處購票，再於指定路線的巴士站候車。

ℹ️ INFO
🕙機場巴士售票處10:00-18:00　💲票價以距離計算，從￥230(HK\$17)至￥2,550(HK\$150)不等
🌐okinawabus.com/wp/ls

*以上車費都是從那霸機場出發計算　*成人=中學生或以上　，兒童＝3歲以上至小學生

A地區(Aエリア)

班次時間：
機場出發 11:32、13:32、15:42、17:42
前往機場 8:40、9:40、10:40、13:40、15:40

*每年的班次時間略有不同，詳情請參考網址

▶Vessel Hotel Campana。

途經車站	成人車費	兒童車費
1. 單軌列車旭橋站	￥490(HK\$29)	￥250(HK\$15)
2. 沖繩王子大飯店 海景宜野灣		
3. Laguna Garden Hotel	￥540(HK\$32)	￥270(HK\$16)
4. The Beach Tower	￥730(HK\$43)	￥370 (HK\$22)
5. Vessel Hotel Campana (P.79)		
6. La'gent Hotel Okinawa Chatan		
7. Hilton Hotel Okinawa Chatan Resort		

B地區 (Bエリア)

班次時間：
機場出發11:42、12:42、13:42、18:12
前往機場8:30、9:30、10:30、15:10
*每年的班次時間略有不同，詳情請參考網址

途經車站	成人車費	兒童車費
1. 那霸巴士總站 (旭橋)	￥1,430 (HK\$84)	￥720 (HK\$42)
2. 沖繩島萬麗度假酒店	￥1,530 (HK\$90)	￥770 (HK\$45)
3. Best Western Okinawa Onna Beach		
4. 沖繩殘波岬皇家度假酒店 (P.79)		
5. 日航 Alivil 酒店		
6. 讀谷巴士總站		

C地區 (Cエリア)

班次時間：
機場出發 11:52、12:52、13:52
前往機場 8:50、9:50、10:50

*每年的班次時間略有不同，詳情請參考網址

途經車站	成人車費	兒童車費
1. 那霸巴士總站 (旭橋)	￥1,430 (HK\$84)	￥720 (HK\$42)
2. The Moon Beach Museum Resort	￥1,530 (HK\$90)	￥770 (HK\$45)
3. Hotel Monterey Okinawa Spa & Resort		
4. Kafuu Resort Fuchaku Condo • Hotel(P.80)		
5. Sheraton Okinawa Sun Marina Resort(P.81)		
6. Rizzan Sea Park Hotel Tancha-Bay(P.81)		
7. ANA Intercontinental Manza Beach Resort(P.80)	￥1,630 (HK\$96)	￥820 (HK\$48)

基本資訊　•　上網　•　航班　•　機場　**交通**　•　自駕　•　酒店

CD地區 (CDエリア)　班次時間：機場出發 15:22、16:22、18:22

途經車站	成人車費	兒童車費
那霸巴士總站（旭橋）		
The Moon Beach Museum Resort	¥1,430(HK$84)	¥720(HK$42)
Hotel Monterey Okinawa Spa & Resort		
Kafuu Resort Fuchaku Condo・Hotel(P.80)		
Sheraton Okinawa Sun Marina Resort(P.81)	¥1,530(HK$90)	¥770(HK$45)
Rizzan Sea Park Hotel Tancha-Bay(P.81)		
ANA Intercontinental Manza Beach Resort		
星野リゾート BEB5 沖繩瀨良垣 (P.24)	¥1,630(HK$96)	¥820(HK$48)
沖繩瀨良垣島凱悅酒店		
Halekulani Okinawa		
Ocean Spa Kariyushi	¥1,940(HK$114)	¥970(HK$57)
The Busena Terrace Beach Resort		
沖繩東方酒店渡假村及水療中心	¥2,040(HK$120)	¥1,020(HK$60)
金秀喜瀨海灘宮殿酒店		

D地區 (Dエリア)

班次時間：

前往機場 8:10、10:10、12:00

*每年的班次時間略有不同，詳情請參考網址

途經車站	成人車費	兒童車費
那霸巴士總站（旭橋）		
星野リゾート BEB5 沖繩瀨良垣 (P.24)	¥1,630 (HK$96)	¥820 (HK$48)
沖繩瀨良垣島凱悅酒店		
Halekulani Okinawa		
Ocean Spa Kariyushi	¥1,940 (HK$114)	¥970 (HK$57)
The Busena Terrace Beach Resort		
沖繩東方酒店渡假村及水療中心		
沖繩島麗思卡爾頓酒店	¥2,040 (HK$120)	¥1,020 (HK$60)
金秀喜瀨海灘宮殿酒店		

DE地區(DEエリア)

班次時間：

機場出發11:22、12:22、13:22

前往機場15:10、16:10、17:10

*每年的班次時間略有不同，詳情請參考網址

◀名護巴士總站。

途經車站	成人車費	兒童車費
那霸巴士總站（旭橋）		
ANA Intercontinental Manza Beach Resort	¥1,630 (HK$96)	¥820 (HK$48)
星野リゾート BEB5 沖繩瀨良垣 (P.24)		
沖繩瀨良垣島凱悅酒店		
Halekulani Okinawa		
Ocean Spa Kariyushi	¥1,940 (HK$114)	¥970 (HK$57)
The Busena Terrace Beach Resort		
沖繩東方酒店渡假村及水療中心	¥2,040 (HK$120)	¥1,020 (HK$60)
沖繩島麗思卡爾頓酒店		
金秀喜瀨海灘宮殿酒店	¥2,140 (HK$126)	¥1,070 (HK$63)
名護巴士總站		
紀念公園前巴士站		
Royal View Hotel Churaumi	¥2,440 (HK$143)	¥1,220 (HK$72)
Orion 本部度假 SPA 飯店		

3. 本島主要巴士路線

如果機場巴士沒有途經你將入住的酒店，或者你打算先到市區，你可於國內線大樓一樓乘搭市內巴士，前往那霸市內或名護等地區。個別巴士班次較為疏落，出發前最好先留意一下時刻表。市內均一車費¥240(HK$14)，其餘則以距離計算。

沖繩共有4間巴士公司，分別為琉球巴士、沖繩巴士、那霸巴士與東陽巴士。大部分有名景點都可乘搭巴士前往，可是部分巴士班次較為疏落，時刻表亦未必準確，因此要花點耐心候車。

以下介紹的6條巴士路線，都是在那霸機場出發：

◀沖繩的巴士和的士。(攝影:蘇飛)

▲那霸巴士的巴士站牌。

琉球巴士、那霸巴士：www.daiichibus.jp　東陽巴士：toyobus.jp
沖繩巴士：okinawabus.com　統合巴士資訊：www.kotsu-okinawa.org

1. 琉球巴士23號 (具志川線)

途經地點：縣前廳北口、國際通，總站為具志川巴士總站
車費：以距離計算，由那霸巴士總站出發，前往具志川巴士總站約為¥1,180(HK$69)
班次：(那霸空港出發) 平日08:38*、08:58*、09:18*、22:13、22:33、22:53、23:13；
　　　　　　　　　星期六、日及公眾假期 21:56*、22:26、22:55、23:15
　　(具志川出發) 05:25-22:00，每15-20分鐘一班車(並非每班車的終點都是那霸空港，詳情請參考網址)

備註：*不經牧志

2. 琉球巴士111號 (高速巴士)

途經地點：那霸巴士總站、總站為名護巴士總站
車費：前往名護約¥2,230(HK$131)
班次：(那霸空港出發) 06:01、06:31、07:31、08:46、11:26、12:21、15:16、15:51、16:21、
　　　　　　　　　16:46、17:46、18:36、19:21、20:16
　　(名護出發) 05:45、06:10、06:45、07:30、08:15、09:00、10:00、11:05、14:05、
　　　　　　　　15:00、16:00、18:45、19:15

3. 琉球巴士120號 (名護空港線)

途經地點：縣廳北口、琉球村、萬座海灘等，總站為名護巴士總站
車費：以距離計算，前往名護巴士總站約¥2,230(HK$131)
班次：(那霸空港出發) 08:45-19:46　**(名護出發)** 05:30-17:30，每30-45分鐘一班車

4. 那霸巴士25號 (普天間空港線)

途經地點：那霸巴士總站、縣廳北口、國際通，總站是普天間
班次：(那霸空港出發) 08:36-21:41，每40-50分鐘一班車
　　(普天間出發) 平日06:30-22:20，星期六、日及公眾假期約06:55-22:00，每40-50分鐘一班車

*班次時間僅供參考，請參閱網站。

5. 琉球巴士99號 (天久新都心線)

途經地點：縣廳北口、國際通，總站是宜野灣營業所

車費：以距離計算，前往那霸市中心約￥240(HK$14)

班次：(那霸空港出發) 平日08:06-20:11，星期六、日及公眾假期08:15-19:50，約40分鐘一班車

　　　(宜野灣營業所出發) 平日06:30-20:25，星期六、日及公眾假期06:45-19:40

6. 琉球巴士113號 (具志川空港線)

途經地點：那霸巴士總站、總站為具志川巴士總站(逢星期日及公眾假期，總站為Aeon Mall Okinawa Rycom)

車費：以距離計算，前往那霸巴士總站約￥240(HK$14)

班次：(那霸空港出發) 平日07:46、08:41、09:31、16:36、17:51；
　　　　　　　　　　星期六07:46、08:21、08:56、16:21、17:11、17:51

　　　(具志川出發) 平日06:00、06:27、14:32、15:45、16:25；
　　　　　　　　　　星期六06:00、06:30、06:55、14:15、15:05、15:37

*班次時間僅供參考，請參閱網站。

TIPS!

長途巴士整理券使用方法

▲（攝影：嚴潔盈）得一張。上車後，在司機旁的位置取整理券，每位乘客取

▲整理券上印有數字。

▲下車時按照車頭的顯示板，根據整理券上的數字付款即可。(攝影：嚴潔盈)

4. 計程車 (タクシー)

▲沖繩的計程車。(攝影：嚴潔盈)

　　機場的計程車分為兩種：近距離與遠距離。前往那霸市、浦添市、南風原町與豐見城，均需要乘搭「近距離」計程車，其他則為遠距離。從機場乘搭計程車前往國際通，約需15分鐘，車費約￥1,600(HK$78)。

　　沖繩本島計程車收費是全日本最便宜的，另設有包車遊覽服務，一般計程車起錶￥560(HK$33)，約1.8公里後每365米或2分15秒後加￥70(HK$4)。日本本島的司機都是穿着整齊西裝，沖繩的司機卻是穿夏威夷恤的呢！

　　從那霸巴士總站出發，一般景點距離與時間可參考右表。

目的地	時間／距離
那霸空港	10分鐘，4公里
舊海軍司令部壕	15分鐘，4公里
Okinawa Outlet Mall Ashibinaa	20分鐘，8公里
首里城	20分鐘，6公里
美國村	40分鐘，18公里
海洋博公園	2小時50分鐘，96公里

・主題觀光巴士・

沖繩市內的巴士班次較疏落，而且需要多次轉車才到達景點，所以沖繩兩間巴士公司都特別推出定期觀光巴士，一日或半日內遊覽沖繩的主要熱門觀光點，雖然導遊全程以日語解說，但如果想節省交通時間、遊覽更多著名景點，定期觀光巴士是不錯的選擇喔！

▼ 行駛路線B的琉球觀光巴士。(攝影：嚴潔盈)

1. 琉球巴士公司

 琉球觀光巴士預約：okinawabus.com/wp/bt/(日)

琉球巴士公司提供4條觀光巴士路線。你可於網上預約或出發當天前往等候處直接參加。無論預約與否，你需要在出發前15分鐘抵達位於縣廳前的集合處。

縣廳前集合處 INFO
- 沖繩縣那霸市泉崎1-10-16
- 1. 從國際通駕車前往，約需3分鐘；
  2. 或乘搭單軌列車至縣廳前站，1號出口步行約5分鐘即達

沖繩世界及戰爭遺址巡禮

行程包括沖繩世界、沖繩平和祈念公園・平和の礎(不包括入場券)、姬百合の塔・優美堂(不包括入場券)、iias沖繩豐崎。

出發時間：(每日出發) 08:30
所需時間：7小時30分鐘
費用：成人￥5,200(HK$306)，小童￥3,100 (HK$182) (包括午餐)

沖繩美麗海水族館與今歸仁城跡

行程包括萬座毛、沖繩美麗海水族館(不包括入場券)、今歸仁城跡與名護鳳梨園。

出發時間：(每日出發) 08:30
所需時間：10小時
費用：成人￥7,300(HK$429)，小童￥3,800 (HK$224)(包括午餐)

中部名勝環遊路線

行程包括東南植物園、勝連城跡、海中道路、海の駅彩橋館、Aeon Mall Okinawa Rycom。

出發時間：(4月至9月每日出發) 08:45
所需時間：7小時
費用：成人￥5,000(HK$294)，小童￥4,500(HK$292)(包括午餐)

2. Hip Hop觀光巴士

Hip Hop觀光巴士預約：hiphopbus.jumbotours.co.jp

路線A：沖繩美ら海水族館&古宇利島、萬座毛、名護菠蘿園路線

行程包括名護菠蘿園、古宇利島、古宇利大橋、海洋博公園・沖繩美ら海水族館、御菓子御殿(恩納店)、萬座毛 *不包括午餐

出發時間：08:10
所需時間：約10 - 11小時
費用：成人(高中生以上)
￥7,000(HK$411)，
小學、初中生
￥5,800(HK$341)，
幼童(3歲以上未就學)
￥4,000(HK$235)

路線B：萬座海底觀察船&備瀨フクギ並木、沖繩美ら海水族館、美濱美國村路線

行程包括海中展望船サブマリン Jr.II、備瀨フクギ並木、海洋博公園・沖繩美ら海水族館、美濱美國村 *不包括午餐，有小食

出發時間：08:30
所需時間：約8-11小時
費用：成人(高中生以上)
￥7,500(HK$441)，
小學、初中生
￥6,500(HK$382)，
幼童(3歲以上未就學)
￥4,500(HK$265)

路線C：去山原吧！國頭村・東村・大宜味村享受大自然路線

行程包括東村Fureai Hirugi Park、國頭港餐廳(午餐)、邊戶岬、大石林山、山原秧雞生態展示學習設施、道之驛大宜味 山原之森遊客中心

出發時間：07:30
所需時間：約10-11小時
費用：成人(高中生以上)
￥12,000(HK$706)，
小學、初中生
￥10,000(HK$588)，
幼童(3歲以上未就學)
￥5,000(HK$294)

基本資訊 ・ 上網 ・ 航班 ・ 機場 ・ 交通 ・ 自駕 ・ 酒店

・自駕遊必識資料・

出發前準備：租車

沖繩有多間租車公司，隨着越來越多香港與台灣遊客到日本自駕遊，就算不懂日文，多間租車公司已提供中、英文網頁供旅客使用，同時一些香港旅行社亦有代客租車的服務。

以下為兩間最多人選用的租車公司：Toyota Rent a Car 及 OTS租車。

TIPS!

別忘記！申請國際駕駛執照

想在沖繩自駕，必先向運輸署申請國際駕駛執照。香港居民需帶同身份證、兩張5cm(長) x 4cm(闊)相片、3個月內發出的住址證明與申請費用HK$80，前往各牌照事務處填妥TD51表格辦理手續後，可即日取得執照。如不能親身前往申請，亦可透過郵遞或網上申請，需時約10個工作天，運輸處會以掛號形式寄回國際駕駛執照給你，執照有效期限為簽發日期起計一年內。另外，租車時也要出示原住地區的駕駛執照正本，別忘了帶啊！ **香港運輸署：** www.td.gov.hk

1. Toyota Rent a Car

豐田是全日本最大型的租車公司，也有中文網上預約租車網頁。綜合經驗所得，豐田租車的GPS較可靠，不過價錢亦是最貴，但你可挑選自己喜歡的車種，相對其他公司較有彈性。大部分車輛只有日語導航與語音訊息，個別分店提供中文及英語導航系統。

rent.toyota.co.jp/eng/

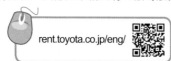

STEP 1 ◀ 進入Toyota Rent a Car網頁後，按「可以指定您想使用的車」的按鈕。

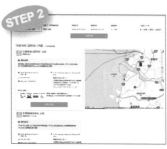

STEP 2 ◀ 選擇取車與還車的地點、日期與時間，以及車輛類型、變速箱與吸煙或非吸煙車輛、GPS語言與四輪驅動系統等，完成後按「搜尋車輛」。

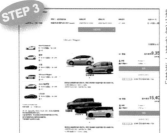

STEP 3 ◀ 選擇要租借的車輛型號，如兩人同行，一般租1,000cc至1,300cc排量便可。要留意車輛只能選擇款式，不能選擇顏色，選擇完畢後按「選擇」。

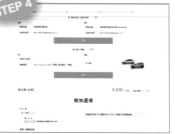

STEP 4 ◀ 再選擇特殊要求項目，例如添加兒童座椅等。

STEP 5

▲Toyota會列出租車的附加選項，以及建議你購買免責賠償保險。

STEP 6

▲最後填寫駕駛者的資料、聯絡電郵、電話與日本地址等，再按「下一頁」。到確認電郵及確認資料後便會收到那霸空港取車便可。若你預約於預約取車處取車的話，別忘了在Toyota的取車處要乘接駁巴士才能到達。

2. OTS租車

　　OTS租車較受台灣旅客歡迎，連台北市都有OTS租車的辦公室，租車中心亦有懂國語的職員接待旅客。部分車輛附有中文版GPS系統，但包含的資料與選擇會較日文版為少。OTS租車並不能指定車輛型號，主要提供車輛牌子包括本田、萬事得與日產等。OTS租車提供不同觀光設施的門票優惠，可向有關職員查詢。

www.otsinternational.jp/otsrentacar/cn/okinawa/ (中)

STEP 1

▲進入OTS的網頁後，在上方選擇打算取車的營業所的按鈕。如打算在那霸機場取車，則選擇臨空豐崎營業所，到時OTS職員會於國際線入境大堂接載旅客前往取車。

STEP 2

▲在下方選擇車輛類型，然後到下一步。

STEP 3

▲網頁列出租車的總費用、出發及還車日期等，亦可於版面選擇取車方法及會否購買安心保險等。OTS亦提供Wi-Fi出租服務，有需要亦可同時於此預約（詳情請見P.53）。按「以此內容預約」繼續。

STEP 4

▲網頁會再次讓顧客確認預約內容，如非OTS的會員，則按綠色「預約」按鈕。

STEP 5

▲填上個人資料後，再按「確認預約內容」便完成整個預約過程，隨即便會收到電郵確認資料與預約編號，列印出來並攜帶資料去取車便可。

・基本資訊　・上網　・航班　・機場　・交通　・自駕　・酒店

出發！沖繩自駕7大注意事項

1. 取車細節

▲ 碰上運氣好的話，説不定能租得一輛新車來過過癮！

1. 那霸機場沒有租車公司的櫃位，所以大部分租車公司均提供免費接駁巴士接送旅客由機場往租車公司取車。OTS會安排職員在國際線航廈等候旅客，其餘如Toyota與Orix則需前往國內線航廈附近再乘搭接駁巴士前往。這三間租車公司在沖繩單軌列車Omoromachi站(おもろまち駅)的DFS T Galleria(P.137)2樓設有櫃位供遊客前往取車。

2. 租車時需要購買意外保險，個別保險的細則可參考租車網站或詢問租車公司職員。一般來說，租車費已包括名為「免責補償保險費」的第三者保險，如發生令他人受傷或物件損毀的事件，這個保險可作出有關賠償。自駕者也可以附加選項的方式購買安心保險，保險費為每日￥500-1,000(HK$32-65)，主要提供如爆胎時更換輪胎、拖車等車輛故障時的額外服務，也會包括因租用車輛損毀期間車輛無法租出、而導致駕駛者須支付營業補償費的賠償。安心保和豪華安心保的主要分別是賠償一次事故還是多次事故，多數駕駛者選擇賠償一次事故就足夠。

3. 取車時職員會引導客人指出車輛上的刮痕以作記錄，另外也要檢查一下車內裝置如CD播放器、車頭燈等是否操作正常。

2. 常用道路標誌

以下是日本常用的道路標誌，與香港的有些不同，出發前先認清楚，自駕時就不會手忙腳亂！

禁止通行

車輛禁止通行

禁止超車

專用通行道

指定方向以外禁止通行

單行道

禁止暫停或停車

禁止停車

限速

禁止回轉

慢駛

停車再開

其他道路標誌可參考以下網頁：www2.tocoo.jp/cn/contents/info/road_sign

3. 沖繩駕駛要點

1. 沖繩自動車道需要收費，在進入自動車道前先取一張「高速道路通行券」(右圖)來計算繳付費用。當離開自動車道時，把通行券連同所需的公路費用交給工作人員便可。

▲ 通行券上寫着進入公路的日期、時間與入口等資料。

2. 沖繩只有一條收費高速公路，連接本島那霸和許田，所以對遊客來說，若非多次往返該路段話，可不用租自動繳費的ETC卡。沖繩的自動車道限速80公里，一般道路為50公里，而島嶼的時速限制更只有30公里。

3. 日本和香港一樣，也是靠左行駛。車輛紅燈亮起時所有車輛都必須停車，除非另有綠色箭頭燈亮着，才可按箭頭方向行駛。不過，在日本某些情況，車輛轉彎的綠燈號及行人綠燈號或會同時亮起，這時候，車輛可依綠燈轉彎，行人亦可依綠燈過馬路，但司機須遵「行人優先」原則，讓行人過完馬路才繼續行駛。

4. 那霸市中心一帶在上下班時間交通會非常擠塞，在這段時間經過這一帶前往機場的話，要預留多點時間。尤其是平日早上07:30-09:00和晚上17:30-19:00這兩段時間，那霸市部分路段會改為僅限公車通行，這時市內最擠塞。

5. 市內馬路有巴士專用行車線，駕駛人士要留心不要誤闖禁區。

6. 駕駛途中萬一遇到意外，必需要報警作記錄(日本警察熱線為110)，保險公司才會負責為事故賠償。

7. 大部分出租車輛的CD播放器都支援MP3檔案，出發前準備你喜愛的歌曲，一邊聽一邊欣賞美麗的風景實為一樂。

8. 日本對酒後駕駛採取零容忍手段，作為司機又想一嚐美酒，可能要留待晚上回酒店後才可。

9. 日本人均十分忍讓，只會在有危險時才會響號，不要為了小小的擠塞就沉不住氣啊！

4. 預防交通事故發生

沖繩雖特別適合自駕遊，但也不可掉以輕心，要預防事故發生，除了不可超速、醉酒駕駛、非法超車及轉線外，在十字路口時也要特別小心，因沖繩道路不像香港，沒有迴旋處，在十字路口轉彎時既要讓路給行人，也要讓路給直行的車輛，並好好使用指揮燈，否則會釀成車禍！沖繩的嚴重交通事故超過4成都在十字路口發生。

▶時，右上角汽車可以左轉的，就是靠司機讓路給行人。行人過馬路的燈號也是綠燈的。

▶右交通燈指示白色車可行，同時也會放行直行車輛，行車時若迎面而來的黑色優先權的車輛若不停下以讓路，這邊有白色先行的直行車的權，就會出現事故。

(圖文：蘇飛)

• 基本資訊
• 上網
• 航班
• 機場
• 交通
自駕
• 酒店

5. 入油須知

日本的油價比香港略為便宜，不同地區的油站收費亦略有不同。另外，日本的油站分為傳統與自助形式，傳統的自會有工作人員替你服務，自助的則由自己負責入油，遇到問題時亦可請工作人員協助。

▲日本著名的油站ENEOS，吉祥物是猴子。

風獅爺日語教室

入油時工作人員都會問客人多個問題，內容主要是「入那一款汽油？」、「需要入多少？」與「如何付款？」等。以下是常用的入油日語：

レギュラー
音為「Regyura」，即英文的Regular，意即一般汽油，大部分出租車均使用該種汽油。

満タン
音為「Mantan」，即替油缸入滿。

カード
音為「Kado」，意思統稱為卡，購物時指使用信用卡付款。

自助入油Step by Step！

看到入油的機器上全也寫着日文有點害怕？不用擔心，只要跟着以下步驟就沒問題的啦！遇着有問題的話亦可請工作人員協助。

STEP 1

▲在螢幕上先按「現金」的按鈕，表示以現金付款。

STEP 2

▲選擇油種，記着是選「レギュラー」喔！

STEP 3

▲選擇要入多少油，上方為以升作為容量，下方為入多少錢，不想麻煩的話就按最左方的「満タン」入滿油。

STEP 4

▲筆者選了「満タン」，就先投進¥10,000(HK$649)，然後按確認開始入油。

STEP 5

▲別忘了現在是在自助入油，所以就要自己打開車子的油箱蓋，再把加油器插進去囉！當然還要按着手掣才能開始加油啦！

STEP 6

▲螢幕上顯示的意思是「入油中」，請稍候。

STEP 7

▲車子「吃飽」後便會自動停止入油，你可以從螢幕上看到車子「喝」了多少油，確認後扣除應收款項後就會給你帳單及找贖，這樣就完成自助入油了，過程十分簡單呢！

6. 使用停車場須知

▲國際通附近的停車場收費較高，平日每30分鐘￥200(HK$13)，周末假期每30分鐘￥300(HK$19)。

▲停車場精算機。

沖繩的停車場不少是無人看管的，當你泊入車位後，後輪前面會有一個裝置彈上來卡住你的車，待你在停車場精算機付款後，這個裝置才會放下，讓你的車離開。

以下是停車場精算機的操作方法：

STEP 1

◄先按你的泊車位編號，然後按「精算」、再按「確認」來計算所需泊車費。

STEP 2

◄下面的窗口(見紅圈)會打開，給你投入硬幣或紙幣，完成付款後，會卡住你的車的裝置便會自動放下，如需要收據，請按「領收書發行」即可。

(相片提供：蘇飛)

7. 如何還車？

1. 大部分租車公司都會要求歸還車輛前，把油缸注滿才可，否則會被罰款。以下是近機場兩家加油站的資料，這兩家都是服務式的油站，有工作人員幫你加油：

ⓘ ENEOS INFO
- ⌂那霸市山下町2-24　　**MAPCODE®** 33 125 014*88
- ☎098 857 2140
- ⊙星期一至六07:00~21:00；星期日及假期08:00~21:00 (全年無休)
- ❶在該油站加油後，在約100米後的垣花交通燈十字路口轉右前行就是往機場的方向。

ⓘ Shell INFO
- **MAPCODE®** 33 094 680*17
- ⌂那霸市金城3-8-17
- ☎098 859 1516
- ⊙07:00~22:00 (全年無休)

2. 你應保留最後入油單據，以證明還車前已把油缸注滿。

3. 打算還車後前往機場的話，要先把車輛歸還至個別位於機場附近的租車公司，然後再轉乘免費接駁巴士前往機場。以OTS的臨空豐崎營業所來計算，前往機場的車程約15至20分鐘。尋找租車的還車目的地時，盡量在導航中使用Map Code會比電話號碼更可靠。有關Map Code租車公司在取車時會告訴你，以Times Car Rental為例，那霸機場前店的Map Code是33 124 756*27。

TIPS!

私家車車牌前的日文有特別意思嗎？

在日本，所有租車的車牌都是「わ」字頭；而在沖繩，「Y」就是美軍專用的車輛，日本當地人到沖繩旅遊大多會租車，因此街頭巷尾都會看到「わ」字頭車輛的蹤影。此外，由於近年到沖繩自駕的遊客增加，當地因應情況加入了「れ」開頭的自駕車牌。

基本資訊 · 上網 · 航班 · 機場 · 交通 · 自駕 · 酒店

日本GPS大解構

 Mapcode檢索網站「Mapion」：www.mapion.co.jp(日)

日本的GPS採用輕觸式操控，最常用的是「電話番號」，利用電話號碼找尋目的地，若目的地沒有提供電話號碼，「マップコード」(Mapcode)也是你自駕的好伙伴，本書內一些自然景點亦是利用Mapcode帶領大家前往目的地。雖然不同租車公司的GPS系統都略有不同，建議選擇英文版GPS，偶然還會碰上日文版的GPS，但基本操作方法大同小異，步驟如下：

STEP 1

▲按下GPS系統上的Menu按鈕，即可看到這個畫面。選「電話番號」或「マップコード」(Map Code)。

STEP 2

▲輸入目的地的電話號碼，然後按「檢索」即可，「戻る」即返回上一頁。不小心輸入錯了？按「訂正」修正就好。

STEP 3

▲搜尋結果出現了！雖然有時候同一個電話號碼會顯示多個選擇，只要是你要找尋的目的地，隨意選一個便可。

STEP 4

▲目的地以紅色十字顯示，這時可以按下「目的地」。

STEP 5

▲當有多種方法前往目的地時，GPS會提供4項選擇：

1. 推獎：GPS推薦的路線；
2. 高速：選擇行走收費高速公路；
3. 一般：選擇行走不收費道路；
4. 距離：以距離為最優先搜索條件。

選擇要走的道路後，按「案內開始」，GPS便會開始為你引路，綠色的路線便是即將前往的路線，一路順風喔！

TIPS!

為了駕駛安全，車輛於行車時不能操控GPS，應先於開車前設定好GPS或先停泊於安全地方再改變目的地。

遇上沒有電話號碼的景點，例如知念岬等，你可利用周邊設施的電話號碼搜索，再於此時按「周辺検索」，一些熱門地點便可從中檢索到了！還有一個方法是，使用可直接在Google Map中搜查Map Code的網站：japanmapcode.com，在網頁中鍵入地址或在Google Map上點選目的地就可顯示對應Map Code，十分方便。

TIPS!

Google Plus Code

在日本自駕，無論用Mapcode還是只用Google地圖導航都可以到達目的地，只是有時所選的路不同而己。其實Google也有類似Mapcode的編碼，名為Plus Code，點入Google地圖中的個別地點就會顯示，如右圖所示：⋮⋮ H72V+73 石垣市 日本沖縄

其中H72V+73就是Plus Code，「石垣市 日本沖縄」則是所屬地區，在Google地圖中輸入Plus Code會直接顯示對應的地點。Plus Code便於在沒有地址的郊外地區中使用，和Mapcode一樣可用於精確導航。但要留意，不同地區的地點可能會用相同的Plus Code，所以若你在Google地圖香港地區輸入日本地區的Plus Code的話，就要一併輸入所屬日本地區名。

• 沖繩酒店住宿 •

網上訂購酒店

　　日本許多的旅行網站，現在已提供中文版供海外遊客使用，從此到日本旅行有更多酒店選擇了！大家可以到日本酒店網樂天或Jalan預訂酒店，亦可直接到連鎖商務酒店東橫Inn或Super Hotel網站預訂房間，可能有意想不到的優惠。注意：以下介紹酒店之價格只供參考，以酒店公佈為準。

> 樂天：travel.rakuten.com.hk (繁中)
> 日本東橫Inn：www.toyoko-inn.com/china (繁中)
> Super Hotel：www.superhoteljapan.com/cn (簡中)
> Jalan：www.jalan.net/tn (繁中)

本島南部：那霸

西鐵 Resort Inn 那霸 (西鉄リゾートイン那霸)

Check in 15:00 Check out 11:00　地圖P.90

酒店位於商業區，距離國際通只需5分鐘路程。

　　西鐵Resort Inn那霸為西鐵集團位於沖繩的分店，酒店採高級商務酒店形式，價錢合理且整潔，環境寧靜，提供代收包裹等服務。

▲ 洗手間為一體式，非常乾淨。

◀房間非常清潔。

 INFO
- 🏠沖繩縣那霸市久米2-3-13　☎098-869-5454
- 🚉單軌列車縣廳前站2號出口，步行約3分鐘
- 🅿每晚￥1,200(HK$718)
- 💰單人房￥7,200(HK$424)；雙人房￥12,200(HK$718)
- 🌐nnr-h.com/n-inn/naha/ (日、英、中)

Hyatt Regency Naha (ハイアット リージェンシー 那霸)

MAPCODE® 33158181　地圖P.93

Check in 15:00 Check out 11:00

　　Hyatt Regency Naha 在2015年開幕，與國際通只有5分鐘步距，非常方便。酒店有18層，共294間客房，室內以紅、藍兩色為主調，擺有陶瓷和玻璃器皿，洋溢着琉球風格。住客可享用3樓的泳池及健身室，而18樓則有意大利餐廳。

▲Hyatt Regency Naha。

▲大堂樓底很高，坐在這兒看着庭園景非常寫意。

ℹ️ **INFO**
- 🏠沖繩縣那霸市牧志3-6-20
- ☎098-866-8101(預約專線)，098-866-8888
- 🚉乘搭單軌電車至牧志站，步行約7分鐘
- 🅿每晚￥1,500(HK$97)
- 💰雙人房￥17,400(HK$1,023)
- 🌐naha.regency.hyatt.com

(圖文：嚴潔盈)

Hotel Azat
(ホテルアザット 那覇) 地圖P.93

Check in
15:00
Check out
10:00

▲房間小巧整潔。

由酒店步行至國際通只需10分鐘，位置便利。

◄洗手間比一般商務
酒店略大。

INFO
🏠沖繩縣那覇市安里2-8-8
☎098-863-0888
🚇單軌列車安里站2號出口，步
　行約1分鐘
💲單人房￥10,000(HK$588)；雙
　人房￥12,750(HK$750)
🌐www.hotelazat.com

Comfort Hotel 那覇縣廳前
(コンフォートホテル那覇県庁前) 地圖P.90

Check in
15:00
Check out
10:00

☑免費早餐

日本的連鎖商務酒店，酒店除了提供免費早餐外，大廳亦提供電腦供旅客上網，房間亦設有免費有線及無線上網服務。

▲房間面積雖小，但五臟俱全。

▲提供熱水壺與吹風機等設備。

▲洗手間清潔乾淨。

▲提供免費早餐，由麵包至麵豉湯都有提供，早上6點半至9點半供應。

INFO
🏠沖繩縣那覇市久茂地1丁目3-11　☎098-941-7311
🚇乘搭單軌列車至縣廳前站，於1號出口步行約3分鐘
🅿(每日15:00至翌日12:00)每次￥800(HK$52)
💲單人房￥7,500(HK$487)起，雙人房￥10,600(HK$624)起
🌐www.choice-hotels.jp/hotel/naha　（日、英）

Daiwa Roynet Hotel
(ダイワロイネットホテル沖縄県庁前) 地圖P.90

Check in
14:00
Check out
11:00

▲►雙人房間，十分清潔光猛。

Daiwa Roynet Hotel是日本國內的商務連鎖酒店之一，雖然分店較Comfort Hotel及東橫Inn少，但在那覇已擁有3間分店，其中兩間更位於國際通附近。住客可於入住時免費申請入會，積分可換取各種酒店優惠。

INFO
🏠沖繩縣那覇市泉崎1-11-2
☎098-860-1855　🅿每晚￥1,030(HK$67)
🚇乘搭單軌列車至旭橋站，步行約3分鐘
💲單人房￥10,000(HK$588)起，雙人房
　￥14,500(HK$853)起
🌐www.daiwaroynet.jp/okinawa-kenchomae
　（日、英）

Hotel JAL City Naha
(ホテル JAL シティ那霸)

Check in
14:00
Check out
11:00

　　Hotel JAL City Naha位於國際通，適合喜歡逛街的旅客。酒店正門口對正國際通，旁邊是便利店，補充日用品和找食物都極方便。自駕者可使用酒店的收費停車場，只是繁忙時間出入國際通畢竟較費時。

▲部分酒店房間可看到日落。

▲▶酒店雙人雙床房的梳化可鋪成單人床，方便家庭遊客加床，當然加床要加收費用。

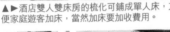

▶早餐用餐環境。

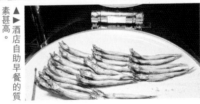

素甚高。▲▶酒店自助早餐的質

ℹ INFO
🏠沖繩縣那霸市牧志1-3-70　☎098-866-2580
🚃乘搭單軌列車至美榮橋站，步行約6分鐘
🅿每晚￥1,800(HK$100)
💲單人房￥13,000(HK$853)，雙人房￥16,000
　(HK$1,039)
🌐naha.jalcity.co.jp (日、英、中)

(撰文：Pak，攝影：蘇飛)

Hotel Rocore Naha (ホテル ロコア ナハ)

Check in
14:00
Check out
11:00

地圖P.92

　　位於國際通入口，交通便利，於2009年奪得日本酒店網站Jalan的沖繩最具人氣酒店第一名。酒店二樓餐廳Aletta，提供超過70種美食，當中不乏沖繩有名的料理如苦瓜炒蛋、Agu豬等。樓層有乾衣機與洗衣機供旅客使用。

▲樓層間設有製冰器。

◀房間比一般商務酒店為大，設備亦更豪華。

ℹ INFO
🏠沖繩縣那霸市松尾1丁目1-2
☎098-868-6578　🅿每日￥1,500(HK$88)
🚃乘搭單軌列車至縣廳前站，於1號出口步行約2分鐘
💲單人房￥9,200(HK$597)，雙人房約￥14,000(HK$909)
🌐www.rocore.jp (日、英、中、韓)

基本資訊

上網

航班

機場

交通

自駕

酒店

Estinate Hotel

地圖P.92

Check in
15:00
Check out
10:00

推介!

▲Estinate Hotel。

Estinate Hotel在2015年8月重新裝修,是一間帶點Chic風格的精品酒店。走進酒店,會發現前檯、廚房和用餐區相連,酒店表示是希望營造一個溫暖的common area給住客交流,所以這裏會不定期舉行Pizza派對、電影之夜等。客房分單人房和雙人房,同行的6歲以下小童免費入住。

▲Front desk、廚房、用餐區全部位於1樓。

▲設收費的自助洗衣服務,住客可向前檯職員購買洗衣劑。

▲套房的沙發組。

◀若你在酒店享用早餐,每天共有4款早餐可選,如班戟、夏威夷杯、三文治等。圖為豚肉芝士法式吐司拼太陽蛋及沙律,飲品可到飲料吧自取。

▲高級雙人房。

▲單人房。

TIPS!

房內沒有熱水壺和電話,需要使用的住客可向前檯職員詢問。另外,酒店停車場設在距酒店2分鐘步程的地方,住客需先向職員購買停車券方可使用。

ℹ INFO
- ⌂ 沖繩縣那霸市松山2-3-11
- ☎ 050-3188-9382
- 🚃 乘搭單軌電車至美榮橋站,步行約5分鐘
- 💲 單人房約￥7,400(HK$481),雙人房約￥10,200(HK$662),高級雙人房約￥17,600(HK$1,143),套房￥25,600(HK$1,662)
- 🌐 estinate.com

(圖文:嚴潔盈)

Southwest Grand Hotel 那霸 国際通り

地圖P.92

Check in
15:00
Check out
12:00

Southwest Grand Hotel於2023年6月20日新開幕,酒店房間設計以沖繩的藍天和大海為靈感,分別有5種類型共88間,11樓設有能俯瞰那霸市的室內泳池,12樓還設有桑拿房。另外,酒店內附有全日餐廳提供意大利風味美食,亦有日本料理「鹿角」、鐵板燒「松尾」、自助餐飲和日落酒吧,務求住客有賓至如歸的感覺。

▲Southwest Grand Hotel位處那霸市中心,鄰近國際通。

▲Southwest Grand Hotel門口。

ℹ INFO
- ⌂ 沖繩縣那霸市久茂地3-29-52
- ☎ 098-860-0421
- 🚃 乘單軌電車從縣廳前站步行約5分鐘
- 💲 雙床房￥27,200(HK$1,600)起
- 🌐 southwestgrand.com

(撰文:HEI,攝影:蘇飛)

Almont Hotel Naha-Kenchomae
(アルモントホテル那霸縣廳前)

地圖P.90

Check in
14:00
Check out
11:00

推介!

　　Almont Hotel Naha-Kenchomae就近車站和國際通,內部設計簡約實用,是旅遊住宿不錯的選擇。酒店1樓餐廳「花香」提供自助早餐,就算沒有選購含早餐的方案,只需￥1,430(HK$84)就能享用。12樓有大浴場,提供「半天然」米石溫泉,女性浴場還會每天更換密碼,可安心使用。

▲房間設計簡約。

▶▲入門處可見兩隻風獅爺。

▶1樓餐廳「花香」提供自助早餐。

ℹ️ INFO
🏠 沖繩縣那霸市久茂地1-3-5
☎ 098-866-3811
🚇 乘單軌電車從縣廳前站步行約3分鐘
🅿 1晚￥1,100(HK$65)
💲￥10,065(HK$592)
🌐 www.almont.jp/naha/index.html

(撰文:HEI,攝影:蘇飛)

東橫 Inn
☑免費早餐　地圖P.90、91、92

Check in
16:00
Check out
10:00

　　為人熟悉的東橫Inn於那霸有4間分店,美榮橋店比較接近國際通。若你選擇自駕遊、並於DFS T Galleria內取車,可選擇入住那霸Omoromachi站前分店,取車或歸還車輛只需過一條馬路即可,十分方便。

▶房間比東京的東橫Inn為大,床也比較寬闊。

ℹ️ INFO
🏠 (美榮橋店) 沖繩縣那霸市牧志1-20-1
　(Omoromachi站前) 沖繩縣那霸市Omoromachi
　1-2-27
　(旭橋站前) 沖繩縣那霸市久米2-1-20
☎ (美榮橋站店) 098-867-1045 / (Omoromachi站前)
　098-863-1045 / (旭橋站前) 098-951-1045
🚇 (美榮橋站店) 乘搭單軌列車,於美榮橋站1號出
　口,步行約2分鐘
🅿 每日￥500(HK$32)
💲單人房￥7,300(HK$429)起,雙人房￥8,600
　(HK$506)起
🌐 www.toyoko-inn.com/china (日)

本島南部：豐見城

琉球溫泉瀨長島ホテル

地圖P.159

Check in
15:00
Check out
11:00

☑ 免費泊車　MAPCODE® 33002605

沖繩也可泡溫泉？那霸機場附近、瀨長島這家酒店，為沖繩一個著名的渡假勝地。在酒店的公眾浴池龍神之湯，不但可一邊享受熱呼呼的溫泉，更能一邊欣賞日落及遠眺機場美景！酒店一些房間設有展望風呂，讓你隨時都可一邊欣賞海景一邊泡湯，非常寫意。

▲單人床十分寬闊。

▲備有露天風呂的房間空間較為廣闊，房間內設有小型和室。

▶酒店範圍甚廣，泊車位置亦非常充足。

▲露台備有桌椅，旁邊更備有大型陶甕，你可注滿溫泉水，來個足浴。

▲部分房間內設有私人露天風呂，讓你隨時隨地享受泡湯之樂。

▲房間內可看到飛機升降！

ℹ INFO
🏠 沖繩縣豐見城市字瀨長174-5
☎ 098-851-7077
🚗 從國際通駕車前往約15分鐘
💰 單人房 ¥20,300(HK$1,194)，雙人房 ¥24,000(HK$1,412)
🌐 bit.ly/4aDQY4b

本島中部：東岸

東京第一酒店 沖繩格蘭美爾度假酒店
Tokyo Dai-ichi Hotel Okinawa Grand Mer Resort

地圖P.186

Check in
15:00
Check out
12:00

☑ 免費泊車

酒店提供免費巴士來往機場及酒店、以及來往北谷美國村、落日海灘及酒店，也是首間設置外幣兌換機的沖繩酒店(由沖繩銀行提供)。

▲廣闊的雙人房間。

ℹ INFO
🏠 沖繩縣沖繩市與儀2-8-1
☎ 098-931-1500
🚗 1. 從國際通駕車前往，約需50分鐘；
　　2. 酒店提供免費巴士來往那霸機場與美國村，需預約
💰 雙人房 ¥13,000(HK$844) 起
🌐 www.okinawa-grandmer.com
　　(日、英、中)

(相片提供：Tokyo Dai-ichi Hotel Okinawa Grand Mer Resort)

本島中部：北谷

Vessel Hotel Campana(ベッセルホテル カンパーナ)

☑免費泊車

地圖P.202

Check in **14:00** Check out **11:00**

Vessel Hotel Campana是美國村內其中一間五星酒店,全部客房皆為海景房,可眺望美麗的大海與日落景色。酒店提供免費展望浴場,讓住客可一邊看美景,一邊享受泡浴。▶ Vessel Hotel鄰近美國村,夜間可盡情到商店內閒逛及購物。

ℹ️ INFO
🏠沖繩縣中頭郡北谷町字美浜9-22　☎098-926-1188
🚌1. 從國際通駕車前往需時約40分鐘;
　　2. 或於那霸巴士總站乘搭沖繩巴士20、28、29或120號至軍病院前站下車,再步行約10分鐘
💲雙人房￥20,630(HK$1,214)起　🌐www.vessel-hotel.jp/campana/okinawa/

本島中部：讀谷

沖繩殘波岬皇家度假酒店

☑免費泊車

地圖P.216

Check in **14:00** Check out **11:00**

在殘波海灘(詳見P.218)旁邊,交通方便,乘搭機場巴士ゆうな號直達,並提供一系列的水上活動,詳情見P.23。

▶充滿熱帶風味的標準房間(Standard Room),最多可以加兩張梳化床。

ℹ️ INFO
🏠沖繩縣中頭郡讀谷村字宇座喜味1575
☎098-958-5000
🚌1. 從國際通駕車前往,約需1小時;
　　2. 或乘搭機場巴士B地區:讀谷線,直達酒店
💲雙床房￥20,722(HK$1,219)起
🌐www.daiwaresort.jp/okinawa(日、英、中、韓)

(相片提供：沖繩殘波岬皇家度假酒店)

虹夕諾雅 沖繩 頂級度假村

MAPCODE 33 881 570*86

地圖P.216

Check in **15:00** Check out **12:00**

◀房間全部面海。

虹夕諾雅 沖繩以「輕鬆自在的度假生活」為概念,酒店內隨處可見花草林木等自然景觀,百間客房沿着海岸線蜿蜒排列,配合自然原有風貌將讀谷純淨的海景呈現眼前。酒店內餐廳以「沖繩島上的西西里」為主題提供混合料理,客房晚餐Gathering Service也提供33種菜單選擇。酒店外設燒烤餐廳「Olu Grill」和海邊咖啡店「Banta Café」(P.217)。

ℹ️ INFO
🏠沖繩縣中頭郡讀谷村儀間474
☎81-98-921-6800
🚌那霸機場有開往虹夕諾雅沖繩的收費巴士,可從巴士預約網站日本巴士e路通進行預訂
　(japanbusonline.com/zh-tw)
💲海景標準雙床房一晚一位￥92,400(HK$5,435)
　(另需服務費和消費稅）
🌐hoshinoya.com/okinawa/zhtw/

▲房內寬敞舒適。

▲酒店餐廳提供西西里風格料理。

(撰文：HEI,相片提供：沖繩觀光會)

基本資訊 • 上網 • 航班 • 機場 • 交通 • 自駕

酒店

本島中部：恩納

ANA Intercontinental Manza Beach Resort
(ANA インターコンチネンタル万座ビーチリゾート)

☑免費泊車

Check in
15:00
Check out
11:00

地圖P.216

▲寬敞的雙人房，設有露台，可遠眺沙灘與大海。

INFO
⌂沖繩縣國頭郡恩納村字瀬良垣2260番地
☎098-966-2212
🚌1. 從那霸機場駕車前往，約需80分鐘；
　2. 或乘搭機場巴士D地區：西海岸北線，直達酒店
$雙人房約￥36,000(HK$2,118)
🌐www.anaintercontinental-manza.jp
（日、英）

(相片提供：ANA Intercontinental Manza Beach Resort)

Hyatt Regency Seragaki Island Okinawa

Check in
15:00
Check out
11:00

地圖P.216

這間酒店於2018年8月開業，設有344間客房，當中320間位於瀬良垣島，其中24間則設於沖繩本島，兩個區域會以一條橋樑連接。酒店的設施齊備，有室內、外游泳池，也有沙灘、健身中心和Spa，極適合一家大小來度假，這裏還建有教堂，在此舉行婚禮也必定是一流的選擇。

▲酒店是新落成的大型度假村。

▲酒店外有泳灘。

INFO
⌂沖繩縣國頭郡恩納村瀬良垣1108
☎098-960-4321
🚌1. 從那霸駕車前往，約需1小時；
　2. 或從機場乘搭豪華巴士，在ハイアット リージェンシー 瀬良垣アイランド 沖繩站下車
$雙人房￥35,100(HK$2,278)起
🌐www.hyatt.com/ja-JP/hotel/japan/hyatt-regency-seragaki-island-okinawa/okaro(日、英、中、韓)

(撰文：Pak，攝影：蘇飛)

Kafuu Resort Fuchaku Condo・Hotel
(カフー リゾート フチャク コンド・ホテル)

☑免費泊車

地圖P.216

Check in
14:00
Check out
11:00

▲雙人套房，整潔明亮。

INFO
⌂沖繩縣國頭郡恩納村富着志利福地原246-1
☎098-964-7000
🚌1. 從國際通駕車前往，約需1小時10分鐘；
　2. 或在那霸巴士總站乘搭琉球巴士20或120號，於富着站下車再步行約5分鐘
$雙人房￥46,500(HK$2,735)
🌐www.kafuu-okinawa.jp (日、英、中)

(相片提供：Kafuu Resort Fuchaku Condo・Hotel)

Rizzan Sea-Park Hotel Tancha-Bay
(リザンシーパークホテル谷茶ベイ)

地圖P.216

Check in
14:00
Check out
11:00

INFO
- 沖繩縣國頭郡恩納村字谷茶1496
- 098-964-6000
- 每晚￥500(HK$32)
- 1. 從國際通駕車前往，約需1小時10分鐘；
  2. 或可乘搭機場巴士C地區：西海岸南線，直達酒店
- 雙人房￥14,960(HK$880)起
- www.rizzan.co.jp (日、英、中)

▲房間十分寬敞，還可在露台欣賞日落。

▲酒店距離沙灘只有數步，在海中暢玩一番後可立刻返回房間梳洗，十分方便。

Sheraton Okinawa Sunmarina Resort
(サンマリーナホテル)

地圖P.216

Check in
14:00
Check out
11:00

☑免費泊車

INFO
- 沖繩縣國頭郡恩納村字富著66-1
- 098-965-2222
- 每晚￥500(HK$32)
- 1. 從國際通駕車前往，約需1小時；
  2. 或乘搭機場巴士C地區：西海岸南線，直達酒店
- 雙人房￥35,530(HK$2,090)
- www.sheratonokinawasunmarina.com/jp (日)

▶酒店前便是沙灘，十分方便。

(相片提供：Anna)

本島中部：沖繩市

Crown Hotel

☑免費泊車

地圖P.186

Check in
15:00
Check out
11:00

　　若然旅費有限，那Crown Hotel絕對是經濟之選。酒店性價比高，環境舒適、設施齊備之餘，職員更能說流利的英語，而且態度殷勤。較具特色的是，酒店與美軍基地只是一路之隔，因此酒店頗具西方色彩，就連早餐也是日式和西式合璧的。

▲Crown Hotel的外牆是粉紅色的，十分容易識別。

◀雙床房(另加床)的空間足夠。

INFO
- 沖繩縣沖繩市上地4-1-51　098-933-2551
- 1. 從那霸駕車前往，約需40分鐘；
  2. 或從機場乘搭高速巴士111或117號，在沖繩南站下車，再步行約10分鐘
- 雙人房￥10,380(HK$611)起
- crownhotel.jp(日、英)

▶豐富的早餐。

(撰文：Pak，攝影：蘇飛)

本島北部：名護

Hotel Yugaf Inn Okinawa (ホテルゆがふいんおきなわ)

☑ 免費泊車　地圖P.232

Check in **15:00**
Check out **11:00**

◀ Hotel Yugaf Inn 分為本館及別館。

◀洗手間頗為整潔及寬敞。

◀房間比一般商務酒店為大。

ℹ INFO
📍沖繩縣名護市宮里453-1　☎0120-48-9875
🚗1. 從國際通駕車前往，約需1小時15分鐘；
　　2. 或在那霸巴士總站乘搭琉球巴士20、111或120號，於名護巴士總站下車再步行約5分鐘即達
💲單人房￥8,670(HK$510)，雙人房￥10,560(HK$621)
🌐www.yugaf.com(日、英、中、韓)

Best Western Okinawa Kouki Beach

☑ 免費泊車　地圖P.233

Check in **15:00**
Check out **11:00**

　　位於喜瀨的Best Western Okinawa Kouki Beach，擁有水清沙白的私家海灘，灘上有很多珊瑚，只是浪有點大，很適合玩水，當然因此海灘房價也貴。酒店設施略舊，樓下有便利店，對面街也有食肆，很適合度假。

▲雙人房。全部房都有海景。

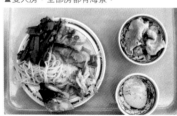
▲早餐有牛肉火鍋和溫泉蛋。

◀晚上可在樓下Lawson便利店買煙花在海灘上放。

▲酒店的私人海灘。

ℹ INFO
📍沖繩縣名護市幸喜117
☎0980-54-8155
🚗1. 從那霸駕車前往，約需1小時；
　　2. 或乘搭琉球巴士120號，於幸喜站下車，再步行3分鐘
💲房價￥20,300(HK$1,194)起
🌐bwhotels.jp/kouki (日)

(相片提供：蘇飛)

本島北部：本部町

Marine Piazza Okinawa (マリンピアザオキナワ)

地圖P.256

☑ 免費泊車　☑ 免費早餐

Check in **14:00**
Check out **11:00**

► 部分房間可遠眺もとぶ元氣村(P.266)，村內可讓遊客親親海豚。

◄ 部分房間可入住兩名成人及兩名小童，浴衣也有小童尺碼。

ℹ INFO
⌂ 沖繩縣國頭郡本部町字浜元410
☎ 0980-51-7878
🚗 1. 從國際通駕車前往，約需1小時30分鐘；
　 2. 或在那霸巴士總站乘搭琉球巴士20、111或120號，於名護巴士總站下車後，再轉乘琉球巴士65或66號，於浦崎站下車再徒步前往
💲 2人洋室(連早餐) ¥17,000(HK$1,000)起
🌐 m-piazza.com (日)

美ら海オンザビーチ MOTOBU

地圖P.257

☑ 免費泊車

Check in **15:00**
Check out **10:00**

▲ 房內有兩張單人床及一張雙人床。

　美ら海オンザビーチMOTOBU提供短期出租服務的住宅，即使租住一晚也無任歡迎。這裏的住宅包括了兩間房間、起居室、廚房及洗手間，最多可供4人入住。由於酒店屬開放式管理，住客到達後要先往1樓管理員室聯絡負責人，再由負責人帶領前往房間；若負責人不在，需以電話聯絡，因此較適合略懂日文的朋友入住。

◄ 外形像宿舍的美ら海オンザビーチMOTOBU，位於海灘旁邊。

◄ 對連續多天旅行的人士來說，沒有比看到隨便使用的洗衣機及乾衣機更高興了！

► 起居室連接開放式廚房，可於超市購買食材親自下廚。

◄ 與沙灘連結，隨時隨地都可跳進大海游泳去。遊客更可來撐獨木舟呢。

▲ 露台可看到一望無際的大海！

ℹ INFO
⌂ 沖繩縣國頭郡本部町崎本部2573-1
☎ 0980-47-2277
🚗 從國際通駕車前往，約需1小時30分鐘
💲 2LDK雙人房連起居室，雙人價錢¥29,180(HK$1,716)起，最多可供4人入住 (只接受現金付款)
🌐 churaumi-motobu.jp

TIPS!

　常聽到日本的住宿有「1LDK」和「2LDK」等的說法，其實「LDK」意即客廳(Living Room)、飯廳 (Dining Room)和廚房(Kitchen)，而開首的數字則代表擁有的房間數目，不少日本人以擁有一間2LDK的家而每日努力工作呢！

Centurion Hotel and Resort Vintage Okinawa Churaumi

☑免費泊車　地圖P.256

Check in **15:00** Check out **11:00**

酒店與沖繩美麗海水族館、Emerald海灘相距只有大約5分鐘步程，附近還有備瀨のフクギ並木道、もとぶ元気村和今歸仁村等景點，對主要留在沖繩北部遊覽的旅客來說十分方便。酒店的房價不算非常昂貴，卻有泳池、酒吧等設施，絕對是度假酒店的首選。

▲酒店入口。

◀華麗的大堂。

INFO
⌂沖繩縣國頭郡本部町石川938　☎0980-48-3638
🚗1. 從那霸駕車前往，約需1小時50分鐘；
　2. 或從機場乘搭高速巴士111號，在名護巴士總站下車轉乘65、66或70號巴士，在石川入口站下車，再步行約2分鐘即達
💲雙人房￥16,800(HK$1,090)起
🌐www.centurion-hotel.com/okinawa-churaumi(日、英)

(撰文：Pak，攝影：蘇飛)

波照間島

House 美波 (ハウス美波)

地圖P.369

Check in **13:00** Check out **10:00**

房間內全部設有獨立廚房，可在房內煮食。部分房間不設淋浴設備，需要使用公共沐浴間；民宿提供少量免費調味料與白米。島上屬郊外地帶，蚊蟲較多。

▲分為本館與別館，相中為別館的房間，備有獨立洗手間與沐浴間。

▶島上餐廳不多，所以你可利用廚房親自下廚。要留意，波照間島上沒有便利店，要先在石垣準備食物。

INFO
⌂沖繩縣八重山郡竹富町字波照間3138
☎090-8437-3132
🚗負責人安排專車在碼頭接送至民宿(只需在入住前一天將預計乘搭至波照間島的高速船班次電郵給負責人便可)
💲每人每晚￥4,100(HK$241)起
　租借電動單車首天￥1,000(HK$65)，之後每天￥500(HK$32)；冷氣每3小時￥100(HK$7)
🌐minami85.sakura.ne.jp/index.html (日)

與那國島

民宿よしまる莊

☑免費早餐及晚餐

地圖P.376

Check in **15:00** Check out **11:00**

許多朋友前往與那國島都會留宿一晚，島上的住宿選擇不多，筆者推介其中一間「民宿よしまる莊」：設有免費Wi-Fi之餘，也提供免費早餐及晚餐，甚至提供租車及遺跡潛水等一條龍服務，為遊客省卻不少預約時間呢！

INFO
⌂沖繩縣八重山郡與那國町字與那國3984-3　☎098-087-2658　🌐www.yonaguniyds.com
💲雙人房洋室或3~5人和室均為每人￥9,350(HK$550)，只接受現金付款
🚗距久部良港碼頭約100米

相片提供：沖繩旅遊會議局(OCVB)

石垣島

全日空石垣島洲際度假酒店
(ANA インターコンチネンタル石垣リゾート)

 地圖P.323

Check in **15:00**
Check out **11:00**

☑ 免費泊車

　　酒店是全日空旗下於石垣島上開設的度假村，配套完善，主要分成Tower Wing及Coral Wing，前者高12層，提供海景客房、套房等等，後者只有4層，但位置更接近海灘。酒店內有多項娛樂設施，如哥爾夫球場、泳池、教室、手信店、手作體驗工房等等。最吸引的是，酒店擁有私人海灘，無論任何時候想到海灘走走也相當方便，在夜晚更可到海灘觀星呢！餐廳方面，酒店內有7間餐廳，日式餐廳雖分成3間，但用餐位置一樣，食物質素不錯，可嘗到當地特產及地道料理，相當有風味。

▲全日空石垣島洲際度假酒店。

▶雙人房面積寬敞，如果幸運的話，更可住進擁有大海景的客房呢！

◀▲酒店內設有手作體驗工房，客人可自費參加製作不同的玻璃飾物和擺設，費用約¥1,500-3,000(HK$97-195)。

▲酒店坐擁私人海灘真榮里海濱，酒店客人可隨時到海灘嬉水。

手信店

餐廳

▲手信店部分有不少漂亮的飾品，這款西表山貓玻璃掛飾很特別(¥450，HK$29)。

◀這個石垣美人豆(¥378 - HK$25)其實是黑糖花生。

▶前菜是配上新鮮海膽和櫻花漬物的花生豆腐，豆腐的口感有點像慕絲。

◀酒店內有3間日式料理餐廳，雖然主要提供的菜式不同，但全都在同一位置。

▲於Yaeyama餐廳內點了いしなぎ会席膳(¥4,000 - HK$260)。

▼刺身是採用當地漁獲，配上沖繩特產海葡萄。

ℹ **INFO**
🏠 沖繩縣石垣市真榮里354-1
☎ 098-088-7111
🚌 1. 乘搭東運輸巴士空港線直達酒店；
　 2. 或從新石垣機場自駕約需20分鐘
💲 雙床房約¥45,316(HK$2,666)起
🌐 www.anaintercontinental-ishigaki.jp

▲加¥850(HK$55)可以把豚肉飯升級至石垣牛丼。

(攝影：蘇飛，文字：IKiC)

基本資訊 · 上網 · 航班 · 機場 · 交通 · 自駕 · 酒店

cucule 石垣島酒店
(石垣島ホテル ククル)

地圖P.322

Check in **15:00**
Check out **10:00**

　　cucule酒店位於石垣市區，近離島碼頭，在巴士總站對面，交通方便，附近就是公設市場和購物街，地理位置十分優越。酒店為非連鎖式的商務旅館，全幢6層共45個客房，房間不大，但設施完善，全館可使用免費Wi-Fi，大堂備有飲品區，提供免費飲品至半夜。這裏提供水準不俗的自助早餐，客人可選擇享用。

巴士站

▲酒店位於巴士站對面，位置優越。

▲邊是吃早餐的餐廳，及旁免費飲品區。大堂十分簡約，

▲房間較細小，但不失溫馨。

▲酒店早餐供應時間06:30-10:00。

▲免費飲品全日(10:00-23:00)供應。

▲早餐食物選擇不多，但食材地道，如苦瓜沙津和石垣出名的芒果和乳酪，健康又美味。

INFO
♦沖繩縣石垣市美崎町8-1
☎0980-82-3380
🚌1. 乘搭東運輸巴士空港線，在石垣島巴士總站下車，步行1分鐘；
　2. 或從新石垣機場自駕約需25分鐘
💰雙人房￥17,750(HK$1,044)起
🌐www.cucule.jp

(攝影：蘇飛，文字：IKiC)

Hotel Patina (ホテルパティーナ石垣島)

地圖P.322

Check in **15:00**
Check out **10:30**

☑免費泊車　☑免費早餐

▲房間內有茶壺，讓住客泡茶。

▲酒店房間非常清潔。

INFO
♦沖繩縣石垣市八島町1-8-5　　☎098-087-7400
🚌1. 從新石垣機場駕車前往，約需10分鐘；
　2. 或乘搭東運輸空港線巴士，至石垣島巴士總站後，再步行約需6分鐘即達
💰單人房(禁煙)約￥10,000(HK$588)，雙床房(禁煙)約￥17,594
　(HK$1,035)
🌐www.patina.in(日)
備註：由酒店步行至石垣港離島碼頭，約需5分鐘。

宮古島

Hotel Atollemerald Miyakojima
(ホテルアトールエメラルド宮古島)

☑免費泊車　地圖P.380

Check in 14:00
Check out 11:00

酒店名稱Atollemerald是由英語Atoll及Emerald組合而成，Atoll即環礁，而Emerald(祖母綠)則是形容宮古島周邊的海洋顏色。館內所有客房均面向平良港口，擁有無敵大海景。酒店位於最熱鬧的碼頭區，而且與伊良部島鄰近，方便觀光。酒店提供出色的早餐，推薦各式刺身，大多是在島嶼附近捕捉，十分新鮮。此外，酒店亦提供租借單車服務，有興趣可到接待處詢問詳情。要注意，房內要借用LAN線路由器，才能享有無線Wi-Fi功能。

▲Hotel Atollemerald Miyakojima。

▲可租借酒店的單車遊宮古島，3小時￥1,000(HK$65)，全日￥2,500(HK$162)。

►要到接待處借取LAN線路由器，才能在房內享用無線Wi-Fi。

▲所有房間都面向平良港口，房內空間寬敞。

ℹ️ INFO
- 🏠沖繩縣宮古島市平良字下里108-7
- ☎0980-73-9800
- 🚗1. 從宮古機場駕車前往需時15分鐘
  2. 搭乘宮古協榮巴士与那霸嘉手苅線平良港站下車
- 💲雙人房￥20,900(HK$1,229)起
- 🌐www.atollemerald.jp

▲►酒店早餐款式豐富，還可吃到宮古島附近漁獲製成的刺身。

(攝影：蘇飛，文字：IKiC)

Hotel Locus (Miyako / Okinawa)
(ホテル ローカス)　☑免費泊車

地圖P.380

Check in 15:00
Check out 11:00

ℹ️ INFO
- 🏠沖繩縣宮古島平良下里338-40
- ☎0980-79-0240
- 🚗從宮古機場駕車前往需時15分鐘
- 💲單人房￥10,575(HK$622)起
- 🌐www.hotellocus.com

同樣位於碼頭區、面向平良港的Hotel Locus，帶有小清新氣息，走精緻小巧路線，木造家具、簡約設計，吸引不少年輕人入住。房間精巧，面積較小，最特別的是閣樓式雙人房，床鋪設於閣樓，使房內有更多空間，十分有特色。

(攝影：蘇飛，文字：IKiC)

Brisa Wellness Villa　☑免費泊車

地圖P.380

Check in 14:00
Check out 11:00

Brisa Wellness Villa可長期出租之餘，亦提供客房予短期旅客使用。共有4類房型，提供洋式或和洋式客房；每間房間均設有露台，還有廚房及餐具供你煮食之用，住久了還真想長期留在這兒呢！

ℹ️ INFO
- 🏠沖繩縣宮古島市上野字宮國746-20
- ☎098-076-3870
- 💲雙人房約￥21,200(HK$1,377)
- 🚗從宮古機場駕車前往需時約10分鐘，酒店提供免費接駁巴士往來宮古機場
- 🌐www.nanseirakuen.com/brisa/ (日、中、英)

(相片提供：Jeff)

基本資訊 • 上網 • 航班 • 機場 • 交通 • 自駕 • 酒店

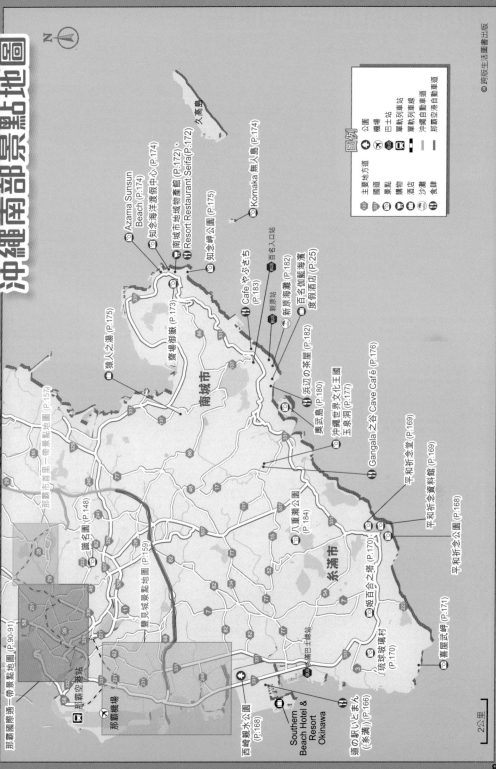

沖繩南部景點地圖

久高島

Azama Sunsun Beach (P.174)
知念海洋度假中心(P.174)
南城市地域物產館(P.172)、
Resort Restaurant Seifa(P.172)
知念岬公園(P.175)

Komaka 無人島(P.174)

齋場御嶽 (P.173)
猿人之湯 (P.175)

Cafe やぶさち (P.183)
新原站
新原海灘 (P.182)
百名入口站
百名伽藍海濱 (P.182)
度假酒店 (P.25)

南城市

浜辺の茶屋 (P.182)
奧武島
沖繩世界文化王國
玉泉洞 (P.177)

Gangala 之谷 Cave Café (P.176)

平和祈念堂 (P.169)
平和祈念資料館 (P.169)
平和祈念公園 (P.168)

糸滿市

八重瀬公園 (P.184)

識名園 (P.148)

那霸市首里一帶景點地圖(P.157)

姬百合之塔 (P.170)
琉球玻璃村 (P.170)

喜屋武岬 (P.171)

那霸園際通一帶景點地圖 (P.90-91)

豐見城景點地圖 (P.159)

那霸空港站

西崎親水公園 (P.168)
那霸機場

Southern Beach Hotel & Resort Okinawa
道の駅いとまん (《糸滿》P.166)

圖例

主要地方道   公園
國道   機場
景點   巴士站
購物   單軌列車站
酒店   單軌列車線
沙灘   沖繩自動車道
食肆   那霸空港自動車道

© 跨版生活圖書出版

2公里

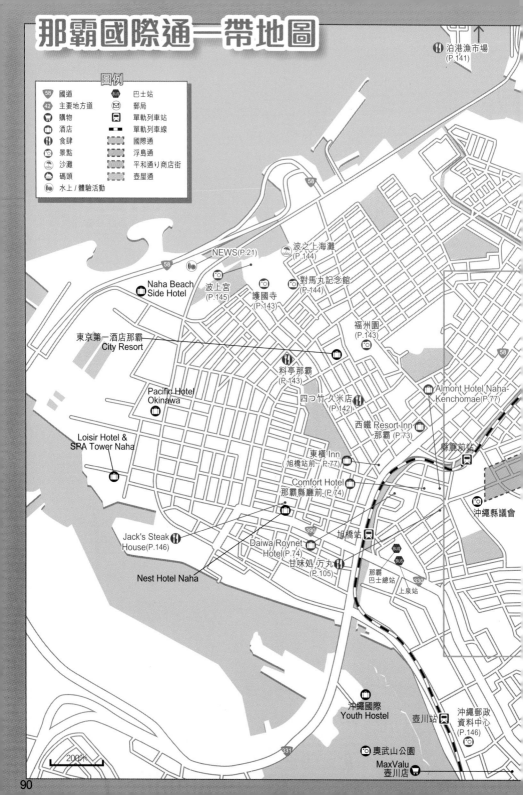

那霸國際通一帶地圖

圖例

58	國道	BUS	巴士站
42	主要地方道	✉	郵局
🛍	購物	🚃	單軌列車站
🏨	酒店	╍╍	單軌列車線
🍴	食肆		國際通
📷	景點		浮島通
🏖	沙灘		平和通り商店街
⚓	碼頭		壺屋通
🏄	水上 / 體驗活動		

泊港漁市場
(P.141)

NEWS(P.21)

波之上海灘
(P.144)

Naha Beach Side Hotel

波上宮
(P.145)

對馬丸記念館
(P.144)

護國寺
(P.143)

福州園
(P.143)

東京第一酒店那霸
City Resort

料亭那霸
(P.143)

Almont Hotel Naha-Kenchomae(P.77)

Pacific Hotel Okinawa

四つ竹久米店
(P.142)

西鐵 Resort Inn
那霸 (P.73)

縣廳前站

Loisir Hotel & SPA Tower Naha

東橫Inn
(旭橋站前・P.77)

沖繩縣議會

Comfort Hotel
那霸縣廳前(P.74)

Jack's Steak House(P.146)

Daiwa Roynet Hotel(P.74)

旭橋站

Nest Hotel Naha

甘味処 万丸
(P.105)

那霸巴士總站

上泉站

沖繩國際
Youth Hostel

壺川站

沖繩郵政資料中心
(P.146)

奧武山公園

MaxValu
壺川店

200米

90

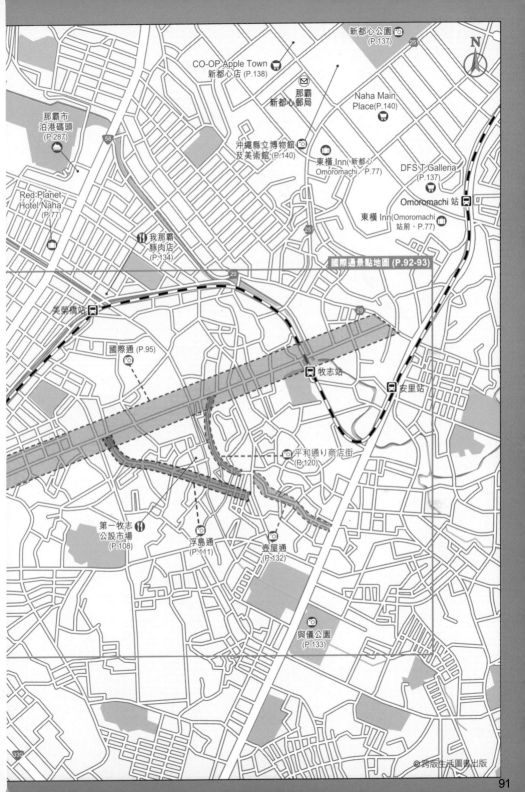

新都心公園
(P.137)

CO-OP Apple Town
新都心店 (P.138)

那霸
新都心郵局

Naha Main
Place(P.140)

那霸市
泊港碼頭
(P.287)

沖繩縣立博物館
及美術館(P.140)

東橫 Inn(新都心
Omoromachi，P.77)

DFS T Galleria
(P.137)

Red Planet
Hotel Naha
(P.77)

Omoromachi 站

東橫 Inn(Omoromachi
站前，P.77)

我那霸
豚肉店
(P.134)

國際通景點地圖 (P.92-93)

美榮橋站

國際通 (P.95)

牧志站

安里站

平和通り商店街
(P.120)

第一牧志
公設市場
(P.108)

浮島通
(P.111)

壺屋通
(P.132)

與儀公園
(P.133)

©跨版生活圖書出版

國際通景點地圖

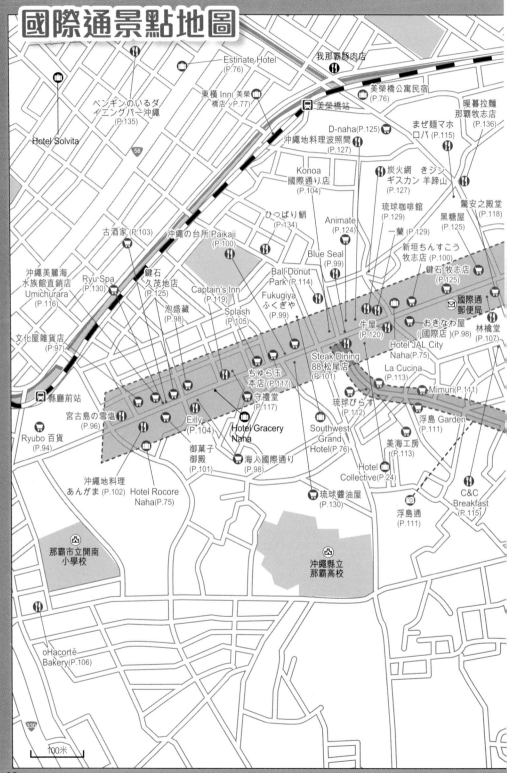

我那霸豚肉店

Estinate Hotel
(P.76)

東橫Inn(美榮
橋店)(P.77)

美榮橋站

美榮橋公寓民宿
(P.76)

ベンギンのいるダ
イニングバー沖繩
(P.135)

Hotel Solvita

D-naha(P.125)

まぜ麵マホ
ロバ(P.115)

暖暮拉麵
那霸牧志店
(P.136)

沖繩地料理波照間
(P.127)

Konoa
國際通り店
(P.104)

炭火網 きジシ
ギスカン 羊蹄山
(P.127)

驚安之殿堂
(P.118)

琉球咖啡館
(P.129)

黑糖屋
(P.125)

ひっぱり鮹
(P.134)

Animate
(P.124)

一蘭(P.129)

新垣ちんすこう
牧志店(P.100)

鍵石
牧志店(P.125)

古酒家 (P.103)

沖繩の台所 Paikaji
(P.100)

Blue Seal
(P.99)

沖繩美麗海
水族館直銷店
Umichurara
(P.116)

Ryu Spa
(P.130)

鍵石
久茂地店
(P.125)

Captain's Inn
(P.119)

Ball Donut
Park (P.114)

Fukugiya
ふくぎや
(P.99)

牛屋
(P.120)

國際通
郵便局

おきなわ屋
(國際店)(P.98)

林檎堂
(P.107)

泡盛藏
(P.98)

Splash
(P.105)

文化屋雜貨店
(P.97)

Hotel JAL City
Naha(P.75)

La Cucina
(P.113)

縣廳前站

ちゅら玉
本店(P.117)

Steak Dining
88 松尾店
(P.101)

Mimuri(P.111)

宮古島の雪塩
(P.96)

守禮堂
(P.117)

琉球ぴらす
(P.112)

浮島 Garden
(P.111)

Ryubo 百貨
(P.94)

Eilly
(P.104)

Hotel Gracery
Naha

Southwest
Grand
Hotel(P.76)

美海工房
(P.113)

御菓子
御殿
(P.101)

海人國際通り
(P.98)

Hotel
Collective(P.24)

C&C
Breakfast
(P.115)

沖繩地料理
あんがま (P.102)

Hotel Rocore
Naha(P.75)

琉球醬油屋
(P.130)

浮島通
(P.111)

那霸市立開南
小學校

沖繩縣立
那霸高校

oHacorté
Bakery(P.106)

100米

92

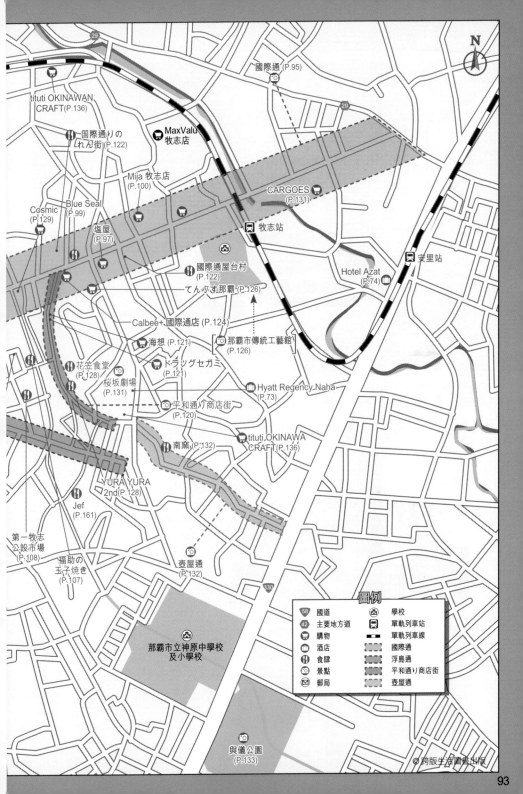

tituti OKINAWAN CRAFT(P.136)

國際通り P.95)

国際通りの れん街 (P.122)

MaxValu 牧志店

Mija 牧志店 (P.100)

CARGOES (P.131)

Cosmic (P.129)

Blue Seal (P.99)

塩屋 (P.97)

牧志站

安里站

Hotel Azat (P.74)

國際通屋台村 (P.122)

てんぷす那霸 (P.126)

Calbee+ 國際通店 (P.124)

海想 (P.121)

那霸市傳統工藝館 (P.126)

花笠食堂 (P.128)

ドラッグセガミ (P.121)

桜坂劇場 (P.131)

平和通り商店街 (P.120)

Hyatt Regency Naha (P.73)

南窯(P.132)

tituti OKINAWA CRAFT(P.136)

YURA YURA 2nd(P.128)

Jef (P.161)

第一牧志 公設市場 (P.108)

福助の 玉子焼き (P.107)

壺屋通 (P.132)

那霸市立神原中學校 及小學校

圖例

58	國道	🏫	學校
42	主要地方道	🚉	單軌列車站
🛍	購物		單軌列車線
🏨	酒店		國際通
🍴	食肆		浮島通
📷	景點		平和通り商店街
✉	郵局		壺屋通

與儀公園 (P.133)

© 跨版生活圖書出版

93

日本人口密度最高城市

那霸

位於沖繩南部以西，是琉球群島中最大的城市，亦是沖繩縣縣廳及那霸機場所在地。遊客抵達沖繩一定會到此一遊。在這裏主要到國際通一帶購物和享受沖繩美食，也可到附近的名勝景點，識名園、波上宮、對馬丸記念館及波之上海灘等。那霸市內

有單軌列車，交通非常方便；那霸也是沖繩的交通樞紐，有不少長途巴士路線前往本島中部，更有船出發往附近的島嶼。

▲那霸巴士總站，位於單軌列車旭橋站附近，是不少市內巴士路線的起點。(攝影：蘇飛)

國際通久茂地、松尾一帶景點

地道手信精品 Ryubo百貨 (リウボウ)　 地圖P.92

位於國際通斜對面的Ryubo百貨為沖繩縣內最大型的百貨公司，有旅客熟悉的品牌如Francfranc、無印良品、Pageboy、Kanebo等。Ryubo百貨1樓的詢問櫃檯設有即時現金退稅(日元)服務，別忘了帶備護照及信用卡去退稅啊！

TIPS!

那霸市歷史博物館

位於4樓的那霸市歷史博物館，常設展覽有沖繩衣飾、漆器與字畫等，亦不時有特別展覽。

i INFO

Ryubo百貨
- 沖繩縣那霸市久茂地1丁目1番地1號
- 098-867-1171
- 約10:00-20:30
- ryubo.jp (日)

那霸市歷史博物館
- 098-869-5266
- 10:00-19:00(星期四，及每年12月28日至1月4日休息)
- 成人￥350(HK$22)，大學生或以下免費
- www.rekishi-archive.city.naha.okinawa.jp (日)

沖繩最旺購物大道 國際通

地圖P.90-91、92-93

必到!

地圖P.90-91、92-93

長達1.6公里的國際通，兩邊的行人道都開滿售賣手信的商店與食店，大部分的店鋪都會營業至晚上10時，十分適合愛夜遊的香港旅客。踏進國際通入口，你可以深深感受到琉球風情，手信店售賣的紀念品都充滿濃厚的沖繩風味，以及與日本其他地方不一樣的熱情。

自駕的話要留意，國際通於早上07:00-09:00、下午17:30-19:30這兩個時段採取單向行車；星期日國際通更會劃為「步行者天國」，除了特定車輛外，其他車輛一律不得駛入，行人可走在馬路上。

▲繁華的國際通，街上全部是手信店和特色食店。沿着一條大直路往前走，不用擔心像在新宿般複雜的街上迷路。

▲那霸通前的十字路口，每天24小時都非常繁忙。

◀新都心巴士，連接新都心Omoromachi至那霸巴士總站，是少數可於「步行者天國」實施時間內行駛的車輛。巴士車身繪上可愛的圖案，看了讓人發出會心微笑。

▲鎮守國際通入口的風獅爺，與中國的石獅有異曲同工之效。

◀國際通一路上都可找到類似的石碑地圖，告訴你現在位於國際通的哪一段！

ℹ️ **INFO**
🏠 沖繩縣那霸市久茂地至安里
🕐 大部分商店09:00-22:00
🚊 乘搭單軌列車至縣廳前站，1號出口直行，再順扶手電梯往下行，即可看到紅色招牌寫着「おきなわ屋 國際通り入口」，在此順路而入即達
🌐 www.kokusaidoori.com (日)

▲逢週日，國際通全日劃為「步行者天國」，行人可放心走在馬路上。(攝影：嚴潔盈)

TIPS!

由於整條國際通大街頗長，若要前往較後地段，如國際通屋台村或第一牧志公設市場一帶的話，可以改乘單軌列車至牧志站並於1號出口前往，這樣可大大省回步行的時間。另外，在那霸市觀光案內所（P.126）可找到的國際通地圖，除了可作隨身帶備的地圖外，更有不少優惠券，不要錯過喔！

那霸

· 首里

· 豐見城

· 糸滿

· 南城

花多眼亂？推介國際通特色手信

▲若你喜歡日本漫畫One Piece(海賊王)的話，你會發現國際通大小店鋪都可找到有關的產品，比起秋葉原不遑多讓。

▲沖繩傳統染布做成的小包，¥1,430(HK$84)。

▲無論在手信店或便利店，都會看到寫着日文「さんぴん茶」的飲料，更聲稱有清熱氣與醫治喉嚨痛之用。其實さんぴん茶即茉莉花茶，也就是香片嚕！沖產自沖繩的茉莉花茶香味比傳統的香片來得少，在沖繩街頭巷尾都可以找到さんぴん茶的蹤影呢。

必試鹽味雪糕！宮古島の雪塩 地圖P.92 必食！

　　沖繩的海鹽非常有名，其中宮古島的雪鹽更獲得無數國際獎項。大部分的手信店與機場免稅店都可買到雪鹽，而來到宮古島の雪塩更可嚐到多款以雪鹽製作的甜品。這裏不但有鹽味雪糕，更有雪鹽製作的布丁與大福餅等！

▲不少人來到沖繩，都會嘗一嘗鹽味雪糕。(攝影：嚴潔盈)

◀軟雪糕連脆筒每杯¥400(HK$24)，你可在雪糕上添加柚子味、綠茶味等鹽，製作自己想要的鹽味。

▲杯裝軟雪糕，¥300(HK$18)，底部還有甜甜的玉米片。

ℹ INFO
🏠沖繩縣那霸市久茂地3-1-1
☎0120-408-385
🚃乘搭單軌列車至縣廳前站，步行2分鐘
🕚11:00-19:00
🌐www.yukishio.com

特別雪鹽糖 塩屋 地圖P.92

　　塩屋以售賣與鹽有關的產品為主，除了沖繩出產的雪鹽外，還有世界各地的鹽，產品種類多達500種，包括鹽味的糖。沖繩內有3間分店，其中1間在國際通。

◄紅芋味雪鹽糖，口感特別。每盒￥360(HK$23)。

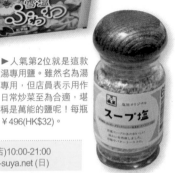

►人氣第2位就是這款湯專用鹽。雖然名為湯專用，但店員表示用作日常炒菜至為合適，堪稱是萬能的鹽呢！每瓶￥496(HK$32)。

▲塩屋。(攝影：蘇飛)

►雪鹽雪糕。

INFO
⌂(國際通店)沖繩縣那霸市牧志3-9-2 1F
☎(國際通店)0120-408-385
🕐(國際通店)10:00-21:00
🌐www.ma-suya.net (日)

鐵拳浪子！文化屋雜貨店 地圖P.92

　　位於國際通入口不遠處，店門外有鐵拳浪子矢吹丈的經典場面，雜貨店外又有巴斯光年與鐵人28的大型Figure向你招手，令人不自覺停下腳步拍照留念。這裏專售沖繩限定食品，如紅芋撻及黑糖食品等，還有許多不同造型的Kewpie(丘比)公仔出售，其中不能缺少的當然是沖繩特產、苦瓜造型的Kewpie！

▲鐵拳浪子經典的一幕，不少途人都會坐在矢吹丈身邊拍照！(攝影：嚴潔盈)

▲不同的Figure都可以隨便拍照，氣氛十分熱鬧！

INFO
⌂沖繩縣那霸市久茂地3-2-24
☎098-863-3901
🚆乘搭單軌列車至縣廳前站，步行3分鐘
🕐09:00-22:30
🌐www.koosya.co.jp/store/bunkaya/zakka_kumoji.html

▲店面擺滿各式各樣的商品，讓人目不暇給！(攝影：蘇飛)

最潮沖繩T-shirt品牌 海人 国際通り 地圖P.92

▶ 店內亦有出售沖繩特色紀念品。

T-shirt是每個人衣櫃的必備品，只需簡單搭配便能穿出不同風格。海人是代表沖繩的一大T-shirt品牌，專門出售自家設計T-shirt。海人自1977年於石垣島出品手寫「海人」T-shirt，至今已出品多款以「海人」、「海洋」、「沖繩特色」為主題的T-shirt。來到沖繩不妨到海人買一件留念。

◀T-shirt設計很帥氣。

▶ 也有適合小朋友的T-shirt。

◀ 國際通中的てぃだ店。

INFO
🏠(牧志店)沖繩縣那霸市牧志1-3-67
(てぃだ店)沖繩縣那霸市松尾1-3-1 エスプリコートビル101号
☎(牧志店)098-863-0321 / (てぃだ店)098-863-0015
🕙10:00-22:00　🌐www.uminchu-okinawa.com

(撰文：HEI 攝影：蘇飛)

過千款酒品牌 泡盛藏 地圖P.92

泡盛藏是おきなわ屋(見下文)的姊妹店，顧名思義是專售泡盛的專門店。其中位於國際通的分店更藏有超過1,500種以上不同品牌的泡盛，稱為泡盛貨倉也不為過。在沖繩有7間分店，單在那霸已經有5間。(泡盛介紹詳見P.103)

INFO
🏠(本店) 沖繩縣那霸市牧志1-2-31
☎(本店) 098-860-7848
🕙(本店) 09:30-22:00
🌐www.okinawaya.co.jp (日)

熱門手信店 おきなわ屋 地圖P.92

◀ 位於國際通內的本店，單是一層的商品已令人眼花繚亂。(攝影：蘇飛)

於國際通的分店、兼在入口最當眼處有巨型風獅爺のおきなわ屋，專售不同類型的沖繩手信如風獅爺像、沖繩限定食品如鹽餅與紅芋撻等。國際店門口已看到多款沖繩蛇酒和泡盛。

▶ 店內商品十分多元化。(攝影：蘇飛)

INFO
🏠(國際通入口分店) 沖繩縣那霸市松尾2-8-5
(本店) 沖繩縣那霸市牧志1-2-31
☎(國際通分店) 098-868-5252
🕙(國際通分店) 10:00-22:00
(本店) 09:30-22:00
🌐www.okinawaya.co.jp (日)

風獅爺日語教室

おきなわ

おきなわ(音：O Ki Na Wa)就是沖繩的意思喔！日文分為平假名與片假名，おきなわ乃平假名的寫法，若變成片假名的話就會是オキナワ了！

20層黑糖年輪蛋糕 Fukugiyaふくぎや 地圖P.92

走到國際通的中段，忽然傳來一陣帶着黑糖的香濃蛋糕味道，就是來自Fukugiya的特製黑糖年輪蛋糕！Fukugiya利用沖繩出產的黑糖、鹽、蜂蜜及雞蛋，製成這款達20層的年輪蛋糕。黑糖製造的蛋糕不算太甜，而且帶有香濃的牛油味，非常美味！現時Fukugiya在日本的人氣高漲，每天限定出售的蛋糕很早便售罄，要早點光顧喔！

▲Fukugiya的包裝與大部分日式甜點一樣，非常精緻。

▲從櫥窗外看到餅師在精心製作蛋糕。

▲Fukugiya於國際通的小店，每天都擠滿購買年輪蛋糕的遊客。

▲黑糖年輪蛋糕分成20層，口感濃厚。

INFO
⌂沖繩縣那霸市久茂地3-29-67　☎098-863-8006　🕐10:00-18:00　🌐www.fukugiya.com

無人不曉雪糕品牌 Blue Seal 地圖P.92、93

來自美國、於沖繩發揚光大的雪糕品牌Blue Seal，是最能代表沖繩的雪糕，單看國際通已有3間分店便可知道它是何等受歡迎了！Blue Seal以雪糕有多種口味聞名，當中包括充滿沖繩風格的是紅芋與紅薯口味。

▲除了雪糕外，還有日本人熱愛的班戟。

▲國際通店。(攝影：蘇飛)

▲ブルーシールパーラー 大灣店。(攝影：蘇飛)

INFO
⌂(國際通り店)沖繩縣那霸市牧志1-2-32
☎(國際通り店) 098-867-1450
🕐10:00-22:30(暑假延長至23:00)　🌐www.blueseal.co.jp/cn/

營業至凌晨！沖繩の台所Paikaji (沖縄の台所ぱいかじ)

地圖P.92

▲沖繩の台所Paikaji營業至凌晨12點，在國際通血拼完可到此品嚐沖繩美食。(攝影：嚴潔盈)

要吃沖繩料理，國際通內隨處也可找到，不過太多又如何選擇好呢？沖

▲利用讀谷出產的紅芋炸成的天婦羅，份量多而且美味，每客￥780(HK$46)。

繩の台所Paikaji是其中一間不錯的沖繩料理居酒屋，備有普通卡座及榻榻米座席，最多可容納140人，而且附設個室。傳統沖繩料理如沖繩蕎麥麵、石垣牛等都可於此吃到。在晚上更會有3場三味線演奏，每人￥550(HK$32)，店內氣氛相當熱鬧！

人氣！
▲豬軟骨蕎麥麵 (ソーキそば)，豬軟骨香軟，每客￥900(HK$53)。

▶沖繩特製醬油玉子飯，￥858(HK$50)。(攝影：蘇飛)

▲沖繩雜炒，￥858(HK$50)。(攝影：蘇飛)

▲三味線表演。(攝影：蘇飛)

▶沖繩名物Taco Rice有多種吃法，這店的吃法是把Taco Rice放於石鍋內，端上來熱騰騰的，讓人食指大動，每客￥880(HK$52)。

INFO
🏠沖繩縣那霸市久茂地產業ビル201
☎098-868-8557　🕐17:00-24:00　🌐paikaji.jp/kokusai/

充滿熱帶風情的手信店 Mija 牧志店

地圖P.93

Mija是一間位於國際通的手信店，分店很多，店面寬敞整齊，羅列各種沖繩特產，不同品牌的禮盒、特色酒類、風獅爺擺飾、琉球玻璃製品、星砂鎖匙扣、趣致玩具等，應有盡有，包你看得眼花撩亂。

◀Mija手信店。

INFO
🏠沖繩縣那霸市牧志2丁目6-28
☎098-861-4051
🚶從牧志站出口步行約2分鐘

(撰文：HEI，攝影：蘇飛)

嘆石垣牛排！Steak Dining 88 松尾店
(ステーキダイニング88松尾店)

地圖P.92

Steak Dining 88松尾店為沖繩一家老牌牛排連鎖店，於沖繩共有4間分店，而位於國際通松尾的分店以提供鐵板石垣牛及沖繩和牛為主，食客更可選擇牛的不同部位呢！和牛套餐包括湯、沙律及白飯，價錢從¥2,000(HK$118)起。午餐更有折扣優惠喔！

▲Steak Dining 88松尾店在Lawson便利店樓上。

▲臀部的石垣牛排，很有咬勁，每客(150克)¥2,310(HK$136)。

▲想嚐遍牛的每個部位的話，可點和牛混合餐(88嚴選和牛サイコロステーキ)，沖繩產和牛鬆軟，而且肉汁豐富，每客(200克)¥3,500(HK$227)。

◀牛排套餐包括忌廉湯、沙律及白飯。

INFO
- 沖繩縣那霸市松尾2-5-1 松尾124區ビル2F
- ☎098-943-8888
- ⏰17:00-23:00
- 🌐s88.co.jp

沖繩手信代表 御菓子御殿
地圖P.92

必到！

要數沖繩最有名的手信(伴手禮)，御菓子御殿的紅芋撻必為其中之一，本店位於讀谷(P.218)，而恩納的分店規模最大(P.226)。位於國際通的御菓子御殿外表像首里城一樣，地下為商店，2樓則為沖繩料理店琉球ダイニング松尾，晚上還有專人現場表演三味線演唱呢！

▲外貌像首里城一樣的御菓子御殿，就像手信的城堡一樣，應有盡有！

▲店內滿是捧着一盒盒點心的遊客。

INFO
- 沖繩縣那霸市松尾1-2-5
- ☎098-862-0334
- ⏰09:00-22:00(8-9月09:00-22:30)
- 🌐www.okashigoten.co.jp

(攝影：嚴潔盈)

▼紅芋慕絲杯(¥280，HK$18)。

紅いもムース ¥280

那霸
・首里
・豐見城
・糸滿
・南城

仿古琉球村落餐廳 沖繩地料理あんがま

地圖P.92

◀門口的大型面具，讓人一見難忘。

外面掛了一個巨型面具燈籠的，便是沖繩地料理あんがま，主打沖繩料理，地下樓層的裝潢像琉球村落，同時設有榻榻米和式廂房，木造的桌椅再加上沖繩民謠播放，讓你彷彿返回古時的琉球似的。晚上於3樓有沖繩民謠的表演，每晚19:00、20:00與21:00各演一場，你可以一邊聽着沖繩風味的歌曲，一邊吃沖繩料理，再加上泡盛，實為旅行一大的樂趣。

▲グルクンの姿揚げ，¥1,078(HK$63)，沖繩有名的魚料理，用紅尾冬炸熟再伴以醬汁，這種魚類更有「沖繩之魚」之稱。

▲沖繩鹽燒きそば，¥880(HK$52)，使用沖繩產的海鹽的素炒蕎麥麵。

◀軟骨ソーキそば，¥990(HK$58)，以鰹魚作為湯底製成的豬軟骨蕎麥麵，豬軟骨炆得極稔，一口咬下十分美味。

人氣！

▲沖繩名物Agu豬餃子，¥660(HK$39)，以名貴的Agu豬作為餡料，餃子內更有肉汁，是當店招牌菜色。

i INFO
⌂沖繩縣那霸市松尾1-2-2
☎098-867-3111
⏰11:00-24:00(Last order 23:00)
🚃乘搭單軌列車至縣廳前站，步行2分鐘
🌐angama.jcc-okinawa.net (日)

TIPS!

在沖繩吃到的蕎麥麵與平常在日本吃的好像不太一樣，是我搞錯嗎？

蕎麥麵的日文為そば，字面解釋的確是蕎麥麵的意思。但沖繩的蕎麥麵並不使用蕎麥，倒是利用小麥造成的麵粉加工而成。沖繩本島的麵條大多切成扁長的形狀，反之石垣島一帶的八重山群島則喜愛把麵條切成圓麵呢。

2,000種古酒泡盛 古酒家 地圖P.92

古酒家由1988年開始營業，出售各款古酒及泡盛多達2,000種。若不清楚哪款泡盛適合自己，可請這裏的店員為你挑選。另外店內也有少量與酒類有關的精品及土產，可選購送給愛酒之人作手信。

▲除了Orion，還有Asahi和其他品牌的沖繩啤酒套裝。

▲各款蛇酒，你夠膽飲嗎？

▲兩支裝泡盛（¥540，HK$35）。

▲Orion酒杯（¥1,400，HK$91）。

古酒家久茂地店。

▲專營酒類的古酒家，在沖繩有4家分店。

▲球美之梅酒（250ml ¥540，HK$35）。

ℹ INFO
- 🏠 沖繩縣那霸市久茂地3-2-19
- ☎ 098-867-2773
- 🕐 09:00-22:30
- 🚃 乘搭單軌電車至縣廳前站，步行約5分鐘
- 🌐 koosya.jp

（圖文：嚴潔盈）

那霸
· 首里
· 豐見城
· 糸滿
· 南城

沖繩限定佳釀：泡盛

同是日本製造的泡盛與清酒，都是以大米為原材料，但釀製過程卻不一樣。屬於琉球群島特產的泡盛，酒精含量比一般清酒高，而且年代越久遠，價值亦會越高。不同種類的泡盛亦因酒精含量不同而令味道亦有差別，有些香醇容易入口，有些則辛辣，也有些會加入沖繩特有的水果而含有甜味，酒量好的話不妨到沖繩淺嚐一下。

▲沖繩島以西的久米島出產的泡盛亦聞名國內外，其中最受歡迎的品牌便是右側的「久米島久米仙」，喝罷真的能成仙人般逍遙自在嗎？

▲忠孝酒造出產的泡盛曾奪獎無數，亦是沖繩縣內唯一以獨創的甕（用以盛載酒的容器）來配合釀製的泡盛。

▲瑞泉酒造亦是沖繩泡盛的著名老鋪之一，於琉球時代，只有首里的赤田、崎山與鳥堀三條村落可以釀製泡盛，其中瑞泉更因使用首里城的瑞泉門泉水而得此名號。創業過百年，至今仍是沖繩縣內數一數二的泡盛酒鋪。

人魚少女的飾物店 Kanoa 国際通り店　地圖P.92

Kanoa店外可見一幅美麗的人魚壁畫，粉色調配合店內純白簡約裝潢、小巧精緻的飾品，十分有少女感，而且還能體驗飾品製作，有興趣可到網站預約。另外，樓下是咖啡店，提供6款檸檬特飲和Soft drink，可愛杯子上印有人魚少女的模樣，最適合放到Instagram打卡。

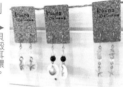

▶貝殼耳環。

▲店外的人魚壁畫十分搶眼。

◀¥1,320(HK$78)。貝殼備忘錄支架，

▲貝殼相架，¥5,170(HK$304)。

INFO
- 沖繩縣那霸市牧志1-1-42
- 098-917-5931
- 11:00-19:00(1月1日休息)
- 從國際通縣廳前站往牧志方向步行8分鐘
- kanoa.okinawa

(撰文：HEI，攝影：蘇飛)

西式居酒屋 Eilly (エイリー)　地圖P.92

◀藏身在商業大廈的居酒屋，路邊放置廣告牌吸引顧客。

到日本旅遊，總想到當地的居酒屋嚐試一下地道美食。國際通上除了有許多沖繩料理餐廳及居酒屋，其中這間居酒屋Eilly較西化之餘，更有Disco在內。餐牌內除了招牌的沖繩料理之餘，亦可嚐到沖繩名物石垣牛陶板燒，另外西式食品如Pizza與日式食品茶漬飯等亦一應俱全。即使對酒類興趣不大，這家居酒屋的食物也不會讓你失望。

必食！

▲鮭茶漬け(鮭魚茶泡飯)，¥580(HK$34)，所謂的茶泡飯並不是真的用茶來泡飯，其實是湯才對。熱騰騰的砂鍋再加上新鮮鮭魚，只能用美味兩個字來形容。

▲石垣牛燒き(石垣牛陶板燒)，¥980(HK$64)，店內推介第2名，來到沖繩怎樣也要一嚐有名的石垣牛吧！

▲沖繩やきそば，¥630 (HK$41)。在沖繩經常吃豬軟骨蕎麥麵，這次不妨試試豬肉炒蕎麥麵。

INFO
- 沖繩縣那霸市松尾1-3-1エスプリコートビル3F
- 098-869-2494
- 乘搭單軌列車至縣廳前站，步行5分鐘
- 17:30-03:00(逢星期五、六與假日前夕17:30-05:00)
- tabelog.com/okinawa/A4701/A470101/47007608 (日)

地圖P.92

夢幻海洋風精品 Splash

在國際通眾多店鋪中，Splash純白的店面，加上落地玻璃窗，酷似一座大型精品櫃，相當搶眼。這兒販售天然貝殼製成的精品，和各類布類雜貨，充滿着如童話般夢幻的風格，周圍可見美人魚、海豚、鯨鯊等。Splash在國際通共有3家分店，其中以3號店最大。

▲Splash 3號店。

◀用貝殼製成的海龜相架（￥1,080，HK$70）。

▶小朋友的服飾用品應有盡有。

▲店內四周滿佈可愛的精品，許多女生一進店即喊：「Kawaii!」

◀金楚糕造型的筷子托（￥410，HK$27），是有特色又可愛的最佳手信！

INFO
⌂ 沖繩縣那霸市久茂地3-5-14
☎ 098-868-2003
⊙ 10:00-21:00
🌐 splashokinawa.com

▲充滿熱帶風情的吊帶裙（￥3,400，HK$221），穿去海灘最適合。

（圖文：嚴潔盈）

買飲品送早餐？ 甘味処 万丸

地圖P.90

推介！

有想過世上真的會有「免費早餐」嗎？在甘味処 万丸就可找到！於早上07:00至11:00，在餐廳買一杯飲品，便可在5款免費早餐中選一份。此做法源自名古屋的早餐店。菜式包括多士、花生豆腐、水煮蛋、野菜沙律等，怕不夠飽可考慮額外付百多円升級早餐。在這兒享用一份早餐才開始行程吧！

▲點任何飲品，都可選一份免費早餐。

▲早上進店光顧的客人多是上班族，一邊讀報一邊嘆咖啡。

▲甘味処 万丸位於縣廳前站附近。

INFO
⌂ 沖繩縣那霸市泉崎1丁目9番地7
☎ 098-867-2593
⊙ 星期一至五07:00-售完，星期六日休息
🚃 乘搭單軌列車至縣廳前站，步行約3分鐘
🌐 www.facebook.com/kanmidokoro.manmaru

▶清新可口的蘋果汁（￥360，HK$23）。

▶筆者點的M set早餐，有水煮蛋、野菜沙律，和沖繩名產：花生豆腐，全部小小一份，作為早餐剛剛好。

（圖文：嚴潔盈）

那霸 ・首里 ・豐見城 ・糸滿 ・南城

優雅的法式早餐 oHacorté Bakery 地圖P.92

oHacorté 在沖繩南部共有4家分店,供應不同口味的甜撻及售賣生活雜貨,其中這間oHacorté Bakery供應的餐點種類更多,包括意粉、沙律、烤焗熱盤等,而早上07:30至11:00更會供應法式吐司早餐。甜口味包括楓糖、雜莓、焦糖香蕉等,鹹口味則有煙肉蛋和煙燻香腸加辣豆。開業初期時入座時間和上菜速度仍有待改善。

▲餐廳位於單軌列車旭橋站附近。

▲購買麵包的客人絡繹不絕。

▲店內最具人氣的吉士醬麵包(¥300,HK$19),每天早上07:30及11:00出爐。

▲餐廳裝潢和家具都以木為主調,充滿溫暖感覺。

▲店的一側是生活家品和廚具店。

▲新鮮西柚果汁(¥450,HK$29)。

▲精美的深藍色甜品杯。

必食!

▲雜莓法式吐司早餐(¥1,300,HK$84),草莓和藍莓的香甜味與充滿牛油香的吐司非常搭配!淋上楓糖漿更是美味。

▲煙肉蛋法式吐司早餐(¥1,250,HK$81)。

▶連指示洗手間方向的公仔也很可愛!

ℹ️ **INFO**
🏠 沖繩縣那霸市泉崎1-4-10 喜納ビル1F
☎️ 098-869-1830
🕐 07:30-21:00
🚃 乘搭單軌電車至旭橋站,步行約5分鐘
🌐 ohacorte-bakery.com

(圖文:嚴潔盈)

元祖厚燒玉子 福助の玉子燒き (市場本通り店)

地圖P.93

福助的玉子燒是用高湯反覆煎成5層，比在家裡煎更鬆軟美味，而且使用的蛋是由餵食特別飼料的雞所生，營養價值比普通雞蛋高約1.5倍。最近新推出厚燒餐肉雞蛋飯糰和厚燒餐肉雞蛋三文治，厚燒玉子配上烤得脆脆的餐肉，不論包在白飯和紫菜內，還是夾在充滿蜂蜜芥末和醬汁的三文治內，都讓人吃得滿足。

▲店前有長椅可坐着吃。

▲鬆軟的玉子燒，￥250(HK$15)。

ℹ INFO
⌂沖繩縣那霸市松尾2-9-11
☎098-869-6244
◷08:00-19:00
🚃從單軌列車牧志站步行約7分鐘
🌐www.fukusuke-tamago.com

(撰文：HEI，攝影：蘇飛)

▲可看到玉子燒製作過程！

▲IG打卡位。

地圖P.92

傳遞微笑的蘋果糖 林檎堂

每逢祭典都會看到動畫女主角身穿浴衣手拿着一支蘋果糖，蘋果糖可謂是祭典必有甜點。林檎堂專門出售蘋果糖，不用等到祭典也能吃到，而且除了傳統口味，還有乳酪、格雷伯爵茶、宇治抹茶朱古力等，還會期間限定推出特別口味。另外，聽説冰凍過的蘋果糖會變得更好吃喔！

ℹ INFO
⌂沖繩縣那霸市松尾2-8-19 ドンキホーテ
　國際通り店1F
◷10:00-21:00
◷11:00-19:00(1月1日休息)
🚃從單軌列車牧志站步行約6分鐘
🌐ringo-dou.com
🌐www.instagram.com/okinawa.ringodou/

(撰文：HEI，攝影：蘇飛)

▲林檎堂 那霸国際通り店。

▲不同口味的蘋果糖，每款都一樣既美味又漂亮。

那霸
・首里
・豐見城
・糸滿
・南城

沖繩名物海鮮集中地 第一牧志公設市場

地圖P.91、93

MAPCODE 33157264*63

必到！

第一牧志公設市場在1972年開設，由於設施老舊，於2019年關閉重建(另設臨時市場)，至2023年3月重建完成並重開。市場分為兩層，地下主要販賣新鮮魚類、肉類與乾貨，2樓為食堂。你可於地下購買海鮮後，然後往2樓食店另付加工費，即場品嚐一頓豐富的海鮮餐。一些沖繩名物如海鹽、午餐肉等亦可於第一牧志公設市場地下的乾貨部買到，價錢比國際通的手信店來得便宜呢。一樓市場營業至晚上7時，很多海鮮店鋪更不到7時已關門，所以，如想在市場挑選新鮮海產和刺身的話就要早點了！

▶重建後市場煥然一新。(相片提供：沖繩觀光會)

▲在國際通，要經過市場本通這個入口，才可以到達牧志公設市場。本通內也有很多食店和手信店。

▲樓下市場內有許多新鮮海產。

▲第一牧志公設市場內也有石垣牛的精肉店。(相片提供：沖繩觀光會)

▲新鮮的珊瑚魚。(相片提供：沖繩觀光會)

▲除了海鮮類，也可在二樓吃到石垣牛，定食每客￥2,100(HK$136)，特選霜降石垣牛定食也不過￥3,100(HK$201)。

▶2樓是充滿民間風味的食店，可先於地下店鋪購買海鮮，再到2樓食店代為烹調。

ℹ INFO
- 🏠 沖繩縣那霸市松尾2-10-1
- 🚉 沿國際通步行，轉入平和通步行約2分鐘便可抵達
- 🕐 09:00-20:00 (食堂10:00-19:00)
- 📅 每月第4個星期日(12月除外、元旦、農曆新年)
- 🌐 www.makishi-public-market.jp (日、中、英)

(攝影：蘇飛)

第一牧志公設市場食店推介

抵食之選 西銘鮮魚店

西銘鮮魚店是第一牧志公設市場內其中一間海鮮店，店面羅列各種新鮮海產，將選好想要的海產放進籃子後交給店員計算價錢，然後可以帶到2樓食堂拜託餐廳料理。西銘店面還張貼菜單可供選擇。

▲夜光貝刺身，爽口鮮味。

▲選購好海產，可帶到2樓食堂拜託餐廳加工，加工費￥1,320(HK$78)。

▲西銘鮮魚店。

▲▶紅斑魚和伊勢龍蝦。
(撰文：HEI，攝影：蘇飛)

▲龍蝦頭煮麵豉湯，十分鮮甜。

超抵刺身船 魚久鮮魚

綜合刺身船是第一牧志公設市場內的人氣美食之一，因為只售￥1,000(HK$65)！魚久鮮魚出售的刺身船上，放了多款新鮮的刺身(生魚片)，包括三文魚、北寄貝、海膽、吞拿魚片、魷魚片等，還有沖繩特產「海葡萄」。在1樓購買刺身船後，可以到市場2樓的餐廳內進食。

▲這麼豐富、新鮮的刺身船，每份只售￥1,000(HK$64)！

i INFO
- 第一牧志公設市場1F
- ☎098-866-4736
- ⊙10:00-20:00(星期四及每月第4個星期日休息)

▲位於第一牧志公設市場1樓的魚久鮮魚。

▲魚久鮮魚還有新鮮海產出售，購買後可交到2樓的餐廳烹調(需另付加工費)。

TIPS!

來沖繩旅遊，友人竟拜託你買午餐肉回港？原來沖繩的午餐肉除了減去鹽份，更易入口外，亦不像一般午餐肉來得油膩，味道更可口。其中SPAM牌在沖繩的銷情最佳，近年三花亦加入戰團，在各大超市或驚安之殿堂(P.118)可買到。

豪華刺身船 長嶺鮮魚

第一牧志市場1樓售賣刺身的攤口各有特色,不妨多比較看看哪家適合你。這攤檔推薦的是夜光貝和青衣魚,是很多遊客的首選。另外,海膽刺身(每盒￥500,HK$32)也很清甜,在其他地方很難吃得到。

▲龍蝦和各式鮮魚。

▼豪華刺身船全部約￥19,000(HK$1,234),其中龍蝦刺身約￥8,000(HK$519),不包括煮蝦頭湯。

▲熱情大方的老闆娘(圖左)。

◀大大隻夜光貝,刺身一流,一隻約￥3,000(HK$195)。

ℹ️ **INFO**
　📍第一牧志市場1F　　📞098-867-2544
　🕐08:00-20:00(每月第4個星期日)

海鮮庶民食堂 きらく食堂

庶民食堂不代表簡陋,精心挑選的話能以最優惠的價錢吃到最地道及美味的料理!きらく食堂內除了可吃到沖繩料理外,更讓人難忘的當然是海鮮料理。遊客可先於一樓購買喜歡的海鮮,再到這裏以每人￥500(HK$32)的價錢烹調你喜愛的菜式,又或直接從店內點菜亦可。海鮮由￥650(HK$42)起,十分實惠,不愧有庶民食堂的稱號呢!

▲若在樓下買了龍蝦刺身,店員還會把龍蝦的頭尾烹成濃湯還給你,服務十分貼心。

ℹ️ **INFO**
　📍第一牧志公設市場2F
　📞098-868-8564
　🕐11:00-20:00(每月第2及第4個星期日休息)

110

鬧市中的清泉 浮島通 地圖P.91、92、93

　　到那霸的遊客必定會逛熱鬧無比的國際通，其實與國際通一街之隔的浮島通，大多都是古舊建築物，藏有許多特色小店，例如有不少是以自家設計作招徠的直營店、雜貨店、素食餐廳等，近年更成為日本國內另一熱門景點呢！

▲藏有不少古着及雜貨店的浮島通，帶有一份寧靜氣氛，與繁華熱鬧的國際通形成強烈對比。

i INFO
🚇乘搭單軌列車至縣廳前站，步行10分鐘

浮島通購物、餐廳推介

手繪熱情布袋 Mimuri 地圖P.92

　　Mimuri內的貨品除了全為自家設計外，布製產品更是由設計師親自繪畫在布面上，大膽的色彩加上獨特的圖案，充份表現沖繩人熱情外向的風格。

▶店主自家製的「花磰磰」作品掛滿整面牆，十分搶眼！

▶無論是手袋或錢包都同樣充滿可愛的沖繩風格。

▶畫滿小貓和花朵的大背包。

i INFO
📍沖繩縣那霸市松尾2-7-8
📞050-1122-4516
🕐11:00-18:00(逢星期四不定期休息)
🌐www.mimuri.com

(圖文：嚴潔盈)

健康素食 浮島Garden (浮島ガーデン) 地圖P.92

　　除了雜貨店外，浮島通亦有一些特色餐廳，如浮島Garden以自然栽培及有機耕種的農產品為材料，製成不同美味又健康的素食，精美的賣相看了就讓人食指大動呢！

i INFO
📍沖繩縣那霸市松尾2-12-3
📞098-943-2100
🕐11:30-16:00，星期五、六營業
🌐ukishima-garden.com

浮島通購物、餐廳推介

創意紅型設計 琉球ぴらす

 地圖P.92

 必買！

琉球ぴらす集結了當地設計師，以沖繩文化為題材，推出多款創意服飾，令傳統紅型設計顯得年輕有活力。產品包括Tee、錢包、手袋、手帕、拖鞋等，有些圖案非常搞鬼，令人會心微笑。店鋪的自設工場都位於那霸市內。

▲位於浮島通的琉球ぴらす。

◀可愛的骷髏骨正在演奏三味線！Tee售價￥4,104(HK$266)。

▲每款Tee的前面都會有設計師解釋創作理念的小牌子，這款的圖案是琉球競馬運動（￥3,564，HK$231）。

◀產品類型主要以服飾及生活雜貨為主，讓人在生活中感受到沖繩氣息。

◀店內有中文說明Tee的呎吋。

◀漂亮的紅型錢包（￥19,440，HK$1,262）。

◀紅型皮革手帶（￥1,404，HK$91）。

TIPS!

甚麼是紅型工藝(びんがた)？

紅型工藝始於14至15世紀左右的大航海時代，當時的琉球王國(即沖繩)與中國及東南亞各國有頻繁的貿易往來，逐漸吸收印度、爪哇、中國的印花技巧，融合日本的「友禪染」，發展出沖繩獨有的紅型工藝。在琉球王朝時代，紅型是皇室貴族的服飾，至今仍是非常貴重的染織物。

◀祈禱貓貓帆布袋（￥1,620，HK$105）。

INFO
⌂沖繩縣那霸市松尾2-2-14ライオンズマンション
☎098-863-6050　◷11:00-20:00(不定休)
⊕乘搭單軌電車至縣廳前站或牧志站，步行約5分鐘
⊕www.ryukyu-piras.com

（圖文：嚴潔盈）

肥皂專賣店 La Cucina 地圖P.92

以天然材料為肥皂原材料的La Cucina，位於浮島通的專賣店除了可找到各款不同味道的肥皂外，亦有香薰油及雜貨出售，讓你享受一個香噴噴的假日。日本其他地區如J Period、Beams等都有發售。

◀南瓜味和伊蘭伊蘭味香皂(￥1,760，HK$104)。

▼Gay Soap粉紅香皂(￥1,728，HK$112)。

▲香薰木花(￥300-530，HK$19-34)，放一朵在家中即時香氣四溢。

▼不同味道的精油(￥1,100起，HK$71)。

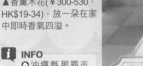

i INFO
⌂沖繩縣那霸市松尾2-5-31
⊙12:00-20:00
☎098-988-8413
🌐lacucina.jp

(攝影：嚴潔盈)

▲連洗碗用的清潔皂(￥660，HK$39)也有！店主說這款香皂以天然物料製作，絕不傷皮膚。

簡潔手作店 美海工房 地圖P.93

以出售自家設計飾物為主的美海工房，於浮島通內設立了直營店。工房的設計非常簡潔，喜歡手作飾物的朋友可前來購買獨一無二的心頭好。

i INFO
⌂沖繩縣那霸市松尾2-3-11
☎098-927-6415
⊙11:00-18:00(逢星期四休息)
🌐www.facebook.com/churaumiukishimaaccessorylab

創意一口冬甩球 Ball Donut Park 地圖P.92 推介!

　　Ball Donut Park隱身在那霸市國際通上一條小巷,出售多款可愛又美味的創意冬甩球。冬甩球即點即炸,有朱古力香蕉、熱帶水果、Taco等特別口味。而檸檬蜜糖、牛油海鹽等這些簡單口味,則可加配胡椒咖啡、薑、辣椒醬等調味料,非常創新!餐廳的裝潢和擺設感覺溫暖活潑,是享用下午茶的理想地點。

◀Ball Donut Park的店面頗像一家小酒吧。

▲▶店內的裝潢和擺設感覺溫暖又活潑。

必食!

▲黃豆粉黑蜜冬甩球配白玉丸子和忌廉(¥640,HK$42),是結合日本傳統口味的新吃法。

▲檸檬蜜糖冬甩球(小¥490,HK$32),小小一碗竟然配上半顆檸檬!

◀◀▲店內無論牆身、紙杯或餐巾都印着這可愛的女孩。

ℹ INFO
⌂沖繩縣那霸市牧志1-1-39 STEPビル1F　☎098-988-9249
⏰12:00-20:00　🌐www.balldonutpark.com

(圖文:嚴潔盈)

那霸 · 首里 · 豐見城 · 糸滿 · 南城

小巷內的滋味拌麵 まぜ麵マホロバ 地圖P.92

位於寧靜小巷內的まぜ麵マホロバ，是一家非常受當地人喜愛的拌麵餐廳。這裏只售3款麵：拌麵、焦芝士拌麵、辣味台灣拌麵，配料則大同小異，分別有生雞蛋、紫菜、洋蔥、蔥花、肉碎，配以彈牙麵條。麵的份量，無論是「小盛」、「並盛」、「中盛」的價錢都是一樣，除非是胃口超好選「大盛」則需加¥100(HK$6)。

▶麵條與生雞蛋、紫菜、洋蔥、蔥花、番茄肉碎，及底層的味噌拌勻後，非常惹味。

▲辣味拌麵(中¥850，HK$50)，有4個辣度可選。

INFO
- ⌂沖繩縣那霸市牧志1-3-34
- ☎098-917-2468
- ⊙星期一至六11:30-21:30；星期日11:30-21:00(逢星期二及每月第3個星期一休息)
- ⊕mazemen-mahoroba.com

▶店內氣氛溫暖，有點像沖繩版的「深夜食堂」，只有10多個座位，一下子便客滿了。

(圖文：嚴潔盈)

健康夏威夷早餐 C&C Breakfast 地圖P.92 推介!

C&C Breakfast位於國際通附近一條小巷內，從早至傍晚提供健康又精緻的all day breakfast餐點，包括三文治、奄列、班尼迪蛋、班戟等，還可嚐嚐在日本很受女士歡迎的Acai Bowl(夏威夷冰)！店內裝潢採北歐風格，不趕時間的話，不妨在此慢慢坐，感受一下不同於國際通的寧靜氣氛吧！

◀餐廳一角擺放着出售的可愛廚具。

▲店內提供免費Wi-Fi。

▲位於小巷內的C&C Breakfast。

▶島豆腐牛油果三文治(¥850，HK$55)，清淡的口味感覺健康。旁邊的炸薯角加了香草和孜然籽，非常香口！

INFO
- ⌂沖繩縣那霸市松尾2-9-6
- ☎098-927-9295
- ⊙星期一至五09:00-15:00，星期六及日08:00-15:00(逢星期二休息)
- ⊖乘搭單軌車至牧志站，步行約10分鐘
- ⊕www.ccbokinawa.com

▶在日本很紅的早餐Acai Bowl(¥650，HK$42)，內有草莓、香蕉、藍莓、巴西莓冰等。據說巴西莓有助抗氧化，所以成為早餐寵兒。

(圖文：嚴潔盈)

沖繩美麗海水族館直銷店Umichurara 地圖P.92
(沖繩美ら海水族館アンテナショップ うみちゅらら)

▲進去後要上2樓。

▲旁邊有家小型Café，可以休息一下。

▲超大扭蛋機，可以轉出不同海洋生物。

沖繩美麗海水族館(P.258)是沖繩旅遊的熱門景點，現在國際通內也有水族館的手信(伴手禮)直銷店了！直銷店主要售賣水族館的紀念品，還有幾缸美麗的熱帶魚可以觀賞，大人和小朋友來這裏看看買買，都會捨不得離開！

▲鯨鯊公仔，連稅￥1,728(HK$112)。

▲海洋生物模型，每款都很可愛。

▲可愛的海獅毛公仔(￥1,706，HK$111)。

▲可以自己動手砌海洋生物(￥1,080，HK$70)。

▲這對玻璃鯊魚擺飾只售￥378(HK$25)。

◀可愛的瓶中水族館(連稅)￥540(HK$35)。

▶想不想試試海洋的味道？這款美之海鹽碳酸飲品或許適合你。(￥154，HK$10)

143
154

ℹ Umichurara INFO
🏠沖繩縣那霸市久茂地2-2-22 JAドリーム館2F
☎098-917-1500
🚃乘搭單軌列車至縣廳站，步行5分鐘
🕐10:00-19:30(年中無休)
🌐umichurara.com

(攝影：蘇飛)

買海葡萄 守禮堂

地圖P.92

▲守禮堂久茂地分店，門外的魚缸飼養着新鮮的海葡萄。

守禮堂於國際通共有3間分店，但每間所出售的貨品卻大大不同。守禮堂本店與久茂地分店以出售沖繩手信(伴手禮)為主，此外，陶器、泡盛甚至新鮮的海葡萄都可在此找到。

Surplus Shop

守禮堂久茂地分店與Surplus Shop相連。Surplus Shop以出售軍服與軍用品為主，另外亦有Zippo打火機及守禮堂原創的T-Shirt等，可謂陽剛味十足。

▶守禮堂的Surplus Shop，光看門口已知這店以出售軍服與軍用品為主，在滿是手信店的國際通上十分突出。

ℹ INFO
- ⌂沖繩縣那霸市久茂地3-4-20
- ☎098-863-6307
- ⊟乘搭單軌列車至縣廳站，步行5分鐘
- ◷09:00-23:00
- ⊕www.shureido.jp (日)

獨家玻璃飾物 ちゅら玉

地圖P.92、93

在國際通閒逛，總會看到由玻璃製成的米奇老鼠飾品，這就是「ちゅら玉」獨家發售的飾物。除了迪士尼人物造型外，部分售賣的玻璃珠更可儲光，留待晚上展現光芒。藍色的玻璃珠飾物更是熱賣貨品，只因看到這些不同層次的藍色，讓人想起沖繩美麗的海。

▶許多以迪士尼卡通為創作意念的玻璃飾品！

▶簡單一粒玻璃珠，已是一條漂亮的頸鏈 (￥2,160，HK$140)。

ℹ INFO
- ⌂(国際通り店) 沖繩縣那霸市久茂地3-29-70
- ☎(国際通り店)098-863-8989
- ⊟乘搭單軌列車至牧志站，步行5分鐘
- ◷10:00-21:00
- ⊕www.cocos-island.co.jp (日)

(攝影：嚴潔盈)

▶迪士尼玻璃吊飾￥4,104，HK$266)。

◀不知道該選甚麼顏色，可根據自己生日日期選擇。

24小時無休購物！驚安之殿堂

 地圖P.92

 必到！

(ドン・キホーテ国際通り店)

國際通本來已經是不夜天，隨着驚安之殿堂進駐後更加不得了，因為是24小時營業！商場有4層樓再加地下1層，店內除了食品、衣物、日常雜貨和藥品外，連沖繩特產都應有盡有，價錢更媲美超級市場，方便遊客隨時在這裏進行補給。雖說不少貨品價錢算便宜，但購買前也要格價，畢竟這裏是沖繩最旺的地區。買滿¥5,000(HK$325)以上可申請退稅。

i INFO
- 沖繩縣那霸市松尾2-8-19
- 0570-054-711
- 09:00-03:00
- donki.com/store/shop_detail.php?shop_id=323
- 備註：購物¥3,000以上可獲得¥300的停車券(停車費會因不同停車場而有所不同)

▲驚安之殿堂。(攝影：嚴潔盈)

▲每層的貨品都數之不盡。(攝影：蘇飛)

TIPS!

驚安の殿堂 ドン・キホーテ的免稅規定

在ドン・キホーテ購物金額(折扣後)不包含稅滿¥5,000(HK$294)、含稅滿¥5,500(HK$324)以上就可以免稅。如果購買商品屬消耗品如食品、藥品、化妝品等，退稅後需要封裝在免稅專用袋裡，離開日本後才可開封或使用，否則出境時會被海關補收消費稅，而家電、名牌商品、衣物首飾等則不需要。退稅時出示護照或上陸許可證，只有購買產品的本人才能進行免稅手續。另外，ドン・キホーテ正舉行退稅優惠，購物免稅滿¥10,000(HK$558)以上可額外獲得5%的折扣，只需結賬時將優惠券頁面出示給收銀員，詳情可參閱網站：djapanpass.com/coupon/0000000803。

▲化妝品。

STEP 1

▲準備護照和收據。

STEP 2

▲領取退稅稅金。

STEP 3

▲取回已退稅商品。

STEP 4

▲商品封裝在免稅專用袋。

◄迷你玩具相機。

i INFO
驚安の殿堂 ドン・キホーテ的退稅條例
donki-global.com/zhtw/tax_free/

(撰文：HEI，攝影：蘇飛)

驚安之殿堂食店推介

珊瑚味咖啡？35 Coffee (サンゴロースト35コーヒー)

　　沖繩特有咖啡店35 Coffee的名字由來，是因為製造咖啡時會加入白化後的珊瑚，形成獨特的味道；加上日文的「35」與珊瑚同音，因此得名。35 Coffee亦有保護環境的使命：有見沖繩的珊瑚因全球暖化逐漸減少，此店把收入的3.5%用作移植珊瑚的活動，所以各位在享受香濃咖啡的同時，亦在拯救沖繩的珊瑚群呢！

▲35 Coffee國際通店在驚安之殿堂的2樓，黑白分明的佈置非常簡潔。

i INFO
⌂ 驚安之殿堂2F
☎ 098-840-7885　⊙ 11:00-19:00
🌐 www.sooeido.com

▶加入珊瑚的咖啡，為沖繩限定的產品喔！2包￥1,050(HK$36)，5包￥2,100(HK$68)。

海盜船鐵板燒 Captain's Inn (キャプテンズイン)

　　在國際通閒逛時，你一定留意到有一間餐廳門口點着火把，這裏便是專吃鐵板燒的Captain's Inn。進入店內就好像置身於海盜船裏。廚師不但會在客人面前烹調食物，更會不時表演雜技。一邊看着廚師手起刀落的表演刀法，一邊吃着海鮮與沖繩特產的和牛，價錢稍貴，但還是值得。

　　餐廳內的餐牌日英對照，亦設有鐵板燒放題，每位￥5,400(HK$351)。在沖繩共有5家分店。

地圖P.92

▲熟練的廚師會在你面前烹調，還會即場表演精彩的刀法！

▲ 大門外點着火把，很有氣

◀ 每樣食物都會擺設得整整齊齊，毫不馬虎。

◀ 鐵板海鮮牛柳套餐(180元)，￥5,380(HK$349)，半熟的牛柳有豐富的肉汁！

推介！

▶ 來沖繩旅遊，又怎可不嚐一下有名的Orion啤酒呢？

i INFO
⌂ 沖繩縣那霸市久茂地3-4-1
☎ 098-868-4670
🚃 乘搭單軌列車至縣廳站，
　　步行5分鐘
⊙ 11:30-17:00，17:00-22:30
🌐 www.okinawa-steak.com (日)

那霸
・首里
・豐見城
・糸滿
・南城

超抵吃鐵板牛排！牛屋

地圖P.92

國際通有不少吃和牛的專門店，牛屋為其中一家。店鋪內部以木製家具為主，甚有美國風味。餐廳的一磅鐵板牛排為店家主打食品，份量比一般男士的手掌還要大，可能要2人以上才能吃得下去呢！

▶位於國際通的牛屋，就連霓虹招牌也是使用牛來招攬客人。

▲400g鐵板牛排的價錢為￥2,882($170)，若挑戰不來的話，圖中的200克牛排只需￥1,982(HK$117)，同樣美味。

▲沖繩名物Taco rice，每客￥450(HK$29)。

INFO
⌂沖繩縣那霸市松尾2-5-12
☎098-861-8719　🕐12:00-23:00
🌐tabelog.com/okinawa/A4701/A47010147000562

(攝影：蘇飛)

更多特色小店 平和通り商店街

地圖P.91、93

綠色屋頂是平和通り商店街的標誌，亦是通往壺屋與第一牧志公設市場的通道。日本的商店街大同小異，街上都有一個全天候的屋頂讓你在下雨天也可盡情購物。平和通商店街也不例外，不過特別在於有更多小店，與較商業化的國際通不一樣，這裏你可看到當地居民日常生活的一面。

◀平和通商店街在國際通上的入口。
(攝影：嚴潔盈)

INFO
⌂沖繩縣那霸市牧志3-2-64

那霸
・首里
・豐見城
・糸滿
・南城

平和通內商店購物推介

鯨骨飾品 海想 地圖P.93 推介!

　　海想在沖繩縣內有6間店鋪，其中有5間就在國際通。這裏的產品與一般沖繩常見的可愛海洋風格不同。除了一般飾品和服裝外，還有師傅手製的木造擺設，和用鯨骨製成的飾品，非常罕見。

▲平和通2號店。

▲店內氣氛悠閒，沒有國際通店鋪常見的嘈吵。

▲店內有小量文具，如膠紙(右圖￥450，HK$29)和信紙套裝(左圖￥400，HK$26)。

▲以鯨骨做成的戒指(￥8,000，HK$519)。

▲海洋瓷器頸鏈(￥2,600-7,000，HK$169-455)。

▲男裝鯨魚襯衫(￥9,000，HK$584)。

INFO
🏠沖繩縣那霸市牧志3-2-56
☎098-862-9228
🕙10:00-19:00
🌐www.kaisou.com

(圖文：嚴潔盈)

▲木匠師傅手製的擺設，輕巧可愛。燈塔￥2,500(HK$162)，船長和水手各￥800(HK$52)。

▲各款印花巾大￥900／HK$58，小￥450／HK$29。

掃盡各款藥妝！ ドラッグセガミ 地圖P.93

　　來到日本當然要到藥妝店進貨，位於平和通商店街內的ドラッグセガミ，是當地人推介的大型藥妝店，不同牌子的美妝品、健康食品、藥物一應俱全。如果不想花時間在國際通到處格價，可來這裏一次過買齊。

▲ドラッグセガミ位於平和通商店街內。

►多款不同香味的蒸氣睡眠眼罩(￥380，HK$25)。

►在香港很受歡迎的LuLuLun面膜(￥300-400，HK$19-26)。

▲大正金色感冒藥(￥1,180，HK$77)。

◄在香港很少見的Calbee黑豆殼麥早餐(￥498，HK$32)。

INFO
🏠沖繩縣那霸市牧志3-2-56
☎098-860-9992
🕙10:00-21:00(5至9月延長至22:00)
🚃乘搭單軌列車至牧志站，步行約2分鐘
🌐bit.ly/3wggMUk

(圖文：嚴潔盈)

▲多款針對身體不同部分的鎮痛藥布。

▲明治膠原蛋白沖劑(30天份量)(￥1,680，HK$109)。

►在日本必掃的雪肌精系列，通通不缺貨。

國際通牧志一帶景點

來小酌一杯吧！國際通屋台村　地圖P.93

在2015年開幕的國際通屋台村，位於國際通的小巷上。20間餐廳供應不同菜系，如鐵板燒、創意琉球料理、山羊肉、美式牛排等。不妨在這裏選一檔喜歡的餐廳，小酌一杯兼享用美食，體驗一下屋台風味。

▲ 門外就有清晰地圖幫各位「搵食」！

▲國際通屋台村在2015年開幕。

▲ 坐在室外，吹着晚風聊天兼用餐，度過一個寫意的晚上。

i INFO
⌂ 沖繩縣那霸市牧志3-11-16,17
⊙ 約11:00-23:00(各店營業時間各異，需參閱網頁)
🚃 乘搭單軌列車至牧志站，步行約2分鐘
🔗 kokusaidoori-yataimura.okinawa/

(圖文：嚴潔盈)

沖繩最熱鬧的屋台 国際通りのれん街　地圖P.93

國際通りのれん街以日本昭和屋台街道為設計風格，分為3層共6個區域，2樓是美食與音樂融為一體的酒吧區域，最適合與朋友一起輕鬆聚會，部分店舖還有女生放題優惠；1樓是國際通橫丁和那霸市場，有多間美食餐廳和食品店，みずとみ精肉店還能即買即燒；地下1樓是琉球橫丁和竜宮通り社交街，有沖繩各地獨特的美食店。

人氣！

▲国際通りのれん街。

▲日本昭和屋台風格。

◀到了晚上很多人很熱鬧！

▲ 每間店佔地不大，客人可以點一兩道料理再轉到下一間店。

i INFO
⌂ 沖繩縣那霸市牧志2-2-30
☎ 81-3-3710-2091
⊙ 11:00-04:00
🚃 單軌列車牧志站步行約8分鐘
🔗 kokusaidoori-norengai.com

(撰文：HEI，相片提供：沖繩觀光會)

TIPS!

日本的屋台文化

日本的「屋台」，像是路邊的居酒屋攤檔，是當地人下班後用餐及小酌一杯的地方。屋台文化最盛行的地方就是九州福岡市，攤檔多在傍晚開店，至凌晨關店離去。提供的料理包括常見的拉麵、天婦羅、關東煮、燒烤等，亦有一些提供新派料理。

国際通りのれん街 美食推介

美味的串燒 野菜卷 燒き鳥 ごう

野菜卷 燒き鳥 ごう位於國際通りのれん街的入門口處，主要料理是蔬菜卷和雞肉串燒，用沖繩縣產豬肉包着不同蔬菜燒烤，既能解除油脂的膩，吃下去還有不同的口感和風味，其他小菜也不錯，最適合配一杯啤酒！

▶招牌料理是雞肉串燒和蔬菜卷。

▲一進門就看到店招牌。

INFO
⌂国際通りのれん街 1F
☎098-894-7622
⊙年中無休
🌐next-global.jp

(撰文：HEI，相片提供：沖繩觀光會)

人氣居酒屋 ロッキーカナイ

ロッキーカナイ是東京人氣的居酒屋，是不少年輕上班族放工後聚首小酌的場所，提供各種不同的下酒菜如台灣街頭炸雞、馬肉刺身、烏魚子芝士薯仔等，還有飲酒放題，提供各款酒品如泡盛、水果酒等。

▲偶爾有歌手助興。

INFO
⌂国際通りのれん街 1F　　☎098-975-5002
⊙18:00-04:00　　🌐bit.ly/3SJrjis

(撰文：HEI，相片提供：沖繩觀光會)

超值鐵板牛排！みずとみ精肉店　　推介！

みずとみ精肉店正如其名是一間賣牛肉的商舖，由肉舖直接開的烤肉舖可想而知用的牛肉有多新鮮！店內餐單有不同部位的和牛牛肉，而西冷牛排烤得肉質細嫩，味道鮮美，配合醬汁更加美味，看着就令人垂涎三尺。

▲みずとみ精肉店。

▲開放式廚房可以看到肉在烤。

INFO
⌂国際通りのれん街 1F
☎098-988-3393
⊙11:00-24.00(星期五六日至02:00)
🌐www.mizutomi-meat.com/about-store/

(撰文：HEI，攝影：蘇飛)

◀▲西冷牛排200g ￥1,100(HK$65)，300g ￥1,650(HK$97)。

那霸

●首里

●豐見城

●糸滿

●南城

123

即製即吃薯片！Calbee+國際通店 地圖P.93

卡樂B薯片相信大家都有吃過，那麼新鮮的卡樂B又有沒有嚐過呢？在沖繩國際通的Calbee+店內，遊客可在此買到限定的卡樂B產品如薯片、鎖匙扣等紀念品，亦可在小吃部買到新鮮製造的薯片，零食迷千萬不要錯過喔！

◀Calbee+現時於日本國內有11間分店，其中一間位於沖繩的國際通。

◀ 在店的一側有Royce朱古力的凍櫃，出售沖繩限定朱古力產品！

◀Calbee+限定發售的薯條電話繩，非常可愛，每條￥550(HK$36)。

▲新鮮出爐的原味薯條，店員不定時會讓食客試吃。（攝影：蘇飛）

▲ 健康的野菜乾脆片（￥580，HK$38)。

▲沖繩薯條禮盒（￥864，HK$56)，漂亮的盒子內裝着8種口味的小包薯條。

INFO
- 沖繩縣那霸市牧志3-2-2
- 098-867-6254
- 10:00-21:00
- www.calbee.co.jp/calbeestore

▲黑糖紅薯小薯拉（￥998，HK$59)。（攝影：蘇飛）

（攝影：嚴潔盈）

動漫精品店 Animate (アニメイト) 地圖P.92

常到日本的漫畫迷必定到過Animate，連國際通都可以找到它的蹤影。店鋪設於4樓，一不留神便會錯過。與其他國內分店一樣，店內除了動漫精品外，漫畫雜誌、CD與同人誌等亦一應俱全，作為動漫迷的話可以在此好好享受購物的樂趣。

◀看到路上的藍色牌子，Animate就在左側大廈的4樓。

國際通店 INFO
- 沖繩縣那霸市牧志1-2-1モルビービル4樓
- 098-860-2731
- 逢星期一至五11:00-20:00，星期六、日及公眾假期10:00-19:00
- www.animate.co.jp (日)

琉球陶泥玩具 鍵石

地圖P.92

鍵石雖然與文化屋雜貨店屬姊妹店，但店內出售的商品卻大相逕庭，這裏的琉球玻璃與風獅爺造型商品都是獨家限定，只有在鍵石內才可買到。另外亦有許多琉球陶泥玩具，可說是包含了日本與沖繩兩者間的風味。在國際通有兩間分店。

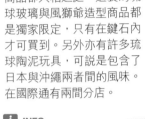

▶以陶泥製作的鸚鵡，¥648(HK$42)，十分精緻。

▲與五顏六色不同的純陶泥風獅爺，¥1,296(HK$84)。

INFO
- ⌂(牧志店)沖繩縣那霸市牧志1-3-61
  (久茂地店)沖繩縣那霸市久茂地3-2-18
- ☎(牧志店)098-866-0496
  (久茂地店)098-863-5348
- ◷09:00-22:30
- ⊕keystone.okinawa.jp

沖繩特色黑糖小食 黑糖屋

地圖P.92

黑糖是沖繩的名物，即是我們平日所認識的紅糖。在沖繩的大街小巷總會看到不少黑糖料理，以及由黑糖製成的特產出售。這間黑糖屋便是專售黑糖製品，例如即食糖果與小食，還有煮食專用的黑糖調味料，讓你帶回家製作屬於自己的黑糖料理。

INFO
- ⌂沖繩縣那霸市牧志1-3-52 1F
- ☎098-863-2045
- ◷11:00-22:00
- ⊕kokutoya.com (日)

(攝影：蘇飛)

▲這是人氣黑糖和菓子。

書店&100日元店 D-naha

地圖P.92

D-naha鄰近單軌美榮橋站，地庫至3樓為淳久堂書店，4樓則設有遊客最愛的¥100店。若需要購買旅遊書籍或喜歡逛¥100店的朋友，從國際通步行前來只需5分鐘左右路程，非常方便。

INFO
- ⌂沖繩縣那霸市牧志1-19-29
- ☎100店098-860-9688；
  三省堂書店098-860-7175
- ◷¥100店10:00-21:00；
  三省堂書店10:00-22:00

▲D-naha。(攝影：嚴潔盈)

▶合共4層的淳久堂書店除了出售各種日文書籍外，文具精品也多不勝數。

那霸

• 首里

• 豐見城

• 糸滿

• 南城

觀光案內所就在此！てんぶす那霸　地圖P.93

▶ てんぶす那霸的大銀幕經常播放不同種類的廣告宣傳，吸引遊客目光。

那霸市傳統工藝館位處的綜合商業大廈「てんぶす那霸」，地下就是那霸市觀光案內所的所在地，還有不少商店。在國際通遇到有關旅程疑難的話，大可到這裏找尋「急救良方」喔。

▲紙板公仔，讓你「穿上」沖繩的傳統服裝拍照留念。

▲1樓設有多間商舖，出售泡盛等沖繩名物。

INFO
- 沖繩縣那霸市牧志3-2-10
- 098-868-7810
- 乘搭單軌列車至牧志站，步行6分鐘
- 09:00-22:00（星期一至18:00）
- www.tenbusu.jp

落手做工藝品 那霸市傳統工藝館　地圖P.93

　　沖繩擁有多種獨特且歷史悠久的傳統工藝，在てんぶす那霸內的那霸市傳統工藝館內便可一次過欣賞到了！館內除了展出壺屋燒、琉球紅型、漆器、玻璃製成品及首里織等沖繩名物外，更有工藝體驗工房讓遊客一展身手，親手製作沖繩傳統工藝品作為手信(伴手禮)也不錯呢！有興趣參加工藝體驗工房的話，不妨先到網站預約。

▲工藝館不時會舉辦各種類型的特別展覽。

▲工藝館對面的販賣場營業時間為10:00-20:00，喜歡工藝品的朋友可來此尋寶一番。

INFO
- 那霸市牧志3-2-10てんぶす那霸2F　098-862-1023
- 10:00-17:00(12月31日至1月2日休館)
- 見てんぶす那霸交通
- 成人￥310(HK$20)，高中生￥200(HK$13)，中學生及小童￥100(HK$6)
- okinawa-kougeinomori.jp/shop/detail/3197

▲從工藝館穿往國際通反方向的希望之丘公園，可參觀到每年10月於國際通舉辦的沖繩大綱挽(拔河大賽)所使用的拔河用大繩。繩網全長200米，重達40噸，已列入健力士世界紀錄大全成為世界第一繩網了！

TIPS!

工藝體驗工房課程

製品	價錢	所需時間
琉球紅型	￥1,540(HK$100)	60-90分鐘(逢星期日休息)
琉球漆器	￥2,700-3,240(HK$175-210)	60-90分鐘(逢星期日休息)
首里織	￥1,720-3,100(HK$112-201)	60分鐘(逢星期三休息)
琉球玻璃：純色小花瓶*	￥2,700(HK$175)	10分鐘(逢星期四休息)
琉球玻璃：圓點小花瓶*	￥3,240(HK$210)	10分鐘(逢星期四休息)
壺屋燒：風獅爺**	￥3,240(HK$210)	120分鐘
壺屋燒：杯或碟等**	￥3,240(HK$210)	60分鐘

*製作玻璃要第二天才能取貨，如要配送的話運費另計。
**製作壺屋燒要一個月才能取貨，如要配送的話運費另計。

一次過吃地道食物 沖繩地料理波照間　地圖P.92

地圖P.92

　　沖繩地料理波照間雖然並非位於波照間島，不過店內提供的卻是最地道的沖繩料理。餐廳內的裝潢為傳統沖繩石牆及住宅，食客恍如置身沖繩民家中用餐一樣。2樓於18:30、20:00及21:00均會舉行三味線現場表演，每位收費￥500(HK$32)，一邊喝泡盛，一邊享受沖繩獨有的音樂，感覺特別呢！

▶沖繩地料理波照間位於國際通，不少遊客光顧。

▲遠看以為是炒米粉？其實是沖繩料理「ソーミチャンプルー」，是沖繩特有的麵，配上不同配料，每碟￥720(HK$42)。

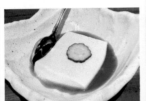

▲沖繩著名的鄉土料理「ジーマーミ豆腐」，利用花生及大豆加工而成，每客￥490(HK$29)。

▲以田芋炸成的ドゥル天，香脆可口，每客￥704(HK$41)。

▲幾乎所有沖繩料理店都能吃到的Agu豬，每客￥2,200(HK$129)。

ℹ️ INFO
- 🏠沖繩縣那霸市牧志1-2-30
- ☎️098-863-8859
- 🚃乘搭單軌列車至牧志站或美榮橋站，步行約10分鐘
- 🕐11:00-00:00
- 🌐hateruma.jcc-okinawa.net

北海道成吉思汗 炭火網燒 きジンギスカン 羊蹄山　地圖P.92

地圖P.92

　　羊蹄山將來自北海道的烤羊味道直送到沖繩，店內提供木炭烤羊肉、羊排、手工羊肉漢堡和羊肉香腸，用木炭烤製不單止能去除多餘的脂肪，還可辟去羊羶味，保持羊肉鮮味。另外店家還提供新鮮的北海道生蠔、鮭魚子、米飯，以及沖繩獨有的居酒屋菜單，是與親朋好友聚會的不二之選。

▶餐牌。

ℹ️ INFO
- 🏠沖繩縣那霸市牧志1-3-11 花笠樓ビル 1F
- ☎️050-5385-3808
- 🚃從美榮橋站步行10分鐘
- 🕐17:00-24:00 (食物最後點餐23:00/飲料最後點餐23:30)
- 🌐kokusaidori-yoteizan.com

▲招牌像一個錢幣。

(撰文：HEI，攝影：蘇飛)

人氣沖繩家庭料理 花笠食堂 地圖P.93

 人氣！

　　位於平和通り商店街隱蔽處的花笠食堂，門口只有簡單的黃色招牌，毫無花俏的裝飾，但在台灣人氣很高！花笠食堂是一家樸實的民家食堂，出售沖繩的家常便飯，價錢大眾化，份量十足，可選白飯、紅豆飯或玄米飯。店內沒有提供中文菜單，但櫥窗外放了多款食物樣板，總能選到一款合心意的食物。

▲走進小巷內的食店門口。

▲店外有食物樣板。

▲雜錦炒苦瓜，￥850(HK\$50)。

ℹ️ **INFO**
🏠 沖繩縣那霸市牧志3-2-48
☎️ 098-866-6085
🕐 11:00-21:00
🌐 bit.ly/49J3ui2

▲滷豬腳定食，￥1,000(HK\$59)，豬腳是地道的沖繩味道。

(攝影：蘇飛)

在沖繩的美式漢堡包店 YURA YURA 2nd

　　YURA YURA 2nd從外到內都充滿異國風情，就像一間美國路邊小餐館，1樓是大人小朋友都能享受的漢堡包店，2樓則是酒吧和音樂空間， 地圖P.93

適合與朋友聚會，偶爾會有歌手和樂隊表演。而店的招牌是YURA YURA 2nd漢堡包，店主自創的手工漢堡，秘製醬汁是美味的關鍵，不妨試試。

ℹ️ **INFO**
🏠 沖繩縣那霸市牧志3丁目24-7
☎️ 098-917-5388
🚃 單軌列車牧志站步行約9分鐘
🕐 11:00-20:00 (星期三休息)
✉️ yurayura2nd.owst.jp
🌐 www.instagram.com/yurayura2nd/

▲店外可見巨型的霓虹燈招牌。

▲每款包看起來都很好吃的樣子。

(撰文：HEI，攝影：蘇飛)

那霸 ・ 首里 ・ 豐見城 ・ 糸滿 ・ 南城

幽默T-Shirt Cosmic

地圖P.93

專營自家製T-Shirt的Cosmic，印的全是日本風字體，適合男女老幼，連小狗穿的T-Shirt也一應俱全。基於日文的漢字與中文字相差無幾，一些有趣的詞語如「長男」、「美人」、「一期一會」、還有專給愛犬的「忠犬」都有，不妨買一件在旅遊期間穿着，把幽默穿在身上。在國際通有多間分店。

i INFO
⌂(南国店)沖繩縣那霸市牧志3-1-2
☏098-861-8224
🚃乘搭單軌列車至牧志站，步行3分鐘
🕙10:00-22:00
🌐www.cosmic-world.net (日)

旅遊節目熱推！ 琉球咖啡館

地圖P.92

香港的日本旅遊節目都有介紹這間琉球咖啡館，主要售賣咖啡與咖哩飯等輕食，讓客人能舒適地享受一刻寧靜空間。最具人氣的是在咖啡上豎有大量泡泡的「ぶくぶく咖啡」，還有泡盛咖啡，以及為不喜歡咖啡的客人而設的「ぶくぶく茶」，以上2杯飲品都是每杯售￥580 (HK$35)。在那霸有一家分店。

i INFO
⌂沖繩縣那霸市牧志1-2-26　　☏098-860-6700
🕙11:00-22:30(不定休)　　🌐buku.jp(日)

沖繩1號店 一蘭

地圖P.92

福岡縣起家的「一蘭」進軍沖繩，在國際通開設第1間分店。一蘭每間分店都能品嘗到同樣的原創味道，香濃的豚骨湯以及彈牙可口的拉麵，可以感受一蘭對味道的堅持。而座位亦同樣是一人一格，在自助機買好餐票後，可到排隊區按空席案內板指示到座位就坐。

i INFO
⌂沖繩縣那霸市牧志1-2-24 琉球Central
　Building B1F
☏098-861-1101
🚃單軌電車縣廳前站或美榮橋站步行9分
　鐘，牧志站步行10分鐘
🕙10:30-22:00(星期五六日假期至24:00)
🌐bit.ly/3wOEI7d (日)

(撰文：HEI，攝影：蘇飛)

去。

▶可能會大排隊，要因應時間

▲店面大字表示是沖繩唯一一間。

沖繩特色調味品 琉球醬油屋 地圖P.93

▶琉球醬油屋。

　　沖繩人對醬油非常講究，不同料理菜式均會有不同醬油配搭。位於國際通上的琉球醬油屋販售多達30款醬油及調味料，較特別的口味包括泡盛辣油、鹽味白醬油、生薑沾醬、柑橘黑糖醬油等，大部分調味品均設有試味。

▶不怕重的話，可買一套裝（￥1,650，HK$107）送禮，內有一支醬油及一瓶辣油。

▲醬油100ml（￥600，HK$35）。

ℹ INFO
- ⌖沖繩縣那霸市松尾2-1-3
- ☎098-863-5990
- ⌚10:00-21:00
- ⊜乘搭單軌電車至牧志站，步行約3分鐘
- ⊕ryukyushoyuya.co.jp

（撰文：嚴潔盈，攝影：蘇飛）

久米島海洋護膚品 Ryu Spa 地圖P.92

　　Ryukyu Cosme House於久米島自設工場（P.301），利用海洋深層水研製出一系列的護膚及化妝品，深受沖繩及日本各地女性歡迎。直營本店就設在單軌列車的安里站旁邊。

▲Ryu Spa那霸本店。

ℹ INFO
- ⌖(國際通縣廳前店)沖繩縣那霸市久茂地3-2-20しんれんサービスビル1F
- ☎098-917-2100
- ⌚10:00-21:00(不定休)
- ⊜從單軌電車縣廳前站步行約4分鐘
- ⊕ryuspa-okinawa.com (日)

- ⌖(那霸本店)沖繩縣那霸市安里2-5-23
- ☎098-861-0305
- ⌚9:30-18:00(星期日、年末年初、5月5日)
- ⊜從單軌電車縣廳前站步行約4分鐘

▲Ryu Spa國際通縣廳前店。

▲面膜產品。

（攝影：蘇飛）

那霸

· 首里

· 豐見城

· 糸滿

· 南城

懷舊電影院 桜坂劇場 地圖P.93

藏身於離國際通約7分鐘路程轉角處的桜坂劇場，前身為供劇團公演的劇院，現時則為集劇院及戲院於一身的娛樂場地。劇場外觀充滿50年代氣息，內裏的裝潢有種回到昭和年代的感覺，適合喜歡具年代感的劇團或熱愛電影的朋友。

▲設有小賣店，出售不少電影相關書籍，喜歡電影的朋友在這裏看半天也嫌不夠。

▶售票處的電影名稱是人手寫上的呢！

▲桜坂劇場位於街道的轉角處，這裏於50年代為那霸的風俗街，曾經繁華一時。

▶劇場地下設有餐廳，牆上貼滿電影海報，充滿藝術感。

INFO
- 沖繩縣那霸市牧志3-6-10
- 098-860-9555
- 乘搭單軌列車至牧志站，步行10分鐘
- www.sakura-zaka.com

國際通上的免稅店！
CARGOES (カーゴス) 地圖P.93

CARGOES為國際通近年興建的綜合商場，分為兩層。1樓最受歡迎的是免稅店，有化妝品、生活雜貨、家電製品、工藝品等出售；還有Family Mart及Times Car Rental的服務據點。商場內有多間食店，當中1樓的Red Lobster(美國村分店介紹P.211)廣受歡迎啊！CARGOES與Daiwa Roynet Hotel沖繩牧志店及單軌列車的牧志站直接連結，交通非常方便。

▲Daiwa Roynet Hotel就位於CARGOES樓上。

▲廣受歡迎的美國連鎖海鮮食店Red Lobster於CARGOES的1樓設有分店。

INFO
- 沖繩縣那霸市安里2-1-1
- 098-943-4975
- 單軌列車安里站2號出口，步行1分鐘
- 商店營業時間各異，需參閱個別商店之網頁，大部分為10:00-21:00
- www.cargoes.jp

陶瓷集中地 壺屋通
地圖P.91、93

`MAPCODE` 33158009*36

▲ 寧靜的街道上，藏有許多隱世陶瓷工場。

　　沿着平和通商店街一直走至盡頭，前方充滿綠意與小屋的街道便是沖繩有名的壺屋通，許多陶藝工場與小店都聚集在這小小的區域。壺屋通內除了有壺屋燒物博物館，亦有許多具有沖繩風味的咖啡店。另外，一些陶藝工場也提供陶藝體驗課程，讓你嘗試親手製作陶器。即使對陶瓷沒有太深認識，但在壺屋通穿街過巷，於古舊的房子間悠閒散步也不錯。

▶ 壺屋通內隨處可見的陶泥藝術。

▶ 埋於草叢內的壺屋通地圖。

TIPS!

　　在壺屋通，陶藝工場提供的體驗課程多以日文為主，若你對日文有點認識，不妨參加！一般課程以製作風獅爺為主，需時約1至2小時，但因燒製陶瓷需時，可能要等上一個月才能取得製成品呢！

INFO
🏠沖繩縣那霸市壺屋1-21-14
🚃乘搭單軌列車至安里站，步行約8分鐘

登窯咖啡室 南窯
地圖P.93

　　樓梯前有一隻威武的風獅爺守護着的，便是南窯，亦是壺屋通內剩下唯一的登窯。中國稱登窯為「階級窯」或「串窯」，一般由數個長形窯室排成一線後，再依山而建、形成斜面構成窯室，就這樣從低至高、於不同高度的窯室提供不同熱源，從而製成不同種類的陶藝製品。現在南窯已成為一家古雅的咖啡室，亦屬沖繩縣指定有形文化財產。

INFO
🏠沖繩縣那霸市壺屋1-9-29
🕘09:00-19:30　☎098-861-6404
🌐tabelog.com/okinawa/A4701/
　A470101/47000125/

最方便賞櫻熱點 與儀公園

地圖P.91、93 賞櫻!

地圖P.91、93

MAPCODE 33128490

　　與儀公園位於那霸市，是當地人休憩消閒的地方，亦是離那霸市最近的賞櫻熱點，由國際通步行前往只需15分鐘。每年2月中旬，公園內人造河川兩旁會開滿粉紅色的寒緋櫻，與代表熱帶地區的棕櫚樹形成一幅奇特的風景。趁着櫻花盛開，遊客可參與那霸櫻花祭，欣賞民俗舞蹈和品嚐特色小吃。

▲與儀公園中央入口。

◀沖繩縣內沒有鐵路，所以1973年九州鐵路管理局將D51蒸汽火車贈給當地孩子作為禮物，現保存於公園內。

那霸

・首里

・豐見城

・糸滿

・南城

▲公園內綠意盎然，周圍都是樹蔭讓民眾乘涼。

▲趁着天氣晴朗，許多家長帶同小朋友在草地野餐。

▶走進公園內可看到更多櫻花樹。（相片提供：Melody的身為一道彩虹Blog）

ℹ INFO
🚩 沖繩縣那霸市與儀1-1
🚌 從國際通經平和通，穿過壺屋，再步行約15分鐘即達
🌐 www.okinawainfo.net/yogi.htm

（圖文：嚴潔盈）

▶小朋友的遊樂場，有鞦韆和沙池。

▲自由廣場。

美榮橋一帶景點

新鮮魚生及圓咕碌沙律 ひっぱり鮨 地圖P.92

來到四面環海的地方就自然想吃新鮮的魚生，這時不妨到ひっぱり鮨大快朵頤。這間餐廳每天都會特選一些時令海鮮，讓顧客嘗到既新鮮又肥美的刺身。此外，沙律餐點的上菜方式也別具特色：以玻璃球盛載沙律，並把不同口味的沙律醬注入試管，再放於裝滿冰塊的玻璃球內，既能保溫又能讓顧客嘗到不同口味，影靚相更是一流！值得一提的是，顧客可使用餐廳提供的平板電腦點菜，平板電腦的餐牌附有中、英文及食物的照片，對不諳日文的旅客來説十分方便。

▲餐廳有兩層，顧客選擇在2樓用餐的話每人要額外付￥300(HK\$19)，但餐廳相應會以免費小吃來回贈顧客。

▲2樓座位的私隱度十足。

◀點餐用的平板電腦，要注意電腦上的餐單不附時令海鮮及特價餐，所以點餐時也要留意日文餐牌。▲

推介!

▲10種刺身盛合，￥1,870(HK\$110)，每種都附上日文名牌。

▲不同口味的沙律醬。

▲以玻璃球盛載的沙律。

▶鐵板磨菇雞飯(￥850，HK\$55)，以醬油包裹飯粒配合新鮮雞肉，味道香濃。

ℹ INFO
⌂沖繩縣那霸市牧志1-9-3
☎098-943-4832　🕐17:00-00:00
🚃乘搭單軌列車至美榮橋站，步行約7分鐘
🌐hipparidako4832.owst.jp

(撰文：Pak，攝影：蘇飛)

十分珍貴的島黑豚 我那霸豚肉店 地圖P.91

◀門口可以看到2隻島黑豚，如果覺得可愛就太殘忍了。

▲有點獨特的吸煙區。

我那霸豚肉店是以島黑為主要食材的燒肉店。相傳沖繩是日本最早畜養豬隻的地區，「琉球在来豚アグー」與「アグー」經雜交後發展成「島黑(シマクルー)」，在第二次世界大戰中幾乎滅絕，後經沖繩畜產業10年的努力成功培養出與戰前相若的質素和數量。島黑主要特點是脂肪純白、肉質緊實，膽固醇比普通豬低，含豐富維生素B1和谷氨酸，是十分珍貴的豬。

ℹ INFO
⌂沖繩縣那霸市前島1-1-1石嶺ビル1F
☎098-863-5380
🕐午餐 11:30-15:00(L.O. 14:30，晚餐 17:00-22:00(L.O.21:00)(星期日休息)
🚃從單軌電車美榮橋站步行1分鐘

(撰文：HEI，攝影：蘇飛)

與可愛企鵝共進晚餐 地圖P.92 親子!
ペンギンのいるダイニングバー沖繩

　　酒吧和小朋友兩者聽起來似乎毫無關聯，但Penguin Bar卻是一間極受小朋友歡迎的酒吧。為甚麼？全因酒吧飼養了幾隻企鵝，顧客可一邊用餐，一邊看着可愛的企鵝嬉水、呆站，以及笨拙地走路，還可以在特定時段餵飼企鵝，難怪小朋友都玩得不亦樂乎！值得一提的是，雖然飼養了動物，但酒吧的環境仍保持得十分潔淨，家長們不用擔心衛生問題。

▶ 酒吧只在晚上營業。

▲ 店內環境舒適。

◀◀▶ 大水槽內飼養了幾隻可愛的企鵝。

◀ 顧客可在特定時段餵飼企鵝。

▼ 明太子意粉(圖左)及白酒煮蜆意粉，各¥900(HK$58)。意粉是這裏的招牌，當然是好味道。

TIPS!

　　若是帶小朋友入內的話，建議在接近餵飼企鵝時間之前到達，避免太長時間的等候。企鵝餵飼時間為：20:00、21:30、22:30、23:50、02:00。

i INFO
- 沖繩縣那霸市松山2-6-16
- 098-863-9993
- 星期一至四18:00-02:00，星期五、六18:00-05:00，星期日及公眾假期19:00-01:00
- 每人最低消費一杯飲料及一份餐點
- 乘搭單軌列車至美榮橋站，步行約5分鐘
- tabelog.com/okinawa/A4701/A470101/47000726/

(撰文：Pak，攝影：蘇飛)

▶ 炒麵線，¥700(HK$45)，炒得很入味。這是台式的幼身麵線，在沖繩較少見。

手作工藝精品 tituti OKINAWAN CRAFT

位於美榮橋站附近的tituti OKINAWAN CRAFT，出售由活躍於陶藝、紅型(沖繩傳統染色技法)、織物、木工4個範疇的女性作家製作的產品，走進店內就像走進美術展廳一樣，充滿着明亮寧靜的氣氛。

地圖P.93

「tituti」意指手牽手，是店主希望手作人和使用者手牽手的意思。

▲tituti OKINAWAN CRAFT。

▲陶瓷碟上有象徵愛與和平的白鴿和橄欖枝。

▲店鋪空間寬闊。

▲宮古島的香草茶(￥432起，HK$28)。

▲粉紅和紅色的陶瓷瓶，放在家中增添可愛感覺。

▲看着桌上和架上精緻的家品，不禁以為走進了美術展廳。

ℹ INFO
🏠沖繩縣那霸市牧志3-6-37
☎098-862-8184
🕐09:30-17:30(逢星期二休息)
🚃乘搭單軌電車至美榮橋站，步行約5分鐘
🌐www.tituti.net

(圖文：嚴潔盈)

九州拉麵No.1 暖暮拉麵

地圖P.92

暖暮拉麵曾擊敗一蘭獲得九州拉麵票選冠軍，而它在那霸市共有2間分店，其中一間(牧志店)位於單軌電車美榮橋站附近。這裏只供應九州代表——豚骨拉麵，菜單有多款不同組合，如叉燒拉麵、辛口拉麵、芝麻拉麵等。每逢用餐時間，餐廳外總有大批食客輪候入座。

▲單軌電車美榮橋站附近的暖暮分店。

◀店較小，只得10多個座位，不想排隊就要抓緊非用餐時間了。

◀叉燒拉麵(￥850，HK$55)加半熟玉子(￥120，HK$8)，豚骨湯頭非常濃郁，叉燒亦軟稔，難怪吸引許多人慕名而來！

ℹ INFO
🏠(牧志店)沖繩縣那霸市牧志2-16-10
☎(牧志店)098-863-8331
🕐20:00-04:00
🚃(牧志店)乘搭單軌電車至美榮橋站，步行約2分鐘
🌐www.danbo.jp

(圖文：嚴潔盈)

新都心Omoromachi一帶景點

租車及免稅購物 DFS T Galleria 地圖P.91

MAPCODE® 33188295*87

DFS T Galleria除了為持有護照的遊客提供免稅購物優惠，日本國內遊客也可在此購買免稅品。商場內名店林立，許多國際知名的品牌如Gucci、Cartier、Fendi、Prada等均可在此找到。2樓則為沖繩縣內最大的汽車租賃處，集中了多間租車公司的櫃檯；網上預約租車的話，除了在機場取車外，亦可選擇在這裏取車，較接近市中心。3樓有餐廳。

◀ 多間租車公司的櫃檯都集中在DFS T Galleria。

TIPS!

2023年12月teamLab在T Galleria 3樓開設了沖繩首間常設展覽館「teamLab Future Park」，內有10多項互動藝術裝置，大人小朋友都可在這裡得到沉浸式體驗。(營業時間：10:00-20:00，票價：成人￥2,000(HK$111)，網址：teamlab.art/jp/e/futurepark-okinawa/)

◀ 在還車處入口旁邊有一家小型油站，若你在DFS T Galleria還車可在此入滿油。(相片提供：蘇飛)

 INFO
- 沖繩縣那霸市新都心4-1
- 0120-78-2460
- 10:00-20:00
- 1. 從那霸機場駕車前往，約需15分鐘；
  2. 或乘搭單軌列車至Omoromachi站，2號出口與DFS 2F連結
- www.dfs.com/jp/tc/okinawa/ (日、英)

幻彩消暑噴霧 新都心公園 地圖P.91

新都心公園就在單軌列車Omoromachi站及DFS Galleria旁邊，日間有噴霧，是小朋友消暑的好地方；夜間的噴霧再加上燈光效果，十分美麗。公園內還有網球場及停車場。

▲ 夜間的噴霧再加上燈光效果，十分美麗。

 **INFO**
- 沖繩縣那霸市新都心3-2　　098-951-3239
- 乘搭單軌列車至Omoromachi站
- 10:00-22:00(整點時播音樂直至20:00)

(相片提供：蘇飛)

▲新都心公園日間，人們都走到噴霧位置「消暑」。

親子商場 CO-OP Apple Town新都心店
(コープあっぷるタウン)

新都心的CO-OP Apple Town，1樓是玩具反斗城・寶寶反斗城、超級市場及藥妝店，2樓則有兒童遊樂區、小量店鋪及餐廳區。雖然店鋪不多，但餐廳區有齊各國料理，比鄰近的Naha Main Place有更多選擇。

地圖P.91

▲CO-OP Apple Town新都心店。

◀在2樓有多間餐廳，提供不同國家料理。

▲這裏都有藥妝店ドラッグセガミ。

▲1樓的超級市場。

INFO
⊕沖繩縣那霸市新都心3丁目3-1
☎098-941-8020
⊙約09:00-22:00(各店營業時間各異，需參閱網頁)
🚃單軌列車おもろまち站，步行約10分鐘。
🌐www.okinawa.coop

(圖文：嚴潔盈)

CO-OP Apple Town店鋪、餐廳推介

築地新鮮壽司 やざえもん

やざえもん是迴轉壽司餐廳，號稱使用的食材都是每天由築地市場新鮮運抵。餐廳有中文餐牌，上有最常見的壽司款式，不諳日語的客人只需在紙上寫上號碼交給店員，便可順利點菜。

▲壽司店やざえもん。

▶海膽醬燒三點拼盤(￥340，HK$22)，有魷魚、熟蝦、白身魚。

(圖文：嚴潔盈)

▲金槍魚三點拼盤(￥660，HK$43)，3件均為不同部位的金槍魚肉。

◀厚煎玉子(￥200，HK$13)。

▲炙燒三文魚壽司(￥260，HK$17)。

INFO
⊕CO-OP Apple Town 2F
☎098-941-8080
⊙星期一至五11:30-22:00，星期六、日及公眾假期11:00-22:00
🌐www.neo-emotion.jp/post_kaitensushi/appletown-shintoshin

小朋友至like 玩具反斗城・寶寶反斗城
(トイザらス・ベビーザらス)

最受遊客歡迎的店鋪就是1樓的玩具反斗城・寶寶反斗城(Toys"R"Us・Babies"R"Us)了，貨品種類比香港及台灣的分店齊全，佔地廣闊，可帶同小朋友慢慢逛。

▲《星球大戰》口水肩(￥999，HK$65)，一包共有2件。

▲位於1樓的玩具反斗城・寶寶反斗城。

▼嬰兒吹氣浴盤(￥2,299，HK$149)。

▲店內以初生兒、幼兒及小朋友的用品及玩具作分區。

▲小學生用書包(￥45,999，HK$2,987)。

▲迪士尼怪獸「毛毛」的長袖上衣(￥1,499，HK$97)。

▲小朋友非常專心一起玩Lego。

▶單是嬰兒車和私家車內用的嬰兒座位就多得眼花繚亂。

INFO
⌂CO-OP Apple Town 1F
☎098-865-5566
⊙10:00-22:00
⊕www.toysrus.co.jp

(圖文：嚴潔盈)

龐大外星基地建築？沖繩縣立博物館及美術館

☑ 免費泊車　地圖P.91

▲沖繩縣立博物館及美術館位於這座龐大的建築物內，不少網友覺得外型像外星人的基地！

要深入了解一個城市或國家的文化，到當地的博物館是最好的選擇。位於Omoromachi的沖繩縣立博物館展示了沖繩的歷史文物，從沖繩常見的動植物，到古時至近代的進化史都一一呈現於遊客眼前。館內的部分展品註釋備有日文及英文，亦備有中文解説小冊子供取閱。在不使用閃光燈的情況下，常設展區內部分展品可供遊客拍照留念。

▲進入展館前要通過透明的通道，隔着玻璃可看到珊瑚等擺設。

◀外，館內除了有小賣店歇一下。還有茶座供人小

與沖繩縣立博物館並立而設的**沖繩縣立美術館**，展示多位沖繩出身的藝術家所創作的藝術品，包括相片、畫作及陶器等。

▲入場前別忘了先到左邊的古民家區參觀一下。

▲美術館另一出口展出大型立體藝術品，即使不付款入場也可參觀。

▲美術館的入口就在博物館的對面。

ℹ️ INFO
- 沖繩縣那霸市おもろまち3-1-1　☎098-941-8200
- 💲博物館常設展：成人￥530(HK$27)，大學生、高中生￥270(HK$17)，中、小學生￥150(HK$10)；美術館：成人￥400(HK$20)，大學生、高中生￥220(HK$14)，中、小學生￥100(HK$7)
- 🕘09:00-18:00，星期五、六至20:00(逢星期一休息，若當天為公眾假期則會順延一天，12月29日至31日休息)
- 🚃乘搭單軌列車至Omoromachi站，2號出口步行約10分鐘　🌐okimu.jp
- 備註：出示單軌列車1日或2日乘車券可享入場折扣優惠

日牌服裝掃貨 Naha Main Place
(那霸メインプレイス)
地圖P.91

常常聽到有人説，遊沖繩過不了購物癮！但是，別忘了沖繩始終是日本的一部分，遇上合適的購物商場必定會讓你大破慳囊！在新都心的Main Place就可找到不少日本著名品牌，如ABC Mart、Comme CA、a.v.v、靴下屋等分店，款式與東京等分店別無差異，可在此盡情購物了！

◀Naha Main Place雖然只有兩層為購物中心，但日常生活到服飾衣着都非常齊備，可在此逛足大半天。

ℹ️ INFO
- 沖繩縣那霸市新都心4-4-9
- ☎098-951-3300
- 🕘商店營業時間各異，需參閱個別商店之網頁，大部分為09:00-22:00
- 🚃乘搭單軌列車至Omoromachi站，2號出口步行約10分鐘
- 🌐www.san-a.co.jp/nahamainplace/

沖繩地道漁市場 泊港漁市場 `MAPCODE 33216115*34` 地圖P.90

泊港漁市場是沖繩三大市場之一，距離市中心不算很遠，海產價錢也十分便宜。市場內有24間商舖，大部分都售賣刺身、壽司，其中有1間是生魚片丼飯，有些商舖還有芝士烤龍蝦、大蝦天婦羅、蒲燒鰻魚等熟食小食，絕對能讓你腹滿意足，不妨來一趟吃到飽！

◀ 慢慢選購。

◀ 商舖並列，可以慢慢

▼魚很新鮮便宜。

▲泊港漁市場。

INFO
- ⌂沖繩縣那霸市港町1-1-18
- ☎098-868-1096
- ◷06:00-18:00
- 🚍從那霸機場駕車約15分鐘，或乘沖繩巴士27號上之屋站下車，步行17分鐘
- 🌐www.tomariiyumachi.com

◀▲這樣一盒特上手握壽司拼盤(含藍鰭吞拿魚)才￥2,800(HK$167)。

(撰文：HEI，攝影：蘇飛)

泊港漁市場內美食推介

新鮮美味 坂下水產

坂下水產有最受歡迎的生魚片拼盤，還可以吃到北海道的生蠔，加點檸檬汁調味讓人感受到海的味道，芝士烤龍蝦、芝士烤帆立貝亦是不二之選。

▶赤蝦，￥1,000(HK$59)。

▶刺身拼盤，￥1,680(HK$99)。

▶芝士烤帆立貝，￥900(HK$53)。

▶生蠔，￥1,000(HK$59)。

INFO
- ☎098-862-9988
- 🌐www.tomariiyumachi.com/shop4.html

▲坂下水產店面的新鮮刺身琳瑯滿目。

▶大國海產。

熟食之選 大國海產

大國海產除了有各類魚生刺身，還有許多新鮮的海產供旅客選擇，亦提供菜單可免費代客料理，如辣炒花螺、蒜蓉粉絲扇貝、清蒸椰子蟹等。

INFO
- ☎098-941-0212

▶蒲燒鰻魚串￥1,000(HK$59)；蒲燒鰻魚丼￥1,500(HK$88)。

▲可以免費加工。

(撰文：HEI，攝影：蘇飛)

久米、若狹一帶景點

邊吃邊賞琉球歌舞 四つ竹 久米店 地圖P.90

☑免費泊車　**MAPCODE**® 33156427*52

　　超過35年歷史的四つ竹，每晚讓你一邊品嚐琉球料理，一邊欣賞琉球獨特傳統舞蹈。2樓更設有獨立廂房。食物方面提供各類琉球傳統料理套餐，每款有11至15道菜不等。1樓公眾座位的歌舞表演於每晚7時半開始，2樓廂房的則7時開始，須預約。

二樓的獨立廂房均面向舞台，每位客人都能清楚地欣賞琉球舞蹈表演。（相片提供：Jan）

充滿琉球風情的歌舞表演，最後你還可以與舞者合照呢！

◀▼ 逐一奉上每款食物，與傳統日式懷石料理一樣都是一小碟的。

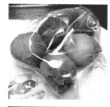

▲每位客人最後更獲得小食作為禮物。

INFO
- 📍沖繩縣那霸市久米2-22-1　☎098-866-3333
- 🕐11:00-14:00，18:00-22:00
- 🚗1. 從國際通駕車前往，約需5分鐘；
      2. 或乘搭單軌列車至縣廳前站，於2號出口步行約10分鐘即達
- 🅿12個泊位
- 💲琉球料理套餐￥4,400-￥13,200(HK$259-776)
- 🌐www.yotsutake.co.jp
- 備註：一樓的公眾席位可網上預約，或抵達沖繩酒店後請櫃檯職員代為預約。

中日友誼之光 福州園 地圖P.90

MAPCODE 33156609*37

　　位於那霸市內的福州園充滿濃厚中國庭園特色，只因它是為了記念中國福州市與那霸市締結成友好都市十周年而建。福州園於1992年建成，從設計到材料全部採自福州，園內的主要建築物如三山(千山、烏山、屏山)、二塔(白塔、烏塔)及一流(閩江)均是福州的名勝，十分有意義。

i INFO
- 沖繩縣那霸市久米2-29　☎098-951-3239
- 09:00-21:00，逢星期三休息，若當天為公眾假期則順延一天休園
- 1. 從國際通駕車前往約10分鐘；
  2. 或乘搭單軌列車至縣廳前站，二號出口步行約10分鐘
- 09:00-18:00 成人￥200(HK$13)，6~12歲￥100(HK$6)；18:00-21:00成人￥300(HK$18)，6-12歲￥150(HK$9)

(相片提供：Hikaru)

▲園內的二塔最受遊客歡迎。

▲亭台樓閣充滿中國色彩。

視覺味覺同時享受 料亭那霸 地圖P.90

☑免費泊車

　　開業60年的料亭那霸，食客可一邊享受地道沖繩料理，一邊欣賞琉球傳統歌舞表演。店內有七款沖繩料理套餐，價錢由￥5,000(HK$277)至￥15,000(HK$833)不等。

i INFO
- 沖繩縣那霸市辻2-2-11
- ☎098-868-5577
- 18:00-22:00(Last Order: 21:00)
- 1. 從國際通駕車前往，約需5分鐘；
  2. 或乘搭單軌列車至縣廳前站，於2號出口步行約10分鐘即達
- www.ryouteinaha.com (日)

(相片提供：Hikaru)

▲店外一如沖繩料食店的傳統，擺有風獅爺把守着大門。

▲琉球風味的歌舞表演。

歷代王朝祈願寺院 護國寺 地圖P.90

MAPCODE 33155864

　　護國寺為現存沖繩最古老的寺院，也是波上宮(P.145)的別當院。琉球王國自第二尚氏王朝開始，歷代國王都會前來護國寺祈願。原先的護國寺於沖繩島戰役中被摧毀，至戰爭過後經歷重建至今，成為沖繩其中一個具備代表性的宗教建築。

i INFO
- 沖繩縣那霸市若狹1-25-5　☎098-868-1469
- 07:00-18:00　w1.nirai.ne.jp/njm
- 1. 從國際通駕車前往需時約10分鐘；
  2. 或乘搭單軌列車至旭橋站3號出口，再步行約15分鐘

那霸唯一海灘 波之上海灘 (波の上ビーチ) 地圖P.90

☑ 免費入場　**MAPCODE**® 33185055*44

　　雖然波之上海灘是人工填海而成，但水質依然有保證。夏天期間許多市民會前來游泳，亦因為與波上宮距離甚接近，所以你可以安排同時遊覽這兩個地方。

風獅爺日語教室

ビーチ

　　ビーチ是海灘的意思，讀音與英文Beach相近。在沖繩有這麼多美麗的海灘，你一定有機會看到ビーチ的指示牌呢！

ℹ INFO
🏠沖繩縣那霸市若狹1-25-11
☎098-866-7473
🅿首小時￥600(HK$35)，其後每小時￥300(HK$18)
🕐4-6月09:00-18:00、7-8月09:00-19:00
💲使用淋浴設施每3分鐘￥100(HK$7)
🚌1. 從國際通駕車前往，約需10分鐘；
　　2. 或乘搭單軌列車至旭橋站，步行約15分鐘
🌐www.naminouebeach.jp(日)

紀念戰時犧牲兒童 對馬丸記念館 地圖P.90

☑ 免費泊車　**MAPCODE**® 33155868

　　太平洋戰爭期間，一艘載滿學童與民眾的船隻，被敵軍擊沉，過千條生命就此犧牲，對馬丸記念館便是為了紀念這次事件而興建，希望從兒童的角度，展示戰爭的禍害何其深遠。記念館內除了刻有各遇難者的姓名外，亦有展示當時船內的結構與遇難者的遺物等。

ℹ INFO
🏠沖繩縣那霸市若狹1-25-37
☎098-941-3515
🕐09:00-17:00 (逢星期四、12月31日-1月3日休息)
💲成人￥500(HK$32)，中學生￥300(HK$19)，
　　小童￥100(HK$7)
🚌1. 從國際通駕車前往，約需10分鐘；
　　2. 或乘搭單軌列車至旭橋站，步行約15分鐘
🌐www.tsushimamaru.or.jp (日)
備註：閉館前半小時停止進場。

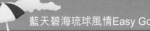
沖繩神社之首 波上宮 (なみのうえぐう) 地圖P.90

☑免費泊車　☑免費入場　MAPCODE® 33185022*00

波上宮是琉球八社之一，屬八社之中最上位，稱為沖繩總鎮守。神宮與日本傳統神社一樣，於正門建有大型鳥居，但是屋頂利用紅色的瓦磚拼砌而成，充滿沖繩的建築風味。

那霸

・首里
・豐見城
・糸滿
・南城

▲波上宮面積不大。

▲潔淨自己的身心，再誠心參拜。

▲手水舍與日本其他神社如出一轍，可參考圖中小女孩的示範。

▲於入口處記載着神社一年間舉行大型祭祀的日子。

▲遵照沖繩的傳統，神社內有一對風獅爺守護着。

▶波上宮亦設有大型鳥居，顏色是黑色的呢！

ℹ INFO
⌖ 沖繩縣那霸市若狹1-25-11
☎ 098-868-3697
🕐 09:00-17:00
🚗 1. 從國際通駕車前往，約需10分鐘；
　　2. 或乘搭搭單軌列車至旭橋站，步行約15分鐘
🌐 naminouegu.jp (日)

壼川及附近

珍貴美治時期郵票 沖繩郵政資料中心 地圖P.90
(沖繩郵政資料センター)

▲面積不大但收藏許多珍貴的郵政歷史文物。

▲舊日使用的郵箱。

　　日本全國擁有5個與郵政相關的博物館及資料館,其中一個位於那霸中央郵局2樓的沖繩郵政資料中心。這裏面積不大,卻收藏了許多第二次世界大戰及美治時代的珍貴郵政歷史文物。參觀完畢後,更可於1樓郵局購買郵票及明信片作收藏之用。

◀▲日本郵政於每個地區都有限定明信片出售,造型可愛獨特,每張￥185(HK\$12)。

INFO
- 沖繩縣那霸市壼川3-3-8那霸中央郵便局2F
- 098-854-0255　**S** 免費入場
- 10:00-16:00(逢星期六、日及公眾假期,12月29日至1月3日休館)
- 乘搭單軌列車至壼川站,1號出口步行2分鐘即達
- www.postalmuseum.jp/guide/okinawa.html

大大塊滋味牛排! Jack's Steak House 地圖P.90

推介!

▲Jack's Steak House 位於住宅區內。

◀座無虛席!

　　那霸市內有許多牛排店,其中一間很受歡迎的是位於那霸巴士總站附近的Jack's Steak House。接近用餐時間,門外已站滿等位的客人。這裏最有名的是牛腰肉排(Tenderloin Steak),牛腰肉脂肪較少,肉質軟稔;想吃脂肪比例均勻點的,可點紐約牛排(New York Steak),兩款牛排均可選不同大小,當然價錢亦有所不同。此外,餐廳亦供應豬排、雞排、Tacos等。

▼筆者點的是半生熟,每啖都非常軟稔且充滿牛香,實在太好味了!

▶吃牛排沒有紅酒,喝啤酒也同樣痛快。圖為Orion的生啤酒(￥500,HK\$32)。

▼▶附送的野菜沙律和忌廉湯。

▲最頂級的牛腰肉排(大￥3,500,HK\$206;中￥3,100,HK\$182;小￥2,600,HK\$153),圖為中size(200g)。

INFO
- 沖繩縣那霸市西1-7-3
- 098-868-2408
- 11:00-22:30(1月1日休息)
- 乘搭單軌列車至旭橋站,步行約10分鐘
- www.steak.co.jp

(圖文:嚴潔盈)

買二手貨 漫畫倉庫 (マンガ倉庫)

地圖P.159

☑ 免費泊車

雖然名為漫畫倉庫,但其實是一家二手專門店,除了出售二手玩具、漫畫、遊戲機外,還有CD、家電、古着,甚至名牌手袋供客人選購。那霸店面積廣闊,不妨來這裏尋寶。

ℹ INFO
⌂ 沖繩縣那霸市高良3-1-12　☎ 098-891-8181　⏰ 09:00-03:00
🚆 乘搭單軌列車至赤嶺站,於1號出口步行約3分鐘
🌐 mangasouko-okinawa.com

▲那霸店的門口。

小祿、赤嶺一帶景點

男人/女人拉麵? 通堂拉麵

地圖P.159　推介!

在沖繩共有5家分店的通堂拉麵相當有名氣,這間位於單軌列車小祿站附近的分店,早上11:00開店時已有一眾食客在門外等候。麵底是九州常見的幼麵,分別可選豚骨(男人拉麵)和鹽味(女人拉麵)湯頭,最受歡迎的是招牌拉麵,一碗已有6片叉燒和一隻糖心蛋,另有大把辣木耳碎和芽菜,份量十足!還是不夠飽的話,店內無限量提供辣芽菜和漬白蘿蔔。

▲通堂拉麵位於Aeon百貨小祿店對面。

▲坐在吧檯位置可直接看着廚師的準備過程。

▲開店首10分鐘,已有眾多食客上門。

▲多人的話,店員會安排入座包廂。

▲入來前記得在門口買好食券!

▲無限量提供辣芽菜和漬白蘿蔔。

▶ 男人招牌拉麵(¥1,100,HK$65),份量驚人!筆者留意到湯面上有點肥豬肉碎,相信能令湯頭更濃郁。

TIPS!

「男人拉麵」和「女人拉麵」?

通堂拉麵的「男人拉麵」(おとこ味ラーメン)和「女人拉麵」(おんな味ラーメン),即豚骨湯頭和鹽味湯頭,因普遍認為男士較喜歡濃口味,女士則偏好清淡口味,但就現場所見,似乎許多女士也喜歡「男人拉麵」!

ℹ INFO
⌂ 沖繩縣那霸市金城5-4-6
☎ 098-857-5577
⏰ 11:00-23:00
🚆 乘搭單軌列車至小祿站,步行約2分鐘

(圖文:嚴潔盈)

那霸市東南面景點

琉球王國最大離宮 識名園 地圖P.89

☑ 免費泊車 ☑ 觀光巴士(P.64) **MAPCODE** 33131122*34

　　建於18世紀末的識名園，是琉球王國最大的離宮，也是接待外國使臣的地方。識名園於第二次大戰期間遭受戰火洗禮，直到1975年由日本政府重建，並於2000年登錄為世界文化遺產。園內建築結合琉球與中國的特色，四季均可欣賞到不同的植物與景色，是拍攝風景的好去處。

世界文化遺產

▲識明園的入場門口。

▲古時識明園的正門。

◀六角亭與正殿，是識名園的核心建築。

▲充滿中國風的石橋，夏天時中間的小島與湖邊均開滿燦爛的紫藤。

◀育德泉是識名園主池的水源之一，以琉球石灰石製成。

ℹ️ 識名園INFO

📍 沖繩縣那霸市字真地421-7　☎098-855-5936

🕐 4月至9月09:00-18:00；10月至3月09:00-17:30(逢星期三休息，如當日為假日或6月23日慰靈之日則改為翌日)

💲 成人￥400(HK$26)，中學生或以下￥200(HK$13)

🚗 1. 從那霸駕車前往，約需15分鐘；
　　2. 或乘搭那霸巴士2號、3號或5號，於識名園前站下車，再步行1分鐘即達

🌐 okinawatravelinfo.com/zh-hant/sightseeing/shikinaen (中)

備註：閉館前半小時停止入場。

古琉球王國首都

首里

位於沖繩南部，古時屬琉球王國的首都，而沖繩最有名的首里城亦位於此地。

首里城公園 首里城 地圖P.157 必到!

MAPCODE 33161526*71

世界文化遺產

在首里城公園附近有3個世界遺產，其中包括幾乎是每位旅客必到的首里城。整個公園面積頗大，而且分有收費區，一般參觀路線約需1小時20分。約500多年歷史的首里城曾多次遭到破壞，包括沖繩島戰爭。首里城於2000年被評為世界文化遺產，可惜於2019年10月31日發生大火災，燒燬正殿、北殿、南殿、黃金御殿與二階御殿等7棟建築物，預計正殿修復工程在2026年秋天完成，現時只可透過玻璃觀看重建工程，首里城的其他部分則正常開放。

▼首里城奉神門仍在。

▲經大火後，首里城正進行重建。(攝影：蘇飛)

▲臨時搭建的廠房裡可見工人作業過程。(攝影：蘇飛)

ℹ INFO

🏠 沖繩縣那霸市首里金城町1-2(首里城公園管理中心)
📞 098-886-2020

	4-6月、10-11月	7-9月	12-3月
免費區域	08:00-19:30	08:00-20:30	08:00-18:30
收費區域	08:30-19:00	08:30-20:00	08:30-18:00

🚫 每年7月第一個星期三及四
💲(收費區域) 成人￥400(HK$24)，高中生￥300(HK$18)，國中生及小學生￥160(HK$9)，6歲或以下免費
🅿 ￥400(HK$24)
🚌 1. 從國際通駕車前往，約需15分鐘；
2. 或乘搭單軌列車至首里站，於1號出口步行約15分鐘，或轉乘8號下町線巴士(￥150/HK$10.9)，於首里城前站下車，再步行1分鐘即達

🌐 oki-park.jp/shurijo/ (日、英、中)

備註：
1) 閉館前半小時停止進場。
2) 出示單軌列車1日或2日乘車券可享入場折扣優惠：成人￥660(HK$43)，高中生￥490(HK$32)，國中生及小學生￥250(HK$16)。

▲首里城內都鋪上石路，沿著石路拾級而上，登上被稱為世界遺產的首里城。

1. 守禮門

從巴士站前往首里城正殿的斜坡，便會看到莊嚴豎立於此的守禮門。基於琉球王國曾為中國的藩屬國，所以首里城內的建築都充滿中國特色。守禮門曾於沖繩戰爭中受到破壞，及後於1958年復修，並成為沖繩的象徵。

▲守禮門的建築跟中國的牌坊很相像。

▲充滿中國風的裝飾。

2. 園比屋武御嶽石門

建於1519年的園比屋武御嶽石門，以琉球石灰岩建成。雖然外形為一道石門，但不准人們通過。古代琉球的石門被視為宗教建築，主要用作神明的通道。每當琉球國王外出時，均會到這裏祈求一路平安。石門於戰爭中曾遭毀壞，於1957年復原舊貌，並於2000年登錄成為世界文化遺產的一員。

3. 進入首里城城郭前必看景點

歡會門

瑞泉門

▲首里城第一座正門「歡會門」，意即歡迎中國來臨的使者。

▲瑞泉門的意思為吉祥之泉，因門前的泉水龍樋而得名。

龍樋

奉神門

▲古時琉球王國的國王一家均飲用這裏的泉水，因此稱為「龍樋」。

▲奉神門，是進入首里城正殿前最後一道城門。

▲沿路的石碑都寫着漢字。

4. 首里城正殿　☑收費區域

　　樓高三層，全部以木材建造，整棟建築都掃上朱紅色的桐油，是整個首里城中最重要和最大型的建築物。2019年火災燒毀包括正殿、北殿和南殿等7棟建築，目前正進行復建。

　　正殿1樓稱為「下庫理」，是國王親政與舉行儀式的地方。2樓為「大庫理」，屬王妃與女官使用的空間。整棟首里城充滿中國色彩，甚至連國王坐的椅子亦甚有中國龍椅的風貌。

▲廠房內展示正殿復建的作業過程。

火災前

◀亦有展示火災後首里城的部分殘骸，包括龍頭棟飾。

5. 女官居室　☑收費區域

　　女官居室原是在御內原工作的女官居處，現在改建成「博物館商店 球陽」，出售首里城公園原創商品和傳統工藝品，還售賣特製的「餐肉雞蛋飯糰」等輕食。

◀有座椅可以看着景觀休息一下。

▲外觀盡量保持原貌。

▲商品種類甚多。

(撰文：HEI，攝影：蘇飛)

▲餐肉雞蛋飯糰，
一盒3種口味，
¥400(HK$24)。

▲閃閃的鎖匙扣只
在首里城才買到，
¥990(HK$58)。

▲首里城特色布袋，
¥1,650(HK$97)。

151

6. 展望台(東のアザナ) ☑收費區域

▲可以看到正在修復中的正殿。

與「西のアザナ」相對，展望台建在城堡的東端，海拔約140米，可以看到城堡外的城鎮以及正殿和御內原後面的區域。

◀梯。

◀同樣以琉球石灰岩建造的長樓

◀造年代不詳。

◀白銀門，以琉球石灰岩建成，建

◀寢廟殿，是國王去世時臨時安放靈柩的地方，從僅存的平面圖大概知道建築的輪廓。

▲景致寬闊。

(撰文：HEI，攝影：蘇飛)

7. 復興展示室、ガマ遺構、湯屋 ☑收費區域

復興展示室裡展出火災前首里城主殿屋頂上的獅子瓦殘骸，以及法神門北側用剩餘瓦片重新鋪上的屋頂。**ガマ遺構**是展望台壁下的人工洞穴，在ガマ遺構之間有兩道在第二次大戰時修建的「留魂壕(護城河)」，現左側已被埋沒。**湯屋**是御內原女官淋浴的地方，經考古調查，在遺址旁建築物發現用灰漿接縫的石牆和燒柴後的木炭，推測此處是具儲水及燒水功能的浴場。

▲湯屋，御內原女官淋浴的地方。

▲復興展示室內展示法神門屋頂部分瓦片，遊客亦可在此稍作休息。

▲ガマ遺構的出土物介乎15-20世紀，推測遺跡屬御城時代。

(撰文：HEI，攝影：蘇飛)

8. 龍潭

龍潭建於1427年，為首里城內的人工池，外觀仿照中國庭園建築，琉球王更會宴請來自中國的使者於此遊船呢！

▲從龍潭可經池邊小路直達首里城中心一帶，不過要小心別掉下水中喔。

9. 弁財天堂

位於円鑑池中央的弁財天堂建於1502年，內裏供奉了祈求航海安全的女神弁財天。通往弁財天堂的小橋為天女橋，採用中國南部駝背橋的特徵建成，石欄上亦雕上蓮花等的雕刻，非常具有中國特色。

◀天女橋的名稱，讓人想像橋邊都有美麗的天女相伴着一樣。

◀弁財天堂除了成為觀光景點外，亦成為雀鳥們的天堂。

TIPS!

夏天遊覽首里城時，不妨來一杯首里城限定的ゆみこ軟雪糕，雪糕由芒果、紅芋及木槿屬(大紅花)製成，每杯￥300(HK$19)。在首里杜館外的土特產店有售。

(攝影：蘇飛)

10. 首里杜館

此處首里之丘從前是如同聖地的存在，別名喚作「すいむい」，首里杜館(すいむいかん)這個名字則是從中而來。首里杜館裡有首里城設施位置的導遊大廳、情報展示室、便利店、停車場等，亦放設飲料自動售賣機。

▶ 裡面有互動投影遊戲給小朋友玩。

▲首里杜館入口處。

(撰文：HEI，攝影：蘇飛)

國王陵墓所在地 玉陵　地圖P.157

從首里城的守禮門步行不到10分鐘，便可到達另一個世界文化遺產：玉陵。玉陵建於1501年，是琉球王國第二尚氏王朝歷代國王的陵墓，也是琉球最大的破風墓。在琉球戰爭中，玉陵同樣遭受戰火洗禮，東室與西室同時被嚴重破壞，現時的玉陵是戰後重新修復而成的。

世界文化遺產

◀◀ 展示室內展示了玉陵出土的文物，另有介紹玉陵結構的展板。

ℹ️ INFO

📍沖繩縣那霸市首里金城町1-3 (玉陵管理事務所)
☎098-885-2861
🕐09:00-18:00
💲成人￥300(HK\$19)，中學生或以下￥150(HK\$10)
🅿不設停車場，建議把車子泊至首里城公園內再徒步前往
🚌1. 從國際通駕車前往，需時約15分鐘；
　　2. 或乘搭單軌列車至首里站，於1號出口步行約15分鐘；或轉乘8號下町線巴士(￥150/HK\$10)，於首里城前站下車，再步行3分鐘即達
🌐okinawatravelinfo.com/zh-hant/sightseeing/tamaudn
備註：閉館前半小時停止進場。

拍照風景一流 金城町石板路

MAPCODE® 33161246*82

地圖P.157

穿過首里城公園，在長滿茂盛樹木的下山小徑旁，有一個刻有「道」的石碑豎立着，便是前往金城町石板路的入口處。再往下步行約10分鐘，便正式踏進金城町石板路。石板路全長約300餘米，全程依山而建，曾獲選為「日本道路百選」之一。路邊的石牆由琉球的石灰岩建成，路上亦建有紅瓦屋頂的住宅，極有沖繩風格。

◀沿石板路上的風景均十分漂亮。

▲沿路有地圖指示，並列出石板路上的其他景點。

▲另一款的石柱地圖，整個區域好比象形文字。

▲看到刻上「道」的石碑，代表石板路的起點。

TIPS!

在沖繩的建築物外面，經常會看到寫上「石敢當」、「石巖當」、「石敢東」、「石散當」、甚至「石散堂」的石頭或玻璃，其實它們是來自福建、再傳至沖繩的傳統，通常擺放在路口，用作驅除惡魔之用。

ℹ INFO

⌂ 沖繩縣那霸市首里金城町2

🚌 1. 從國際通駕車前往，約需15分鐘；
2. 或乘搭單軌列車至首里站1號出口步行約15分鐘；
3. 或在首里站轉乘8號下町線巴士（¥100，HK$7），於首里城前站下車，再步行10分鐘即達

🅿 不設停車場，建議把車子泊至首里城公園內再徒步前往

🌐 www.odnsym.com/spot/kinisidatami.html（日）

155

沖繩甜品茶屋 石疊茶屋 真珠 地圖P.157

離開首里城公園、沿金城町石板路往下步行約5分鐘，便可看到這家雅緻的茶屋。店內設有開放式座位，可遠眺首里市的風光，主要供應沖繩甜品，包括黑糖布丁、芒果刨冰、以及充滿沖繩風味的特色刨冰「沖繩善哉(沖繩ぜんざい)」。在石板路散步累了，來這裏小休、吃甜品吧！

▲夏天時開放式座位較炎熱，但可一覽無遺地觀賞首里市街景，偶爾還有陣陣清風吹至，很舒服啊！

▲沖繩善哉(沖繩ぜんざい)，¥700(HK$45)，是紅豆、雜豆、再加上白玉丸子的刨冰，淋上黑糖與煉奶，喜歡甜品的人一定喜歡！

▲マンゴー氷，¥750(HK$49)，滿滿的沖繩芒果刨冰，同樣淋上甘甜的煉奶。雖然同是芒果，但與香港一般吃到的呂宋芒味道略有不同。

i INFO
- ⚲沖繩縣那霸市首里金城町1-23
- ☎098-884-6591
- ⊙10:00-17:00(逢星期二休息)
- ⊕tabelog.com/okinawa/A4701/A470102/47005457

山丘上的神社 末吉宮 地圖P.157 MAPCODE 33190595*03

末吉宮位於末吉公園內，其連接參拜入口的石徑稱為「末吉宮磴道」，建於1456年，是沖繩縣指定有形文化財。末吉宮是琉球八社之一，於沖繩戰役中被擊毀，至1972年復修，現在開放予遊客遊覽及參拜。琉球八社還包括波上宮(P.145)。

▲連接末吉宮拜殿的磴道，已有500多年歷史。

i INFO
- ⚲沖繩縣那霸市首里末吉町1-8(末吉公園內)
- ☎098-951-3239
- ⊙09:00-21:00
- ⊕乘搭單軌列車至市立病院前站下車，於2號出口步行約25分鐘
- ⊕jinjacho.naminouegu.jp/sueyoshi.html

▲末吉宮一帶的石牆，像碉堡。

▲在此可俯視首里一帶。

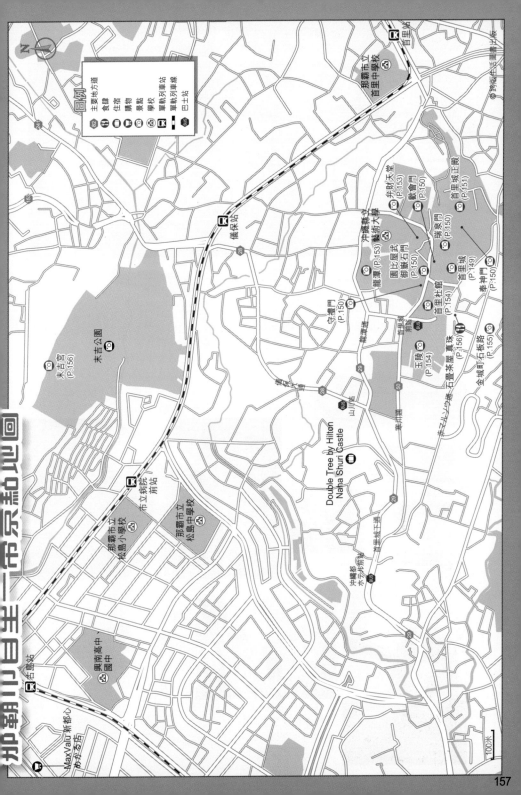

N

圖例
主要地方道
食肆　住宿　購物
景點　學校　單軌列車站
軍軌列車線　巴士站

◎跨版生活圖書出版

首里站
那霸市立
首里中學校

弁財天堂 (P.153)
歡會門 (P.150)
首里城正殿 (P.151)
瑞泉門 (P.150)
首里城 (P.149)
奉神門 (P.150)
沖繩縣立
藝術大學 (P.153)
園比屋武
御嶽石門 (P.150)
龍潭 (P.153)
首里杜館 (P.154)
守禮門 (P.150)
儀保站
金城町石板路 (P.155)
首里城
前站
百壽茶屋 (P.156)
玉陵 (P.154)
末吉公園
末吉宮 (P.156)
山川站
赤マルソウ通・首里城下通

Double Tree by Hilton Naha Shuri Castle

市立病院前站
那霸市立
松島小學校
那霸市立
松島中學校
沖繩都
水雲楠前站
首里城場下通

興南高中・國中

100米

古島站
MaxValu 新都心
あかちち店

157

Outlet掃貨小島風情

豐見城

位於沖繩南部西海岸一帶，緊貼那霸市南部，亦是多間大型租車公司的集中地。由於距離機場不遠，而且擁有Outlet，許多遊客均會以豐見城一帶作為最後一天的行程安排。

戰時防空洞 舊海軍司令部壕

地圖P.159

☑ 免費泊車　MAPCODE 33036731*57

舊海軍司令部壕是二次世界大戰期間，日本政府挖掘作為海軍部隊駐紮的防空洞。防空洞全長約450米，可收納四千名士兵。於戰爭後期，駐守沖繩的司令官大田實少將，眼見戰敗在即，與六名幹部於這個防空洞內吞槍自盡。現時這裏還設置了舊海軍司令部壕資料館，展示戰爭時期的用具和公文等歷史文物。

▲位於海軍壕公園內。

◀沿路進入舊海軍司令部壕。

▲大田實少將自盡的地點。

▲洞內濕度很高，牆上與頂部都偶有水滴。

◀走過長長的樓梯，便是當年為戰事而建的防空洞。

▲入口處兩邊擺滿來自日本各地的千羽鶴，祈求世界和平。

i INFO

🏠沖繩縣豐見城市字豐見城236番地
☎098-850-4055
🕐09:00-17:00 (7-9月至17:30)
💲成人￥600(HK$35)，
　小童￥300(HK$18)
🚗1. 從那霸機場駕車前往，約需20分鐘；
　　2. 或在那霸巴士總站乘搭琉球巴士55
　　　號、88號或98號，於宇榮原團地前
　　　站下車，步行約5分鐘即達
🌐kaigungou.ocvb.or.jp (日)

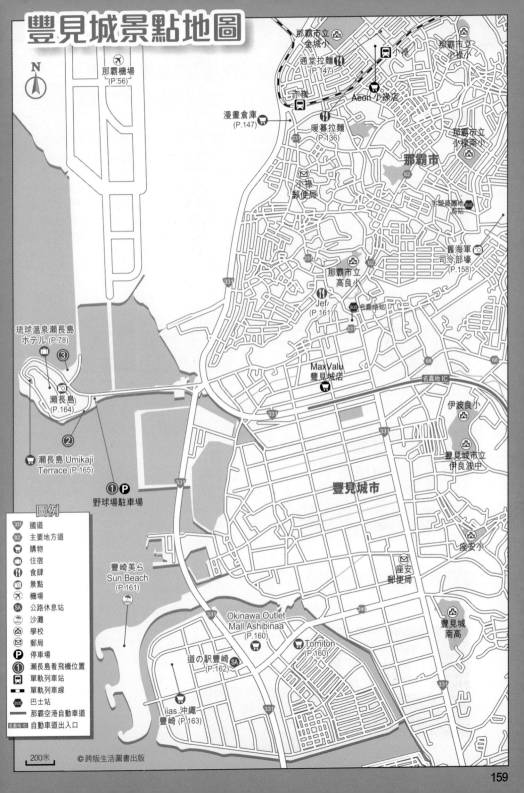

豐見城景點地圖

N

那霸機場
(P.56)

那霸市立
金城小

通堂拉麵
(P.147)

小祿

那霸市立
小祿小

示範

Aeon 小祿店

漫畫倉庫
(P.147)

暖暮拉麵
(P.136)

那霸市立
小祿南小

那霸市

小祿
郵便局

62

那霸市立
高良小

舊海軍
司令部壕
(P.158)

Jef
(P.161)

名嘉地站

331

MaxValu
豐見城店

名嘉地 IC

68

68

琉球溫泉瀨長島
ホテル (P.78)

③

瀨長島
(P.164)

②

伊波良小

豐見城市立
伊良波中

豐見城市

瀨長島 Umikaji
Terrace (P.165)

① P
野球場駐車場

331

座安小

座安
郵便局

豐崎美ら
Sun Beach
(P.161)

Okinawa Outlet
Mall Ashibinaa
(P.160)

Tomiton
(P.160)

豐見城
南高

道の駅豐崎
(P.162)

249

331

圖例

331	國道
82	主要地方道
🛍	購物
🏨	住宿
🍴	食肆
📷	景點
✈	機場
SA	公路休息站
🏖	沙灘
🏫	學校
✉	郵局
P	停車場
①	瀨長島看飛機位置
🚉	單軌列車站
▬▬	單軌列車線
BUS	巴士站
──	那霸空港自動車道
名嘉地IC	自動車道出入口

iias 沖繩
豐崎 (P.163)

200米

© 跨版生活圖書出版

國際名牌集中地 Okinawa Outlet Mall Ashibinaa (沖繩アウトレットモールあしびなー) 地圖P.159

☑ 免費泊車　|MAPCODE| 232544452*22

Okinawa Outlet Mall Ashibinaa的規模比初時擴充了不少，更引進了不少旅客熟悉的

國際品牌如Gucci、Salvatore Ferragamo、graniph tee等，部分貨品更低至半價發售。由於Outlet距離機場頗近，附近也是許多租車公司的大本營，所以旅客可以在行程的最後一天以Outlet為最後行程，於附近租車公司還車後，再乘搭租車公司提供的接駁巴士至機場。Outlet提供免費Wi-Fi，與三五知己一起來血拼也可以隨時聯絡。

▲Ashibinaa的面積越來越廣！

▲血拼前先到詢問處取免費地圖，看有沒有額外折扣優惠。

▲免費小火車，接載你到不同區域購物！

▲備受港台歡迎的Beams，店面積頗大。

▲停車場一帶也有不少食店。

▶小朋友對購物興趣不大的話，可讓他們到中央廣場的彈床玩個痛快。

INFO
- 沖繩縣豐見城市豐崎1-188
- 0120-15-1427或098-891-6000　10:00-20:00
- 1. 從那霸機場駕車前往，約需20分鐘；
  2. 或在那霸巴士總站乘搭琉球巴士55號或98號，於アウトレットモール前站下車，約需30分鐘；
  3. 或在那霸機場國內線4號巴士站乘搭直行巴士95號，直達Outlet，成人￥250(HK$18)，小童￥130($9)，車程約25分鐘
  那霸機場開出：10:00-19:00每小時一班
  Outlet開出：10:30-19:30每小時一班
- www.ashibinaa.com (中)

大型綜合購物中心 Tomiton 地圖P.159　☑ 免費泊車

與Okinawa Outlet Mall Ashibinaa只有一條馬路之隔的Tomiton，商店類型很多，例如藥店、超級市場、運動服飾店等。地下還有一個大型美食廣場，有多間獨立食肆，例如追風丸、鐵板空間等。

▲Tomiton在Outlet旁邊。

◀開揚的美食廣場，可以一次過吃盡沖繩美食。

INFO
- 沖繩縣豐見城市豐崎1-411
- www.tomiton.jp (日)
- 098-995-8595　10:00-22:00
- 見Okinawa Outlet Mall Ashibinaa

苦瓜漢堡包 Jef

 豐見城店 地圖P.159
 那霸店 地圖P.93
 ☑ 免費泊車
 必食!

　　苦瓜是沖繩的名物,所以沖繩任何食物都可以跟苦瓜拉上關係,連漢堡包也不例外。快餐店Jef最有名的就是苦瓜漢堡。在豐見城店更有專為汽車下單的櫃位,你可在車上按鈴下單,充滿美式風情。除了苦瓜漢堡,亦有炸雞與炸薯條等快餐。在沖繩共有3間分店,全部位於本島南部。

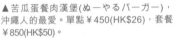
▲ 苦瓜蛋餐肉漢堡(ぬーやるバーガー),沖繩人的最愛。單點￥450(HK$26),套餐￥850(HK$50)。

▶苦瓜蛋漢堡(ゴーヤーバーガー),這是原味的。單點￥400(HK$24),套餐￥800(HK$47)。

▲ 多汁好味的炸雞,可選擇4件、6件或10件,售價由￥1,200至￥3,000(HK$71-179)。

ℹ INFO
🏠(豐見城店) 沖繩縣豐見城市字田頭66-1
　　(那霸店) 沖繩縣那霸市壺屋1-1-5
☎(豐見城店)050-5447-4809/(那霸店)050-5268-9999
🕐(豐見城店)06:30-23:00/(那霸店)09:00-20:00
🚗 1. 從那霸機場駕車前往,約需時15分鐘;
　　 2. 或在那霸巴士總站乘搭琉球巴士56號或89號,
　　　　於名嘉地站下車,步行約10分鐘
🌐jefokinawa.co.jp (日)

(攝影:蘇飛)

看飛機翱翔 豐崎美らSun Beach (美らSUNビーチ)

☑ 免費泊車　MAPCODE® 232542328*06

地圖P.159

　　豐崎美らSun Beach是接近那霸機場的海灘,海岸線比那霸市內的波之上海灘(P.144)來得廣闊及美麗。除了漫步海灘或碧波暢泳外,遊客亦可預約BBQ,來一場沙灘燒烤大會,盡享假期的開心時光。

▶既為接近機場的沙灘,當然經常能近距離看到飛機的英姿了!

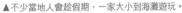
▲不少當地人會趁假期,一家大小到海灘遊玩。

ℹ INFO
🏠沖繩縣豐見城市字豐崎5-1
☎098-850-1139
🕐06:00-22:00(游泳時間:4-6月、9-10月09:00-18:00,
　　7-8月09:00-19:00)
🚗 1. 從那霸市出發,駕車需時約20分鐘;
　　 2. 或於那霸巴士總站乘搭琉球巴士55號、56號、88
　　　　號或98號,於道の駅豐崎站再步行8分鐘
🌐churasun-beach.com

▶日式的BBQ與香港的大相逕庭,不過味道應該都是一樣令人垂涎欲滴!

新鮮沖繩農產品 道の駅豐崎

地圖P.159　　☑ 免費泊車

MAPCODE® 232543415*11

道の駅豐崎為日本最西端的道の駅，主要分為兩部分：情報Station與JAおきなわ食菜館 菜々色畑。情報Station為旅客提供最新的沖繩旅遊資訊；而JAおきなわ食菜館 菜々色畑則以出售沖繩農家的產品為主，店內也提供堂食，即使旅客未必可以把新鮮的農產品帶回家，也可於食店內吃到新鮮的農產品。

▶ 道の駅豐崎就在Okinawa Outlet Mall Ashibinaa(P.160)附近，不少朋友也會順帶一遊。

◀ 看到新鮮採摘的農產品，真有衝動把它們統統買回來！

◀ 許多朋友都喜歡日本的水果，除了沖繩本地出產的外，還有來自日本各地的食材呢。

▲食店為自助形式，許多傳統沖繩料理都可在此吃到。

ℹ️ INFO
- 🏠沖繩縣豐見城市字豐崎3-39
- ☎情報Station 098-850-8280；
  JAおきなわ食菜館 菜々色畑098-850-8760
- 🕐情報Station 09:00-18:00；JAおきなわ食菜館 菜々色畑
  09:00-19:00
- 🚌1. 從那霸駕車出發，需時約20分鐘；
  2.或於那霸巴士總站乘搭琉球巴士56，總站下車即達
- 🌐bit.ly/3uEqfo0

豐崎大型購物娛樂中心 iias沖繩豐崎

地圖P.159

MAPCODE® 232543400*25

2022年開幕的iias沖繩豐崎是位於Ashibinaa Outlet附近的另一間大型購物中心，擁有眾多知名服飾品牌、藥妝、電子電器等160多間商店，如H&M、Kojima x Bic Camera、札幌藥妝サツドラ等，1至2樓有一區域劃分為「街頭美食 Street Food」，匯集多間餐廳，如壽司 BITARO、一幸舍、Nuchimasu 海鹽雪糕等。商場內還設有水族館、恐龍樂園、BBQ 泳池烤肉區等玩樂設施，又鄰近Ashibinaa Outlet和豐崎美麗SUN海灘，絕對是一日購物遊的好去處。

▲購物中心佔地廣闊。

▲面向豐崎美麗SUN海灘，擁有寬敞的海景。

▲iias沖繩豐崎。

INFO
- 沖繩縣豐見城市豐崎3-35
- ☎098-840-6900
- ⏰商店10:00～21:00，超級市場09:00～22:00，餐廳和咖啡廳11:00～23:00，10:00～21:00
- 🚌那霸機場4號巴士站乘坐那霸巴士95號到iias沖繩豐崎；國際通乘坐琉球巴士56、256、98號到豐崎美麗SUN海灘前；Ashibinaa Outlet與iias沖繩豐崎之間免費接駁巴士：toyosaki.iias.jp/page/dkjaljreklasl?hl=zh-TW
- 🌐toyosaki.iias.jp/?hl=zh-TW

(撰文：HEI，相片提供：沖繩觀光會)

iias沖繩豐崎娛樂熱點

非一般的水族館 DMMかりゆし水族館

DMMかりゆし水族館入口位於iias沖繩豐崎1樓，全館共2層。2樓名為「常綠之森」，可在亞熱帶森林的造景裡近距離觀察各種淡水魚、爬蟲類及兩棲類生物，還有餵食體驗，如樹懶、蘇卡達象龜等陸地生物。1樓「澄清之海」擺放多個玻璃魚缸和巨型展示窗，可以讓遊客仔細看到色彩繽紛的魚種，如小丑魚、花園鰻等。

▲讓人恍如置身海底的隧道。

▲魚兒喔，可以在水池觸摸，記得要輕輕手喔。

▲夢幻的水母區。

▲漂亮的魚兒穿梭於岩石和珊瑚間。

INFO
- iias沖繩豐崎 1/F
- ⏰09:00～20:00(開放日期和時間隨日子變動，請參考官網)
- 💰成人￥2,400(HK$141)，13~17歲￥2,000(HK$118)，4~12歲￥1,500(HK$88)
- 🌐kariyushi-aquarium.com

▲在常綠森林區有各種陸地生物，小朋友可以購買飼料去餵飼小動物。圖左犰狳，圖中樹懶，圖右鸚鵡。

(撰文：HEI，相片提供：沖繩觀光會、蘇飛)

屋頂上的小侏羅紀 DINOSAUR BBQ&PARK

▲在這裏可以與恐龍一齊玩樂。(攝影: 蘇飛)

DINOSAUR BBQ&PARK位於iias沖繩豐崎4樓屋頂，是個以恐龍為主題的小型樂園，內裡除了多尊巨型恐龍塑像，還有彈床、泳池、滑梯等玩樂設施及BBQ燒烤區域，還有以鏡像藝術和少女粉紅作主題的特色咖啡館和泡泡池，最適合大人小朋友一同遊玩。

▲這是暴龍。

◀恐龍塑像都很逼真、巨大，旁邊還有說明牌。

ℹ INFO
- iias沖繩豐崎 4/F　☎098-996-3791
- 🕙10:00~23:00
- 💲門票:成人￥2,200(HK$129)，兒童￥1,100 (HK$65);門票+燒烤套餐:成人￥2,800(HK$165)，兒童￥1,800(HK$106)
- 🌐bit.ly/3wkYFN8

(撰文：HEI，相片提供：沖繩觀光會)

小朋友放電樂園 Chura Venture

Chura Venture 由4個部分組成，分別是Chura Water Park、Chura Net Park、Chura Marin Sports、Chura Marin Activity，是位處海灘的水上兼陸上巨型娛樂設施。其中Chura Water Park提供水上活動如香蕉船、水上充氣船和浮潛等，而Chura Net Park則是一座巨型網狀彈床，小朋友可在裡面毫無顧慮地攀爬玩耍。

◀▲Chura Net Park巨型網狀彈床。

ℹ INFO
- 沖繩縣豐見城市豐崎5-1
- ☎098-911-5297
- 💲成人￥1,500(HK$88)，兒童(6-14歲)￥1,000(HK$59)，(3-5歲)￥500(HK$29)(需預約，部分活動需附加費)
- 🚌乘豐見城市內巴士在「豐崎Chura SUN海灘入口」下車，向西步行3分鐘
- 🌐chura-venture.com

(撰文：HEI，攝影：蘇飛)

直衝而來的軍機 瀨長島　地圖P.159

瀨長島面積很小，只有0.18平方公里，周長1.8公里，在那霸機場以南約1.5公里處，比豐崎海浜公園更近機場。島上有多個位置適合和飛機合影，幸運的話還可看到低飛的美軍軍機呢！這裡介紹幾個島上看飛機的最佳位置。

1.野球場駐車場

◀① 若是自駕的話，剛過橋可見左邊的野球場駐車場，將車停在這裏可看到迎面而來的飛機。

2.南面堤岸

◀② 過橋後轉左邊的南面堤岸也是適合照相的地方，有充足時間影到飛機側面，再加上藍天碧海和大橋背景，美不勝收。

3.瀨長ビーチ

▲③ 瀨長島北面的瀨長ビーチ也不錯，這個沙灘也是看日落的好去處。

ℹ INFO
- (瀨長島野球場) 豐見城市瀨長174
  (瀨長ビーチ) 豐見城市瀨長173
- ☎(瀨長島野球場) 098-856-8766
- 🚌乘搭單軌列車至赤嶺站，在1號出口的一般車乘降場乘搭免費穿梭巴士前往Umikaji Terrace

希臘小島風情 瀨長島Umikaji Terrace

（瀨長島ウミカジテラス） **MAPCODE** 33002470*30 地圖P.159 必到!

　　長島Umikaji Terrace在2015年夏天開業，位於琉球溫泉瀨長島ホテル(P.78)旁。純白色建築依傾斜地形面海而建，帶點希臘小島風情。這裏有30多間店鋪餐廳，大部分餐廳都設有露台座位，且不定時會有樂隊live show，遊客可在此放鬆心情，欣賞海景及看機場的飛機升降，黃昏時日落景致更迷人！

◄ 深藍瓷磚做成的店鋪門牌很可愛的！

▲ 從酒店旁的樓梯拾級而下就可到達。

▲ 在單軌列車赤嶺站外可乘搭免費穿梭巴士前往。

▲ 依傾斜地形而建，走到哪裏都能望到大海。

ℹ INFO
- ⌂ 沖繩縣豐見城市字瀨長174-6
- ☎ 098-851-7446
- ⊙ 約10:00-21:00(各店營業時間各異，需參閱網頁)
- 🚌 乘搭單軌列車至赤嶺站，在1號出口的一般車станов降場乘搭免費穿梭巴士前往
- 🌐 www.umikajiterrace.com

TIPS!

若入住琉球溫泉瀨長島ホテル，於辦理入住手續時會獲派一份瀨長島Umikaji Terrace的導覽地圖及價值￥1,000(HK$59)的折扣券，可在這裏的店鋪使用。

瀨長島Umikaji Terrace店鋪推介

新鮮出爐牛油批 SunRoom Sweets

　　還未行到SunRoom Sweets，已聞到店內傳出陣陣牛油香。這裏出售多款烘焙甜點，包括Scone麵包、牛油批、磅蛋糕、切餅等，買件cake加一杯咖啡，坐在海邊慢慢細嚐吧。

ℹ INFO
- ⌂ 瀨長島Umikaji Terrace 11號店
- ☎ 098-987-1718
- ⊙ 10:00-21:00 (逢星期日休息)

(圖文：嚴潔盈)

▲ 新鮮出爐的紅芋批及蘋果菠蘿批 (￥270，HK$16)，上面有可愛的心形圖案。

► 磅蛋糕切片(￥180，HK$12)，有黑糖及酸柑兩款口味。

▲ 走近店鋪便聞到陣陣牛油香。

▲ 車打芝士Scone麵包(￥150，HK$10)，鹹鹹甜甜很好吃！

那霸・首里・**豐見城**・糸滿・南城

昔日激烈戰爭地

糸滿

位於沖繩最南端，該處亦是沖繩戰役中最激烈的地區，因此有大量戰事遺下的痕迹。另外，糸滿市亦以玻璃工藝與漆器聞名於世，有名的琉球玻璃村亦在這裏設立了專屬工場供遊客參觀。

沖繩規模最大道の駅 道の駅いとまん(糸滿)

地圖P.89　MAPCODE® 232484138*48

道の駅糸滿是日本最南端的公路休息站，是佔地3萬平方米的複合型商業設施，裏面設有漁市場、物產店、美食廣場和農產品直銷中心，週末還會經常舉辦沖繩太鼓舞或音樂演出等活動，集合吃、喝、玩、樂於一身。大家到南部觀光時，不妨順道來這個人氣景點走一趟。

◀這是兼顧休憩和美食購物的道の駅。

i INFO
- ⌂沖繩縣糸滿市西崎町4-20-4/4-19-1
- ☎098-987-1277　◷(情報館)09:00-18:00
- 🚗1. 從那霸駕車前往，約需20分鐘；
　　2. 或從那霸巴士總站乘搭巴士89號，在西崎入口站下車，再步行約15分鐘

(撰文：Pak，攝影：蘇飛)

道の駅內三大設施

掃盡至抵蔬果
Farmers Market Itoman Umanchu Market

產自日本的水果大多都又甜又多汁，是旅客必吃必買的特產之一。如果想買大量蔬果，Farmers Market是不錯的選擇。這裏的規模很大，售賣許多不同種類的時令蔬果，加上這裏是以直銷形式經營的，售價十分便宜，即使沒有購買的打算，來逛逛也好。

◀Farmers Market是一所大型農產品直銷中心。

◀市場售賣多種水果，價格十分便宜。夏天是芒果的季節，這裏的芒果不單便宜，而且可選擇不同的成熟度，若是很快會吃的話，可以選擇「完熟」的品種。

i INFO
- ◷09:00-19:00
- 🌐www.ja-okinawa.or.jp/farmersmarket/

集合沖繩物產及美食 糸満市物産センター遊食来

　　遊食来是一座結合了商店和美食廣場的設施，商店以售賣多種沖繩特產和紀念品為主，例如當地的零食、酒、健康食品和工藝品等，種類多不勝數；而美食廣場則開有數間提供不同菜色的餐廳，有以沖繩麵為主打的南の駅食道、售賣新鮮海鮮丼的しーふう堂，以及製作特色漢堡的木彫館，讓旅客一次過嘗到不同風格的美食！

▲遊食来集商店與美食廣場於一身。

▶商店售賣多種沖繩土產。

▲還有各種精緻的工藝品。

INFO
🕐09:30-19:00(個別店鋪營業時間有所不同)
🌐www.yukura.jp

▲南の駅食道主要提供沖繩料理，當中的てびち汁定食(豬手湯定食，￥750，HK$49)是傳統的菜式，豬手十分軟嫩。

▲美食廣場的環境。

即買即吃新鮮魚獲 糸満漁市場

　　糸満漁市場是少有設於道の駅內的漁市場，場內的店家除了會直接出售新鮮捕獲的魚獲，還會把它們製成刺身，或者即場烤焗，旅客可以邊買邊吃，也可以一次過掃貨，然後坐在設於市場外的座位慢慢品嘗。

▲旅客買完心頭好後，可在市場外坐下慢慢享受。

▶場內還有不少攤檔出售即烤海鮮，香氣逼人。

▲一些店鋪除了賣魚外，還會出售生蠔、生蝦和海膽等即食刺身。

▲雖然漁市場以售賣新鮮魚獲為主，但環境仍保持清潔，地面不會像街市般濕漉漉。

INFO
🕐10:00-18:00

那霸 ・ 首里 ・ 豐見城 糸満 ・ 南城

超長滑梯 西崎親水公園　MAPCODE® 232484809*77　地圖P.89

西崎親水公園沿一條人造河川而建，全長達1.8公里，分為3區，分別是位於上游的嬉水區、中游的小河流區域，以及下游的野鳥及水棲生物觀察區。當中最受歡迎的是嬉水區，這區設有一座長約90米的大型滑梯，滑梯上有一排排細密的滾輪，讓小朋友不需要坐墊都能輕鬆卻又刺激地滑下來，很多家長都特地帶着小朋友來朝聖呢！

▲公園依着河川而建，於上游有一個大池塘。

◀其他玩樂設施底下都建有沙池，妥善照顧小朋友的安全。

i INFO
⌂沖繩縣糸滿市西崎町 3-209
☎098-992-7961
🚌1. 從那霸駕車前往，約需18分鐘；
　2. 或從那霸巴士總站乘搭巴士89號，在潮平站下車，再步行約11分鐘

▲又長又高的滑梯是公園一大特色，要注意滑梯僅限6-12歲小童使用。

▲公園入口有一艘大木船，其實是洗手間來的，可見設計極具心思！

（撰文：Pak，攝影：蘇飛）

戰爭遺跡 平和祈念公園　地圖P.89

☑ 免費泊車　MAPCODE® 232342099*25

二次世界大戰期間，沖繩經歷激烈的沖繩島戰役後，有大量歷史古蹟被戰火被摧毀，還有超過20萬日本人陣亡或失蹤。為了紀念因戰爭而失去性命的人，以及祈求和平，所以設立了沖繩戰跡國定公園，是日本唯一一個在戰爭遺跡設立的公園，其中包括公園東部的平和祈念公園。公園內的景點包括平和祈念堂、平和祈念資料館及平和之礎。

◀悼念戰爭中陣亡的沖繩人的慰靈碑。

i INFO
⌂沖繩縣糸滿市字摩文仁444番地
☎098-997-2765
🚌1. 從國際通駕車前往，約需45分鐘；
　2. 或在那霸巴士總站乘搭巴士89號，在糸滿巴士總站下車後，轉乘琉球巴士82號，在平和祈念堂入口站下車，步行約3分鐘即達入口
🌐kouen.heiwa-irei-okinawa.jp（日）

◀▲平和之丘上的紀念雕像。

平和祈念堂 地圖P.89

平和祈念堂高45米,為一座呈七角型的高塔。祈念堂內建有一座高12米的佛像,亦設有美術館展示祈求和平的畫作。

▲祈念堂內有一座佛像,超渡因戰爭而喪命的人們。(相片提供:沖繩觀光協會)

▶平和祈念堂。

ℹ️ **平和祈念堂INFO**
- 🕐09:00-17:00
- 💲成人￥450(HK\$29),中學生￥350(HK\$23),小學生或以下免費
- 🌐heiwa-irei-okinawa.jp/facility/heiwakinendo/
- 備註:於每年6月23日(沖繩慰靈之日)與8月15日(終戰記念日)免費參觀。

平和祈念資料館 地圖P.89

平和祈念資料館內展覽了沖繩島戰役的相關資料,包括軍方與民間收集得來的文件與收藏等。

ℹ️ **平和祈念資料館INFO**
- 🕐09:00-17:00(12月29日至1月3日休息)
- 💲成人￥300(HK\$19),小童￥150(HK\$10)
- 🌐heiwa-irei-okinawa.jp/facility/heiwakinenshiryokan/(日)

▲正門設有沖繩常見的風獅爺,守護已逝的生命。

平和之礎

為了紀念在沖繩島戰役中失去性命的人們,平和之礎把他們的姓名刻在屏風狀的石碑上,讓後世哀悼的同時,時時刻刻記着戰爭的慘痛教訓。

▲這水池在平和之礎附近的廣場中央,名為「平和之火」,期盼世界和平。

▶水池旁邊便是公園的海邊地方,可一睹太平洋的景觀。

紀念遇難者 姫百合之塔 (ひめゆりの塔)

地圖P.89

☑ 免費泊車　**MAPCODE**® 232338091*41

　　當年沖繩戰事中，有200多名學護與職員因受到戰爭牽連而在戰壕內去世，戰後沖繩居民為了紀念他們，所以建造姫百合之塔。除了刻有當年逝世者的名字外，當時戰壕的結構等都可以在資料館中看到。

ℹ INFO
- ⌂ 沖繩縣糸滿市字伊原671-1
- ☎ 098-997-2100
- ○(姫百合平和祈念資料館)09:00-17:25
- ⑤ 成人￥450(HK$26)，高中生￥250(HK$15)，國中生及小童￥150(HK$9)
- ⊖ 1. 從國際通駕車前往約45分鐘；
  2. 在那霸巴士總站乘搭巴士89號，在糸滿巴士總站下車，轉乘琉球巴士82號，在ひめゆりの塔前站下車，全程約40分鐘
- ⊕ (姫百合平和祈念資料館)himeyuri.or.jp

(相片提供：沖繩觀光公社)

親手做玻璃精品 琉球玻璃村 (琉球ガラス村)

☑ 免費泊車　**MAPCODE**® 232336227　地圖P.89　親子！

　　作為沖繩代表工藝品之一的琉球玻璃，怎可能沒有以此為主題的村落呢？琉球玻璃村內除了有售賣玻璃製品的商店外，亦設有餐廳與美術館。想親身體驗如何製作琉球玻璃，可前往玻璃體驗工房，親自製作一件獨一無二的玻璃製品作留念或手信送禮也可。

▲ 琉球玻璃村的小貨車也色彩繽紛，充滿童話色彩。

▲以彩磚拼砌而成的美術館外牆，遠看就像一道彩虹橋。

ℹ INFO
- ⌂ 沖繩縣糸滿市字福地169番地
- ☎ 098-997-4784　Ｐ 60個泊位
- ○ 09:30-17:30
- ⊖ 1. 從國際通駕車前往，約需40分鐘；
  2. 或在那霸巴士總站乘搭巴士89號，在糸滿巴士總站下車後，轉乘巴士82號，在波平入口站步行2分鐘
- ⊕ www.ryukyu-glass.co.jp (日、英、中)

玻璃體驗工房興趣班

一般玻璃體驗工房的製作興趣班需要預約，不過平日亦有空位預留給先到先得的客人，以下列出村內部份熱門興趣班的資料：

製品	價錢	所需時間	開始時間
玻璃杯製作 *	¥2,970-4950 (HK$175-291)	10 分鐘	09:00、14:00
玻璃首飾製作	¥2,750(HK$162)	40 分鐘	09:00-18:00，可隨時參加
玻璃相架製作	¥2,530(HK$149)	40 分鐘	09:00-18:00，可隨時參加

*因冷卻玻璃需時，製作玻璃杯要三天後才能取貨，遊客可直接到店內取貨或另加郵費寄回家都可以。

▲開始動手製作之前，先看看師傅示範一下吧！

▲師傅會先把玻璃燒成球狀，然後再交由同學們吹出不同形態的玻璃杯。

▲看完示範後，戴上手套就看你的囉！

▲參加興趣班的同學輪流吹出屬於自己的作品。

(相片提供：Jeff)

TIPS!

為何琉球玻璃是沖繩代表工藝品之一？

早於明治時期，沖繩人已開始製造琉球玻璃。有指戰後沖繩因物資短缺，只能在美軍基地執拾一些棄置的汽水與啤酒瓶再加工製成琉球玻璃，因而混合多種顏色與厚度不一。及後沖繩成為熱門的觀光旅遊點後，許多店鋪採用這種獨特的玻璃杯盛載泡盛，令琉球玻璃一躍成名。

紀念投海自盡者 喜屋武岬

☑免費泊車　**MAPCODE**® 232274157*40

地圖P.89

位於沖繩本島最南端的喜屋武岬，除了可欣賞太平洋與東海的絕景外，背後亦有一段悲哀的歷史：第二次世界大戰時，美軍於此處登陸沖繩後爆發激烈的戰鬥，有不少日本人因戰敗而投身大海自殺身亡，所以在崖上建有瞭望台和一座平和之塔，以紀念為戰爭而犧牲的人，同時祈求世界和平。

▶平和之塔。

ℹ️ **INFO**
- 🏠沖繩縣糸滿市字喜屋武
- 🚌1. 從國際通駕車前往，約需50分鐘；
  2. 或在那霸巴士總站乘搭巴士33、46、89、235或334號，在糸滿巴士總站下車後，轉乘琉球巴士107或108號，在喜屋武站下車，再轉乘計程車前往，或步行30分鐘
- 🌐www.odnsym.com/spot/kyan.html（日）

備註：喜屋武岬附近甚少有計程車，要留意回程的交通工具。

◀求和平的菩薩像。

◀在喜屋武岬默默祈

人口最少城市

南城

位於沖繩南部，是沖繩縣內十一個城市中，人口最少的城市。市內有許多觀光設施與景點，如沖繩縣最大的主題公園沖繩世界文化王國 玉泉洞、世界文化遺產齋場御嶽等，是觀光客必到的城市。

就在齋場御嶽入口 南城市地域物產館 地圖P.89

▲南城市地域物產館。

2010年，南城市觀光協會成立，為了推廣本地歷史文化、豐富的自然資源，致力發展旅遊經濟，於是南城市地域物產館亦應運而生，館內除了南城市的特產和紀念品外，還有在這裡才能買到的久高島特產和可愛爺爺「なんじい」的商品。

▲2樓是Resort Restaurant Seifa。

▲店內售賣各種沖繩南城特產和紀念品。

▲門口可見吉祥物可愛爺爺「なんじい」。

INFO
- 沖繩縣南城市知念字久手堅541番地(がんじゆう駅 ● 南城市內)
- 098-948-4611　09:00-18:00
- 乘東陽巴士338號線齋場御嶽入口下車，步行1分鐘
- okinawa-nanjo.jp

(撰文：HEI，攝影：蘇飛)

海洋絕景餐廳 地圖P.89 推介!
Resort Restaurant Seifa

Resort Restaurant Seifa位於南城市地域物產館2樓，餐廳選用沖繩產食材以及南城市土生土長的農民所種作物，務求帶給客人南城原汁原味的料理。

▲餐廳向海，景致美麗。

▶藍色的蝶豆花茶，在自助吧自助斟飲。

INFO
- 南城市地域物產館2/F
- 098-948-1070　09:00-18:00

(撰文：HEI，攝影：蘇飛)

▲餐廳還設有露天座位，可以看着海用餐。

▲南城御膳，￥2,160(HK$127)。

古琉球最高聖地 齋場御嶽

地圖P.89

世界文化遺產

☑ 免費泊車　**MAPCODE**® 33024252*44

▲兩塊巨石是齋場御嶽最著名「三庫理」的標誌。

　　御嶽是琉球語，古代琉球王國的宗教設施。在琉球神道中，只有女性才可以侍奉神明，男性一律不可進入御嶽。齋場御嶽是琉球國最高級的御嶽，古代的祝女會在此遙拜琉球神道的最高聖地：久高島，現在亦可用作祭祀的「三庫理」遙望久高島一帶。齋場御嶽於2000年列入世界文化遺產。這裏設有展覽廳「綠之館」，需在此購票才可參觀齋場御嶽。

◀祭祀的用具。

◀齋場御嶽的入口地標。

▶從三庫理的石隙中可遙望久高島。

INFO

🏠 沖繩縣南城市知念字久手堅地內　　☎098-949-1899

🕐 09:00-18:00（11-2月至17:30）（12月29-31日、舊曆5月1-3日、舊曆10月1-3日休息）

💲 高中生或以上￥300（HK$19），國中生及小學生￥150（HK$10）

🚗 1. 從國際通駕車前往，約需1小時；
　 2. 或在那霸巴士總站乘搭東陽巴士37號，於齋場御嶽入口站下車，步行約3分鐘即看到「齋場御嶽入口」的石碑（知念郵便局旁），再步行約5-8分鐘即達購票處

🌐 okinawa-nanjo.jp/sefa

備註：閉館前半小時停止入場。

在沖繩偏遠的景點找不到餐廳，怎麼辦？

　　遊覽沖繩一些較偏遠的景點時，較難找到餐廳或食店，但在日本又怎可能會捱餓呢？雖然郊外的店鋪不多，但便利店還是隨處可尋，一些便利店更有自製的飯團出售喔！另外大部分郊外的便利店均設有免費停車場，方便自駕人士隨時隨地買到美食。

▶除了有大家熟識的Lawson與Family Mart外，亦有一家粉紅色店面、名為Coco!的便利店。

◀漢堡扒飯糰三文治，每個￥210（HK$14），再加上芝士，既便宜又好吃。

那霸　•　首里　•　豐見城　•　糸滿

南城

活力夏天！Azama Sunsun Beach

地圖P.89

MAPCODE 33 024 772*06

Azama Sunsun Beach與安座真港相鄰，是個面向太平洋的人工海灘，由南城市觀光協會經營，海灘配置設備齊全，海之屋裡有更衣室、淋浴間、投幣式儲物櫃、小食店等。海灘上還設有BBQ區，提供燒烤工具租借，不過就要提前3天預約。另外亦有香蕉船、水上摩托車、海上皮艇等的海上活動可以預約參加。

▲入口。

◄▼分隔2區的堤壩末端有個愛心，名叫「太陽之鐘」，聽說只要敲響愛心上的鐘，戀愛就能實現。

沙灘分為2個區域，左邊是游泳右邊是海上活動。

INFO

⌂ 沖繩縣南城市知念字安座真1141-3
☎ 098-948-3521
🕐 10:00-17:00 (7/21-8/31：10:00-18:30)
🅿 私家車￥500(HK$29)、電單車￥100(HK$6)
🚌 從那霸機場經國道331號駕車約60分鐘，或乘東陽巴士38、338號線，在「あざまサンサンビーチ入口」下車，步行約10分鐘。
🌐 www.kankou-nanjo.okinawa/enjoy/7/

(撰文：HEI，攝影：蘇飛)

無人島探險 知念海洋渡假中心
(知念海洋レジャーセンター)

地圖P.89

☑ 免費泊車　MAPCODE 33024443*50

到沖繩旅遊，大多都想遊覽一兩個島嶼，才覺得真正到過沖繩。除了乘搭大型船隻或利用大橋駕車前往一些較有名的島嶼外，也有人會特意到知念海洋渡假中心，一嘗到無人島探險的心願。渡假中心提供前往「Komaka無人島 (コマカ無人島)」的航線。

面積約800米的Komaka無人島，除了可爬到小山丘的樹叢內作一次小探險，你還可以在這鋪滿幼沙與清澈透明的海灘游泳或曬日光浴，喜歡刺激的話更可以進行各式水上活動，如體驗潛水 (￥35,000，HK$2,059)、香蕉船(15分鐘￥2,000，HK$130)、水上電單車(15分鐘￥4,000，HK$260)等。

▲渡假中心的碼頭與小船。

▲登陸Komaka無人島！

◄每年5月下旬有燕鷗前來Komaka無人島產卵，即使其他季節也能看到三五成群的燕鷗悠閒地在沙灘散步。

◄Komaka無人島沒有碼頭，只能涉水從小艇步上架於海上的小渡頭。

◄無人島位於太平洋上，風浪較大，不諳泳術的話要小心，在海邊閒逛時也要小心被突如其來的大浪弄至濕身而回喔！

▶無人島上沒有賣店，但仍有洗手間，以及租用各式水上活動用具。

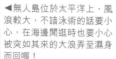

INFO

⌂ 沖繩縣南城市知念字久手堅676
☎ 098-948-3355
🕐 09:30-17:30(4-9月)，09:30-17:00(10-3月)，時間會因應天氣狀況而變更，出發前宜參考官網
💲 (Komaka無人島) 成人來回￥3,000 (HK$176)，小童來回￥1,500(HK$88)
🚌 1. 從那霸駕車前往，約需45分鐘；
　　2. 或在那霸巴士總站乘搭東陽巴士38號，於知念海洋レジャーセンター前站下車，步行約2分鐘
🌐 www.chinenmarine.co.jp (日)

一望無際太平洋 知念岬公園 `MAPCODE®` 232594503*30

地圖P.89

☑免費泊車 ☑免費入場

　　在知念岬公園放眼便可看到蔚藍的太平洋，與藍天白雲幾乎連成線，更可遠眺兩個島嶼，較大的是沖繩神聖地久高島，較小的是Komaka無人島。公園內也鋪滿了綠油油的草地，你可帶食物到公園內的涼亭野餐，一邊悠閒欣賞美景，一邊與知己好友談笑風生，十分寫意。

▶眺望美麗的海景。

▲這個最適合放上Instagram打卡。

◀公園裡有簡約的藝術裝置供旅客拍照。

ℹ️ **INFO**
⌂沖繩縣南城市知念字久手堅
☎(知念體育館) 098-852-6887
🚗1. 從那霸機場駕車前往，約需45分鐘；
　　2. 或在那霸巴士總站乘搭東陽巴士38號，於齋場御嶽入口站下車，步行約3分鐘
🌐www.odnsym.com/spot/tinenmisaki.html (日)

(攝影：蘇飛)

▲有涼亭可以休息一下。

▲海水清澈湛藍。

來自遠古的溫泉 猿人之湯 `MAPCODE®` 232587315

地圖P.89

　　猿人之湯是沖繩罕見的天然溫泉，採用地下2,119米到1,500米、大約500萬年前至5,400萬年前的地層中湧現出來的古老海水，由於源自始祖地猿時代，故稱作「猿人之湯」。它的鹽分含量是目前普通海水的80%，含有大量的偏矽酸、鈣、碘、鐵和營養鹽類，具有美膚效果，對神經痛、肌肉痛、關節痛、病後疲勞恢復等都有某程度的功效。

▶標誌性的猿人Logo。

◀猿人之湯。

ℹ️ **INFO**
⌂沖繩縣南城市佐敷市新里1688號901-1412
☎098-947-0111 ⏰06:30-23:00
🚌從那霸巴士總站乘坐沖繩巴士39、40、309、399號線、東洋巴士37號線，南城市役所下車，步行約6分鐘
💲酒店住客免費，外來泡浴客人：成人￥1,850(HK$109)、兒童￥950(HK$56)
🌐www.yuinchi.jp/heal/hot-spring/

(撰文：HEI，攝影：蘇飛)

在鐘乳洞內嘆咖啡 Gangala之谷 Cave Café

地圖P.89　　[MAPCODE®] 232494506*81

Gangala之谷是50萬年前因鐘乳石崩塌而形成的山谷,比玉泉洞(P.177)的歷史更悠久。Cave Café設於山谷入口,就在玉泉洞對面,主要提供由沖繩品牌35 Coffee製作的咖啡。35 Coffee以保育珊瑚為營運宗旨,採用沖繩的石化珊瑚烘焙咖啡,是世上唯一的「珊瑚咖啡」。在這間山谷咖啡店裏,顧客一邊被歷遍時間洗禮的鐘乳石圍繞,一邊品嘗產自大自然的咖啡,別有一番風味。

▲Cave Café的入口有清晰的指示牌。

◀◀根據指示牌下樓梯後便會發現別有洞天。

▶咖啡店由35 Coffee主理。

▲在山谷內嘆咖啡令人感覺置身於另一個世界。

◀坐在鐘乳石下喝咖啡真不錯!

◀凍咖啡(圖左)(￥350,HK\$23)及扶桑花梳打(圖右)(￥370,HK\$24)。

ℹ INFO
⚲ 沖繩縣南城市玉城字前川202
☎ 098-948-4192
🕐 09:00-17:30
🚗 1. 從那霸駕車前往,約需30分鐘;
　2. 或從那霸巴士總站乘搭琉球巴士54號或83號,在玉泉洞站下車,再步行約2分鐘
🌐 gangala.com/zh-tw/

(撰文:Pak,攝影:蘇飛)

最大主題公園 沖繩世界文化王國 玉泉洞

(おきなわワールド)

MAPCODE® 232495330*28

地圖P.89

☑ 免費泊車

沖繩世界文化王國 玉泉洞是沖繩最大的主題公園，主要分成3部分：王國村、玉泉洞與毒蛇博物公園，你可根據自己的興趣，購買不同組合的門券，不用同時參觀全部。

沖繩世界文化王國 玉泉洞佔地甚廣，要逐一參觀的話可以玩上大半天。

▲主題公園的大門口。

那霸 ・ 首里 ・ 豐見城 ・ 糸滿

南城

1. 親手做傳統工藝品　王國村

文化王國內建有一個充滿琉球風情的村落，其中有數棟超過100年、從民間遷移而來的民居，現時已登錄為有形文化建築物。這些民居搖身一變成為不同的傳統工藝體驗工房，讓你體驗染布、手工織布等，另外亦有以陶泥製作風獅爺與玻璃工房等供遊客選擇。村內亦設有熱帶水果園，種植超過一百種熱帶水果，附近亦有小賣部讓遊客購買水果，即場品嚐。

▲王國村內不同工藝體驗工房。

◀日本到處都可看到的扮公仔玩意，勝在遊客看到又真的會跑去拍一張紀念照。

◀即場為風獅爺上色，過程約需15分鐘，每次¥1,620(HK$105)。

177

玻璃工場

▲在師傅的指導下，親身體驗吹製玻璃杯的滋味。

▲提供小吃的茶屋。

▲沖繩著名的竹笛，店主會即場演奏之餘，還會教人吹奏一曲多啦A夢呢！

▲你亦可親身體驗製作屬於自己的陶泥風獅爺。

蛇酒工場

◀王國村內亦設有蛇酒製作工場，你可觀賞蛇酒的製作過程。

▼王國歷史博物館內除了介紹琉球的自然、文化與歷史外，亦展出超過300個從世界各地收集回來的風獅爺，以及沖繩傳統工藝如漆器、陶瓷、三味線等展品。

▲果園種滿沖繩的特產：鳳梨。

王國歷史博物館

2. 日本第二大鐘乳洞　玉泉洞

　　全長約5公里的玉泉洞，現時開放其中890米讓遊客進內參觀。玉泉洞內長年保持在21℃及濕度90%，因此洞內十分潮濕。不同顏色的燈光打照在形狀不一的鐘乳石上，某些區域更有地下水形成的湧泉，十分值得參觀。

◀銀柱。

◀青之泉。

▶部分鐘乳石有石牌，這個叫做「初戀廣場」，名字很浪漫。

▶2011年富士電視台的節目「さんたく」，明石家與木村拓哉來了這裏進行大冒險，現場還特地標明他倆在地煙之滝出發。

地煙の滝

◀這個鐘乳石像觀音的模樣，因而得名。

3. 與大蟒蛇合照　毒蛇博物公園 (ハブ博物公園)

　　蛇是沖繩有名的生物，所以設有以鎖鏈蛇為主題的博物公園。除了展示鎖鏈蛇的生態與標本外，亦有陸龜、蜥蜴等動物以供參觀。博物公園在不同時段有多項蛇類表演(每日公演時間：11:00、12:00、14:00、15:30及16:30，每節表演約20分鐘)，你更可免費與大蟒蛇拍照，有膽量的朋友不妨一試！

ℹ 沖繩世界文化王國 玉泉洞INFO

- 🏠 沖繩縣南城市玉城字前川1336
- ☎ 098-949-7421　🕐 09:00-17:30 (16:00停止進入)
- 💰 成人￥2,000(HK$118)，兒童￥1,000(HK$59)
- 🚗 1. 從那霸機場或首里城駕車前往，約需30分鐘；
　 2. 或在那霸巴士總站乘搭琉球巴士54號或83號，在總站下車
- 🌐 www.gyokusendo.co.jp/okinawa world (日、英、中)

奧武島及新原海灘景點地圖

大城天婦羅店
(P.180)

中本天婦羅店
(P.180)

浜辺の茶屋
(P.182)

新原海灘
(P.182)

奧武島海底観光
グラスボート (P.181)

百名伽藍
海濱度假酒 (P.25)

奧武島観音堂

奧武島

奧武島いまいゆ市場
(P.181)

新原海底観光センター
(P.182)

竜宮神
(P.181)

| 圖例 |
| 景點　神社　住宿 |
| 食肆　海灘 |

100米

©跨版生活圖書出版

奧武島及新原海灘

必吃鮮魚天婦羅 中本天婦羅店 地圖P.180　MAPCODE 232467296*62

▲門外經常大排長龍。

中本是奧武島人氣天婦羅店,過橋後就看到。這間店製作的天婦羅賣點是口感厚實,用料新鮮。特別推介鮮魚天婦羅,魚肉鮮嫩多汁,吃起來海魚的香氣撲鼻,絕對是到沖繩旅行必吃的小食。

推介!
◀鮮魚天婦羅(各款天婦羅一律￥100,HK$6)。

▲路旁就有水清沙幼的海灘,是當地人嬉水的好地方。

ℹINFO
🏠沖繩縣南城市玉城奧武9　📞098-948-3583
🕐10:00-18:00 (4-9月營業至18:30) (逢星期四休息)
🚌1. 從那霸駕車前往,約需40分鐘
　　2. 那霸巴士上泉站搭路線巴士53號志喜屋線到奧武站下車,需時約50分鐘
🅿沒有停車場,只能在路邊暫停
🌐nakamotosengyoten.com/

志喜屋線路線及時間表

(撰文:Pak,攝影:蘇飛)

人氣最高 大城天婦羅店 地圖P.180　MAPCODE 232437863*83

▲大城天婦羅店。

天婦羅是旅客遊覽奧武島時必吃的名物,島上有許多間專賣店,當中以大城天婦羅店的人氣最高。大城的天婦羅是現炸的,顧客無論何時都能吃到既香口鬆脆又熱騰騰的天婦羅,而且店鋪向海,買完天婦羅後坐在店前的防波堤一邊享用美食,一邊觀賞優美的海景,是一大賞心樂事。不過,以上兩家都是小吃店,不適合當正餐。

▲炸蔬菜餅、蟹棒、鮮魚天婦羅,每款一律￥100(HK$6)。

▶大城對出的小朋友玩得好開心。
◀大城退潮後出的石灘
◀大城天婦羅店旁邊有一家賣刨冰的小店,檸檬刨冰￥100(HK$6),消暑一流。

ℹINFO
🏠沖繩縣南城市玉城奧武193
📞098-948-4530
🕐11:00-18:00(逢星期一休息)
🚌從那霸駕車前往,約需45分鐘
🅿免費

(撰文:Pak,攝影:蘇飛)

品嘗奧武島鮮魚 奧武島いまいゆ市場 `MAPCODE®` 232468275*72

去到沖繩的小島，一定要品嘗新鮮的魚獲，這時候去奧武島漁市場就最適合不過。場內的店鋪除了提供各種新鮮魚生和海鮮丼，還有鹽漬海鮮及新鮮蔬果，旅客可買到海邊坐下慢慢品嘗。此外，一些店鋪還有特色紀念品發售，大家不妨花一點時間逛逛！

INFO
- 沖繩縣南城市玉城奧武19-9
- 098-948-7632
- 09:00-18:00
- 從那霸駕車前往，約需42分鐘
- 免費

(撰文：Pak，攝影：蘇飛)

▲ 漁市場的規模不大，環境潔淨而整齊。

地圖P.180
▲ 不少店鋪都提供平價刺身。

窺探海底生態 奧武島海底観光グラスボート 地圖P.180

逛完奧武島漁市場，可在場內的售票處購買船票，然後到海邊乘搭駛向新原海灘對出水域的玻璃底船，出海觀賞奧武島附近海底的生態。玻璃底船很少人都可成團，通常一上船導遊就會馬上開船，旅客很快就能投入海洋的懷抱，窺視珊瑚礁和魚群生活的世界。

INFO
- 沖繩縣南城市玉城奧武19-9
- 098-948-7255
- 09:00-18:00
- 成人￥1,500(HK$97)，小學生或以下￥750(HK$49)
- 從那霸駕車前往，約需42分鐘
- oujima-glassboat.okinawa

(撰文：Pak，攝影：蘇飛)

▶ 玻璃底船。

▶ 透過玻璃底，可看到不同品種的熱帶魚。到達珊瑚礁時，船家會撒魚糧到海中，這時遊客可透過玻璃看到魚兒追逐食物的熱情。

親子！

南方海神的棲身地 竜宮神 地圖P.180 `MAPCODE®` 232438846*37

奧武島的南方有一座被海浪沖擊成蘑菇形的海蝕岩，名為竜宮神。島上的居民認為岩石是海神的寄託之地，因而視它為神聖的象徵，每逢農曆5月4日，居民都會舉辦海神祭，屆時全島的船手會聚集在竜宮神一起祈願，是島上的盛事。

INFO
- 沖繩縣南城市玉城奧武
- 從那霸駕車前往，約需45分鐘
- 海邊沒有停車場，可在路口停車再走進來

(撰文：Pak，攝影：蘇飛)

▲ 沿這梯級而下便可到達竜宮神。

▲ 這裏的海岸景觀很壯觀，但要留意石灘凹凸不平，容易被珊瑚割傷，行走時要小心。

那霸 · 首里 · 豐見城 · 糸滿

南城

乘坐玻璃底船出海吧！ 新原海灘　地圖P.180、89

MAPCODE 232470604*63

　　新原海灘位於南城市，因可眺望萬座毛而成為沖繩南部有名的景點，亦是許多遊客推崇的「南部最美沙灘」。遊客可在這裏購票，乘坐玻璃底船出海觀賞珊瑚礁和魚群。夏天時，當地人會在沙灘上舉行烤肉派對，盡情享受陽光與海灘！

▲蔚藍天空配上白色沙灘，確是美麗。

▲遊客可購票乘坐玻璃底船出海(成人￥1,800，HK$106；4-12歲小童￥1,000，HK$59)。

▲玻璃底船登船區。

▲從那霸乘搭39巴士至總站新原站，即可到達海灘。

▲有人專程到此拍攝婚照。

▲在沙灘的另一邊可見許多形狀奇特、大小不一的岩石。

INFO
- 沖繩縣南城市玉城百名
- 098-873-0700
- 1. 從國際通駕車前往約30分鐘；
  2. 或在那霸巴士總站乘搭沖繩巴士39號，在總站新原站下車即達
- (みーばる海洋中心)www.mi-baru.com

(圖文：嚴潔盈)

吹着海風嘆咖啡 浜辺の茶屋　地圖P.180、89

　　浜辺の茶屋位於新原海灘邊，沿海灘步行前往，一轉彎便會發現這棟木造建築。餐廳供應輕食，如Pizza、Scone麵包、多士、蛋糕，都是下午茶的好選擇。窗邊一排海景座位非常搶手，聽説潮漲時海浪更會湧到餐廳旁，景色更美！

▲浜辺の茶屋，與附近的「山の茶屋・楽水」及「天空の茶屋」屬同一公司。

▼Scone配藍莓果醬及忌廉(￥550，HK$32)，是一份完美的下午茶。

◀坐在窗邊吹着海風用餐，是一大享受！

▲望出窗外的海灘景色。

必食！

INFO
- 沖繩縣南城市玉城字玉城2-1　　098-948-2073
- 10:00-20:00(逢星期一14:00開業)
- 在那霸巴士總站乘搭沖繩巴士39號，於新原站下車，步行約15分鐘
- sachibaru.jp/hamacha/

(圖文：嚴潔盈)

限量20份主廚午餐！Cafeやぶさち

地圖P.89　推介！

坐在Cafeやぶさちの海景座位，可眺望着百名海灘用餐，景色一流。餐廳提供的菜式，除了蛋包飯、意粉、咖喱飯等，最特別的是各款不同的Lunch Plate，由主廚每天親自挑選食材製成多款料理，望着蔚藍海洋享用更是美味。餐廳有時會用作婚宴場地讓新人舉行結婚儀式，及提供餐飲給賓客，非常浪漫！

▶人氣頗高的餐廳Cafeやぶさち。

▼▶光顧午餐的話，可免費享用自助沙律吧和飲料。沙律的食材非常新鮮！

▶向海的座位非常搶手，開業後半小時內已坐滿客人。

▶Lunch Plate(￥3,800，HK$224)，由主廚親自挑選每天最新鮮食材製作，來遲一步也吃不到！

油漬煙三文魚
他他汁炸魚柳
牛油麵包（可改配白飯或雜穀米）
厚煎玉子
新鮮蔬果
奶油煎魚
蕃茄芝士雞排配巴馬火腿
蕃茄意粉

▶正餐未來，先來一客新鮮沙律吧。

ℹ INFO

⌂ 沖繩縣南城市玉城字百名646-1

☎ 098-949-1410

🕐 11:00-日落(逢星期三休息)

🚌 在那霸巴士總站乘搭沖繩巴士39號，於百名入口站下車，步行約10分鐘

🌐 www.yabusachi.com

(圖文：嚴潔盈)

Cafe やぶさち步行路線圖

圖例
🛣 國道
🍴 食肆
🚌 巴士站
➡ 步行路線

百名入口站

Cafe やぶさち (P.183)

50米

© 跨版生活圖書出版

八重瀬町

櫻花夾道歡迎 八重瀬公園 賞櫻！

MAPCODE 232461260

八重瀬公園位於沖繩南部八重瀬町，曾是古代領主居住的城

地圖P.89、184

▲第二富盛巴士站。

◀沿車道走5分鐘，便可到達公園入口。

◀八重瀬公園是一個散步的好地方。

▲最高處就是櫻花祭典舉行場地。

◀小朋友可在樹蔭下玩耍。

跡。在通向頂處的200級階級兩旁，種滿了約500棵寒緋櫻樹，櫻花盛開時猶如夾道歡迎遊客，因此每年吸引許多人慕名而來。每年1月尾至2月初，晚上18:00-20:00會亮燈給民眾賞夜櫻，而櫻花祭典則在2月初舉行，屆時會有民謠比賽、傳統藝能表演等。

i INFO
- 沖繩縣島尻郡八重瀬町字富盛
- 098-998-4624
- 1. 從國際通駕車前往，約需30分鐘；
  2. 或在那霸巴士總站乘搭沖繩巴士34或334號，在第二富盛站下車，再步行10分鐘即達

▲走上展望台可眺望附近一帶的鄉郊景色，據說還可望到首里城、東日本海和慶良間諸島。

▲筆者到訪時正值2月初，也見櫻花初露。

(圖文：嚴潔盈)

八重瀬公園步行路線圖

圖例
- 15 主要地方道
- 10 景點
- BUS 巴士站
- ←→ 步行路線

15

15

BUS 第二富盛站

10 八重瀬公園 (P.184)

50米

N

© 跨版生活圖書出版

PART 5
國際風情渡假地
沖繩中部

5

沖繩中部東岸景點地圖

穿越琉球王國史跡

東岸

離開那霸市約50分鐘車程，便可抵達沖繩本島中部的東海岸。除了有美國駐軍的軍事設施外，還有勝連城跡、中城城跡等熱門旅遊點。自駕旅客亦可透過「海中道路」，通往平安座島、浜比嘉島、宮城島與伊計島，是兜風的絕佳路線。

北中城村一帶景點

規模極大城堡 中城城跡 地圖P.186

世界文化遺產

☑免費泊車　MAPCODE® 33411551*34

中城城跡是琉球國第一尚氏王朝的地方貴族護佐丸的居城，估計在14世紀後期建成。城跡於沖繩島戰役中幸運地未受大規模破壞，復修後於2000年被列為世界遺產，並於2006年入選日本100名城之一。中城城跡在150-170米上的小山上建造，由6個城郭組成，城牆以琉球石灰岩石堆砌而成，與天然的岩石連成一條依山而建的美麗曲線。登上城郭後可遠眺多個地方，東面有中城灣與太平洋，西望宜野灣市與東海，北面更可遠眺勝連半島與讀谷一帶。

▲中城城跡的紀念碑，紀錄此處為世界遺產之一。

◀城跡建在翠綠的山丘上。

◀路旁的護欄是後來加設的，以防發生意外。

▲踏着舊日遺下的石級，登上中城城跡的最高處。

ℹ INFO
- ⌂沖繩縣中頭郡北中城村泊1258番地　☎098-935-5719
- ◷08:30-18:00(5-9月)，08:30-17:00(10-4月)
- $成人￥400(HK$26)，中學生￥300(HK$19)，小學生￥200(HK$13)
- ➡1. 從國際通駕車前往，約需50分鐘；
  2. 或在那霸巴士總站乘搭琉球巴士21、23、25、27或90號；東陽巴士31號；沖繩巴士52號、77號或80號，於普天間站下車，轉乘計程車前往
- ⊕www.nakagusuku-jo.jp (日、英、中)

琉球富戶居所 中村家住宅 地圖P.186

☑ 免費泊車　**MAPCODE** 33441249*02

中村家住宅約280年前建成，是琉球王國時代富庶人家的住宅。第二次世界大戰期間，沖繩許多城跡與建築都被破壞，但中村家住宅卻奇蹟地保留下來，因此成為沖繩的重要文化遺產。建築結合日本室町時代與中國建築樣式，從其紅色的磚瓦屋頂、屋內的結構與擺設，足見當年琉球王國的富有人家是如何生活。參觀後你更可於中村家住宅旁的售票處內(手信店)品嚐免費的冰茶與黑糖果凍，配以當地出產的黑糖，確實美味無窮。

► 中村家住宅的售票處。

推介！

► 在手信店內旅客可免費享用黑糖果凍及冰茶。

► 屋頂的雕刻。

◄ 養豬的地方，被稱為豚小屋。

手信店

► 屋內的擺設及用品。

▲ 只限中村家住宅商鋪出售的搖鈴，可以喚來幸福喔！

ℹ️ INFO

🏠 沖繩縣中頭郡北中城村大城106
☎ 098-935-3500
🕐 09:00-17:00
💰 成人￥500(HK$32)，中學生￥300(HK$19)，小學生￥200(HK$13)
🚗 1. 從那霸機場駕車前往，約需40分鐘；
2. 或在那霸巴士總站乘搭琉球巴士21、23、27或90號，於普天間站下車，再轉乘計程車前往
🌐 www.nakamurahouse.jp (日)

風獅爺日語教室

有料

意思是需要收費，並非指人的實力很高。

無料

意思是不用收費，不是説你能力不高啦！

▲ 手信店。

最新超大血拼地 Aeon Mall Okinawa Rycom
(イオンモール沖繩ライカム)

☑免費泊車　**MAPCODE**® 33530406*45　地圖P.186　必到!

　　在2015年開業的Aeon Mall Okinawa Rycom，是Aeon在沖繩縣開設的首間Resort Mall，佔地超過17萬呎。商場樓高5層，有約220間店鋪，當中近70間店鋪為首次進駐沖繩的品牌，還有全縣最大的美食廣場、小型水族館、電影院及廣大的室外休憩空間。此外，商場配套非常方便，有免費停車場、遊樂設施、ATM、儲物櫃等，適合一家大小輕輕鬆鬆慢慢逛！

▶ 巴士直達Aeon Mall Okinawa Rycom入口，非常方便。

以南洋風情為主題的入口，還有巨大的風獅爺坐鎮呢！(相片由日本國家旅遊局提供)

◀小型水族館位於1樓，大型水槽內有過千條沖繩近海的熱帶魚。

▲美食廣場位於3樓及4樓，面積很大，而且食物種類很多。

▲3樓大樓梯前面的「Rycom Stage "Air"」有琉球傳統表演。(相片由日本國家旅遊局提供)

ℹ INFO

🏠沖繩縣中頭郡北中城村 字ライカム1番地
☎098-930-0425，098-983-8888
🕙約10:00-22:00(各店營業時間不一)
🚌1.在那霸機場或那霸巴士總站乘搭高速巴士152號；
　2.或在那霸巴士總站乘搭巴士21或92號，於イオンモール沖繩ライカム站下車即達；或從那霸機場駕車前往，約需40分鐘
🌐okinawarycom-aeonmall.com

商舖及餐廳。

▲Aeon Mall共有5層，有200多間商舖及餐廳。

(圖文：嚴潔盈)

東岸
• 宜野灣及浦添
• 北谷
• 沖繩市
• 讀谷
• 恩納

Aeon Mall Okinawa Rycom 購物美食推介

目標成為寶可夢大師！寶可夢中心 沖繩店

迎接Pokemon 25週年，原本在沖繩的寶可夢商店於2022年8月改裝為更大型的寶可夢中心，提供更多寶可夢的商品，店內還有多個寶可夢的模型，如《寶可夢地平線》中的御三家、卡比獸、椰蛋樹和被視為沖繩地區守護神的風速犬。另外，店內的大螢幕有時會轉播寶可夢相關節目和活動資訊。

▲卡比獸在大螢幕旁邊睡覺。

◀沖繩地區守護神的風速犬和寶可夢代表比卡超。

▲《寶可夢地平線》中的御三家，新葉喵、呆火鱷、潤水鴨。

子。

◀椰蛋樹(阿羅拉的樣

要不要帶一隻回家。

◀各式各樣的寶可夢，

▲穿着琉球傳統服飾的比卡超。

INFO
⌂ Aeon Mall 1/F
☎ 098-987-8063　⊙ 10:00-22:00
🌐 www.pokemon.co.jp/shop/pokecen/okinawa/

（撰文：HEI，攝影：蘇飛）

融合個性與可愛 WEGO

◀ WEGO。

WEGO服飾以原宿街頭風和古着為主，逐漸發展出品牌獨特的原創風格，出售男女裝服飾配件，款式多樣，價錢便宜親民，時有聯乘合作，深受年輕人歡迎。

INFO
⌂ Aeon Mall 4/F
☎ 098-931-1277
⊙ 10:00-22:00
🌐 wego.jp

（撰文：HEI，攝影：蘇飛）

什麼都有的雜貨店 Daiso

▲ Daiso。

說到12蚊店應該很為人熟悉，在香港Daiso分店購物基本上都是$12起，在日本則是￥110(HK$6)起，按匯率換算後，在日本Daiso購物可以便宜一半，而且Aeon Mall裡的Daiso面積廣闊，商品種類也十分多樣，除了有各款生活雜貨、文具、零食，還有韓國專區、露營用品專區以及香港沒有的聯乘產品。

INFO
⌂ Aeon Mall 1/F及2/F
⊙ 10:00-22:00
🌐 www.daiso-sangyo.co.jp

（撰文：HEI，攝影：蘇飛）

東岸

● 宜野灣及浦添

● 北谷

● 沖繩市

● 讀谷

● 恩納

款式齊備 KOJIMA x BIC CAMERA

KOJIMA x BIC CAMERA是日本大型電器行，大多數最熱門的電器，如負離子吹風機、洗臉機、壓力鍋、Go Pro攝影機等都可在此找到。

▶店鋪位於3樓，門口非常大。

▶小朋友正跟門外的機械人「玩耍」！

 INFO
⌂ Aeon Mall 3/F ☎ 098-931-9303
🕐 10:00-22:00 💻 www.kojima.net

(圖文：嚴潔盈)

熱烘烘的現煮鍋飯 五穀 (沖繩ライカム店) 推介!

五穀使用來自新潟縣的越光米，而且都是在接到訂單後才煮的鍋飯，務求讓客人吃到鬆軟、有嚼勁的新鮮米飯。為搭配好吃的米飯，五穀提供新鮮肉類、魚類和時令蔬菜製成的各種菜餚，特別是來自高知縣宿毛市自家工廠捕獲的新鮮魚類如銀鰤鯧、金目鯛都是人氣定食。另外，有時還會有限定菜式。

▲吃之前要先翻一下飯，再燜2分鐘，餐廳還會提供沙漏計時，十分貼心喔。

▲五穀。

 INFO
⌂ Aeon Mall 4/F ☎ 098-923-2350
🕐 11:00-23:00(L.O. 22:00)
💻 gokoku-pierthirty.net

◀一夜干鯖魚定食 ￥1,480(HK\$87)。

▲北海烤三種魚定食，￥1,780(HK\$105)。

(撰文：HEI，攝影：蘇飛)

濃郁爽口拉麵 京都北白川拉麵魁力屋

魁力屋在京都頗具名氣，主打來自北白川的背脂醬油拉麵。拉麵的湯底雖然有很多油脂，但吃起來不膩，味道濃厚，而且與爽口的麵條搭配得很好。除了醬油拉麵外，店鋪還有味增及鹽味拉麵，更有每日數量限定的特製蔥拉麵，麵上面的蔥堆積如山，極具特色，適合嗜蔥一族。

▲醬油味玉ラーメン(￥850，HK\$55)及餃子定食(￥230，HK\$15)。

INFO
⌂ Aeon Mall 3/F
☎ 098-923-5878
🕐 10:00~22:00
💻 www.kairikiya.co.jp

▲魁力屋是京都的著名拉麵店。

TIPS!

美食廣場內的餐廳都不提供清水予顧客飲用，遊客可自行到廣場中央的Water Station取水，該處有紙水杯提供。

(撰文：Pak，攝影：蘇飛)

宇流麻市景點

大型森林主題樂園 Bios Hill　地圖P.216　MAPCODE® 206005382*47

　　Bios Hill是一個以森林為主題的樂園，裏面主要由一大片草坪、亞熱帶植物、河川和湖泊(大龍池)組成，讓遊園人士仿如置身熱帶雨林中。旅客既可選擇乘搭小火車或水牛車繞園一周，悠閒地細看森林內的景色；也可以選擇歷奇探險，參加獨木舟或立槳體驗，在湖上觀察湖岸的生態。園內還設有一些木製的遊樂設施，讓旅客感受爬樹的樂趣；想靜態而又特別一點的話，參加試穿琉球服裝的體驗也不錯！

▲Bios Hill的入口。

▶旅客可乘遊覽船遊湖。

◀▲以立槳和獨木舟的方式遊湖也絕對是難忘的經驗。

▲遊湖時不妨留意岸邊，可以看到琉球舞表演。

◀水牛車。

有家長帶同小朋友來寫生。

▲小朋友可參加遛羊體驗。

◀大型木製的遊樂設施。

TIPS!

入園買票時會問你是否一併購買湖水觀賞舟的票，即大龍池的遊湖活動，因大龍池風景優美，遊湖時也有中文解說，介紹當地植物知識，是很好的親子消暑活動，建議購買連遊湖的門票。

ℹ INFO

⌂沖繩縣宇流麻市石川嘉手苅961-30
☎098-965-3400　⏰09:00-18:00
　(入場費加遊覽船費)成人¥1,800(HK$106)，小學生或以下¥900(HK$58)
🚗1. 從那霸駕車前往，約需1小時；
　2. 或在那霸巴士總站乘搭高速巴士111號，於石川IC站下車，轉乘的士，車程約15分鐘
🌐www.bios-hill.co.jp　🅿免費

(撰文：Pak，攝影：蘇飛)

沖繩最古老 勝連城跡

地圖P.186

世界文化遺產

✓ 免費泊車　　✓ 免費入場　　MAPCODE® 499570208*32

　　勝連城跡主要分成3個區域，最高的城郭位於約100米高的山丘上，雖然步行過程有點吃力，但能夠遠眺宇流麻市一帶的景色，非常值得。勝連城跡於2000年被列入世界文化遺產之一，雖然實際建造年份不詳，但估計於12、13世紀建造，所以被認定為是眾多登錄城跡中歷史最悠久的。勝連城跡由當時勢力最大的城主建造，以抵抗琉球王國的王權。

▲在城跡上可飽覽一望無際的宇流麻市美景。

▶穿過入口即可進入勝連城跡的中心地帶。

▲二之郭遺跡。

▶延綿不絕的石梯，一直拾級而上，便會到達城跡的最高處。

ℹ️ **INFO**
📍沖繩縣宇流麻市勝連南風原3908
☎098-978-7373　　🕐09:00-18:00
🚌1. 從國際通駕車前往，約需1小時；
　　2. 或在那霸巴士總站乘搭沖繩巴士52號，勝連城跡前站下車
🌐www.katsuren-jo.jp (日)

宜野灣及浦添　·　北谷　·　沖繩市　·　讀谷　·　恩納

往伊計島必經 海中道路　地圖P.186

MAPCODE® 499576286*13

　　全長接近5公里，被稱為海中道路的沿海路線，將沖繩本島與中部東邊的多個小島連結，包括平安座島、宮城島與伊計島。經過長長的大橋時，橋中設有泊車位置，可遠眺大海與島嶼的絕景。

◀中途停下來，欣賞蔚藍的天空與湛藍的海水。

◀對喜歡駕駛的人士來說，看到這麼廣闊的道路，還有晴空萬里的天氣，絕對是兜風的好日子！

ℹ INFO
- ⌂ 沖繩縣宇流麻市與那城屋平
- 🚗 1. 從國際通駕車前往，約需1小時10分鐘；
　　2. 或在那霸巴士總站乘搭巴士27、52、61或80號巴士，在JA與那城前站下車，轉乘16座小型巴士的伊計屋慶名線，第一個站便途經海中道路
- ⊕ 伊計屋慶名線時刻表：bus-routes.net/gtfs_line.php?roid=12458 (日)

公路上的鮮甜魚生 海の駅あやはし館　地圖P.186

☑ 免費泊車　**MAPCODE®** 499576410*64

　　在海中道路駕駛期間，你會看到一座外貌設計成商船的公路休息站，這便是海の**駅**あやはし館。除了有販售紀念品商店，以及兩間餐廳外，亦有小型海鮮市場，你可以購買新鮮海鮮丼與沖繩名物海葡萄。如果逛完勝連城跡後，苦尋不到餐廳，不妨在這裏品嚐一下沖繩的海鮮，再繼續旅程吧！

▲小型海鮮市場，可在店內買新鮮魚生，然後在店外吃。(攝影：蘇飛)

▲在休息站購買手信。(攝影：蘇飛)

推介！

▲魷魚(圖右)每盒￥300(HK$19)，墨魚(圖左)￥320(HK$21)。彈牙的魷魚必定令你一試難忘。(攝影：蘇飛)

ℹ INFO
- ⌂ 沖繩縣宇流麻市與那城屋平4番地　☎ 098-978-8830
- ⊙ 小賣部10:00-19:00，市場11:00-18:00，餐廳11:00-16:00(逢星期四休息)
- 🅿 300個泊位
- 🚗 1. 從國際通駕車前往，約需1小時15分鐘；
　　2. 或在那霸巴士總站乘搭巴士27、52、61或80號，在JA與那城前站下車，轉乘16座小型巴士伊計屋慶名線，在第一個站あやはし館前站下車。
- ⊕ r.goope.jp/uminoekiayahashi/

當地人都捧場！味華海鮮食堂(アジケー) 地圖P.186

味華是當地人吃海鮮的好去處，位於平安座島的南面、往伊計海灘的縣道10號線上。食堂基本上只營業至

中午後，他們賣完當日的海鮮就準備關門了，所以太遲去的話，菜式選擇會少些。食堂在海鮮批發市場附近，食物的新鮮程度當然是無可比擬的，價錢也大眾化！餐牌附有圖片，不用怕點菜時溝通不了。

▲牛油果吞拿魚蓋飯便當，￥1,300(HK\$76)，上面的牛油果很香濃！

◀在這裏用餐的以當地人為主。

i INFO
- ⌂沖繩縣宇流麻布與那城平安座9396-6
- ☎098-977-7783　　⏰11:30-17:00(逢星期一休息)
- 🚗1. 從海の駅あやはし館駕車出發，約需3分鐘；
  2. 或在那霸巴士總站乘搭巴士27、52、61或80號，在JA与那城前站下車，轉乘16座伊計屋慶名線小型巴士，在平安ホテル前站下車，步行2分鐘。

▲魚頭骨湯套餐，￥1,000(HK\$59)，魚湯非常鮮甜，便宜好吃之選，其中還有不少魚肉可吃的。

海水超清澈！伊計海灘 (伊計ビーチ) 地圖P.186

☑ 免費泊車 MAPCODE® 499794064*88

位於海中道路盡頭的伊計島，其中伊計海灘海水的清澈度，是沖繩本島內首屈一指。除了在海灘上享受陽光外，亦可即場參加海上活動，如香蕉船(每10分鐘￥1,000，HK\$65)、水上電單車(每10分鐘￥3,000，HK\$195)與玻璃船(每30分鐘￥1,500，HK\$97)等。海灘位於海灣內，海上的波浪相對較小，即使不是游泳健將也不用太擔心。

▲灣內十分平靜，許多家庭帶同小朋友前來暢泳，也有不少人玩水上活動。

i INFO
- ⌂沖繩縣宇流麻市與那城伊計405
- ☎098-977-8464　　⏰09:00-18:00
- 💲入場：初中生或以上￥400(HK\$26)、5歲至小學生￥300(HK\$19)　儲物櫃￥200(HK\$13)；沖身(5分鐘涼水)￥200(HK\$13)；儲物櫃及沖身處須投入￥100硬幣，請預先準備
- 🚗1. 從國際通駕車前往，約需1小時30分鐘；
  2. 或在那霸巴士總站乘搭巴士27、52、61或80號巴士，在JA与那城前站下車，轉乘16座小型巴士伊計屋慶線，在伊計ビーチ前站下車即達。
- 🌐www.ikei-beach.com (日)

(攝影：蘇飛)

▲近乎透明的海水，十分適合在此暢泳。

東岸
• 宜野灣及浦添
• 北谷
• 沖繩市
• 讀谷
• 恩納

親子遊新區

宜野灣 及浦添

宜野灣市和浦添市距離那霸市只有20多分鐘的車程,自從新商場PARCO CITY開業後,這兩個距北谷美軍基地也很近的城市成為了沖繩親子遊的新熱點。

宜野灣市景點

廣受居民喜愛 宜野灣海濱公園

地圖P.201

MAPCODE 33403075*56

宜野灣海濱公園內有遊樂場和體育館等設施,環境清靜怡人,是休憩的好地方,廣受當地居民歡迎。不得不提的是,公園內的海灘Tropical Beach一到盛夏就十分熱鬧,很多人會在那裏燒烤和參加水上活動,享受悠閒的時光。

▲沖繩會議中心在公園內。

▲有小朋友玩耍的廣場。。

▲▼園內的遊樂設施。

▲海濱公園的環境優美。

INFO
- 沖繩縣宜野灣市真志喜4-2-1　　098-897-2751
- (Tropical Beach)4月下旬至10月09:00-09:30
- 1. 從那霸駕車前往,約需20分鐘;
  2. 在那霸巴士總站搭乘32或61號公車到沖繩會議中心前下車,約需50分鐘
- www.ginowankaihinkouen.jp

(撰文:Pak,攝影:蘇飛)

東岸

宜野灣及浦添

北谷

沖繩市

讀谷

恩納

神社下的鐘乳洞！普天滿宮 地圖P.201、186

 33438584*45

▲普天滿宮的本殿頗為宏偉。

從外觀上，普天滿宮與一般神社無異，然而箇中乾坤卻在神社的地底！因為普天滿宮的奧宮其實並非建於地面，藏於地底鐘乳洞內的才是本尊！普天滿宮本殿下為一條長達280米的鐘乳洞，而內裏的神殿相信建於15世紀時期。想一睹鐘乳洞內奧宮的真貌，遊客可以向本殿內巫女查詢「洞穴拜觀」，並寫下名字及地址供神社留作記錄，巫女便會帶領各位前往聖地參拜，非常值得一看喔！普天滿宮是琉球八社之一。

INFO
- 沖繩縣宜野灣市普天間1-27-10
- ☎098-892-3344
- ⏰10:00-17:00
- 🚌 1. 從那霸駕車出發，約需30分鐘；
  2. 或於那霸巴士總站乘搭琉球巴士21、23、25、27或90號；東陽巴士31號；沖繩巴士52、77或80號，於普天間站下車，步行2至5分鐘
- 🌐futenmagu.or.jp

▲若有興趣參觀鐘乳洞的話，需要先向神社的巫女登記。

◀登記過後，遊客可到鐘乳洞的木門外等候入內參觀。

靚湯底、香口餃子 追風丸 地圖P.201 推介！

這家來自北海道的拉麵店，在沖繩有5家分店，招牌為特製平打麵，其麵身較平，口感不見得特別出色，反而白味噌和赤味噌(較辣)麵的湯底很好，值得一試。另外不可錯過的是這裏的煎餃子，很好吃，皮薄餡靚，很多人都會加點一客來吃！

▶追風丸大謝名店的門口可以免費泊車。

▲除了普通坐位和榻榻米外，這款面向廚房的Bar枱很受歡迎。

▲白味噌麵，￥880(HK$52)。

▲特製平打麵，可選魚粉湯或味噌湯，￥900(HK$53)。

INFO
- (大謝名店)沖繩縣宜野灣市大謝名235-9
- ☎098-898-1400
- ⏰11:00-22:00 (午餐時間11:00-15:00)
- 🚌 1. 從國際通駕車出發，約需30分鐘，在58號國道上；
  2. 或在那霸巴士總站乘搭琉球巴士20或23號，在真志喜站下車，步行3分鐘
- 🌐www.hayatemaru.com

(攝影：蘇飛)

▲煎餃子6件，￥400(HK$24)。

▲赤味噌拉麵，￥880(HK$52)。

浦添市景點

90米長滾輪滑梯！浦添大公園　地圖P.201、198

`MAPCODE` 33282769　親子！

每逢週末，浦添大公園都會響起眾多小朋友的大笑聲，全因這裏架設了長達90米的架空滾輪滑梯，吸引當地人及遊客帶同一家大小到此遊玩！從滑梯頂端滑下至地面需時1分鐘，因公園地處小山丘上，可同時眺望浦添市景色。園內還有許多為不同年齡兒童設計的遊玩設施，可安排在此度過一個下午。浦添大公園分為A、B、C區，長滑梯位於B區，A區是歷史學習區，C區於2018年改建成新公園，設施以樹屋探險為主題，很適合3-6歲孩童遊玩。

▲新設的樹屋遊樂設施，旁邊還有蜂巢造型的攀爬架。

◀公園內還新添1-3歲幼兒的玩耍區，外面有矮圍欄，不怕小朋友到處亂跑。

◀架空的滾輪式滑梯全長90米。

▲滑到最後，小朋友都忍不住大笑！

▲在公園另一側有此軟墊滑梯。

TIPS!

滾輪滑下期間，或會因滑速太快而令小朋友撞到或夾到皮膚，建議穿着長褲及不容易掉的鞋子。

浦添大公園步行路線圖

N
浦添綜合醫院
西口（副會議）　BUS

圖例
- 331　國道
- 153　主要地方道
- 10　景點
- BUS　巴士站
- ➡ 步行路線

浦添大公園
（P.198）

© 跨版生活圖書出版

100米

INFO
- ⌂ 沖繩縣浦添市伊祖115-1
- ☎ 098-873-0700
- ⊟ 在那霸巴士總站乘搭琉球巴士99號，在浦添綜合醫院西口（副會議）站下車，步行5分鐘
- ⊕ www.urasoedaipark-osi.jp

（圖文：嚴潔盈）

在特色住宅群拍照打卡 港川外人住宅街 MAPCODE® 33341249*57

港川外人住宅街原來由駐在沖繩的美軍及其家眷居住，所以一排排平房的設計都具有美式的風格。隨着美軍居民離開，這些住宅由當地人進駐，大部分都被改裝成小店，例如甜品、雜貨和烘培店等，吸引了一眾文青在這區漫步散策，以及在這些外牆白色、窗框和木門則塗上紅黃藍等色的小屋前拍照留念。

地圖P.201

i INFO
🏠 沖繩縣浦添市港川2-18-3
🚗 1. 從那霸駕車前往，約需20分鐘；
　　2. 在那霸巴士總站搭乘28號(読谷線)公車到港川站下車，再步行約6分鐘

◀▲在充滿西方色彩的小屋和路牌前留影，能拍下不少風格照。

(撰文：Pak，攝影：蘇飛)

港川精選店舖

原隻花蟹意粉 Secondo Casa

地圖P.201

來到夢幻般的外國建築群，不妨吃一頓西餐配合氣氛。Secondo Casa主要提供薄餅、意粉等意大利菜。餐廳的外牆全白，招牌小小的，乍看起來平平無奇，怎料其中一道菜極具噱頭——原隻花蟹忌廉番茄醬扁意粉，把蟹原隻烹調能更完整地保留鮮味，配合酸甜的意粉，可謂色、香、味俱全！

▲餐廳的外觀。

i INFO
🏠 沖繩縣浦添市港川2-13-7-41
☎ 098-914-3334
🕐 午餐11:30-15:00，晚餐18:00-22:00
🌐 secondocasa-okinawa.com

必食！

▲燒三文魚白豆意粉(¥1,200，HK$78)，這裏意粉的味道和質感都很好。

▲原隻花蟹忌廉番茄醬扁意粉(¥1,400，HK$91)，花蟹不算很大隻但味道鮮美。

(撰文：Pak，攝影：蘇飛)

潮買工業風飾物 Industrial Works

地圖P.201

推介！

港川外人住宅街其中一個吸引旅客的特色，是區內那些極具個性的手作及雜貨店，當中的Industrial Works便別具一格。店鋪以工業風為主題，售賣多種飾物和家電，例如設計復古的黃光燈泡、仿工業材料設計的耳環、戒指等首飾，十分適合喜歡逛特色小店的人。

▶店鋪門外的招牌都與別不同。

i INFO
🏠 沖繩縣浦添市港川2-14-1
☎ 098-923-4474
🕐 10:30-19:00
🌐 funnyqdesign.com

TIPS!

雖然Industrial Works的燈泡很美觀，但在日本購買電器要考慮電壓問題，因為日本家電是110V而香港是220V的，若將前者不經變壓器直接插入香港的插座，家電可能會燒掉。

▲店內有多款懷舊燈泡。

▲Handmade齒輪鎖匙扣及戒指(¥1,200-¥1,300，HK$83-HK$91)。

(撰文：Pak，攝影：蘇飛)

離那霸機場只需15分鐘！

MAPCODE® 33308868*53

SAN-A浦添西海岸 PARCO CITY

地圖P.201

▶ 位於沿海，眺望絕美海景。

SAN-A浦添西海岸PARCO CITY是沖繩縣內最大型的綜合購物中心，1至3樓聚集了250間店舖，其中94間還是首次在沖繩開店，是連當地人都愛去的掃貨熱點。而且商場內多種美食匯聚，2樓「Food Hall」、3樓「Restaurant Street」，有多間知名餐廳如敘敘苑、一風堂等，重點是還能搭配海景享用！

▲ 商場內光亮寬闊。(攝影：蘇飛)

▲餐廳內可以欣賞到西岸的海景。　▲日落景致也很美麗。

INFO
⌂沖繩縣浦添市西洲3-1-1　☎098-871-1120
⊙10:00-22:00(1樓美食廣場 9:00:-23:00，3樓餐廳街 11:00-23:00)
🚌從那霸機場國際線客運大樓前乘26號巴士；從國際通在縣政府北口站乘琉球國土巴士26、32、43、309、334、385號線，在Parco City下車
🌐www.parcocity.jp

(撰文：HEI，相片提供：沖繩觀光會)

Parco City 精選店舖

不用動手烤牛扒的放題 Beef Rush 29

Beef Rush 29是一間來自東京的牛排放題餐廳，餐廳除了有多種牛排和雞排可以隨便吃，自助吧有不同配菜沙律、甜品、飲料可供選擇。最特別係，所有牛扒都由專人為你現烤，烤好了到烤爐櫃枱取便可。

▲牛排肉汁豐富，十分美味。

▲Beef Rush 29。

INFO
⌂SAN-A浦添西海岸PARCO CITY 3/F
☎098-871-0200
⊙11:00-23:00(最後入店21:30 L.O.22:00)
💰按日子、時段及選擇的套餐計算，例如週假日午餐時段的白金套餐 男性￥2,858(HK$168)、女性￥2,638(HK$155)，小學生半價，小學生以下￥499(HK$29)
🌐bit.ly/490EWQE

(撰文：HEI，攝影：蘇飛)

尋找隱藏商品 Muji無印良品

無印良品對香港人來說不是什麼陌生品牌，來到日本當然要逛逛看有什麼值得買的隱藏商品！無印的小型家電如枱燈、靜音風扇等，外型輕巧，方便使用。另外無印的食品、零食亦是注目品項，例如有奶油雞肉咖哩、韓國海苔飯捲等料理包和香蕉味年輪蛋糕、草莓白巧克力等小甜點。

▲Muji無印良品。

▲不變的人氣商品「草莓白巧克力」，還有多款口味。

INFO
⌂SAN-A浦添西海岸PARCO CITY 3/F
☎098-871-1110　⊙10:00-22:00
🌐www.muji.com/jp/ja/shop/detail/061759

(撰文：HEI，攝影：蘇飛)

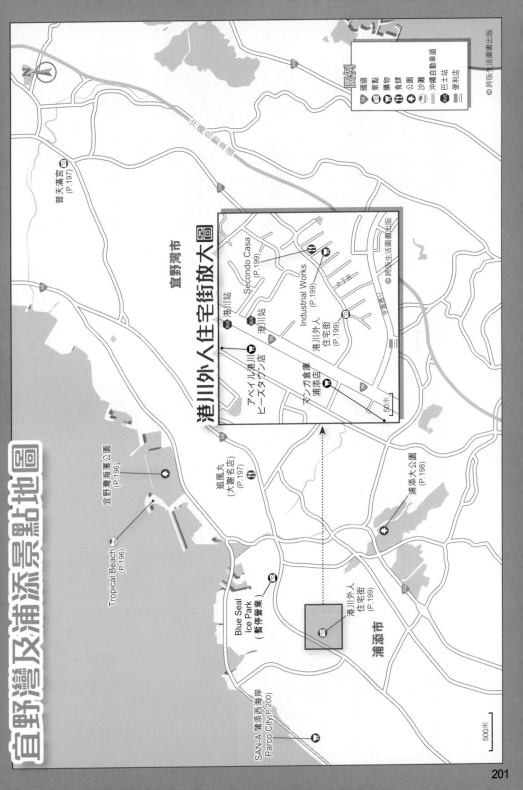

宜野灣及浦添流景點地圖

普天滿宮 (P.197)

宜野灣市

宜野灣海濱公園 (P.196)

Tropical Beach (P.196)

追風丸 (大嶺名店) (P.197)

浦添大公園 (P.198)

港川外人住宅街放大圖

Secondo Casa (P.199)

Industrial Works (P.199)

港川外人 住宅街 (P.199)

港川站

アペイル港川 ピースタケン店

マシカ倉庫 浦添店

50米

Blue Seal Ice Park (暫停營業)

港川外人 住宅街 (P.199)

浦添市

SAN-A 浦添西海岸 Parco City (P.200)

500米

© 跨版生活圖書出版

圖例

國道　景點　購物　食肆　公園　沖繩自動車道　沙灘　巴士站　便利店

201

美軍基地

北谷

位於沖繩中部，其中有一半地區為美軍基地，有大量美軍與其家屬居於附近，因而衍生出充滿美國風情的美國村。遊客都喜歡到北谷感受一下沖繩式的美國風情。

北谷美國村景點地圖

桑江站
Zhyvago Coffee Roastery (P.209)
Double Decker (P.208)
A&W (美浜店) (P.209)
Terrace Garden Mihama Resort
Oak Fashion 大樓 (P.208)
Dragon Palace (P.205)
Gigo 北谷 (P.206)
Depot Island C
American Depot (P.204)
Benson's(P.205)
SOHO(P.205)
Depot Island B
Depot Island D
Depot Island A
Depot Island (P.207)
Depot Central (P.204)
Akara Gallery (P.208)
Konas Coffee (P.207)
燒肉夢丸 (P.207)
沖繩 Okichu 沖忠 (P.206)
Habu Box (P.207)
Mihama7Plex
軍病院前站
洋服之青山 (北谷店)
Vessel Hotel Campana (P.79)
Depot Island E
Red Lobster (P.211)
Aeon 北谷店 (P.211)
The Beach Tower Okinawa
落日海灘 (P.210)

圖例
國道　娛樂
購物　沙灘
酒店　公園
景點　巴士站
食肆

北谷公園
©跨版生活圖書出版

沖繩式的洋風 美國村 (美浜アメリカンビレッジ)

地圖P.186、202

☑ 免費泊車　MAPCODE® 33525598*63

美國村四周的建築物都掛滿英語廣告牌。整個美國村佔地甚廣，要逐一逛完需要花上大半天。村內大部分為售賣美式與沖繩服飾的商店，亦有許多特色的自家設計T-Shirt店。美式快餐店與酒吧當然不能少，不過村內亦有沖繩料理與壽司店等傳統日本美食，可謂應有盡有。

▲▼隨處可見寫着英文的招牌，與美國的感覺很相近。

▲雖然大部分都是美式建築物，但看到這條小橋，令人想起京都的小橋流水。

◀日本不同地區的坑渠蓋都各有特色，美浜地區以椰樹、花及海為題，很有夏威夷的感覺。

◀▲美國村亦是情侶熱門的拍拖勝地，小情人看到這個愛心，必會拍下恩愛的照片呢。

▲美國村內到處都有大型畫作，這個消防車庫幾乎以假亂真了！

▲連消防用的水槽也被卡通化了，很有迪士尼的感覺！

INFO
📍沖繩縣北谷町美浜9-1　📞098-926-3322
🕐約10:00-21:00(商店營業時間不一)
🚌1. 從國際通駕車前往，約需40分鐘；
　　2. 或在那霸巴士總站乘搭沖繩巴士20、28、29或120號，在軍病院前站下車，再步行約5分鐘
🌐www.okinawa-americanvillage.com(日)

船の遊樂場 安良波公園Araha Park

地圖P.186

安良波公園鄰近Araha Beach，有一個帆船造型的遊樂場。遊樂場雖小，但有齊小朋友愛玩的繩網、攀爬架、吊橋、2層樓高的滑梯等，而且造型特別，很受小朋友喜愛。其實這個帆船造型是為了記念一宗海難故事。1840年8月14日，印度橡樹號在東海航行時，因颱風在北谷沿岸擱淺，當時北谷村村民將船上67人全數救起，琉球王國政府不顧政治外交上的敏感，在船員滯留的45天期間給予船員住處、衣服和食物，最後提供180噸的木造帆船讓他們回國。

INFO
📍北谷町北谷2-21　📞098-926-2680
🚶由美國村步行前往約20分鐘，自駕5分鐘，有免費停車場
🌐chatantourism.com/spot/araha-beach/

(撰文：HEI，攝影：蘇飛)

▲原本放置一艘木造帆船，現改建為帆船造型的遊樂場。

充滿異國風情 Depot Central 地圖P.202

Depot Central共有8層，外型像是趣怪的酒店大樓，裡面有多間餐廳、咖啡店、服飾店、精品店等，如燒肉どうらく北谷店、服裝店HICROWN美浜店等，以及有魔術表演的餐廳Magic Ocean、售賣棋盤遊戲的Saikorodo Seaside等等。

◀ 走進中庭見到骷髏骨頭的玄關裝飾。

◀ 當然少不了來自侏羅紀的暴龍。

i INFO
- ⌂ 沖繩縣中頭郡北谷町美浜9-1
- ☎ 098-926-0808　⊙ 個別店舖時間不同
- 🚌 從那霸市搭乘20、28或29號線，桑江站下車，步行約3分鐘
- 🌐 www.depot-island.co.jp/shoparea/a70-depot-central/

▲Depot Central 樓頂像長了兩隻角。

▲Depot Central 側面有一條粉紅大鯊魚。

（撰文：HEI，攝影：蘇飛）

古着搜購地 American Depot 地圖P.202

☑ 免費泊車

位於美國村內、兩層高的American Depot，以出售美式貨品為主。地下主要販售美式Tee、Edwin與Levi's產品，另有美國入口的玩具與飾物。2樓則主要出售古着與運動用品，喜好古着的朋友大可在此慢慢尋找自己的心頭好。

◀ 海盜與骷髏也在American Depot歡迎大家，不知道這位海盜認不認識海盜王呢？

▲不愧稱為美國村，連自由女神也移民過來了！

◀ 樓高2層，除了二手衣服外，二手玩具也甚受歡迎。

▲尋寶開始！

i INFO
- ⌂ 沖繩縣中頭郡北谷町美浜9-2
- ☎ 098-926-0888　⊙ 10:00-21:00
- 🌐 www.depot-abc.com(日)

（攝影：蘇飛）

來自紐約的熱狗 Benson's 地圖P.202

　　Benson's(原名Nathan's)在紐約有百年歷史,是正宗地道的美國熱狗店。人氣no.1是Chili Cheese Hotdog(芝士辣肉醬熱狗),以及使用日本黑毛和牛的漢堡 Benson's special,另外芝士辣肉醬薯條、墨西哥肉醬飯也不容錯過!

¥900(HK$53)。芝士熱狗 ▶

¥1,100(HK$65)。芝士漢堡 ▶

▶Benson's由原本的黃色改修成天藍色店面,座位依舊色彩繽紛。

INFO
- American Depot C G/F
- 098-894-3333　11:00-22:00
- www.depot-abc.com/shop/bensons

(撰文:HEI,攝影:蘇飛)

軍事服裝及產品樣樣齊 SOHO 地圖P.202

　　SOHO總共有3層,地下是售賣軍裝和周邊商品,商品都是從歐洲直接進口的軍裝,軍事圖案的T-shirt亦很受歡迎。1樓是各種美國風格的時尚單品,2樓則是MLB、NBA、NHL、NFL美國四大運動品牌的T-shirt和運動服裝,還售賣牛仔褲、皮夾克等古着。另外,美國復古風格的室內裝飾品和黑膠唱片。

▲奪目的鮮黃色外表。

▲軍用服裝、軍用袋樣樣齊全。

▲店內放置一輛軍旅風三輪電單車。

▲說到美國不得不提可口可樂。

INFO
- American Depot C
- 098-982-7785　10:00-21:00
- www.depot-abc.com/shop/soho

(撰文:HEI,攝影:蘇飛)

綜合娛樂商場 Dragon Palace 地圖P.202

　　位於美國村內的綜合娛樂商場Dragon Palace,除了有服飾店與雜貨店外,亦有許多人喜歡的文具店!尋寶後若有興趣,更可到Joy Jungle大玩遊戲,無論男女老幼都在這盡情玩樂一番。

▲Dragon Palace。

INFO
- 沖繩縣中頭郡北谷町美浜15-68
- 098-926-2100　個別店鋪時間不同
- okinawa-chatan.com/doragom paresu/(日)

購物飲食集中地 Depot Island　地圖P.202

☑ 免費泊車

位於美國村內的Depot Island分為8幢，主要售賣入口雜貨與二手衣物，包括A至E幢、Akara等。

◀ 連印地安的圖騰也能找到。

▲ 擺設、招牌甚至售貨員都打扮成美式的感覺。

▲ 沖繩的代表Blue Seal雪糕這裡亦設有分店。

INFO
⌂ 沖繩縣中頭郡北谷町美浜9-20
🌐 www.depot-island.co.jp (日、英、中)

人字拖專賣店 沖繩Okichu沖忠　地圖P.202

位於Depot Island E幢、已有150多年歷史的沖繩Okichu沖忠，是日本唯一的沙灘人字拖鞋專門店，款式多達100種以上，全部都是在沖繩人手製造。

除了有沖繩風味的風獅爺、海龜等圖案外，更與日本著名動漫One Piece(海賊王)合作，製作出沖繩限定的沙灘拖鞋。

◀ 店外的大型拖鞋。看真一點，拖鞋上有兩個圓孔，你立即可化身為沙灘拖鞋！

INFO
⌂ 沖繩縣中頭郡北谷町美浜9-1
　Depot Island E幢
☎ 098-926-1133
🕙 10:00-21:00
🌐 www.ryukyu-factory.com (日)

打機+夾公仔 Gigo 北谷　☑ 免費泊車 　地圖P.202

沖繩的遊戲機中心不多，但在美國村終於可找到遊戲機中心Gigo的蹤影，而且更是沖繩縣內最大的遊戲機中心！喜歡打機及夾公仔的朋友們，千萬不要錯過！

◀ 店內遊戲機種類足可媲美東京的遊戲機中心。

(攝影：蘇飛)

INFO
⌂ 沖繩縣中頭郡北谷町美浜9-8
☎ 098-936-6741　🕙 10:00-24:00
🌐 tempo.gendagigo.jp/am/chatan (日)

TIPS!

許多朋友在日本遊戲機中心看到那些獨一無二的景品，都會心癢癢嘗試「夾公仔」。其實要得到心頭好，比想像中容易，只要掌握箇中竅門就「大丈夫」（日文的「大丈夫」即是中文的「沒問題」）！只要選一些靠近邊緣的景品，利用夾子張開時的力度，把景品向下壓或推的話，遠遠比夾起來得容易。

夏威夷風的美式鬆餅 Kona's Coffee 地圖P.202

在美國村內的Kona's Coffee店面寬敞，裝潢有點夏威夷風格，座位多是沙發，可以讓人舒適地看着風景坐在店內用餐。人氣餐單是鬆餅，有多款好看又美味的鬆餅，像是忌廉士多啤梨香蕉鬆餅、提拉米蘇鬆餅等，想吃主食也有各種漢堡拼薯條以及飯類等。

▼Kona's Coffee。

▲店內感覺真的很像身處夏威夷。

INFO
- ⌂沖繩縣中頭郡北谷町美浜9-8
- ☎098-983-7500
- ⏰11:00-23:00(星期六日10:00開店)
- 🌐stores.konas-coffee.com/111213

(撰文：HEI，攝影：蘇飛)

▲2023夏日推出的熱帶芒果鬆餅拼盤。￥1,880(HK$111)。

▲提拉米蘇鬆餅，￥1,390(HK$82)。

有逾百種食材的放題 燒肉夢丸 美浜店 地圖P.202

這家燒肉放題店提供三種套餐（梅夢、竹夢、松夢）供客人選擇，每款套餐可吃到的肉類品項數量都不同，梅夢40種、竹夢101種、松夢131種。而燒肉夢丸使用梅汁沾醬為客人帶來不一樣的味道，還有三明治、饢餅（發酵麵餅）、蔥飯、沙律等配菜可自由與燒肉類搭配。另外，餐單上的梅配白蘿葡沙律和盛岡冷麵是解膩的不錯選擇。

INFO
- ⌂沖繩縣中頭郡北谷町美浜9-8
- ☎098-921-7760　⏰16:00-22:30(L.O.22:00)
- 💲梅夢：成人￥3,800(HK$224)，小學生1,700(HK$100)，幼兒￥550(HK$32)，2歲以下免費
- 🌐yakiniku-yumemaru.com

(撰文：HEI，攝影：蘇飛)

▲肉類新鮮好吃。

▲燒肉夢丸 美浜店。

琉球文化精品 Habu Box Akara店 地圖P.202 恩納店 地圖P.216

▼Habu Box的T恤圖案特別，每件￥3,800(HK$224)。（攝影：蘇飛）

Habu Box位於Depot Island的Akara內，是在沖繩已營業超過30多年的T-Shirt老大哥，設計風格揉合了琉球文化與大自然的特性，款式超過100款。除了T-Shirt，亦有手袋與飾物等出售，恩納及那霸也有分店。

▶門口。

INFO
- ⌂沖繩縣中頭郡北谷町美浜9-20 Depot Island F幢（那霸店）沖繩縣那霸市松尾1-2-4
- ☎(Akara店) 098-936-8239　⏰11:00-20:00
- 🌐www.habubox.com (日)

東岸・宜野灣及浦添・北谷・沖繩市・讀谷・恩納

木刻藝術 Akara Gallery (アカラギャラリー) 地圖P.202

　　位於Depot Island的Akara Gallery，主要展出沖繩縣的木刻板畫藝術家「名嘉睦稔(ボクネン)」的創作。生於1953年的名嘉睦稔，作品以大自然與宇宙為主，以不規則的線條一氣呵成地刻劃在木板上。他亦參與電影、作詞等藝術創作。地下的常設畫廊

可免費參觀，2樓的Bokunen美術館(ボクネンアートミュージアム)需付費入場，如參觀常設畫廊後有興趣再深入了解名嘉睦稔的創作，不妨購票進內參觀。

▶Akara Gallery 入口。

▲地下常設免費展覽。
▲二樓美術館。

i INFO
⌂沖繩縣中頭郡北谷町美浜9-20 F棟102
☎098-926-2764　🕙10:00-18:00
💲成人￥800(HK$52)，高中生以下￥500
(HK$32)，65歲以上長者￥400(HK$26)
🖥museum.bokunen.com (日、英)

(攝影：蘇飛)

在巴士內吃西餐 Double Decker 地圖P.202
(カフェ&バー ダブルデッカー)

　　英國倫敦的經典紅色雙層巴士於美國村出現？原來這架巴士並非直通利物浦，而是西餐廳Double Decker的一部分！Double Decker晚間會變身為酒吧，位於餐廳外的紅色巴士就是它的招牌啦！食客可選擇於巴士內進餐，非常特別呢！推薦食物包括咖喱牛肉蛋包飯(￥950，HK$62)及鐵板石垣牛排(￥1,600，HK$104)。

▲紅色的雙層巴士為Double Decker的賣點之一。

i INFO
⌂沖繩縣北谷町美浜9-8シーサイドスクエア1F
☎098-926-1991　🕙17:00-02:00
🖥www.double-decker.co.jp/doubledecker

海邊熱情商場 Oak Fashion大樓 地圖P.202
(オークファッションビル)

　　Oak Fashion大樓位於近海一帶，兩層高的建築物加上五彩繽紛的外牆，充滿夏日及美國情懷。商場內擁有多間出售外國服飾的商店，及外貌像甜品但實際為沖繩獨製肥皂的專門店organic&aroma Petaluna，還有以三文治、肉扒等美式食物為主的Sara's Delicatessen & Cafe，可謂應有盡有。

▲Oak Fashion大樓的外牆色彩鮮艷，充滿美國風情。

i INFO
⌂沖繩縣北谷町美浜9-39　　☎098-983-7888
🕙大部分為11:00-22:00
　(商店營業時間各異，需參閱個別商店之網頁)
🖥www.depot-island.co.jp

沖繩限定美式快餐店 A & W 　地圖P.202　必食！

☑ 免費泊車

▲Carnival Park美浜店的門口。

美國老牌快餐店A & W最初只在美國駐沖繩的軍營內營業，及後曾一度進駐日本東京等地，但最後只在沖繩開設分店。A & W有一種特別的飲料：不含酒精卻稱為Root Beer的露啤，説穿了其實就是小時候喝的沙士汽水。吃慣了香港美式快餐的你，不妨試試沖繩的美國快餐，看看有甚麼不同。在沖繩內有20多間分店，單在北谷有2間分店。

▶ 等候外賣時，職員會給你一個號碼牌，上面還有A&W的吉祥物熊先生。

▶ 自駕者想醫肚，又要爭取時間前往各地，買A&W的快餐上車吃最適合，這份是雞肉漢堡套餐，星期三特價時只需¥500(HK\$32)。

型格工業風咖啡店 　地圖P.202　人氣！
Zhyvago Coffee Roastery

Zhyvago Coffee Roastery鄰近美國村，內裡裝潢時尚，是工業風格，2樓有吧台座和長枱座，亦有可以放鬆身心的沙發座，店面寬敞舒適，適合在店內辦公或打發時間放鬆一下。顧客中有不少外國人，感覺很像來到美國。

▲多外國人光顧，餐牌都是以英文為主。

▲店內一角出售單車用品和衣服。

▲▼工業風的店面。

◀煙肉牛角包三文治¥470(HK\$28)，mr.Bengie 腸牛角包 ¥490(HK\$29)，各款咖啡價錢¥420-700(HK\$25-41)。

(撰文：HEI，攝影：蘇飛)

INFO
⌂(美浜店) 沖繩縣中頭郡北谷町美浜 2-5-5
☎(美浜店) 098-936-9005
🕒(美浜店) 08:00-24:00
🌐www.awok.co.jp (日、英)

INFO
⌂沖繩縣中頭郡北谷町美浜34-1
☎098-988-7833　🕒07:00-22:00
🌐shop.zhyvagocoffeeroastery.coffee/
🌐www.instagram.com/zhyvagocoffee roastery

東岸 ● 宜野灣及浦添 ● 北谷 ● 沖繩市 ● 讀谷 ● 恩納

優美日落 落日海灘
(サンセットビーチ)

地圖P.202

☑ 免費泊車　MAPCODE® 33525205*63

▲在落日沙灘還能近距離看到風力發電機。

位於北谷公園旁的落日海灘，最吸引的是黃昏時優美的夕陽，所以不但有遊客，附近的美軍及當地人也喜歡在這個沙灘玩樂，許多日本電影也曾於此地取景拍攝，包括2006年由妻夫木聰與長澤正美主演的《愛與淚相隨》。與波之上海灘一樣屬人工海灘，但落日海灘的規模較大。

北谷落日步道

從落日海灘沿着海邊走是一條很適合散步的北谷日落步道。步道一傍有很多餐廳、食店，另一傍是美麗海景。很多人買了食物，坐在向海的露天座位享用美食，也有人特意來這裡吃海景早餐。

▲步道旁並列多間餐廳。(攝影：蘇飛)

▲位於入口處的龍柱，日文寫着的是落日海灘的片假名。

▲這裡有隱藏的比卡超壁畫。(攝影：蘇飛)

POKÉGENIC
POKÉGENIC

▲「北谷日落步道」的入口。(攝影：蘇飛)

▲沿路很漂亮。(攝影：蘇飛)

ℹ INFO
- 🏠 沖繩縣中頭郡北谷町美浜2
- ☎ 098-936-8273
- 💲 收費：淋浴 ¥100(HK$6)，Locker ¥200(HK$13)
- 🕐 (4月13日-6月30日、9月) 09:00-17:30、
  (7月1日-8月31日) 09:00-19:00、
  (10月) 09:00-17:00
- 🌐 www.uminikansya.com (日)

日落時間

買手信熱點 Aeon北谷店 地圖P.202

　　若嫌美國村略欠日本特色的話，不妨轉戰同樣位於美浜的大型日式百貨公司Aeon吧！這裏樓高兩層，1樓為美食廣場及超級市場，也有化妝品及藥品出售，2樓除了有Aeon的服裝部外，還有BEST電器、牛肉飯專門店すき家、專售玩具的Village Vanguard等店鋪。一般Aeon店都設有可退錢的置物櫃，可以用來放行李或戰利品啊！位於中頭郡的Aeon Mall(P.189)更是購買手信的熱點。

▲商場內有售賣熟食的店。

▲Village Vanguard內有售哈利波特周邊。

▲遊戲區內還有多台夾公仔機。

ℹ️ **INFO**
- 📍沖繩縣北谷町美浜8-3
- ☎098-982-7575
- ⏰商店10:00-22:00，食品賣場07:00-23:00
- 🌐www.aeon-ryukyu.jp/store/aeon/chatan

(攝影：蘇飛)

連鎖美國海鮮餐廳 Red Lobster 地圖P.202

　　Red Lobster原是美國的連鎖海鮮餐廳，現時於日本多個地區都設有分店，在沖繩中部只有北谷分店。店內最有名的主菜當然就是龍蝦了！店內的龍蝦均由加拿大直接進口，而且價錢實惠，難怪餐廳總是人頭湧湧的呢！

▲Red Lobster外。(攝影：蘇飛)

在一3隻300g ￥3,490(HK$205)。
▲龍蝦的大鉗是吃龍蝦最精華的所

◀既然是龍蝦專門店，頭盤當然會有雞尾酒龍蝦提供。12隻價錢為￥890(HK$52)。

▲除了海鮮外，店內的炸雞翼亦十分出色：8隻為￥790(HK$46)，16隻為￥1,490(HK$88)。

ℹ️ **INFO**
- 📍(北谷店)沖繩縣中頭群北谷町美浜8-10
- 🚗1.國際通駕車前往，需時約40分鐘；
  2.或可於那霸巴士總站乘搭沖繩巴士20、28、29或120號至軍病院前站下車，再步行約5分鐘即達
- ☎098-923-0164
- ⏰11:00-24:00(Last order:23:00)
- 🌐www.redlobster.jp

(相片提供：Jeff)

東岸 ● 宜野灣及浦添 ● 北谷 ● 沖繩市 ● 讀谷 ● 恩納

退潮后看水中生物 渡具知海灘

地圖P.186

`MAPCODE` 33 703 234*10

▶海參。

▶聽說在退潮的小時內岩石會出現鯨鯊向大海張開嘴的樣子。

◀海星。

渡具知海灘在泊城公園內，是一個不受污染的天然渡口海灘，水質清澈，退潮後可以看到不少海中生物，如海參、海星、寄居蟹等，是休閒渡假的好去處。泊城公園裡還有石造滑梯、小型遊樂場、洗手間、淋浴間，很適合一家大小去遊玩。

▶泊城公園。

天空。◀ 海水澄澈得可以映照

INFO
- 沖繩縣中頭郡読谷村渡具知228
- 098-982-8877
- 駕車從美國村經國道58號至泊城公園約15分；搭乘鳳巴士南線、西線，在渡具知公民館前下車，步行約6分鐘
- www.yomitan-kankou.jp/tourist/watch/1611303191/

（撰文：HEI，攝影：蘇飛）

不可錯過的豬肉料理 Meat House

地圖P.186

必食！

▶Restaurant Meat House。

Meat House在泊城公園內(近入口處)，是紅豚專賣店，店內除了出售各類紅豚肉和土產外，還有一家小餐廳。餐廳主打用紅豚肉烹調的料理，款式不多，勝在價廉物美，尤其是原條紅豚腩扒蕎麥麵，令人一試難忘！

泊城公園還有BBQ場地，提供BBQ食材和設備，還有水上活動如皮划艇、浮潛，亦有遮陽傘、沙灘床等出租。

▲主打料理紅豚健康蕎麥麵(紅豚ちゃーがんじゅうそば)，¥1,380(HK$81)。

INFO
- 沖繩縣中頭郡読谷村渡具知228　098-982-8877
- 11:00-18:00(星期三休息)
- 從北谷(美國村)經國道58號駕車至泊城公園約15分；或搭乘鳳巴士南線、西線，在渡具知公民館前下車，步行約6分鐘
- www.okinawa-pork-village.com

（撰文：HEI，攝影：蘇飛）

什麼都有的購物中心 AEON Town Yomitan Shopping Center

`MAPCODE` 33 704 588*33

地圖P.186

中心內有24小時營業的AEON，如果錯過了晚飯時間，一時找不到餐廳，可以到這裡購買食物和所需用品。場內還有多間商店，如出售各種電器、電子產品的「BEST電器」、售賣書籍、漫畫輕小說的「TSUTAYA」，還有扭蛋機和夾公仔機。

▲TSUTAYA店面寬闊。　▲AEON 購物中心。

INFO
- 沖繩縣中頭郡読谷村字古堅740番地　098-921-5550
- 從北谷(美國村)經國道58號駕車約15分；或搭乘鳳巴士南線、西線，在古堅皆吳原下車，步行11分鐘
- www.aeon-ryukyu.jp/store/maxvalu/yomitan/

（撰文：HEI，攝影：蘇飛）

第二大城市

沖繩市

沖繩市在本島中部東岸，是那霸市以外的沖繩第二大城市。因近駐日美軍嘉手納空軍基地，市內有較多供外國人消遣的地方，遊客區或酒店的接待員工英文水平也較佳，溝通方便。

東岸 • 宜野灣及浦添 • 北谷 • **沖繩市** • 讀谷 • 恩納

與動植物近距離接觸 東南植物楽園 地圖P.186

MAPCODE® 33742510*02

東南植物楽園分為水上樂園和植物園兩大部分，全園都養殖了無數珍貴的熱帶、亞熱帶和東南亞植物，例如猴麵包樹、龍血樹、整排高聳入雲的椰子樹，以及範圍足足有幾個球場大的蓮花池。此外，樂園飼養了不少可愛動物，旅客可以餵食山羊、水豚、小兔和天竺鼠等小動物，還能報名參加製作盆栽、風獅爺和牛彩繪等體驗活動，絕對能同時滿足小朋友和大人！

▲東南植物楽園種滿了各種植物。

INFO
- 沖繩縣沖繩市知花2146
- 098-939-2555　P免費
- 09:00-18:00(逢星期五、六21:00關門，個別營業時間見官網)
- 成人¥1,540(HK$97)，高中生¥1,050(HK$65)，中、小學生¥600(HK$32)，6歲或以下免費
- 1. 從那霸駕車前往，約需1小時；
  2. 或在那霸巴士總站乘搭巴士90號，於農民研修センター前站下車，再步行約25分鐘(2公里)
- www.southeast-botanical.jp

(撰文：Pak，攝影：蘇飛)

▶園內有一個面積極大的蓮花池，池內的蓮花都生長得很健康。

▲旅客可餵飼水豚和山羊等可愛動物。

樂園內餐廳

對着大草地吃自助餐 Peace

Peace是東南植物樂園內唯一一間餐廳，提供自助早、午、晚餐，菜色包括日式、中式、意式和台式等，十分豐富。餐廳有一塊大落地玻璃，顧客可透過玻璃看到外面的滿園植物，是令人身心得以放鬆的用餐環境。由於餐廳經常客滿，建議旅客預先訂位或提早到餐廳輪候，就算入園時寫明餐廳已客滿，也有機會經輪候取得座位。

▲餐廳的自助餐包羅不同菜式，午餐成人¥3,100(HK$182)，中學生¥2,800(HK$165)，小學生¥1,800(HK$106)，4-6歲¥1,260(HK$74)。

INFO
- 早餐07:00-10:00(4月至9月限定)，午餐11:30-14:30，晚餐17:30-21:30

(撰文：Pak，攝影：蘇飛)

▲窗邊的位置當然是最好的。

滿足小朋友所有願望 沖繩兒童王國

親子！

MAPCODE® 33561799*02　地圖P.186

　　相信一眾廿四孝父母有時會擔心景點太沉悶，不合小朋友意，那麼帶他們來這個主題樂園就最適合不過！樂園分為幾個區域，當中的遊樂園區有旋轉木馬、小火車和電動車等機動遊戲，儼如一個迷你的主題樂園；而最受小朋友歡迎的是動物園區，入場人士不但可以親親小動物，餵飼和觸摸白兔、天竺鼠和小雞等可愛動物，更可以看到大象、獅子和長頸鹿等大型動物，保證小朋友會玩得十分興奮！

▲兒童王國入口。

▲園內有一架直昇機，小朋友可進內拍照。

▲位於遊樂園區的小火車。

▲胖乎乎的天竺鼠很可愛。

▲小朋友可餵飼牠們。

▲還可以捉起小雞拍照。

▲長頸鹿。

▲旅客可嘗試餵食大象。

▲還有河馬和蝙蝠等在一般動物園較為少見的動物。

ℹ INFO
- 🏠沖繩縣沖繩市胡屋5-7-1
- ☎098-933-4190
- 🕐4-9月09:30-18:00，10-3月09:30-17:30(逢星期二、12月30日-1月3日休息)
- 💲成人￥500(HK$32)，中學生￥200(HK$12)，4歲~小學￥100(HK$6)，3歲或以下免費
- 🚌1. 從那霸駕車前往，約需50分鐘；2. 或在那霸巴士總站乘搭東陽巴士31號或琉球バス交通23號具志川線，於中の町站下車，再步行約15分鐘(900米)
- 🌐www.okzm.jp 　Ⓟ免費

(撰文：Pak，攝影：蘇飛)

伊勢龍蝦定食！泡瀬漁港 パヤオ直売店 人氣！

☑ 免費泊車　　MAPCODE® 33565085　　地圖P.186

　　到日本其中一個重要活動必定是吃活蹦亂跳的海鮮！位於沖繩中部的泡瀬漁港 パヤオ直賣店出售來自日本各地新鮮直送的漁產，當中最受歡迎的是星期一至五下午限定的¥3,000(HK$176)一客的伊勢龍蝦定食！半隻巨形的伊勢龍蝦加上魚生，沒有地方比這裏更便宜了！除了海產，直賣店亦有乾物及水果出售，也非常划算，就算是特意繞道前來也十分值得呢！

▲外貌有點像鐵皮屋的パヤオ直売店。

▲假日期間，許多當地人都會前來買菜兼吃飯。

▲▶店內的鎮店之寶：原價¥3,000(HK$176)的伊勢龍蝦定食(圖右)，價錢實惠而且份量十足！逢星期一至五15:00至17:00再減價至¥1,600(HK$104)(假日除外)。

▲除了鮮貨，乾貨也不錯，作為手信(伴手禮)更為特別。

▲店內出售各種說不出名字的新鮮漁產，看到讓人肚子都在打鼓了！

INFO
- 🏠沖繩縣沖繩市泡瀬 1-11-34
- ☎098-938-5811
- 🕐10:30-18:00(4-9月)，10:30-17:30(10-3月)
- 🚌1. 從那霸駕車出發，需時約40分鐘
　2. 或在那霸巴士總站乘搭東陽巴士31號泡瀬西線，於泡瀬三區入口站下車
- 🌐www.payao-okinawa.com

▲每月都有一些精選海鮮出售，圖中的是芝士烤扇貝，每盒約¥400(HK$26)。

◀作為遊客雖然未能直接購買蔬菜回家，但可以購買即食的蔬果啊！如青瓜、蕃茄及士多啤梨等水果，一嚐新鮮美味的日本蔬果！

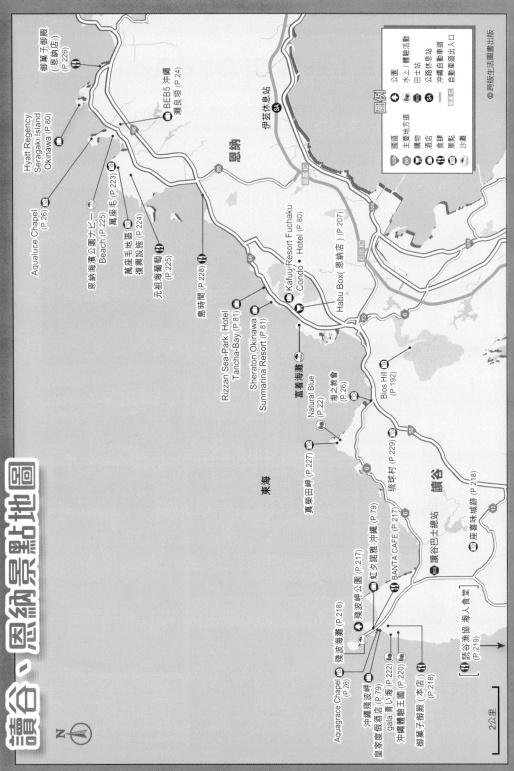

讀谷、恩納景點地圖

御菓子御殿（恩納店）(P.226)

BEB5 沖繩 瀨良垣 (P.24)

Hyatt Regency Seragaki Island Okinawa (P.80)

Aqualuce Chapel (P.26)

恩納海濱公園ナビー Beach (P.225)

萬座毛 (P.223)

萬座毛地區 復興設施 (P.224)

元祖海葡萄 (P.225)

鳥時間 (P.228)

恩納

伊芸休息站

Kafuu Resort Fuchaku Condo・Hotel (P.80)

Habu Box(恩納店) (P.207)

Rizzan Sea-Park Hotel Tancha-Bay (P.81)

Sheraton Okinawa Sunmarina Resort (P.81)

富着海灘

Natural Blue

海之教會 (P.26)

Bios Hill (P.192)

東海

真榮田岬 (P.227)

琉球村 (P.229)

讀谷

讀谷巴士總站

BANTA CAFE (P.217)

虹夕諾雅 沖繩 (P.79)

座喜味城跡 (P.218)

殘波岬公園 (P.217)

殘波海灘 (P.218)

Aquagrace Chapel (P.26)

沖繩殘波岬酒店

皇家度假酒店 (P.79)

gala 青い海 (P.222)

沖繩體驗王國 (P.220)

御菓子御殿（本店）(P.218)

讀谷漁協海人食堂 (P.219)

圖例

公園　水上/體驗活動
國道　巴士站
主要地方道　公路休息站
購物　沖繩自動車道
酒店　自動車道出入口
食肆
景點
沙灘

©跨版生活圖書出版

N

2公里

216

東岸

宜野灣及浦添

北谷

沖繩市

讀谷

恩納

體驗傳統工藝的琉球古城堡

讀谷

位於沖繩島中部偏西地區，有接近一半的地區屬美軍基地，許多陶器藝術家及提供傳統體驗活動的工房均聚集在讀谷。另外，世界文化遺產之一的座喜味城跡亦位於此區。

登上白色燈塔 殘波岬公園

地圖P.216 必到！

☑ 免費泊車　☑ 免費入場(燈塔除外)　**MAPCODE®** 1005685380*00

殘波岬公園內最受歡迎的一定是白色的殘波岬燈塔，建於1974年，於2001年才開始開放參觀。殘波岬公園是免費入場的，只是登上燈塔需要另外收費。在燈塔上除了可180度欣賞一望無際的海岸外，更可遠眺東海與久米島一帶，因而被選為日本燈塔50選之一。公園內還有一個長達2公里、高30米斷崖。由殘波岬公園周邊開始，一直延伸至本部半島的西海岸，被日本指定為沖繩海岸國定公園。

▲ 純白色的殘波岬燈塔，是許多新婚人士前來拍攝婚紗照的熱門地點。

i INFO
- ⬆ 沖繩縣中頭郡讀谷村字宇座
- Ⓢ (殘波岬燈塔) 成人￥300(HK$18)
- 🚗 1. 從國際通駕車前往，約需1小時；
  2. 或乘搭機場巴士B地區：讀谷線(P.61)，直達沖繩殘波皇家度假酒店，再步行約5分鐘；
- 🌐 www.odnsym.com/spot/zanpa (日)

▲ 在殘波岬公園內有一仿照古時商船的模型。

▶ 殘波岬公園正門的「殘波大獅子」。

眺望遠闊海平線 BANTA CAFÉ

MAPCODE® 33 880 597*25

2020年開業的BANTA CAFÉ建於海邊崖上，擁有4種風格的用餐區域，包括能將海景盡收眼底的「屋頂露台」、以日式木系風格搭建的「海邊露台」、隱藏林中石後的「岩石露台」、享受寧靜一刻的「室內休息區」。咖啡店提供各款特色輕食和飲品，如苦瓜披薩多士、豬肉雞蛋飯糰、泡泡果凍汽水等，遊客可在點餐後在4個區域選擇位置就座，一邊用餐一邊享受絕美海景。

▲ 海邊露台鋪着榻榻米，適合與朋友悠閒聊天，或一起望海發呆。

i INFO
- ⬆ 沖繩縣中頭郡讀谷村儀間 560
- ☎ 098-921-6811
- ⏰ 10:00-日落(日落後1小時停止營業)；星期六日假期、7/15-8/31、11/24 8:00-日落
- 🚌 乘坐沖繩機場巴士「空港リムジンバス」Area B約2小時
- 🌐 banta-cafe.com (日)

(撰文：HEI，相片提供：沖繩觀光會)

▶ 咖啡店提供特色輕食和飲料，價錢約在￥1,000(HK$59)以內。

幼滑細沙 殘波海灘 (殘波ビーチ) 地圖P.216　☑免費泊車

在殘波岬公園(P.217)對面的殘波海灘，可進行各式各樣的海上活動，包括潛水餵魚、獨木舟、浮潛、水上電單車等，在沖繩殘波岬皇家度假酒店預約(詳見P.23)便可。你還可以在幼滑的沙灘上漫步，看着其他遊客在沙灘上踢球與曬太陽，欣賞一望無際的海岸線也不錯。

ℹ INFO
- ⊕沖繩縣中頭郡讀谷村字宇座　☎098-958-3833
- ⑤收費：淋浴￥200(HK$13)，Locker￥200(HK$13)
- ⊙(4月-10月) 09:00-18:00
  (11月-3月) 09:00-17:00
- ⊕www.vill.yomitan.okinawa.jp/soshiki/
  shoko_kanko/gyomu/shisetsu/1343.html

壯觀城牆 座喜味城跡 地圖P.216

世界文化遺產

☑免費泊車　☑免費入場　**MAPCODE**® 33854278*81

建於1416年至1422年的座喜味城跡，統稱讀谷山城。沖繩島戰役期間，日軍曾在這裏設置砲台，抵抗美軍攻擊。其後日本戰敗，美軍將座喜味城改建為雷達基地。雖然城跡在戰爭期間部分城牆被破壞，但隨着美國將琉球群島交還日本，城牆得以復修，更於2000年列為世界文化遺產。

ℹ INFO
- ⊕沖繩縣中頭郡讀谷村字座喜味708-6番地
- ☎098-958-3141
- 🚗 1. 從國際通駕車前往，約需50分鐘；
  2. 或在那霸巴士總站乘搭琉球巴士28或29號，在讀谷巴士總站下車，轉乘琉球巴士62號至座喜味站下車，步行約15分鐘
- ⊕www.yomitan-kankou.jp/tourist/watch/16
  11289699/ (日)

沖繩菓子老大哥 御菓子御殿本店 地圖P.216　☑免費泊車

御菓子御殿在沖繩幾乎無人不曉，而本店其實位於讀谷的沖繩殘波岬皇家度假酒店(P.79)附近。本店遠看就像一朵盛開的花朵，看真一點原來是模仿沖繩傳統舞蹈者頭上所戴的花笠。店內除了有自家工場示範菓子的製作過程外，還有商店供你選購御菓子御殿的各種貨品。店內亦設有花笠食堂花笠Café，提供獨有的紅芋蛋糕及甜品。

ℹ INFO
- ⊕沖繩縣中頭郡讀谷村字宇座657-1
- 🚗 1. 從國際通駕車前往，約1小時；
  2. 或乘搭機場巴士B地區：讀谷線，直達沖繩殘波岬皇家度假酒店後再步行前往
- ☎098-958-7333
- ⊙09:30-20:00(花笠Café 11:00-22:00)
- ⊕www.okashigoten.co.jp

(相片提供：Jeff)

魚生鋪滿整個碗！読谷漁協 海人食堂 ☑免費泊車

在日本最叫人興奮的，就是能吃到既便宜又新鮮的魚生飯！不少博客都推薦的海人食堂，滿滿新鮮海產的魚生飯，每碗只售¥1,300(HK$76)，內裏包括了沖繩特產海葡萄、吞拿魚、鮮蝦及墨魚等；另外，炸吞拿魚飯更只售¥680(HK$40)，難怪不少遊客會特意駕車前來！食堂提供的食物種類不多，先取點菜紙寫下想要的食物，再交給店員即可。

沖繩全境大地圖

推介！

▲海人食堂面積不大，紅色的布簾格外顯眼。

推介！

▲炸吞拿魚飯(マグロカツ丼)同樣份量十足！

◀海人食堂名物「都屋の海人丼」上場囉！海鮮鋪滿一整個大碗，果然真材實料！

▶魚肉與長長的墨魚天婦羅，每件只售¥70(HK$4)，誰說日本的食物昂貴非常？

◀在室外用餐，而獨立一排的座位能讓食客一邊看海景，一邊享受午餐。

▲即使是炸熟了的吞拿魚，依然保留新鮮的味道，非常好吃！

TIPS!

食堂採自助形式，客人可隨便斟水自用，用餐完畢後，記着要執拾妥當，把餐盤退回「食器返卻口」啊！

ℹ INFO
🏠沖繩縣中頭郡讀谷村字都屋33
🚗 1. 從國際通駕車出發，需時約45分鐘；
    2. 或在那霸巴士總站乘搭琉球或沖繩巴士28號，於読谷診療所前站下車，步行約15分鐘
☎098-957-0225
🕐09:00-18:00
🌐www.yomitangyokyou.com

東岸 · 宜野灣及浦添 · 北谷 · 沖繩市 · 讀谷 · 恩納

219

一百零一種體驗 沖繩體驗王國

地圖P.216、221

(体験王国むら咲むら)

☑ 免費泊車 | MAPCODE® 33851374*05

　　不少人到沖繩都是想去感受一下另類的琉球風情，能夠親身參與不同體驗便最能感受到沖繩的文化。沖繩體驗王國設有32個工房，合共提供101種不同體驗給遊客參加，相信總有一種合你心意！王國原先為NHK大河劇《琉球之風》的拍攝場地，現時則改建為體驗王國，成為讀谷一大旅遊景點。32個工房包括天使館、久米體驗館、夢工房等，提供的體驗從傳統的風獅爺製作到學跳沖繩傳統舞蹈都可以，相信花一整天也未必能一一參與呢！

▲不少日本國內的修學旅行都會以體驗王國作為其中一個景點。

▲工房都保持了傳統的琉球建築樣式。

▲沖繩體驗王國內有各種玻璃製品出售，讓你作為手信(伴手禮)帶回家。

▲體驗王國內有天然溫泉「錢湯」，讓你一嘗泡湯之樂。

◀體驗區有伯伯彈奏三味線為你打氣！

頸鍊製作體驗

　　來製作一條屬於自己的頸鍊吧！每次￥1,730(HK$112)，需時約1小時。

▲製成品！

▲利用不同的串珠，發揮你的藝術天份。

▶約30分鐘，獨一無二的頸鍊接近完成了！

製作風獅爺

▶為風獅爺塗上你喜歡的顏色吧！

▶一步一步，把風獅爺的頭及五官加上去。

難得來到體驗王國，當然要體驗一下製作風獅爺囉！每次¥1,500(HK$97)，需時1小時。

▲完成後的風獅爺會先風乾，過後再進行塗色步驟。

傳統菓子料理體驗

在沖繩體驗王國還可以體驗製作沖繩傳統菓子，每次¥2,200(HK$129)，約1小時。

黑糖製作體驗

在クニンダ屋可參與手作黑糖體驗，每次¥860(HK$56)，需時約30分鐘。

騎馬體驗

在おきなわ乗馬クラブ可參加5分鐘的騎馬體驗，在馬場內圍繞一周，每次¥1,100(HK$65)。

貝殼風鈴製作體驗

利用貝殼製作一個獨一無二的風鈴，完全是非常有代表性的沖繩手信(伴手禮)呢！每次¥1,450(HK$94)，需時約30分鐘至1小時。

INFO

- 沖縄縣中頭郡讀谷村字高志保1020-1
- 1. 國際通駕車前往，約1小時；
  2. 或於那霸巴士總站乘搭28號至大当站，下車再步行20分鐘
- 098-958-1111 09:00-18:00
- 成人¥600(HK$39)，中學生¥500(HK$32)，小學生¥400(HK$26)
- murasakimura.com (日)

(攝影：蘇飛)

體驗王國步行路線圖

N
gala 青い海 (P.222)
沖繩體驗王國 (P.220)
圖例
景點
巴士站
步行路線
200米
© 跨版生活圖書出版
大当站

來製鹽吧！gala青い海

地圖P.216、221

親子！

☑ 免費泊車　MAPCODE® 33851545*76

　　沖繩真的有很多提供體驗活動的地方，gala青い海設有數個體驗區，提供多項沖繩限定的體驗活動，如陶藝、吹玻璃、騎馬、潛水等。

▲gala青い海位於Hotel日航アラビラ旁，不少酒店客人都會前來一嘗沖繩的獨特體驗。

◀一家人製作屬於自己的鹽，既可體驗，也可享受天倫之樂。

▲這裏有製鹽工場，展示了如何從廣闊的大海中抽取美味的鹽。

▲今天風獅爺們也很努力的製作鹽喔！

▲已試過製作玻璃杯的朋友，大可挑戰彩繪玻璃風工藝體驗，每次￥1,620(HK$105)起。

▲亦有陶瓷師傅即席示範陶瓷的製作過程。

▲許多沖繩的觀光景點都提供吹玻璃的體驗，gala青い海也不例外。這裏的收費每次￥3,500(HK$206)，需時約7-10分鐘。

◀商店內有出售gala青い海自家出品的鹽及美容製品。

▲手信店內，光是以鹽為主題的產品已多達十多種，價錢由￥198(HK$13)起，不用為手信伴手禮(而煩惱啦！

ℹ️ INFO
📍 沖繩縣中頭郡讀谷村字高志保915番地
🚗 1. 從國際通駕車出發，需時約1小時；
　　2. 或從那霸巴士總站乘搭琉球或沖繩巴士28號，於大当站下車步行約20分鐘(位置圖P.221)
☎ 098-958-3940
🕐 10:00-18:00；商店10:00-18:00
　　海岸食堂CAPRICE(逢星期二三休息)
　　午餐11:30-15:00、晚餐17:00-21:00
🌐 www.gala-aoiumi.com/zh/

渡假Relax最佳

恩納

位於沖繩島中部以西沿海一帶，是日本非常著名的渡假聖地，沿着海岸線、由那霸通往恩納的國道58號，是公認為開車兜風的絕佳路線。恩納沿海有許多渡假酒店，國家領袖如美國前總統克林頓、俄羅斯總統普京等都曾到此處渡假呢！

沖繩代表象鼻懸崖 萬座毛 (万座毛)

☑ 免費泊車　 **MAPCODE®** 206282850*43

　位於恩納村沿海一帶的萬座毛，因被琉球王朝時代的尚敬王形容為「能讓成千上萬的人坐下的『毛』」(万人を座するに足る毛)，因而後被人稱此地為萬座毛。

　海邊的懸崖因被海水長年侵蝕，形成了象鼻一樣，許多旅遊雜誌甚至以此來代表沖繩呢！

ℹ️ INFO
- 🏠 沖繩縣國頭郡恩納村字恩納
- 🚗 1. 從國際通駕車前往，約需1小時10分鐘；
  2. 或在那霸巴士總站乘搭琉球巴士20或120號，於恩納村役場前站下車，再徒步約15分鐘前往(沿途有指示牌)
- 🌐 www.manzamo.jp (日)

► 萬座毛旁另有趣怪的石頭，亦是被海浪侵蝕而形成。

◄ 萬座毛的外形與象鼻十分相像。

振興琉球文化 萬座毛地區復興設施 地圖P.216

`MAPCODE` 206312039*86

萬座毛地區復興設施改建後於2020年重新開幕，內外裝潢時尚簡約，設施齊全，3樓是免費開放的觀景台，2樓美食區有5間食肆進駐，1樓有紀念品賣場和基礎設施。館內不時舉辦活動，還可以試穿琉球服裝拍照，每人￥1,000(HK$59)。

◄萬座毛地區復興設施。

INFO
- ⌂沖繩縣国頭郡恩納村字恩納2767
- ☎098-966-8080
- ⏰08:00-19:00　💰每人￥100(HK$6)
- 🚌從國際通沿國道330號開往西原町 棚原的沖繩自動車道，沿沖繩自動車道前往金武町 屋嘉的縣道88號，Yaka IC號出口下交流道，繼續走縣道88號前往目的地恩納村 恩納；或從國際通的松尾站乘搭琉球巴士20、120號線到恩納村役場前站，步行約12分鐘
- 🌐www.manzamo.jp

▲館內不時有琉球傳統舞蹈表演。

▲2樓用餐區還設有露台座位，可以看着海景用餐。

▲餐點味道還不錯。

(撰文：HEI，攝影：蘇飛)

萬座毛購物、餐廳推介

萬座毛的特產店 Shop Manzamo

▲Shop Manzamo有多款紀念品。

Shop Manzamo專售思納村特產、紀念品，如特色零食、紀念品禮盒、精緻掛飾擺設和沖繩服裝等，還有沖繩工芸村的限定萬座藍玻璃杯系列和恩納酒造限定包裝的萬座20度。另外，精品店Instudios®Zoo亦推出限定商品「No Okinawa」系列，都是萬座毛限定商品，記得去逛逛。

◄海洋生物的皮革鎖匙扣，￥980(HK$58)。

INFO
- ⌂萬座毛地區復興設施 1/F
- ☎070-3803-5369
- ⏰09:00-日落

▲特色零食。

(撰文：HEI，攝影：蘇飛)

現代版沖繩飲料 Miki Bowls by olu

Miki主要售賣名叫「ミキ」的琉球傳統飲料，是一種以發酵製成的米酒，自琉球王國時代起就被當作神酒，現在琉球群島部分地區仍在神祭活動使用。現在的ミキ不是以「口嚼み酒」的方式製作，而是由島米(來自石垣島)、米麴和乳酸菌所製，不含酒精，配合新鮮水果，酸酸甜甜的既健康又解暑。

◄All Star，即所有鮮果￥1,506(HK$89)。

INFO
- ⌂萬座毛地區復興設施 2/F
- ☎050-3595-5060
- ⏰09:00-17:00(售完即止)
- 🌐milkibowls.jp

▲購買時選擇大小杯，然後選1種果醬，再選水果種類。

(撰文：HEI，攝影：蘇飛)

萬座毛附近 恩納海濱公園ナビーBeach
(恩納海浜公園ナビービーチ) ☑免費泊車

沖繩的西海岸擁有許多美麗的沙灘，其中一個便是位於萬座毛附近的恩納海濱公園ナビーBeach。除了擁有白色的細沙與清澈的海水外，這裏也有不同類型的水上活動如香蕉船、釣魚及BBQ讓遊客隨時參加。參觀完萬座毛的朋友，有時間可前往沙灘漫步一下。

地圖P.216

▶從海濱公園ナビーBeach可遠眺ANA Intercontinental Manza Beach Resort。

迎接各位來賓。可愛的風獅爺在沙灘入口

ℹ INFO
- 🏠沖繩縣國頭郡恩納村419-4　📞098-966-8839
- 💲收費：淋浴每2分鐘￥100(HK$6)，Locker￥200(HK$13)
- 🕘09:00-18:00(7-9月09:00-19:00)
- 🚗1. 從國際通出發駕車，需約1小時；
　　2. 或從那霸巴士總站乘搭琉球巴士20或120號，於万座ビーチ前站下車，步行約3分鐘
- 🌐www.nabee.info

美味海葡萄丼！元祖海葡萄 (元祖 海ぶどう)
☑免費泊車

地圖P.216

顧名思義，元祖海葡萄以出售沖繩名物海葡萄料理為主，其中最熱賣的是元祖海葡萄丼，除了有大量新鮮的海葡萄外，亦配有海膽與三文魚子，堪稱把所有美味的沖繩海鮮集於一身！這店於日本國內亦享負盛名，電視或雜誌均有介紹過喔！

店外海葡萄丼模型是元祖海葡萄的標記。(相片提供：Anna)

人氣！

▶店內名物海葡萄丼，每碗￥1,430(HK$84)，整碗飯都鋪滿海葡萄！

ℹ INFO
- 🏠沖繩縣國頭郡恩納村字恩納2767
- 📞050-5494-0208
- 🅿50個泊位
- 🕘11:00-21:00(逢星期二休息)
- 🚗1.從國際通駕車前往，約需1小時；
- 🚌2.或在那霸巴士總站乘搭 巴士20或120號，於恩納小中學校前站下車，向前步行數步即到達
- 🌐r.gnavi.co.jp/4xc3ubve0000 (日)

TIPS!
海葡萄到底是甚麼？是動物或是植物？

海葡萄是海藻的一種，亦是沖繩的特產，如葡萄般的顆粒內可吃到海水的味道。由於海葡萄只能生長於20℃至30℃的溫度之間，沖繩一些商店會把海葡萄浸在魚缸內，因此從水中取出後要盡快進食。

東岸・宜野灣及浦添・北谷・沖繩市・讀谷　恩納

著名得獎紅芋撻 御菓子御殿(恩納店)

地圖P.216

☑ 免費泊車　**MAPCODE**® 206315316*51

御菓子御殿在沖繩擁有多間分店(本店見P.218)，恩納村是規模最大的分店，店外建築模仿首里城，主要售賣甜品，代表作是製成小船形狀的紅芋撻，曾奪取過不少國內獎項。遊客在恩納店內除了可在工場參觀甜品的製作過程外，店內二樓的咖啡廳更可遠眺東海一帶，店外更有私人海灘供遊客漫步。

▲恩納店的建築模仿首里城。店外有頗足夠的泊車位。

必食！

◀▲御菓子御殿最具人氣的紅芋撻，6件￥850(HK$50)，10件￥1,242(HK$73)，15件￥1,836(HK$108)。

推介！

◀非常好吃的橘子蒸蛋糕，價錢較貴，一盒10個￥1,700(HK$100)。

▶這裏有很多產品都提供試食，圖為橘子蒸蛋糕。

▲2樓是美麗海沖繩料理店，逛餓了可在此解決，一碗沖繩麵￥799(HK$52)。

◀店內除了有食品，還有精品出售。

(攝影：蘇飛)

ℹ INFO
- 🏠沖繩縣恩納村字瀨良垣100番地　　☎098-982-3388　　🅿約40個泊位
- ⏰店鋪09:00-18:00 (8-9月至20:00)
  美麗海餐廳11:30-18:30 (8-9月11:00-18:00)
- 🚗1. 從國際通駕車前往，約需1小時15分鐘；
  2. 或在那霸巴士總站乘搭巴士20或120號，於瀨良垣站下車，再步行3分鐘
- 🌐www.okashigoten.co.jp (日)

洞窟浮潛體驗 真榮田岬

地圖P.216

MAPCODE® 206062686*55

真榮田岬是人氣潛水景點，著名的天然洞窟「青之洞窟」亦位於此處(參加青之洞窟浮潛體驗P.22)，海水的透明度十分高。岬上建有展望台，天氣良好時能遠眺東海一帶，亦能看到三五成群的遊客前來潛水或浮潛，一探神秘的大海。

◀ 在真榮田岬上單憑肉眼已能看到近岸的水底，海水的透明度極高。

▲ 許多遊客在真榮田岬參加浮潛體驗。

▶ 浮潛用具都早已準備妥當。

▲ 在全世界僅有的兩個天然洞窟進行浮潛及潛水。(相片提供：Natual Blue)

東岸

宜野灣及浦添

北谷

沖繩市

讀谷

恩納

ℹ️ **INFO**

📍 沖繩縣國頭郡恩納村字真榮田469-1　　💲 暖水淋浴每次￥200(HK$13)

🚗 1. 從國際通駕車前往，約需1小時；
　　2. 或在那霸巴士總站乘搭琉球巴士20或120號，至山田站下車，再轉乘沖繩巴士48號，於真榮田站下車即達

🌐 maedamisaki.jp (日)

紅瓦磚居酒屋 島時間 地圖P.216　☑免費泊車

這間位於國道58號旁的紅色瓦磚屋頂居酒屋，專售沖繩料理，最適合自駕遊旅客在遊覽恩納的景點後進餐。食材均選用沖繩出產的蔬菜、恩納村的海產與今歸仁的黑豚。店內

設有和式座位與吧檯，除了可吃到沖繩名物豬軟骨蕎麥麵(軟骨ソーキそば)外，亦有12款菜式的套餐供客人選擇。

▶餐廳規定每人必須光顧一款指定小食，這次的特選小食是餃子，每客¥300(HK$19)，味道不錯。

▲利用當造的沖繩蔬菜，製成天婦羅，¥900(HK$53)，紙上沒沾上一點油漬！

推介!

▶沖繩另一名物Agu豬Shabu Shabu，¥2,600(HK$153，兩位起)，連同當地產的蔬菜及白飯，白飯可作成雜炊。

推介!

▲沖繩料理不可缺少的苦瓜炒蛋(圖下)(¥800，HK$47)與豬軟骨蕎麥麵(圖上)(¥950，HK$56)。

▲店內的裝潢仿照琉球古代的民家。

▶門口有一個像中醫藥櫃的木櫃讓客人放置鞋子。

ℹ 島時間INFO
- 🏠沖繩縣國頭郡恩納村字恩納7335-4
- ☎098-966-1111
- ⏰11:00-15:00，17:00-22:00(逢星期四休息)
- 🚗1. 從國際通駕車前往，約需1小時10分鐘；
  2. 或在那霸巴士總站乘搭巴士20或120號，於屋嘉田站下車即達
- 🅿30個泊位
- 🌐tabelog.com/okinawa/A4703/A470303/47002064

TIPS!

日本的「雜炊」是甚麼食物？

「雜炊」是指吃完火鍋後，把白飯與雞蛋放在鍋內煮成粥狀，再加上蔥或紫菜等食用。由於火鍋已把所有鮮味都吸收在湯內，「雜炊」會變得非常美味！下次到日本吃火鍋時記着要試試啊！

琉球文化古裝街？琼球村 地圖P.216

☑ 免費泊車　MAPCODE® 206033128*78

由眾多古老民居組成的琉球村，是一個感受古老琉球文化的主題公園，已登錄成為國家有形文物。村內的民居均由沖繩各地遷移過來，由80年前以至200年前的都有。

▼舊大城家，約200年前建成，屬王府重臣與那原親屬的舊居，從首里遷移至琉球村。

▲投下￥100(HK\$6)進壺內便可在右方的木箱求籤。根據日本的習俗，若求得下籤，把籤紙繫在神社便可化解劫數。

▲租借琉球傳統服飾，在村內散步拍照。

你可於琉球村內看到古琉球的舞蹈與民謠表演，更可租借琉球傳統服飾拍照與遊覽村落。村內亦設有不同傳統文化的體驗工房，如陶藝、紡織、三味線等，讓你在古代琉球村落裏來一個時光倒流之旅。

◀老伯伯提着三味線，輕奏着沖繩風的民謠。

▶你還可參加三味線體驗課程。

◀村內每天不同時段也有琉球傳統民族表演。

傳統文化體驗活動

◀為風獅爺上色的體驗課程，許多父母帶同小孩參加，每位￥1,800(HK\$106)。

ℹ 琉球村INFO
🏠沖繩縣恩納村字山田1130　　🌐www.ryukyumura.co.jp (日)
☎098-911-7168　　🕐08:30-17:30(7月至9月09:30-17:00)
💲成人(16歲以上)￥1,500(HK\$88)，高中生￥1,200(HK\$71)，兒童(6-15歲)
￥600(HK\$35)
🚗1. 從國際通駕車前往，約需1小時；
　　2. 或在那霸巴士總站乘搭琉球巴士20或120號，於琉球村站下車即達
備註：關閉前半小時停止進場

▲琉球紡織體驗，不同製成品的體驗價錢不同，如製作迷你杯墊需時約30分鐘，每位￥1,000(HK\$65)。

東岸

宜野灣及浦添

北谷

沖繩市

讀谷

恩納

6

PART 6
最美麗的海洋奇觀
沖繩北部

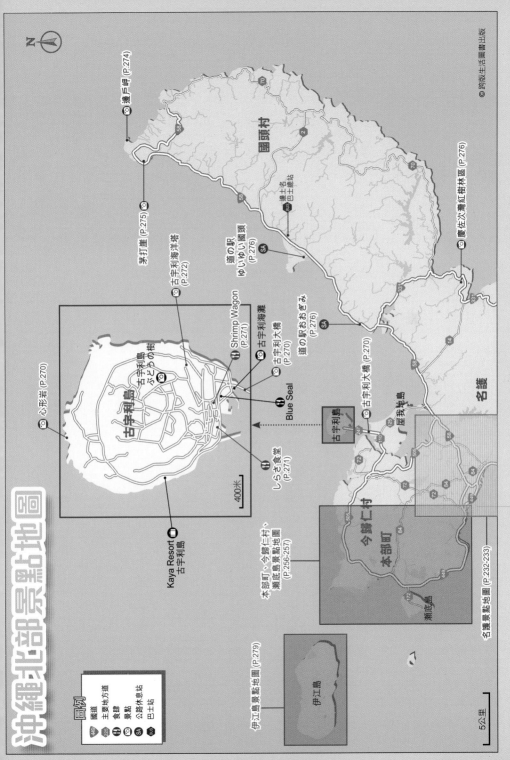

沖繩北部景點地圖

© 跨版生活圖書出版

N

邊戶岬 (P.274)

國頭村

茅打崖 (P.275)

道の駅
ゆいゆい國頭
(P.276)

邊土名
巴士總站

慶佐次灣紅樹林區 (P.276)

古宇利海洋塔
(P.272)

Shrimp Wagon
(P.271)

古宇利海灘
(P.271)

道の駅おおぎみ
(P.276)

心形岩 (P.270)

古宇利島
ぶどうの樹

古宇利大橋
(P.270)

古宇利大橋 (P.270)

古宇利島

Blue Seal

古宇利島

屋我地島

名護

しらさ食堂
(P.271)

Kaya Resort
古宇利島

400米

今歸仁村

本部町

本部町、今歸仁村、
瀨底島景點地圖
(P.256-257)

瀨底島

名護景點地圖 (P.232-233)

伊江島景點地圖 (P.279)

伊江島

圖例
國道
主要地方道
食肆
景點
公路休息站
巴士站

5公里

231

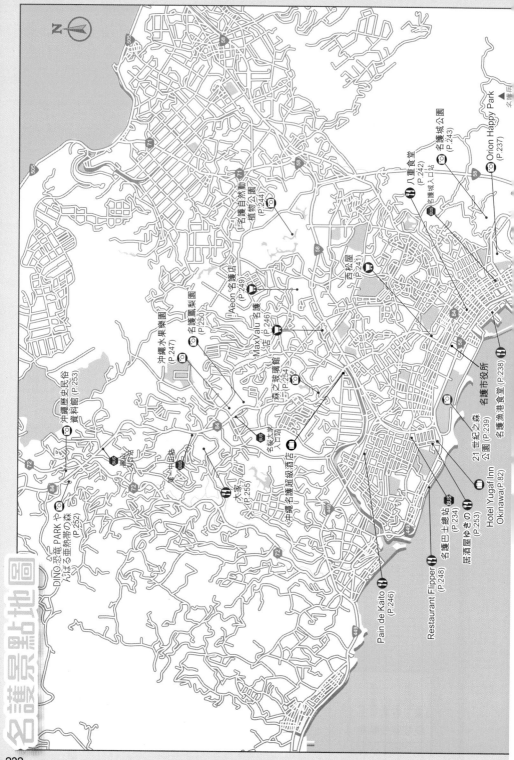

DINO 恐竜 PARK や
んばる亜熱帯の森
(P.252)

沖繩歷史民俗
資料館 (P.253)

名護鳳梨園
(P.250)

沖繩水果樂園
(P.247)

名護自然動
植物公園
(P.244)

Aeon 名護店
(P.249)

MaxValu 名護
店 (P.246)

西松屋
(P.241)

八重食堂
(P.242)

名護城公園
(P.243)

名護城入口站

Orion Happy Park
(P.237)

森之玻璃館
(P.254)

大家
(P.255)

沖繩名護超級酒店

名護市役所

21 世紀之森
公園 (P.239)

Hotel Yugaf Inn
Okinawa(P.82)

名護漁港食堂 (P.238)

居酒屋ゆきの
(P.253)

名護巴士總站
(P.234)

Restaurant Flipper
(P.248)

Pain de Kaito
(P.246)

名護景點地圖

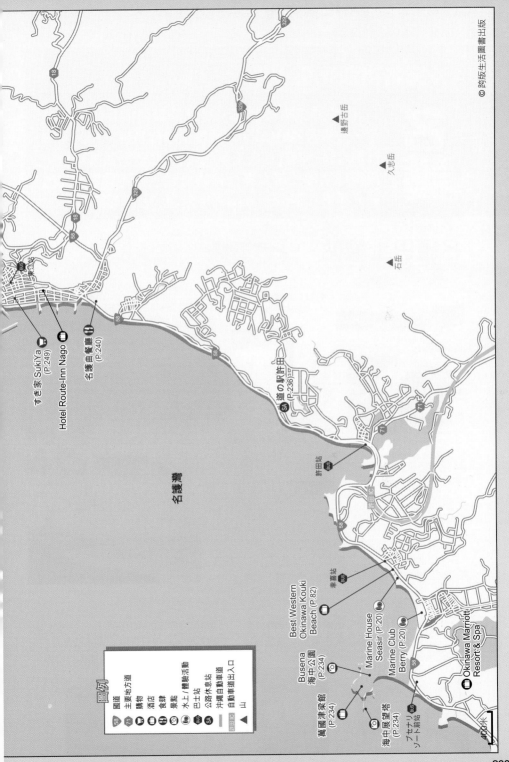

© 跨版生活圖書出版

漫野古岳

久志岳

石岳

名護灣

すき家 SukiYa
(P.249)

Hotel Route-Inn Nago

名護曲餐廳
(P.240)

道の駅許田
(P.236)

許田站

幸喜站

Best Western
Okinawa Kouki
Beach (P.82)

Marine House
Seasir (P.20)

Marine Club
Berry (P.20)

Okinawa Marriott
Resort & Spa

Busena
海中公園
(P.234)

萬國津梁館
(P.234)

海中展望塔
(P.234)

ブセナリ
ゾート前站

圖例

國道
主要地方道
購物
酒店
食肆
景點
水上／體驗活動
巴士站
公路休息站
沖繩自動車道
自動車道出入口
山

233

沖繩名物觀光集中地

名護

位於沖繩本島北部，是北部最熱鬧及唯一的城市，沖繩著名的Orion啤酒便是產自名護。2000年舉行的G8高峰會(八大工業國峰會)亦曾於名護舉行，萬國津梁館便是為舉行會議而建。名護有多個熱門觀光景點，包括Busena海中公園、名護鳳梨園等。

名護巴士總站　地圖P.232

◀ 名護巴士總站規模不太大，找站牌相對容易。

碼。站有巴頭牌會士，靠總每站站個的共站有牌5巴都個士寫的號。

名護巴士總站是那霸往北部景點如水族館的中轉點，但由於路途遙遠，若遊客要即日來回那霸和名護(單程約2小時)甚至是水族館(名護巴士總站至水族館約1小時)，就要預先留意回程所需時間和巴士班次。

◀ 巴士站設有小型及中型收費locker，太大件的行李建議寄存酒店。

(攝影：嚴潔盈)

探尋海底之美 Busena海中公園　地圖P.233 必到! 親子!

(ブセナ海中公園)　**MAPCODE** 206442076*60

位於Busena渡假村內的Busena海中公園，主要分為兩部分：玻璃底船與海中展望塔。Busena渡假村內還包括曾舉辦G8高峰會議的萬國津梁館。

在公園內可以乘坐免費區間巴士從正門到玻璃底船碼頭和海中展望塔前，大約15-20分鐘一班車。

海中展望塔

沿着圓柱體的展望塔內的螺旋樓梯拾級而下，便進入水深5米的海底世界，在塔底360度的小窗觀看海底景象，像在電影《海底奇兵》的熱帶魚穿梭在珊瑚中，偶然還會看到成群的雞泡魚經過呢！大海的透明度極高，不怕看不到魚兒，只怕大量魚群阻擋你的視線。

可抵達海中展望塔。走過長長的大橋，便

(相片提供：蘇飛)

殼也可以去給魚吃。每個￥100(HK$7)，外有餵魚的飼料出售，

▶ 蘇飛特色。(相片提供：免費區間巴士很有

▲ 在水深3米的地方看，魚兒就在你眼前，而且是野生的！
（相片提供：蘇飛）

大鯨魚！Busena玻璃底船 (グラス底ボート)

　　來沖繩的另一個熱門項目就是乘坐玻璃底船！許多海灘都有這項設施，不過Busena玻璃底船最特別的是外型是一條大鯨魚來的啊！與普通玻璃船相比，Busena的玻璃底船體積較大，每次能容納36名乘客。你在船上可購買￥100(HK$7)的麵包，一邊乘船、一邊拋麵包，近距離餵飼不同種類的魚兒，而且海鷗亦會隨船而行、分一杯羹，同一時間大量魚類亦會被吸引而聚集在船底，短短30分鐘的船程讓你目不暇給，絕對值得乘搭。

▲ 藍色與白色的鯨魚造型玻璃底船。

▲ 雖然隔着玻璃，還是能看到魚兒成群。

i **Busena海中公園INFO**
- ⌂ 沖繩縣名護市字喜瀨1744-1
- ☎ 0980-52-3379
- ◷ (展望塔)09:00-18:00(11-3月至17:30，7-8月至19:00)；(玻璃底船)09:10-17:30(11-3月至17:00)，逢10分、30分、50分開船

$	展望塔	玻璃底船	套票
成人	￥1,050 (HK$67)	￥1,560 (HK$100)	￥2,100 (HK$134)
4歲及以上至初中生	￥530 (HK$34)	￥780 (HK$50)	￥1,050 (HK$67)

- Ⓟ 享用公園內設施之遊客免費
- 🚍 1. 從國際通駕車前往，約需1小時20分鐘；
       2. 或在那霸巴士總站乘搭琉球巴士20或120號，在ブセナリゾート前站下車即達
- 🌐 www.busena-marinepark.com (日、英、中)

▲ 海鷗也來湊熱鬧。

公路休息站 道の駅許田

地圖P.233

☑免費泊車　MAPCODE 206476708*78

▲道の駅許田並列多間食肆、商舖。

▲有商舖售賣多種零食和紀念品。

▲亦有售賣新鮮水果。

道之駅許田是沖繩第一個道の駅(公路休息站)，除了有多間食店售賣地道小食外，餐廳與紀念品商店一應俱全，亦有農產部，許多名護附近的農家將自家種植的蔬菜與水果帶來出售，還有即製黑糖，買到手時還是熱騰騰的呢！

▲▼可以在道の駅許田吃點東西休息一下。

各款玻璃飾物。

TIPS!

　　「道の駅」的英文是Road Station，是日本公路的設施，設有休息地方與各式商店。另有稱為Service Area(SA)與Parking Area(PA)，同樣是「道の駅」，但SA規模較大。沖繩一共有8個「道の駅」，每個驛站的店舖都有所不同。

INFO
⌂沖繩縣名護市許田17-1
☎0980-54-0880
◷08:30-19:00
🚌1. 從國際通駕車前往，約需1小時30分鐘；
　　2. 或在那霸巴士總站乘搭琉球巴士20或120號，於道の駅許田站下車，步行1分鐘
🔗www.yanbaru-b.co.jp (日)

(攝影：蘇飛)

啤酒釀造過程 Orion Happy Park
(オリオンハッピーパーク)

☑免費泊車　MAPCODE® 206598837*51　地圖P.232

　　說起沖繩的美食，除了海葡萄及菠蘿外，還有日本國內有名的Orion啤酒。位於名護市內的Orion啤酒廠，開放予公眾入內見學(參觀)，一睹沖繩人如何釀出美味的啤酒！見學過程雖然以日文為主，不過大量圖示、加上簡單英文標示，即使不諳日文同樣令人看得開心。見學完畢後，參加者更可免費一嚐美味的Orion啤酒，不少旅行團也會前來參觀。

▲日本人不論男女，下班後都愛來一杯啤酒，沖繩的Orion同樣受到國內人民的愛戴。

▲入口處大堂展示了Orion創業時期使用的釀酒釜，非常珍貴。

▲在工廠內，可看到米糠在輸送帶中緩緩前進，美味的啤酒即將誕生。

▲Orion Happy Park內的商店出售Orion限定商品，作為手信(伴手禮)亦不錯。

▲一筒筒的啤酒完成準備出貨，光看數量已知日本人是多愛啤酒了！

◀見學旅程結束後，來一杯免費的冰凍啤酒與助酒小吃。

ℹ️ INFO
📍沖繩縣名護市東江2-2-1
☎0980-54-4103
🕐09:00-16:40，見學時間60分鐘(12月31日-1月3日及不指定日子休息)
🅿享用公園內設施之遊客免費
🚌1. 國際通駕車出發，約1小時20分鐘
　　2. 或那霸巴士總站乘搭琉球巴士20號或120號，於名護城入口站下車步行約10分鐘
🌐www.orionbeer.co.jp/happypark/

TIPS!

　　別忘記，在日本喝了酒的話絕對不能駕駛！所以司機會獲分發一個黃色的「不准飲酒」標誌牌，參觀完畢後，也會獲分發一罐汽水代替啤酒試飲。

超搶手鮮魚料理 名護漁港食堂 地圖P.232

推介！

`MAPCODE` 206598873*41

▲食堂位於名護漁港水產物直販所裏面。

　　名護漁港食堂的外觀和環境看似普通，怎料到它其實是非常受歡迎的食堂，許多料理往往到中午過後便已經售罄。為甚麼食堂能有極高的人氣？全因為它提供的料理「平、靚、正」！食堂直接採用漁港直送的魚獲，成本較低之餘，用料亦較為新鮮，加上刺身、煮湯和煎炸等烹調方式符合大部分人的口味，自然能獲得一致口碑。

原條炸魚定食（¥1,300，HK\$76）。炸魚外脆內嫩，十分可口。

刺身拼盤有多款新鮮魚生，只售¥1,350(HK\$79)。

TIPS!

食堂點餐取餐都是自助形式的，步驟如下：

STEP 1

▲在近門口的點餐機選按食物並投入現金。

STEP 2

▲將從點餐機中取得的票券交給職員。

STEP 3

⑩　九⑨

▲若是魚生盒那些簡單的食物會職員直接給你，否則會給你一張輪候編號。

STEP 4

▲定食煮好後會以日文叫編號，不懂日文的話只好站近一些等。

TIPS!

　　雖然食堂的營業時間到下午3點半，但其實中午過後很多菜式就已售罄，建議在中午1點就到達食堂，這樣才會有較多的選擇。另食堂內有冷熱水和麥茶可自行取用。

INFO
- 沖繩縣名護市城3-5-16
- 098-43-0175
- 11:00-15:30
- 經過沖繩自動車道的許田IC後，駕車約12分鐘即達
- www.instagram.com/nagosuisan/
- 免費(可停約100台)

（撰文：Pak，攝影：蘇飛）

▶食堂內人多時較擠迫。

▶▼食堂旁有一家小店，售賣美味的炸物外賣。

▲天丼定食，￥1,000(HK$59)，這是極受歡迎的菜式，這食堂的天婦羅無論是蔬菜和海鮮都是皮薄兼內裏多汁的。

▶魚汁定食，￥1,800(HK$106)，魚湯非常鮮美。

名護

• 本部町　• 今歸仁村　• 國頭村

人造沙灘眺望名護灣 21世紀之森公園

地圖P.232

☑免費泊車　**MAPCODE®** 206626558

　　21世紀之森公園內擁有兩個廣闊的人造沙灘，可眺望名護灣。雖然沒有提供水上活動，但因為受潮汐影響較少，所以適合享受日光浴及讓小朋友嬉水，當地人更會於周末在此舉行沙灘派對。園內還有多個運動設施及活動場地，如棒球場、相撲場、露營地及燒烤場等。

◀▲公園廣闊的人造沙灘。

▲在附近吃完飯，不妨選擇來這個交通方便的沙灘散步。

▲有時能在棒球場內看到知名球隊進行特訓，不過需小心有球飛出場外，所以球場周圍都有警告牌。

i INFO
- ⌂ 沖繩縣名護市大南2-1-25
- ☎ 0980-52-3183
- 🚌 在那霸巴士總站乘搭琉球巴士20、111或120號，在名護巴士總站下車，步行約5分鐘
- 🌐 www.city.nago.okinawa.jp/kurashi/2018071901650/

（圖文：嚴潔盈）

沖繩鄉土料理 名護曲餐廳　地圖P.233　MAPCODE® 206568305*68

　　名護曲餐廳在當地很受歡迎，是一間主要製作海鮮沖繩料理的大眾食堂。這裏的餐牌羅列了40種以上菜色，雖然沒有豐富精緻的佳餚，看起來只是簡單的料理，例如沖繩麵、苦瓜炒蛋和魚湯定食等，但這反而為食物賦予了住家菜的味道，加上店家會因應顧客的需要，細心地提供手寫中文餐牌及兒童餐具，令餐廳增添了家常的氣氛，是家庭旅行的推介食堂。

▲名護曲餐廳。

▲烤鰻魚定食，￥1,750(HK$103)。

▲全十千本魚湯定食，￥1,550(HK$101)，是較多人點的菜式。

▲鰻魚蓋飯丼，￥1,250 (HK$74)，賣相佳，味道也不錯。

▲曾有多位名人到訪。

▲店內出售各種沖繩特色手信。

▲店內氣氛溫馨。

ℹ INFO
- 📍沖繩縣名護市世富慶574
- ☎098-53-5498
- 🕐11:00-21:30(星期六、日及公眾假期22:00關門)
- 🚗經過沖繩自動車道的許田IC後，駕車約5分鐘即達，餐廳在公路邊
- 🅿免費(可停30台)

(撰文：Pak，攝影：蘇飛)

240

親子生活百貨 西松屋

 地圖P.232

☑免費泊車　MAPCODE® 206627770

　　專營嬰幼兒和小童用品的西松屋,在名護市內只有一間分店,雖然面積不及日本國內其他分店大,但種類及款式齊全,包括服飾、食品、玩具、沐浴用品等,相信已夠一眾媽媽逛足一個下午!店內還有售孕婦裝和各款媽媽產後需要用到的生活物品。

▶ 名護市內的西松屋分店。

▲ 蘋果味護齒糖果
(¥619,HK$40)。

▲ 貨品種類多樣,最適合大人小朋友慢慢逛。

▲ 放滿整面牆的童裝!

▲ 多款適合嬰幼兒的食品。

▲ 麵包超人Tee(¥879,HK$57)。

▲ 幼兒米奇連身服(¥1,979,HK$129)。

▲ 迪士尼遊樂防滑地墊(¥1,979,HK$129)。

▲ 很可愛的動物嬰兒鞋(¥699,HK$45)!

名護 · 本部町 · 今歸仁村 · 國頭村

▲可以玩又可以吃的童趣零食。

▲快捷美味的幼兒料理包。

(圖文：嚴潔盈)

◀麵包超人的繪本。

i 西松屋 INFO
- 沖繩縣名護市大南1-13-24
- 0980-53-1518　10:00-20:00
- 在那霸巴士總站乘搭琉球巴士20、111或120號，至名護巴士總站下車，步行約15分鐘
- www.24028.jp

三枚肉沖繩麵 八重食堂

地圖P.232

推介!

☑ 免費泊車　　MAPCODE 206628303

▲八重食堂位於近名護市營市場一條小巷內。

▲老食堂才有的溫馨味道。

　　三枚肉沖繩麵常見於沖繩各區，要數名護市內人氣較高的，非八重食堂莫屬。這裏的麵分大(5塊)和小(3塊)，上桌時連同一壺熱湯，讓食客自行決定要淋上多少，也方便之後加湯。餐廳還供應雜坎(ジューシー)、豬軟骨麵(ソーキそば)等，光顧的大多是當地老顧客。

▶店內只有約20個座位，開門短短4小時一直座無虛席。

ソーキそば¥550、HK$32) 不同於三枚肉的腩肉，是軟骨軟多的排骨。淋上店家自家熬煮的清湯後，美味之餘還很暖胃。

▲喜歡味道重一點的，可加點紅薑、七味粉或島辣椒(泡盛辣油)於麵中。

i INFO
- 沖繩縣名護市城1-9-3
- 0980-52-3286
- 11:00-15:00(逢星期二休息)
- 在那霸巴士總站乘搭琉球巴士20或120號，至大中站下車，步行約3分鐘
- tabelog.com/okinawa/A4702/A470201/47001529

(圖文：嚴潔盈)

百大賞櫻名所 名護城公園

地圖P.232 · 賞櫻!

☑ 免費泊車　MAPCODE® 206629092

　　名護城公園內有名護城跡,但最吸引的還是園內種滿的寒緋櫻,難怪公園被列為百大賞櫻名所之一。每年1月尾舉行櫻花祭典時,前往公園沿路都會有許多遊戲及小吃攤檔,晚上更會亮起燈籠讓遊客賞夜櫻。此外,在公園山頂上的遊客中心可買到名護農作物,還可坐在落地玻璃窗旁欣賞海景。

▲這株寒緋櫻的顏色較淡,很好看!

◀▲公園內的ウーマク廣場有滑梯和其他遊樂設施給小朋友玩耍,旁邊更有草地讓民眾野餐。

▲許多家長都帶同小朋友來賞櫻。

▲天氣開始溫和,小貓也出來打盹。

▲鳥居上的櫻花。

▲奉納殿。

ℹ️ **INFO**
- 🏠 沖繩縣名護市名護5511
- ☎ 0980-52-7434
- 🕙 10:00-17:00
- 🚗 1. 從國際通駕車前往,約需1小時30分鐘;
  2. 或在那霸巴士總站乘搭琉球巴士20或120號,在名護城入口站下車,步行約15分鐘
- 🌐 www.nangusuku-osi.jp

(圖文:嚴潔盈)

▲公園南口就有免費停車場。

▲在公園入口處的料理攤檔,可買沖繩麵、炒麵、章魚燒、炸雞等小吃醫醫肚。

名護 · 本部町 · 今歸仁村 · 國頭村

火車動物遊 名護自然動植物公園 (ネオパーク)

☑ 免費泊車　[MAPCODE]® 206689725*11　地圖P.232

親子!

　　於1992開幕、在名護市中心的名護自然動植物公園，飼養多達120種動物，以鳥類為主；植物更多達1,200多種。園內大部分地區為開放式設計，你可以近距離接觸與餵飼動物。想餵飼動物的話，不妨花￥200(HK$13)購買一包飼料。園內還設有「沖繩輕便鐵道」，環繞園區一周，見右頁詳細介紹。

▶ 樣子帶點傻氣的黃嘴鸛。

▶ 埃及聖䴉，經常曾出現在埃及金字塔的壁畫上。

◀ 炎炎夏日，園內當然可嘗到雪糕作消暑之用。

▶ 粉紅色的紅鶴隨處可見，即使人群走近，牠們亦繼續找尋找素地覓食，十分可愛！

▲ 這裏不應叫作群鶯亂舞，該說成是群鶴亂舞才對吧？

▲沖繩北部特有的山原水雞繁殖場。

▲最驚喜的是園內竟有小袋鼠！雖然很怕人，但用食物與耐性慢慢引牠過來的話，會扶着你的手慢慢吃飼料！

◀羊駝閉上了眼睛嗎？仔細看清楚的話，是他的白色眼睫毛太長罷了！

▲灰冠鶴的冠若換成人類的髮型，應該可說是成走在潮流的尖端嗎？

▲園內可找到野豬。

▲最近很流行的羊駝也出現在公園內。

環遊園區的沖繩輕便鐵道

　　園內亦設有「沖繩輕便鐵道」的小火車，可另購票乘搭，火車圍繞整個園區行駛一周，車長亦會於不同區域講解不同動物的生態與習性。

▶園內沖繩輕便鐵路的名護站。

非洲一帶嗎？在仙人掌與開放式的動物園，會讓你想起看到非洲一帶的動物園。

▲園內的沖繩輕便鐵路，外型仿照日本D51形蒸汽火車。

ℹ️ INFO

- 🏠 沖繩縣名護市字名護4607-41
- ☎ 0980-52-6348
- 🕐 09:00-17:30(輕便鐵道10:00-17:00)
- 💲 (入場費)成人￥1,200(HK$71)，兒童￥600(HK$35)
  (輕便鐵道)中學生及以上￥700(HK$43)，3歲至小學生￥500(HK$29)
- 🚌 1. 從國際通駕車前往，約需1小時30分鐘；
  2. 在那霸巴士總站乘搭琉球巴士20、111或120號，於名護巴士總站下車，轉乘計程車前往
- 🌐 www.neopark.co.jp (日)

備註：關閉前半小時停止入場。

245

24小時超級市場 MaxValu名護店
(マックスバリュなご店)

地圖P.232

MAPCODE® 206687353

MaxValu為Aeon集團旗下的超級市場,分店佈滿沖繩全島,從牧志、讀谷到名護、甚至石垣島(P.338)及宮古島(P.385)都設有分店。市場大部分都是24小時營業,而且全部設有停車場免費泊車,只要你有一車在手,就可以任何時間都買到沖繩美食、購買手信(伴手禮)了!

◀ 若有幸租住連帶廚房的酒店,到MaxValu盡情購物、炮製一頓沖繩風晚餐吧!

INFO
⚐ 沖繩縣名護市字宮里1592
☎ 0980-53-2111
🕐 24小時
🚗 從國際通駕車前往需時約1小時20分鐘
🌐 www.aeonretail.jp/maxvalu/

香噴噴法國長棍麵包 Pain de Kaito

地圖P.232

☑ 免費泊車　MAPCODE® 206655714

Pain de Kaito是一家位於住宅區內的麵包店,店主曾參與關東地區多家麵包店的開業過程,最後決定在寧靜的名護市開店。許多麵包都以沖繩北部地區生產的食材創作,而最受歡迎的就是法國長棍麵包(baguette),以天然酵母在低溫環鏡長時間發酵,非常美味,據説一天能賣出60個!

▲ 麵包店位於住宅區內,店面不是太起眼。

▲ 麵包種類非常多!

▲ 煙三文魚馬鈴薯芝麻包(¥400,HK$26)。

◀ 不同口味的牛角酥(¥160-180,HK$10-12)。

▲ 在沖繩必吃的紅芋,在此製成美味的丹麥酥(¥100,HK$6)。

▲ 最受歡迎的法國長棍麵包(¥180,HK$12),旁邊還有橄欖油(¥120,HK$8)讓顧客買回家蘸麵包吃。

INFO
⚐ 沖繩縣名護市字茂佐之森4-2-11
☎ 0980-53-5256
🕐 08:00-19:00
🚌 在那霸巴士總站乘搭琉球巴士20、111或120號,至名護巴士總站下車,步行約15分鐘
🌐 paindekaito.ti-da.net

(圖文:嚴潔盈)

親近大自然 沖繩水果樂園
(OKINAWAフルーツらんど)

地圖P.232

☑ 免費泊車　MAPCODE 206716585*30

在名護鳳梨園(P.250)旁邊、七彩繽紛的正門，便是名護市的另一個主題樂園：沖繩水果樂園。樂園主要分為3個區域：賞鳥區、蝴蝶園與賞果區。在賞鳥區可近距離接觸鳥類，更可購買飼料親身餵飼鸚鵡；蝴蝶園內的蝴蝶隨處飛舞，亦可欣賞到日本最大的大白斑蝶；賞果園內種植了超過30種熱帶水果，園內亦有山羊等小動物可供餵飼。另外，樂園內設有餐廳與Café，提供沖繩料理的自助餐及以水果為題的各式甜品。

▲寫意地在泡澡的風獅爺。(相片提供: Hikaru)

▼七彩繽紛的正門。

◀園內除了水果外，亦有許多新奇的花草。(相片提供：Hikaru)

INFO
- 🏠 沖繩縣名護市字為又1220-71
- ☎ 0980-52-1568
- ⏰ 10:00-18:00
- 💲 高中生或以上￥1,200(HK$71)，4歲或以上至初中生￥600(HK$35)
- 🚌 1. 從國際通駕車前往，約需1小時30分鐘；
     2. 或在那霸巴士總站乘搭琉球巴士20、111或120號，於名護巴士總站下車，轉乘琉球巴士70或76號，於名櫻大學入口站下車即達
- 🌐 www.okinawa-fruitsland.com (日)
     門票優惠：bit.ly/3SJpwKb

風獅爺日語教室

クーポン，即英文的Coupon，也就是優惠券的意思喔！

プレゼント，即英文的Present，也就是有小禮物的意思。

牛排龍蝦完美配搭！Restaurant Flipper
(レストラン ふりっぱー)

☑ 免費泊車　MAPCODE® 206625820　 地圖P.232　 必見！

充滿異國風情的Restaurant Flipper位於名護市海邊，最有名的菜式是鐵板minion菲力牛排和烤龍蝦。牛排可選大、中、小，被一圈煙肉圍着，吃的時候透出煙肉香，味道特別。烤龍蝦只加上淡淡牛油作調味，保留本身的鮮味，輕輕一拗便取出整段龍蝦肉，吃着感覺痛快。若恰巧在午市時間到訪，亦可嚐嚐午餐。

▲ 海邊餐廳Restaurant Flipper。

▲ 室內裝潢充滿異國家庭餐館風情。

◀位於大玻璃窗旁的座位可看到海景，且採光充足，不過夏天會略為炎熱。

▼ 牛排龍蝦套餐￥6,300(HK$371)，230g的牛排用一圈煙肉圍着。

▲ 店門放了一盤盤自製迷你批￥58(HK$4)，口味有蘋果、芝士、藍莓芝士等，口感像有餡的餅乾。

▲ 兩隻手掌大的龍蝦，肉質厚實，調味簡單，突顯龍蝦本身的鮮甜味！單點一隻￥3,600(HK$212)。

▲ 輕輕一拗，整隻龍蝦肉殼分離，不怕吃得「論盡」。

i **INFO**
- 🏠 沖繩縣名護市字宇茂佐162
- ☎ 0980-52-5678
- 🕐 11:30-22:00(逢星期三休息)
- 🚌 在那霸巴士總站乘搭琉球巴士20、111或120號，至名護巴士總站下車，步行約10分鐘
- 🌐 flipper1971.com

(圖文：扈紫盈)

24小時連鎖牛丼店 すき家SukiYa

地圖P.233　　☑ 免費泊車

すき家SukiYa是日本牛丼三大連鎖品牌之一,主打平價的牛丼專賣店。在沖繩有20多間分店,全部都設有停車場,部分更是24小時營業,當中包括名護店。除了牛肉飯外,鰻魚飯的鰻魚份量十足,咖哩也很好味。這家在台灣也有分店,就在台北捷運古亭站7號出口旁。　▶旁邊有停車場,方便自駕遊人士。

◀特盛鰻魚飯。￥1,470(HK$86)。

▶鰻魚牛肉飯。￥1,050(HK$62)。很豐富吧!

▶醃製薑絲佐料,加入牛肉飯一起吃,味道更好!

INFO
- 🏠(58號名護東江店)沖繩縣名護市東江5-6517-1
- 📞0120-554-489　🕐24小時(年中無休)
- 🚗1. 從國際通駕車出發,約需1.5小時,在58號國道上;
  2. 或從那霸巴士總站乘搭琉球巴士20或120號,於東江站下車,步行2分鐘
- 🌐www.sukiya.jp

名護手信熱點 Aeon名護店 (イオン名護店)

地圖P.232

☑ 免費泊車　MAPCODE® 206688641

距離MaxValu名護店(P.246)不遠處,Aeon亦設有一家大型購物中心。除了食品外,亦有出售家庭用品及衣物等。商場內亦設有書店、￥100店及Best電器等。若在名護晚上有時間的話,大可駕車至這裏晚餐或購物呢!

INFO
- 🏠沖繩縣名護市字名護見取川原4472
- 📞0980-54-8000
- 🕐商店09:00-22:00,食品賣場08:00-23:00
- 🚗國際通出發駕車前往,約需1小時25分鐘
- 🅿1,400個泊位
- 🌐www.aeon-ryukyu.jp/store/aeon/nago/

▲Aeon名護店分為兩層,樓下為商場,2樓主要為食店,包括大戶屋及迴轉壽司等。

▲旁邊則為Best電器。

最香甜的鳳梨 名護鳳梨園 (ナゴパイナップルパーク)

☑ 免費泊車　MAPCODE® 206716438*81　地圖P.232　親子!

　　沖繩的夏天，到處都可以嗅到香甜的鳳梨味，吃過沖繩鳳梨，更會被這種美味深深吸引。名護鳳梨園大門外有鮮豔黃色的鳳梨公仔與造型獨特的鳳梨車，即使沒有駕駛執照，也可駕着園內的自動導航鳳梨車，一邊聽着國語或英語的導賞介紹，一邊遊覽鳳梨園。

　　園內除了種植多款不同種類的鳳梨外，也有許多新奇的亞熱帶植物。園內亦有多種鳳梨製品如鳳梨酒、蛋糕與甜點等，部分更是園內限定。你還可以免費試食園內的鳳梨啊！

▲大門外有鮮豔黃色的鳳梨公仔。

▲每架鳳梨車最多可載4名乘客。

▲園內有鳳梨田，難怪吹來一陣鳳梨的香味。

▲隨便免費吃的「鳳梨大餐」。

▲以鳳梨釀製的酒「太陽之淚」。

推介!

◀鳳梨園內限定的鳳梨酒蛋糕，蛋糕內除了有清淡的酒味，還有鳳梨的果肉。推介！

ℹ INFO
- 🏠 沖繩縣名護市為又1195
- ☎ 0980-53-3659
- 🕐 10:00-18:00
- 💲 16歲以上￥1,200(HK$71)，4-15歲￥600(HK$35)
- 🅿 免費
- 🚌 1. 從國際通駕車前往，約需1小時30分鐘；
     2. 在那霸巴士總站乘搭琉球巴士20、111或120號，於名護巴士總站下車，轉乘琉球巴士70或76號，於名桜大学入口站下車，步行約5分鐘
- 🌐 www.nagopain.com (日、英、中)

◀鳳梨園內還設有貝殼展覽館。

名護鳳梨園內精選

超可愛的專屬接駁車
鳳梨列車 (パイナップルトレイン)

到名護鳳梨園可以先將車泊在停車場，購買門票後，乘上鳳梨園專屬的接駁列車「パイナツプルトレイン」進入園內。鮮黃色的車身、卡通小鳳梨的裝飾，可愛的造型不僅小朋友喜歡，大人們也很愛！沿途可以看到廣闊的鳳梨田，而車子是開放式設計，感受微風的同時還能隱約呼吸鳳梨田的香甜。入園後換乘無人駕駛的鳳梨車，聽着導航介紹鳳梨園的由來、歷史、鳳梨園各種植物，十分適合一家大小去遊玩。

▲鳳梨列車造型很可愛。

▶好好長大的鳳梨們。

▶一望無際的鳳梨田。

▲車上空間寬敞。

▲鳳梨列車會繞進鳳梨田到入口。

▲有時野豬會來破壞鳳梨田。

TIPS!

鳳梨列車不定期運行
當人流多時或許不能即時上車，等一等，下班車就會到。

(撰文：HEI，攝影：蘇飛)

▲鳳梨列車有3種顏色，分別是紅、綠和粉紅。

恐龍時代筆筒樹！
DINO恐竜PARK やんばる亜熱帯の森

☑ 免費泊車　**MAPCODE** 206775882*36

地圖P.232

　　由御菓子御殿(P.226)集團營運的DINO恐竜PARK やんばる亜熱帯の森，為沖繩唯一杪欏原生樹林區，當中的筆筒樹高達10米，相信於3億年前恐龍時代起已經存在，非常珍貴！遊客在叢林中穿梭散步，就像回到侏羅紀時代，十分有趣。這裏有售賣手信(伴手禮)的商店。

▲ 踏入樂園的一刻，放眼盡是樹林，非常壯觀。

▲ 在樹木的遮蔽下，享受天然的簾蓬，感受一下大自然的恩惠。

▲ 園區內有一個小型瀑布。

▲ 森林中怎會沒有動物？找到山羊了啦！

▲ 對城市人來說，放假到樹林內走走，能好好洗滌一下心靈。

▲ 主角筆筒樹出場了！

▲ 商店內出售山原出產的酸桔製品。

▲ 人氣日本品牌LuLuLun推出的沖繩限定面膜，商店內亦可買到，每盒￥1,575(HK$102)。

ℹ️ INFO

　⌂ 沖繩縣名護市中山1024-1　　☎ 0980-54-8515
　🕐 09:00-18:00
　💲 成人(16歲以上)￥1,000(HK$59)，小童(4-15歲)￥900(HK$53)
　🚌 1. 國際通駕車出發，需時約1小時40分鐘；
　　　2. 或在那霸巴士總站乘搭琉球巴士20、111或120號，
　　　　 於名護巴士總站下車，再轉乘計程車前往，距離約為5公里
　🌐 www.okashigoten.co.jp/subtropical

超人氣沖繩家常菜 居酒屋ゆきの

地圖P.232 推介!

地圖P.232

家庭式經營的居酒屋ゆきの，在名護市內非常有名，晚上更是座無虛席！小店位於Hotel Yugaf Inn Okinawa對面，距名護巴士總站只需15分鐘路程。比起一般居酒屋，ゆきの更像家庭餐廳，餐牌內的食物大部分為沖繩及日式家常菜，而且價錢非常划算，想一嚐日式家庭料理的朋友不可錯過喔！

▲居酒屋ゆきの在晚上6點已擠滿客人。

▲燒扇貝再加上香濃的海膽汁，讓扇貝更加美味！¥500(HK$32)。

▶除了西式桌椅外，居酒屋內亦設有榻榻米座位。

▲沙律醬炸蝦，份量不少，但只需¥400(HK$26)。

▲除了小吃，定食份量也是真材實料！店鋪名物燒茄子定食，每客只是¥800(HK$47)！

▶日式食堂必備的炸雞定食，每客¥800(HK$47)。

INFO
- 沖繩縣名護市字宮里450-8
- 17:00-02:00(逢星期三休息)　　0980-52-3486
- 1. 從國際通駕車出發，約1小時15分鐘；
- 2. 或從那霸巴士總站乘搭琉球巴士20、111或120號，於名護巴士總站下車再步行約15分鐘
- tabelog.com/okinawa/A4702/A470201/47004700/

人間國寶陶藝家作品 沖繩歷史民俗資料館

☑免費泊車

沖繩歷史民俗資料館位於DINO恐竜PARK やんばる亜熱帯の森(P.252)對面，館內除了展示沖繩傳統節日的人形與相關民物外，更展出有人間國寶之稱的陶藝家金城次郎的作品；還有琉球與中國於14至15世紀通商時的漆器及來自世界各地的貝殼。

地圖P.232

INFO
- 沖繩縣名護市中山1024-1
- 0980-54-8515
- 09:00-18:00(夏季至19:00)
- 成人(16歲以上)¥500(HK$32)，小童(4-15歲)¥300(HK$19)
- 請參照DINO恐竜PARK やんばる亜熱帯の森(P.252)的交通方法
- www.okashigoten.co.jp/museum

▲資料館採用傳統沖繩民家建築風格。

▲參觀完DINO恐竜PARK やんばる亜熱帯の森的朋友，若有興趣參觀資料館，可購買共通券節省入場費。

製作玻璃杯 森之玻璃館 (森のガラス館)

☑ 免費泊車　親子!

MAPCODE 206686411*16

與沖繩本島南部的琉球玻璃村(P.170)為姊妹店的森之玻璃館,除了出售沖繩獨有的玻璃製品外,亦提供玻璃製作體驗,可製作玻璃杯、萬花筒或玻璃球。喜歡玻璃製品的朋友,如果以沖繩北部為行程重心的話,可考慮這裏的體驗活動啊!

地圖P.232

▲ 森之玻璃館。

▲ 沖繩的玻璃製品造型獨特,只有在沖繩地區才能看到。

▲ 以不同顏色製成的玻璃飾物,各有開運功效!每條約￥2,400(HK$156)。

店內一些略帶瑕疵的玻璃製品,不時有優惠折扣。

▲ 在晚上會發出夜光的玻璃杯,是正宗的夜光杯嗎?

▶ 宮古島海寶館 (P.400)於森之玻璃館內設立的小賣部。

▲ 大型的體驗區能同時容納幾十人。

ℹ INFO
- ⌂ 沖繩縣名護市為又478
- ☏ 0980-54-2121
- ◷ 09:00-18:00(年中無休)
- 🚗 1. 從國際通駕車出發,約1小時30分鐘;
  2. 經過沖繩自動車道的許田IC後,駕車約10分鐘即達;
  3. 或從那霸巴士總站乘搭琉球巴士20、111或120號,於名護巴士總站下車,再轉乘計程車前往,距離約為2.5公里
- 🌐 www.morinogarasukan.co.jp

TIPS!

森之玻璃館的玻璃體驗(部分)

製品	價錢	所需時間	開始時間
玻璃杯製作*	￥1,870(HK$110)	5分鐘	10:45/13:00/15:30
萬花筒製作	￥880(HK$52)	15分鐘	09:00-16:00,可隨時參加
飾品製作	￥1,650(HK$97)	30-40分鐘	09:00-16:00,可隨時參加

*因冷卻玻璃需時,製作玻璃杯與碟子要第二天才能取貨,如要利用速遞送至酒店的話需另付運費。

百年沖繩料理老店 大家

地圖P.232　　☑ 免費泊車　　MAPCODE 206745056*66

「大家」是沖繩有名的食店，幾乎每本沖繩旅遊導覽都有介紹此店。由三幢過百年歷史的古琉球建築物組成，分別為安里家、沢岻家與新城家，主要供應沖繩料理與Agu豬料理。店內除了保持古琉球的裝潢外，部分座位更設於山景與瀑布旁邊，讓客人一邊欣賞大自然的景色，一邊品嚐美味的沖繩料理。

▶ 從停車場往餐廳門口要走一大段的斜路，但用餐完畢可乘這些無人駕駛的車返回停車場，也是一種有趣的體驗。(攝影：蘇飛)

▲ 獨特的山邊用餐環境是這裏的重點。(攝影：蘇飛)

◀ 途中可見一座造景瀑布。

◀ 走過長長的走廊才到達餐廳入口。

▲ 若時間還早的話可逛逛這美麗的古庭園。(攝影：蘇飛)

▲ 像中菜的小碟前菜一樣，這碟前菜叫「小鉢コース」，￥1,580(HK$103)。前菜的內容會根據不同季節而有所更改。

ℹ INFO

🏠 沖繩縣名護市中山90　☎ 0980-53-0280
🕐 11:00-16:00，18:00-21:00
🚗 1. 從國際通駕車前往，約需1小時45分鐘；
　2. 或在那霸巴士總站乘搭琉球巴士20、111或120號，於名護巴士總站下車，轉乘琉球巴士70或76號，於第一中山站下車，乘計程車約3分鐘
🌐 www.ufuya.com (日)

(相片提供：Rachel)

▲ 被稱為「幻之豚」的Agu豬，肥瘦均勻。晚間的Shabu Shabu涮鍋套餐每位為￥6,240(HK$367)，除了主菜Agu豬外，套餐亦包括豬舌、烏冬與苦瓜等。

名護　　• 本部町　　• 今歸仁村　　• 國頭村

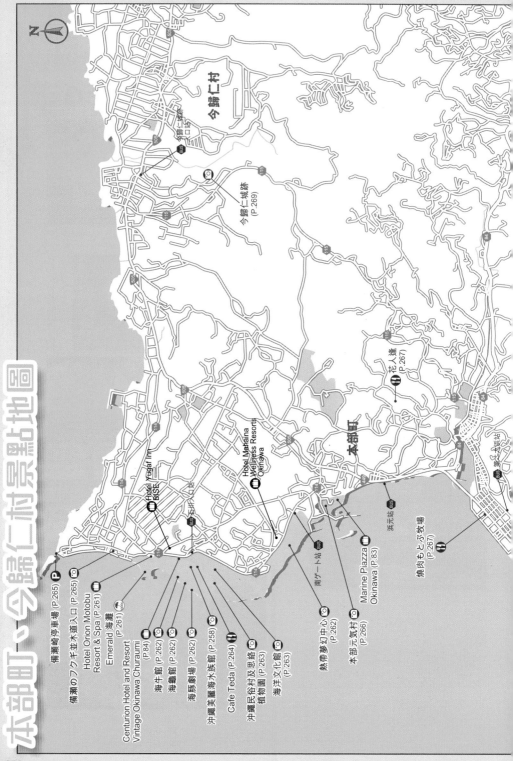

本部町、今歸仁村景點地圖

今歸仁村

今歸仁城跡 (P.269)

花人逢 (P.267)

本部町

Hotel Mahaina
Wellness Resorts
Okinawa

Hotel Yugaf Inn
BISE

浜元站

焼肉もとぶ牧場 (P.267)

Marine Piazza
Okinawa (P.83)

南ゲート站

熱帯夢幻中心 (P.262)

本部元気村 (P.266)

備瀬崎停車場 (P.265)

備瀬のフクギ並木道入口 (P.265)

Hotel Orion Motobu
Resort & Spa (P.261)

Emerald 海灘 (P.261)

Centurion Hotel and Resort
Vintage Okinawa Churaumi (P.84)

海牛館 (P.262)

海亀館 (P.262)

海豚劇場 (P.262)

沖繩美麗海水族館 (P.258)

Cafe Teda (P.264)

沖繩民俗村及思路 (P.263)
植物園 (P.263)

海洋文化館 (P.263)

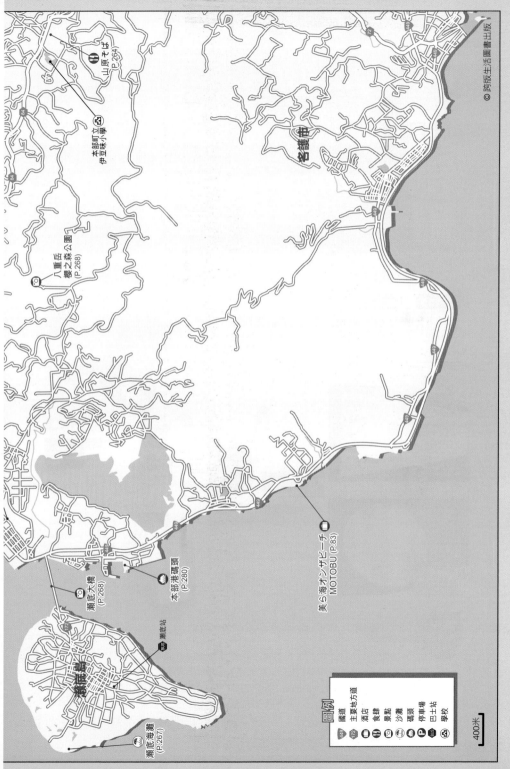

山原そば (P.264)

本部町立
伊豆味小學 ⛑

名護市

八重岳 櫻之森公園 (P.268)

瀬底大橋 (P.268)

本部港碼頭 (P.280)

美ら海オンザビーチ
MOTOBU (P.83)

BUS 瀬底站

瀬底島

瀬底海灘 (P.267)

図例

國道
主要地方道
酒店
食肆
景點
沙灘
碼頭
停車場
巴士站
學校

400米

© 跨版生活圖書出版

探索沖繩海洋世界

本部町

位於沖繩島北部，除了本島地區外，亦包括瀨底島與水納島。於1975年曾舉辦沖繩國際海洋博覽會，後來將會場改建為海洋博公園，著名的美麗海水族館及非常美麗的Emerald海灘亦位於公園內。

沖繩美麗海水族館 (沖繩美ら海水族館)　地圖P.256　必到!　親子!

☑ 免費泊車　MAPCODE® 553075797*77

沖繩其中一個最熱門觀光點必定是沖繩美麗海水族館。建於2002年，位於海洋博公園內，擁有全世界第三大的水槽，館內有4層高，主要分為珊瑚礁之旅、深海之旅及黑潮之旅。

▲在北面停車場入口前的大地圖。

▶鯨鯊紀念碑，在水族館的入口處，是拍攝熱點之一。

▲海豚也在歡迎遊客光臨呢！

◀圓形的展示板寫上美麗海水族館的簡介。

▶可愛的園內禁止告示，即使不諳日文也知道意思。

▲館內的地毯也是各種可愛的海洋生物呢！

TIPS!

海洋博公園很大，除了沖繩美麗海水族館外，還有熱帶夢幻中心(P.262)、沖繩民俗村及思絡植物園(P.263)、海洋文化館(P.263)和Emerald沙灘(P.261)。要來往各園區可以乘坐園內的巡迴巴士，每5至30分鐘提供巡迴巴士接載旅客穿梭公園內各個設施，每次￥300(HK$6)，另有一日乘車券出售，每位￥500(HK$29)。

2-3樓：珊瑚礁之旅

由於入口在3樓，所以旅程由3樓開始。珊瑚礁之旅位於2樓至3樓，設有觸摸池讓遊客親身接觸礁湖內的海底生物，如海參、海星等等。遊客除了可觀賞到各式各樣的珊瑚外，亦可欣賞超過200種的熱帶魚穿梭於珊瑚礁之間。

▶可親自摸一下海洋生物。

▲熱帶魚館

1-2樓：黑潮之旅

黑潮之旅擁有曾是健力士世界紀錄最大的壓力觀察窗，高8.2米、闊22.5米，可一覽世上最大的鯨鯊。水槽內還飼養超過70種的海洋生物。在特定時間更可參加黑潮探險之旅，解說員會帶領你往水槽的頂部，更清楚看到水槽內的情況，幸運的話更可看到鯨鯊與魔鬼魚浮至水面一帶，非常可愛與逗人喜歡。另有鯊魚博士研究室，你可以看到鯊魚各種介紹，亦可與古代鯊魚的化石拍照留念。

▲非常大的壓力觀察窗。

◀魔鬼魚亦是水族館內數一數二的海洋明星。

▲◀身形龐大的魔鬼魚完整呈現在你眼前。

▲許多遊客都會參加黑潮探險之旅，一訪神秘的水槽頂部。

▲感覺與鯨鯊更接近了！雖然身形龐大，可是非常可愛。

▲鯊魚博士研究室內展出各種鯊魚的牙齒標本與鯊魚皮標本。

▲在Busena的海中展望塔找到馬倫與Mo仔，在美麗海水族館則找到迷了路的多莉！

1樓：深海之旅

深海之旅位於水族館的1樓，這裏可以找到平日難得一見，生活於水深200米或更深處的海洋生物，遊客亦可於此感受一下深海的溫度。

▲展示海洋世界的櫥窗。

▲每個展示魚缸就像一幅幅美麗的圖畫。

推介精品！

▲集合了水族館內多款動物的A4文件夾，￥280(HK$18)。

▲內藏10粒黑糖果子的棕形布袋。

▶美麗海水族館內有許多限定精品發售，當中少不了可愛的鯨鯊毛公仔，￥2,160(HK$140)。

ℹ️ 沖繩美麗海水族館INFO

🏠沖繩縣國頭郡本部町字石川424　　☎0980-48-2741
🕐08:30-18:30(3-9月至20:00)
　　每年12月第一個星期三與四休息
💲成人￥2,180(HK$128)，高中生￥1,440(HK$85)，
　　初中生及小學生￥710(HK$42)，6歲以下免費
🚌1. 從國際通駕車前往，約需2小時；
　　2. 或在那霸巴士總站乘搭琉球巴士20、111或120號，
　　　 於名護巴士總站下車，轉乘琉球巴士65、66或70號，
　　　 於石川入口站下車即達
🌐churaumi.okinawa

備註：1. 海洋博公園內設有多個停車場，建議使用P7停車場；
　　　2. 繁忙日子會延遲閉館一小時，有關日期可參考官方網站。

AA級最佳水質 Emerald海灘 (エメラルドビーチ)

MAPCODE 553105407*00

地圖P.256

Emerald海灘(翡翠沙灘)在美麗海水族館旁邊，屬於海洋博公園範圍內，從海牛館步行約15分鐘便可到達，是範圍很大的海灘，水質被評為AA級(即最佳)，由Beach of play、Beach of view及Beach of rest三部分組成，顧名思義無論是游泳、玩樂和純粹休閒觀景都適合。海灘對面是伊江島(P.280)，是日落時的絕佳背景，游泳後不妨看完日落才離開啊！要留意，Emerald海灘只在4月至10月開放給泳客游泳，另外不可在這個海灘潛水。

▲近灘的水很淺，小朋友也會玩得很開心。

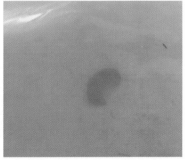

▲水底可能看到海參，可見水質多好。

◀▶ 海灘的日落。

▲海灘有提供免費淋浴和更衣設施，使用投幣式存物箱則需¥100硬幣。

▲Hotel Orion Motobu Resort & Spa(本部町)，海灘旁邊的酒店。

ℹ️ **INFO**
🕐 08:30-18:00/19:00(4-9月)，08:30-17:30(10月)
🚗 1. 從那霸機場駕車出發，約需2小時；
　　2. 或在名護巴士總站乘搭琉球巴士65、
　　　 66或70號，於記念公園前站下車
🌐 oki-park.jp/kaiyohaku/inst/75

(攝影：蘇飛)

世界最大溫室 熱帶夢幻中心
(熱帯ドリームセンター)

地圖P.256

☑免費泊車　**MAPCODE®** 553075797*77

熱帶夢幻中心與美麗海水族館一樣，同屬海洋博公園範圍。熱帶夢幻中心內種植了不少熱帶植物如蘭花、果樹等，這裏亦擁有全世界最大之一的溫室，喜歡植物的話不妨參觀。

▲千萬花朵配上畫框，形成多幅美麗的圖畫。園內的蘭花多達2,000株，置身其中彷彿到了蘭花的世界一樣呢。

◀室外建有紅磚牆，帶有強烈歐洲風情。

▶在塔頂還能遠眺海洋博公園一帶的風光。

▶登上花園內高達35米的高塔，別有一番風味。

INFO

🕒 08:30-19:30(10-2月至18:00)
　每年12月第一個星期三及星期四休息
💲 高中生或以上 ¥760(HK$49)，初中生及小學生免費
🌐 oki-park.jp/kaiyohaku/inst/38

備註：海洋博公園內設有多個停車場，建議前往熱帶夢幻中心的遊客使用P8停車場會較為方便。

海洋博公園周邊免費展區

地圖P.256　☑免費入場

參觀沖繩美麗海水族館後，海洋博公園周邊亦設有3個免費展區：海牛館、海龜館與海豚劇場。地球上有8種海龜，2層高的海龜館飼養了其中5種。

▲海龜在水中游泳的趣怪模樣。

▲海豚劇場每天有4場表演，4月至9月期間更會加添17:30的場次，表演時間約為20分鐘。

▲海牛館也是有2層。

INFO

🕒 海牛館、海龜館08:30-19:00(10-2月至17:30)；
　海豚劇場10:30、11:30、13:00、15:00、17:00

名護 本部町 ● 今歸仁村 ● 國頭村

夢回琉球王國 沖繩民俗村及思絡植物園 地圖P.256

(おきなわ鄉土村・おもろ植物園) ☑ 免費入場

位於海洋博公園內的沖繩民俗村及思絡植物園，與美麗海水族館十分接近。民俗村是仿照17至18世紀琉球王國的村落興建而成，內裏包括御嶽、廟宇和糧倉等古代建築物。植物園則分為南區、中央區與北區3個區域，種植了沖繩古老民謠「思絡頌誌」內提及的22種沖繩原產植物，難怪這裏被命名為思絡植物園。

i INFO

- ⏰08:30-19:00(10-2月至17:30)
  每年12月第一個星期三及星期四休息
- 🚗1. 從國際通駕車前往，約需1小時40分鐘；
  2. 或在那霸巴士總站乘搭琉球巴士20、111或120號，於名護巴士總站下車，轉乘琉球巴士65、66或70號，於南ゲート站下車再步行5分鐘
- 🌐oki-park.jp/kaiyohaku/inst/72

◀▲民俗村周邊有許多以動物為主題的園藝藝術品，例如大魚、墨魚、海豚、貓頭鷹等。

天幕星空 海洋文化館 地圖P.256

從美麗海水族館步行至海洋文化館，只需約7分鐘。館內的展示廳展出過千件與海洋有關的展品，全部來自南太平洋不同的國家與地區。除了看到與海洋相關的展覽外，館內亦設有天文館，你可於館內透過投射，在直徑達18米的天幕上欣賞美麗的星空。

▶建議在這裡觀看天幕電影「星空物語」，感受充滿美感的日式畫風希臘神話，有免費的翻譯機可提供。

i INFO

- ⏰08:30-19:00(10-2月至17:30)
  休息：每年12月第一個星期三與四休息
- 💲高中生或以上￥190(HK\$12)，初中生以下免費
- 🌐oki-park.jp/kaiyohaku/inst/35 (日、英、中)

▲館內藏品不多，但很值得一看。

簡單方便的料理 Cafe Teda 地圖P.256

　　主題公園內的餐廳價錢往往偏貴，菜色的選擇又少，所以填飽肚子可説是遊玩過程中最苦惱的事。海洋博公園內共有7間餐飲店，當中最方便實惠的莫過於Cafe Teda。Cafe位於公園入口附近的總合案內所外，不但提供炸雞、雪糕等小吃，還有咖哩飯和沖繩麵等主食，價錢合理之餘又能填飽肚子，吃飽後還能順道逛逛案內所的手信店。

▲旁邊的案內所售賣各種以海洋為主題的紀念品。

▲Cafe Teda位於バイサイドプラザ綜合案內所外。

(撰文：Pak，攝影：蘇熊)

▲咖哩飯(￥700，HK$41)和沖繩麵(￥700，HK$41)，味道普通，勝在便宜且座位不擠迫。

▲另加炸雞一定飽肚，￥500(HK$32)。

INFO
⌂ 沖繩縣國頭郡本部町字石川424
🕘 09:30-18:00
🚌 1. 從國際通駕車前往，約需2小時；
　　2. 或在那霸巴士總站乘搭琉球巴士20、111或120號，於名護巴士總站下車，轉乘琉球巴士65、66或70號，於記念公園前站下車
🌐 oki-park.jp/kaiyohaku/inst/78/4774

超讚沖繩蕎麥麵店 山原そば 地圖P.257 人氣！

▲漆上白色外牆的山原そば位於馬路旁，一不小心就會錯過了喔！

　　山原そば店鋪面積雖小，卻是沖繩以至日本國內的超人氣沖繩蕎麥麵店！小店已有30多年歷史，採用細麵條，加上鰹魚作為湯頭及長時間烹調的豬肉，製作出一碗獨特的豬骨蕎麥麵。店家名物為「三枚肉そば」，三枚肉即豬骨間肥瘦相間的部位，既有脂肪，當然格外香口囉！另外「ソーキそば(豬軟骨蕎麥麵)」同為推薦之選，大碗￥800(HK$47)，小碗￥650(HK$42)。

◀排隊等候時，店員會先替客人預先點菜。

▲熱呼呼的麵條送上來了！名物「三枚肉そば」大碗￥800 (HK$47)，小碗￥650(HK$42)。

INFO
⌂ 沖繩縣國頭郡本部町伊豆味70-1　☎0980-47-4552
🕘 11:00至售完為止(逢星期一及二休息)
🚌 1. 從國際通駕車出發，約1小時50分鐘；
　　2. 或從那霸巴士總站乘搭琉球巴士20、111或120號，於名護巴士總站下車，再轉乘計程車前往，距離約為7公里
🌐 tabelog.com/okinawa/A4702/A470202/47000069

漫步散策看日落 備瀨のフクギ並木道・備瀨崎

地圖P.256　**MAPCODE** 553105503*42

「フクギ」即是福木,又稱金錢樹。自古以來,沖繩人都會在房屋的四周栽種這種樹木,以作抵禦颱風之用,而這條位於備瀨的並木道,就因種植了大量超過300年歷史的福木,所以成為了新興的景點,吸引了不少人來拍下一輯輯唯美照。沿着這條林蔭大道散步,會到達備瀨崎海岸,旅客可在這裏眺望伊江島,觀看美麗的日落,為這趟散步旅程畫上完美句號。

▶兩旁盡是福木的並木道。

▶沿路會見到一些小店。

▲福木並道的海邊,是嬉水和觀看日落的勝地。

▶寧靜的環境適合情侶來散步。

▲從備瀨崎停車場眺望,可看到伊江島。

▶一些福木會因形態特別而得名,這兩棵樹木便因樹幹緊纏在一起而被稱為「夫婦福木」。

> ### ℹ️ INFO
> - 🏠 沖繩縣國頭郡本部町備瀨
> - 🚌 1. 從國際通駕車前往,約需2小時;
>   2. 或在那霸巴士總站乘搭琉球巴士20、111或120號,於名護巴士總站下車,轉乘琉球巴士65、66或70號,於備瀨入口站下車
> - 🅿 (備瀨のフクギ並木道入口)免費;
>   (備瀨崎停車場) 1天￥500(HK$32)
> - 🌐 www.motobu-ka.com/tourist_info/tourist_info-post-687/

(撰文:Pak,攝影:蘇飛)

名護　本部町　今歸仁村　國頭村

擁抱海中精靈 本部元気村 (もとぶ元気村)

地圖P.256

☑ 免費泊車　MAPCODE 553016707*71　親子！

本部元気村位於海洋博公園附近海濱,是一座綜合各種水上活動的主題樂園。園內最有賣點的一定是各種海豚體驗,可與海豚進行各種互動,如與牠們一起在海中暢泳、親親抱抱海豚等等,與海豚親密接觸。另外園內亦有多種水上活動設施,如香蕉船、水上電單車、Flyboard、滑水等等,可試試駕駛小型遊艇。但要注意,園內活動均需預約,記得先查詢再出發啊!

◀海豚是園內的標誌。

◀▶如果想玩刺激的活動,可先從香蕉船開始。

◀與海豚暢泳,希望不會被海豚惡作劇(笑)。

▲想靜態點的,可嘗試駕駛遊艇。

ℹ INFO

🏠 沖繩縣國頭郡本部町字浜元410　📞 0980-51-7878
🚗 1. 從國際通駕車前往,約需40分鐘;
　　2. 或在那霸巴士總站乘搭琉球巴士111號,至名護巴士總站轉乘65或70號,至垣の内入り口站下車,步行5分鐘
🕐 需預約,按各活動的時間而有所不同,約09:00-18:00
💲 按各活動而有所不同,可參考網頁　🌐 owf.jp

▲也可與海豚嬉戲,撫摸精靈的海豚。

(圖片:本部元気村,文字:IKiC)

· 名護
· 本部町
· 今歸仁村
· 國頭村

沖繩和牛 燒肉もとぶ牧場

本部町店
地圖P.256

☑ 免費泊車

推介!

燒肉もとぶ牧場有自設農場，飼養的牛隻吃的都是由沖繩有名Orion啤酒提供的發酵飼料，牛隻更曾獲取不少全國和牛比賽的獎項。店內提供中英文餐牌，食物以燒肉為主，除了和牛外，也有一些較少吃到的內臟如牛心、牛肝等。其他熟食如漢堡扒、沖繩名菜苦瓜炒蛋等都有。雖說在沖繩最有名的是石垣牛，但沖繩的和牛亦絕不會給比下去，在那霸也有分店。

▲本部町牛肉拼盤，¥6,500(HK\$422)，份量非常多。

INFO
- 🏠(本部町店) 沖繩縣國頭郡本部町字大浜881-1 / (那霸店) 沖繩縣那霸市久茂地2-1-3 久茂地MKビル 3F
- ☎(本部町店) 0980-51-6777 / (那霸店) 098-943-3897　🌐www.motobu-farm.com (日)
- 🕐11:30-15:00(Last Order: 14:30)，17:00-22:00
- 🚌(本部町店) 1. 從國際通駕車前往，約需1小時30分鐘，距離海洋博公園約10分鐘車程；
  　　　　2. 或在那霸巴士總站乘搭琉球巴士20、111或120號，於名護巴士總站下車，轉搭琉球巴士65或66號，於第二本大浜站下車，步行約5分鐘
  (那霸店) 乘搭單軌列車至縣廳前站，步行約2分鐘即達

日人熱捧Pizza店 花人逢 (かじんほう)

地圖P.256

☑ 免費泊車

店。(相片提供：Selina)
充滿古樸風情的小

Pizza小店「花人逢」雖然位於小山丘上，但很多日本人遊覽沖繩時都會繞道前往，因為店外可一覽東部海岸，天氣好時更可遠眺伊江島一帶，黃昏景色更為優美。店內亦有售賣沙律、各款沖繩特色果汁與飲料。早上11:30開店已有不少人排隊等候(在登記簿上填寫姓名、人數及想坐室外或室內)。

▲但以扇子作餐牌，很特別。(相片提供：Selina)

▲以沖繩新鮮蔬菜製成的沙律，每份¥600(HK\$39)。

Pizza分為中型(30厘米)與小型，分別賣¥2,600(HK\$153)與¥1,300(HK\$76)。以兩個女孩的食量來說，一個小型Pizza已足夠。

推介!

INFO
- 🏠沖繩縣國頭郡本部町山里1153-2　☎0980-47-5537　🕐11:30-19:00(逢星期二、三休息)
- 🚌1. 從國際通駕車前往，約需1小時30分鐘；
  　2. 或在那霸巴士總站乘搭琉球巴士20、111或120號，在名護巴士總站下車，轉乘琉球巴士65或66號，於浜元站下車，轉乘計程車前往　🌐kajinhou.com (日)
  備註：花人逢一帶計程車不多，要留意回程交通工具。

海水最透明！瀨底海灘

地圖P.257

MAPCODE® 206823451*56

瀨底海灘(瀨底ビーチ)被譽為沖繩本島北部海水透明度最高的天然海灘，海灘除了開放予遊客暢泳外，亦有多款水上活動如香蕉船、降傘、浮潛及水上單車等，供遊客隨時參加。

INFO
- 🏠沖繩縣國頭郡本部町瀨底5750　☎098-047-7000
- 🕐09:00-17:00(7-9月至17:30)　🅿每日¥1,000(HK\$73)
- 🚌1. 從國際通駕車出發，約1小時50分鐘
  　2. 或在名護巴士總站乘搭琉球巴士65或66號，於瀨底站下車，步行5分鐘　🌐www.sesokobeach.jp

▲除了游泳及進行水上活動外，瀨底海灘亦是觀賞日落的好地方。

連接瀬底島 瀬底大橋

地圖P.257　　MAPCODE 206825435

瀬底大橋於1985年完工，為連接沖繩本島及瀬底島之間的主要通道，興建完工時更成為沖繩本島內最長的大橋。現時瀬底島約有800多人居住，主要以捕魚及觀光業為生。

INFO
- 沖繩縣國頭郡本部町
- 從國際通駕車出發，約1小時40分鐘

半個月的櫻花祭典！八重岳櫻之森公園

賞櫻！

MAPCODE 206830424

地圖P.257

八重岳櫻之森公園位於八重岳山腰，在公園的步道及通往公園的山路上，種滿了超過7,000棵寒緋櫻。每逢櫻花盛開季節(約1月下旬至2月上旬)，在公園內會舉行為期半個月的櫻花祭典，屆時會有遊戲及小吃攤販，周末更會有民族歌舞表演等活動，熱鬧非常。平日非賞花季節，也可一家大小到此看風景及享用遊樂設施。

◀到達公園入口，會有牌子告知整個八重岳的櫻花的盛開情況，分數越高代表櫻花開得越茂盛。

▲較吉野櫻深色的寒緋櫻，於冬末至初春季節在沖繩盛開。

▲在山路上買的櫻花味雪糕(￥400，HK$26)，望着櫻花邊走邊吃最合適。

◀櫻花祭典期間，公園內會有多個攤販，售賣沖繩特產、小吃，及提供攤位遊戲。

◀在車行的山道兩旁，種滿了7,000棵櫻花，盛開時非常壯觀。

◀遇到盛開的櫻花，自駕人士都禁不住在半路上停下拍照留念。

八重岳櫻之森公園步行路線圖

八重岳入口站

圖例
- 84 主要地方道
- 景點
- 巴士站
- → 步行路線

八重岳櫻之森公園 (P.268)

200米

◎跨版生活圖書出版

INFO
- 沖繩縣國頭郡本部町並里921　　0980-47-6688
- 1. 從國際通駕車前往，約需2小時；
  2. 在那霸巴士總站乘搭琉球巴士20、111或120號，在名護巴士總站下車，轉乘琉球巴士70或76號，在八重岳入口站下車，再轉乘計程車前往，或從山腳步行約20分鐘

備註：公園一帶計程車不多，要留意回程交通工具。

(圖文：嚴潔盈)

世界遺產所在地

今歸仁村

位於沖繩北部地區，世界遺產之一的今歸仁城就位於此地。此外，有名的古宇利島大橋及古宇利島亦屬今歸仁村範圍，島上的海洋景色相當美麗。

沖繩最大城堡 今歸仁城跡

地圖P.256　世界文化遺產　賞櫻!!

 免費泊車　MAPCODE® 553081414*17

今歸仁城跡是14世紀琉球王國時期北山王的城堡，別稱北山城，於1972年被列為國家史跡，2000年成為世界文化遺產之一。古時琉球國與中國有貿易來往，及後世人在城內發現大量中國與東南亞生產的陶瓷古物。今歸仁城面積達三萬七千平方米，是沖繩最大的城堡，也是賞櫻熱點。

▲遺留的石柱痕跡便是當年城池的支柱。

▲櫻花在通道兩旁盛開時，一定非常壯觀。(攝影：嚴潔盈)

◀在櫻花季節，商店都會推出櫻花產品。圖為櫻花Castella蛋糕(2個￥500，HK$32)及櫻花曲奇(￥380，HK$25)。(攝影：嚴潔盈)

▲每年1月下旬至2月上旬，這裏都會開滿鮮豔的寒緋櫻。(攝影：嚴潔盈)

269

ℹ️ 今歸仁城跡INFO
🏠 沖繩縣國頭郡今歸仁村字今泊5101
☎ 0980-56-4400
🕐 08:00-18:00(5-8月至19:00)
💲 成人￥600(HK$35)，中小學生
　￥450(HK$26)，小學生以下免費
🚌 1. 從國際通駕車前往，約需小時30分；
　2. 或在那霸巴士總站乘搭琉球巴士
　　20、111或120號，於名護巴士總站
　　轉乘琉球巴士66號，於今歸仁城跡
　　入口站下車，步行約15分鐘
🌐 www.nakijinjoseki-osi.jp (日)
Ⓟ 免費

▲從今歸仁城跡上可飽覽一望無際的美景。

◀祭祀火神的地方。

往古宇利島必經美景！ 古宇利大橋 地圖P.231

MAPCODE 485692084

　　古宇利大橋全長1,960米，由於大橋坡度頗高，視覺上就像整條大橋架於天空與大海之間，因而成為一大景點。要駕車前往距離本島約1.5公里的古宇利島，需先經過屋我地島，之後利用古宇利大橋。自2010年連結本島及屋我地島的ワルミ大橋通車後，大大縮短從沖繩本島前往古宇利島的車程。除了可透過自駕觀賞風景外，也可以徒步過橋(約30分鐘)。

▲在橋上可望到古宇利島海灘上正在嬉戲的遊客。

▲沿途無論天上或大海全是藍色。

ℹ️ INFO
🚌 1. 從國際通駕車前往，約需1小時50分鐘；
　2. 或在那霸巴士總站乘搭琉球巴士20、111或120號，抵達名護巴士總站後轉乘72號巴士，於總站運天原站下車，步行約20-30分鐘即達大橋入口

(攝影：嚴潔盈)

山盟海誓的浪漫見證 心形岩 地圖P.231 　**MAPCODE** 485752150*32

　　古宇利島北部有一個原本默默無聞的小沙灘，近年因日本偶像Arashi嵐在那裏拍廣告而爆紅，成為島上的超人氣景點，這全歸功於一塊屹立於海上的海蝕岩。這塊海蝕岩從某個角度看會拼成兩個心形，配合一望無際的海景，成為了浪漫的打卡勝地，成功吸引無數旅客前來拍照留念。

▲想看心形岩，要先往海的方向走十幾分鐘山路。

▲心形岩很受旅客歡迎。

◀不少情侶會在心形岩前駐足拍照。

ℹ️ INFO
🏠 沖繩縣今歸仁村古宇利
🚌 1. 經過沖繩自動車道的許田IC後，駕車約40分鐘；
　2. 或在那霸巴士總站乘搭琉球巴士20、111或120號，於名護巴士總站下車，轉乘的士，車程約25分鐘
Ⓟ 從免費停車場步行往心形岩需約十多分鐘的步程，部分路段是難行的斜路，所以越近心形岩的停車場的收費越高，從￥100(HK$7)到￥500(HK$33)不等。

TIPS!

　　心形岩在水中，若要踏上心形岩照相就要涉水，所以穿拖鞋較方便，但往沙灘的斜路頗崎嶇，建議穿防滑的鞋較好。

(撰文：Pak，攝影：蘇飛)

古宇利島的金黃海膽 しらさ食堂 地圖P.231

☑ 免費泊車

當初被這小食堂吸引，完全是因為一張鋪滿海膽的海膽丼照片！しらさ食堂開業30年，是古宇利島內最古老的食堂。食堂只在夏天才供應載滿金黃色海膽的海膽丼。食堂亦有海鮮丼及沖繩名物海葡萄丼提供。想一嚐沖繩海膽的美味、又適逢夏天到訪沖繩的話，就繞道到古宇利島一趟吧！食堂2樓是民宿，詳情請參閱網頁。

▲海膽丼(￥3,000，HK$176)，海膽鋪滿一整碗白飯，新鮮美味！

TIPS!

有時餐廳會因禁採海膽而不能提供海膽類菜式，遊客想吃這季節限定的海膽就要碰碰運氣了。

▲海鮮丼定食，￥2,300(HK$135)，包括多種海鮮，還有沖繩特產海葡萄。

ℹ INFO
- 🏠沖繩縣國頭郡今歸仁村古宇利176
- ⏰11:00-16:00(7-9月至18:00)(不定休)
- 🚗1. 從國際通駕車前往，約需2小時；
   2. 或在那霸巴士總站乘搭琉球巴士20、111或120號，於名護巴士總站下車，轉乘計程車前往　要留意，古宇利島很難找到計程車，建議與計程車司機預約時間接送
- 🌐shirasakouri.blog35.fc2.com (日)
- ☎0980-51-5252

可愛蝦餐車 Shrimp Wagon 地圖P.231

在古宇利大橋旁的空地上，可看見Shrimp Wagon這輛可愛小餐車。這裏提供的蒜蓉蝦飯￥1,000(HK$65)起，每份都放着滿滿的大蝦，物有所值，所以一到下午時間便會出現人龍。米飯可選原味或辣味，食客還可以￥500(HK$32)加配牛肉拼盤，或加點薯條、海螺、夏威夷汽水等，坐在海邊嘆個悠閒午餐。

▶店內出售一種夏威夷汽水(￥300，HK$19)，口味包括番石榴、菠蘿加橙等。

▲蝦餐車就位於古宇利大橋右邊的空地上。

ℹ INFO
- 🏠沖繩縣國頭郡今歸仁村古宇利314-1(實體店)
- ☎0980-56-1242　⏰11:00-17:00
- 🚗1. 從國際通駕車前往，約需2小時；
   2. 或在那霸巴士總站乘搭琉球巴士20、111或120號，至名護巴士總站後轉乘計程車前往。要留意，古宇利島很難找到計程車，建議與司機預約的時間接送
- 🌐shrimp-wagon.com

▲每隻蝦都非常厚肉，配以淡淡蒜蓉香和檸檬汁，很惹味。

▲最基本的蒜蓉蝦飯套餐(￥1,300，HK$76)，共有7隻蝦！

(圖文：嚴潔盈)

360度超廣闊海景 古宇利海洋塔
(古宇利オーシャンタワー)　`MAPCODE` ®485692084

地圖P.231

親子！ 推介！

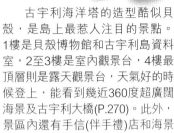

古宇利海洋塔的造型酷似貝殼，是島上最惹人注目的景點。1樓是貝殼博物館和古宇利島資料室，2至3樓是室內觀景台，4樓最頂層則是露天觀景台，天氣好的時候登上，能看到幾近360度超廣闊海景及古宇利大橋(P.270)。此外，景區內還有手信(伴手禮)店和海景餐廳。

◀最頂層的觀景台景點非常壯麗，令人忍不住多待一會。另外，記得敲響旁邊的「幸福鐘」祈求得到幸福。

▲遠遠就能看到海洋塔。

▲售票處。遊客可用自動售票機買票，省卻排隊時間。

▶買票後，可搭乘無人駕駛賢車前往貝殼館門口。幸運的話可坐上情侶粉紅特別車！

▲在2至3樓，遊客可坐下慢慢欣賞景色。

▲古宇利大橋和海景盡收眼底！

ℹ INFO

🏠沖繩縣國頭郡今歸仁村古宇利538
📞0980-56-1616　🕙10:00-18:00
💲成人￥800(HK$52)，
　中學生￥600(HK$39)，
　小學生￥300(HK$19)
🚗1. 從國際通駕車前往，約需2小時；
　　2. 或在那霸巴士總站乘搭琉球巴士20、111或120號，至名護巴士總站後轉乘計程車前往。要留意，古宇利島很難找到計程車，建議與司機預約時間接送
🌐www.kouri-oceantower.com

▲貝殼博物館的展示廳非常漂亮，一點也沒有沉悶感覺。

(圖文：嚴潔盈)

海洋塔購物與美食推介

望靚景用餐 Ocean Cafe

Ocean Cafe讓食客可眺望海景用餐，店內最有名的菜式是各款手製意式薄餅及八爪魚沙律，另外也可點牛角酥、Scone等輕食作下午茶。

▶夏天不怕熱的話，可選擇室外座位，一邊吃一邊欣賞海景及大橋。

▶八爪魚Carpaccio 沙律（￥900，HK$58）

INFO
🕐 11:00-17:00

（圖文：嚴潔盈）

試勻美味手信 Shop & Factory

逛海洋塔內手信店最開心的一點，就是幾乎所有蛋糕及餅乾類製品均有試吃，且款式非常多，可在此一次過買齊名護最有代表性及只有島上限定發售的點心。另外還有各式飲品、泡盛、調味料、精品等。

▲手信店。

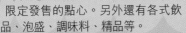

▲甫進門，店員會派發一塊南瓜饅頭給客人。不像一般日本和菓子，南瓜饅頭甜而不膩，令人忍不住想再吃一口。

▲蛋糕及餅乾類產品均有試吃。

▲充滿沖繩圖案的印花毛巾（￥600，HK$39）。

▲一盒可嚐盡4款不同口味的金楚糕（8個￥340，HK$22）。

▶像極玻璃珠的「結玉」泡盛（￥2,460，HK$160）！

（圖文：嚴潔盈）

▲菠蘿果肉蛋糕（￥1,280，HK$83）。

▲筆者推介這款菠蘿朱古力金楚糕（10個￥650，HK$42），金楚糕外包着菠蘿味朱古力，冰冰涼涼很好吃。

•名護　•本部町　今歸仁村　•國頭村

沖繩最大紅樹林區

國頭村

位於沖繩本島最北，距離那霸市約95公里，有百分之九十五的地區都是森林，總人口只有約5,000多人。在國頭村內的慶佐次灣，擁有面積達10萬平方米的紅樹林，是沖繩本島最大的紅樹林區，河邊設有散步道，讓遊客可近距離接觸大自然美景。

沖繩最北端 邊戶岬

地圖P.231

☑ 免費泊車　**MAPCODE** 728736146*23

在邊戶岬除了可欣賞以珊瑚形成的懸崖外，亦可看到一望無際的太平洋。如碰上好天氣，你更可遠眺距離沖繩本島22公里、屬鹿兒島最南端的與論島。邊戶岬有一座名為日本祖國復歸鬥爭碑，以紀念美國歸還沖繩給日本國，同樣屬於沖繩海岸國定公園一部分。

▲碰上好天氣，邊戶岬的大海景色特別美！

◀沿海水透明度很高，清楚看到水底的環境。

◀浪花不時拍向懸崖。

◀與論島與國頭村的友好紀念碑。

◀紀念第42屆國民體育大會的友情之火紀念碑。

◀岬上可看到刻有已故詩人澤木欣一詩歌的石碑。

▲琉球鐘鬼門紀念碑。

◀此碑用以紀念美國歸還沖繩給日本。

邊戶岬INFO

- 沖繩縣國頭郡國頭村字邊戶
- 1. 從國際通駕車前往，約需3小時；
  2. 或在那霸巴士總站乘搭琉球巴士20、111或120號，於名護巴士總站轉乘巴士67號，於邊土名巴士總站下車，再轉乘計程車前往
- kunigami-kikakukanko.com/itiran/06.html (日)

備註：邊戶岬一帶的計程車不多，要留意回程的公共交通工具。

登崖看大海 茅打崖 (茅打ちバンタ)

地圖P.231

☑免費泊車　MAPCODE® 728675155*71

距離邊戶岬約5分鐘車程的茅打崖，也屬於沖繩海岸國定公園的一部分。沿着登山道拾級而上，可登上100米高的山崖，在展望台上可看到蔚藍的大海，是國頭村有名的觀光點。

INFO

- 沖繩縣國頭郡國頭村字宜名真
- 1. 從國際通駕車前往，約需3小時；
  2. 或從那霸巴士總站乘搭琉球巴士20、111或120號，於名護巴士總站轉乘67號，於邊土名巴士總站下車，再轉乘計程車前往
- www.odnsym.com/spot/kayauti.html (日)

備註：茅打崖一帶計程車不多，要留意回程的公共交通工具。

品嚐北部限定美食 道の駅ゆいゆい國頭

地圖P.231

☑ 免費泊車　**MAPCODE** 485830348*71

　　沖繩本部最北的道の駅，規模雖比道の駅許田為小，但食肆、商店的選擇也不算少，包括售賣沖繩北部限定食材與紀念品的商店，還有提供野豬Shabu Shabu與野豬蕎麥麵的餐廳「わぁ～家」。經過漫長車程到達沖繩北部，不妨來這裏試試沖繩北部料理。

ℹ INFO
- ⌂沖繩縣國頭郡國頭村奧間1605　☎0980-41-5555
- ⏱09:00-18:00(わぁ~家11:00-19:00，星期二休息)
- 🚌1. 從國際通駕車前往，約需2小時40分鐘；
  　2. 或在那霸巴士總站乘搭琉球巴士20、111或120號，於名護巴士總站轉乘巴士67號，於奧間ビーチ入口站下車即達
- 🌐www.yuiyui-k.jp (日)

往本部途經休息站 道の駅おおぎみ
やんばるの森ビジターセンター

地圖P.231

☑ 免費泊車　**MAPCODE** 485673211*67

▲道の駅改建前。

　　北部另一個道の駅，同時有餐廳與商店。由於從沖繩北部駛至本部的路程頗遠，難怪需要設立多個道の駅。改建後，道の駅內提供更大的用餐及休息空間，亦有更豐富的餐點和特產。

ℹ INFO
- ⌂沖繩縣國頭郡大宜味村字根路銘1373
- ☎0980-44-3048　　⏱10:00-18:00
- 🚌1. 從國際通駕車前往，約需2小時30分鐘；
  　2. 或在那霸巴士總站乘搭琉球巴士20、111或120號，於名護巴士總站下車，轉乘巴士67號，於道の駅おおぎみ前站下車，步行約1分鐘
- 🌐www.yambaru-vc.com (日)

獨木舟觀光 慶佐次灣紅樹林區

地圖P.231

☑ 免費泊車　**MAPCODE** 485377123*58

ℹ INFO
- ⌂沖繩縣國頭郡東村字慶佐次82
- ☎0980-43-2571
- 🚌1. 從國際通駕車前往，約需2小時；
  　2. 或在那霸巴士總站乘搭琉球巴士20、111或120號，在名護巴士總站轉乘沖繩巴士78號，於慶佐次站下車即達
- 💲獨木舟之旅課程收費：
  　3小時：成人￥6,500(HK$382)，
  　　　　　小童￥4,500(HK$265)，
  　　　　　幼兒￥2,500(HK$147)
  　2小時：成人￥5,000(HK$294)，
  　　　　　小童￥4,000(HK$235)，
  　　　　　幼兒￥2,000(HK$118)
- 🌐やんばる自然塾網址：
  　www.gesashi.com (日)

　　慶佐次灣紅樹林區是沖繩本島最大規模的紅樹林區，你可沿着河邊木橋散步，或參加「やんばる自然塾」的獨木舟之旅：提供2至3小時的慶佐次灣紅樹林區獨木舟旅程，導遊會帶領遊客撐着獨木舟，親身體驗遊覽紅樹林的樂趣。你可電郵至info@gesashi.com查詢或報名。

(相片由沖繩觀光協會提供)

7

PART 7

大自然原始絕景
本島附近島嶼

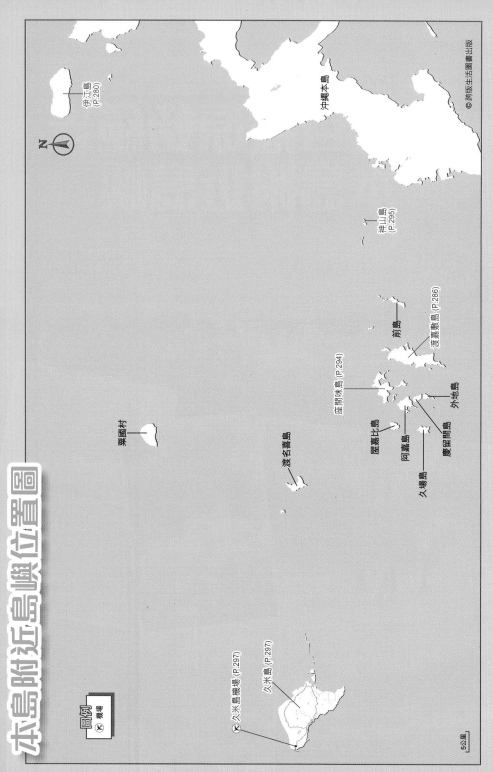

本島附近島嶼位置圖

圖例

✈ 機場

伊江島 (P.280)

N

沖繩本島

神山島 (P.295)

前島

渡嘉敷島 (P.286)

座間味島 (P.294)

粟國村

屋嘉比島

渡名喜島

阿嘉島

外地島

久場島

慶留間島

久米島機場 (P.297)

久米島 (P.297)

✈ 久米島機場

5公里

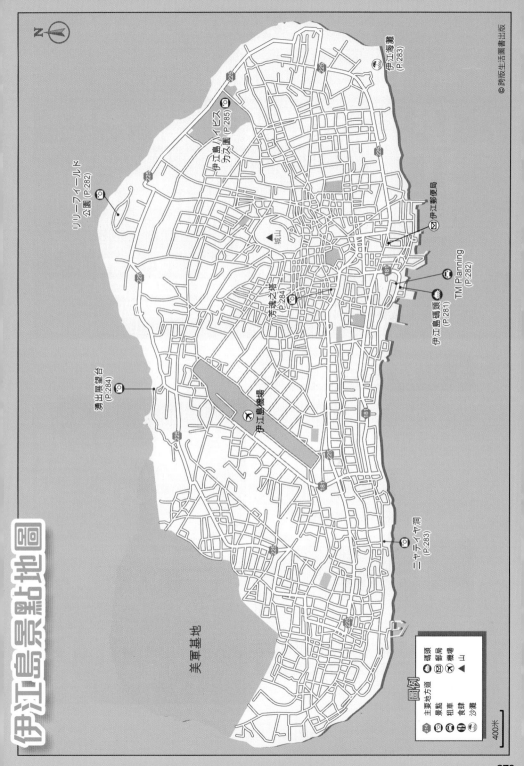

伊江島景點地圖

N

伊江海灘
(P.283)

伊江島ハイビス
カス公園 (P.285)

リリーフィールド
公園 (P.282)

伊江郵便局

城山

TM Planning
(P.282)

芳魂之塔
(P.284)

伊江島碼頭
(P.281)

湧出展望台
(P.284)

伊江島機場

ニャティヤ洞
(P.283)

美軍基地

圖例

主要地方道 　碼頭
景點 　郵局
租車 　機場 ▲ 山
食肆
沙灘

400米

© 跨版生活圖書出版

擁有戰後遺跡的百合花小島

伊江島

位於沖繩本島北部約9公里，從本部港碼頭乘搭渡輪前往只需30分鐘。伊江島面積只有20多平方米，人口約5,000人，島上人們以農業及漁業為主。二次大戰期間，伊江島為其中一個激戰區，至現在遺留不少戰後遺迹。島上亦盛產百合花，每年4月中至5月期間，伊江島會舉行盛大的百合祭，吸引不少遊客前來參觀，非常熱鬧。

▲伊江島上最高的山 — 城山。

| 人口 約4,570人 | 位置 地圖P.278 |
| 面積 約22.77平方公里 | |

• 出發往伊江島 •

本部港碼頭每天提供4班渡輪由沖繩本島北部的本部町前往伊江島，而在百合祭、夏季及黃金週期間，渡輪更會加強班次服務旅客，遊客可先到網頁查詢最新渡輪時間表。

▲船上設有小食部，讓你隨時買點心及飲料。

▲本部港碼頭距離名護市中心約20分鐘車程。

來往沖繩本島及伊江島的渡輪日常班次

本部港碼頭出發	伊江島碼頭出發
09:00	08:00
11:00	10:00
13:30	12:00
15:30	14:30
17:30	16:30

▲前往伊江島的渡輪頗大，還有舒服的連檯座椅。

註：逢黃金週、暑假及年始年末期間將會加開班次，詳情見網站。

伊江島 ● 渡嘉敷島 ● 久米島

在本部港碼頭購票及等候上船須知

在非旅遊旺季，旅客當天到碼頭購票即可上船去伊江島。渡輪更可接載車輛前往，租車的朋友可直接「連車帶人」前往伊江島繼續行程，非常方便！惟個別租車公司設立條例，限制出租車輛駛離沖繩本島，租車遊客切記於出發前向租車公司查詢。

▲本部港碼頭的購票處。

▲旅客可於開船前20分鐘前往乘船口準備上船。

◀若要連車搭船，需於30分鐘前列隊上船，看著車輛一架架排隊進入船艙，非常有趣。

> **ℹ 伊江島渡輪INFO**
> 🏠(本部港碼頭)沖繩縣國頭郡本部町字崎本部5232
> ☎0980-47-3940　🅿免費
> 🚌從國際通駕車出發，前往本部港碼頭約1小時40分鐘
> 💲

種類	成人	6-12歲小童
單程	￥730(HK$47)	￥370(HK$23)
本部港來回	￥1,390(HK$89)	￥710(HK$45)
伊江島來回	￥1,250(HK$80)	￥670(HK$40)
未滿3米高車輛 (連一張成人船票)	單程：￥2,530(HK$149) 來回：￥4,810(HK$283)	

> 🌐bit.ly/49xxEoc

TIPS!

伊江島觀光案內所

伊江島的觀光案內所就在伊江島碼頭(地圖P.279)內，此處亦提供免費地圖讓你漫步伊江島，所以抵達伊江島時，別忘了先到碼頭內的觀光案內所啊！另外，觀光案內所對面為伊江島物產中心，出售伊江島各種特產，可以在離開伊江島前、等候渡輪期間購買手信(伴手禮)。

▲觀光案內所對面為伊江島物產中心，出售伊江島各種特產。

▲伊江島的觀光案內所。

▶馬鈴薯製成的薯片吃得多，以伊江島紅芋製成的薯片你又吃過了嗎？每包￥210(HK$14)起。

◀伊江島的名產之一花生，每包￥525(HK$34)。

·島上交通·

1. 單車

　　伊江島面積不大，而且路線簡單，不少遊客均會租借單車前往島上各個景點。

　　成人租借單車1小時￥450(HK$26)，2.5小時至24小時￥1,100(HK$65)；中學生以下1小時￥400(HK$19)，2.5小時至24小時￥900(HK$52)。

2. 租借汽車

　　若同時幾位朋友出遊的話，租車比單車可能更為划算；非旺季期間租借輕型汽車6小時為￥4,500(HK$265)，8人車則為￥7,000(HK$412)。

　　要留意島上租借的車輛均沒有GPS導航系統裝置，遊客需利用地圖或Wi-Fi上網尋找目的地。不過請放心，伊江島面積不大，道路亦相對簡單，因此不用太擔心。

▼若有4人以上又或預算鬆動的話，在島上兜兜風更是一個不錯的選擇。

TIPS!

伊江島的租車公司推介

　　位於伊江島碼頭不遠處的TMPlanning，提供單車及汽車出租。

i INFO
🏠沖繩縣國頭郡伊江村川平310
☎0980-49-5208
🚶從伊江島碼頭步行約3分鐘
🌐tmp.co.jp

漫步百合花田 リリーフィールド公園　地圖P.279

　　リリーフィールド公園栽種了成千上萬的百合花，每年4月中至5月初，公園內的百合花空前盛放，伊江島便會舉辦一年一度的百合祭來慶祝，吸引大量遊客前來觀光。由於5月初為日本黃金週的關係，リリーフィールド公園變得更為熱鬧，還有不少新人特意前來拍攝婚紗照呢！

▲從公園上方往下看，能一併欣賞一望無際的大海與花海。

◀漫步於百合花田中，好不寫意。

◀誰想到這個小小的島嶼，每年能盛產過百萬株百合花？

i INFO
🏠沖繩縣國頭郡伊江村東江上地內
🚶距離伊江島碼頭約5.1公里

(相片提供：Him)

1公里長 伊江海灘 (伊江ビーチ) 地圖P.279

　　伊江海灘位於伊江島東面的青少年旅行村內，連綿達1公里，細白的沙灘加上清澈的海水，為島上著名的沙灘之一。

 INFO
- 沖繩縣國頭郡伊江村東江前2439
- 0980-49-2906
- 09:00-17:00
- 距離伊江島碼頭約3公里
- 成人￥100(HK\$6)，小童￥50(HK\$3)

▶ 海灘上還可找到為數不少的珊瑚呢！

聖地千人洞 ニャティヤ洞 地圖P.279

　　二次大戰期間，不少居民均利用ニャティヤ洞為防空洞，由於獨特地形，加上內部非常寬闊，能同時容納許多難民，在戰爭時拯救不少居民的生命，因而得到千人洞的稱號。事實上伊江村民視ニャティヤ洞為聖地，洞內的力石相傳能讓不育的女子重拾生育能力，非常神奇呢！

▶洞內的力石，真的有讓人「一摸得子」的神奇力量嗎？

▲從樓梯拾級而下，便會抵達ニャティヤ洞。

▶洞入口非常寬闊，可容納許多人，所以有千人洞之稱。

 INFO
- 距離伊江島碼頭約3.2公里

▶ 從洞上眺望伊江島的外海，非常美麗。

不斷湧出的地下水 湧出展望台 地圖P.279

▲從60米高處向下望，湧出的景色非常壯麗。

▲展望台設有涼亭，讓人乘涼兼欣賞美麗的風光。

▲地下水不斷湧出，與海水混和一起，形成深淺不同的藍色。

位於伊江島西北岸的湧出展望台，從高達60米的懸崖可遠眺海岸及俯瞰下方的觀光勝地「湧出」。湧出雖然位於海邊，但因地理關係不斷有地下水湧至海邊，這些淡水更一度成為伊江島的重要水源，直到現在還被用作飲用水呢！

INFO
距離伊江島碼頭約4.6公里

悼念戰爭亡魂 芳魂之塔 地圖P.279

伊江島於沖繩島戰役中曾爆發激戰，單單在伊江島戰死的士兵及居民就多達3,500人。為了紀念在戰爭中犧牲的人們，伊江島於島中心建造了芳魂之塔，每年4月21日均會在此舉行儀式紀念他們。

INFO
距離伊江島碼頭約1.1公里

地圖P.279

過千品種大紅花！伊江島ハイビスカス園

除了百合花，伊江島亦設有木槿屬(大紅花)園。備有溫室設備的木槿屬園種植了超過1,000款品種的木槿屬，愛花之人必定要前來欣賞一下！

伊江島

• 渡嘉敷島 • 久米島

▲通往溫室的道路上，兩旁種滿可愛的小花，遠處更能看到大型的風力發電機。

▲不同品種的木槿屬，令人目不暇給。

▲部分木槿屬形狀巨大，看看對比圖就知道了！

▶溫室內種滿不同品種的木槿屬，部分更出售呢！

 INFO
🏠 沖繩縣國頭郡伊江村字東江前3614-1
☎ 0980-49-5850
🕘 09:00-17:00
🚗 距離伊江島碼頭約4.8公里

極多珊瑚礁的浮潛熱門地

渡嘉敷島

▲渡嘉敷島的海底擁有數量極多的珊瑚礁，是浮潛的好去處。(相片提供：沖繩觀光協會)

渡嘉敷島位於沖繩南部、那霸市以西約40公里的慶良間諸島內，是慶良間諸島內最大的島嶼。海底有豐富的珊瑚潭，吸引不少遊客來潛水或進行水上活動，並採取日歸方式(即日來回)。島上有兩個沙灘，其中以阿波連沙灘最有名。

| 人口 約700餘人 | 位置 地圖P.278 |

| 面積 約15.31平方公里 |

·出發往渡嘉敷島·

　　來往那霸市的泊港碼頭及渡嘉敷島的船班次，由兩間公司提供服務，分別是特快船 Marine Liner Tokashiki(マリンライナーとかしき)及普通渡輪Ferry Tokashiki(フェリーとかしき)，每日的渡輪班次時間可能略有不同，建議出發前瀏覽官方網頁的公佈。

渡輪	Ferry Tokashiki(普通渡輪) (フェリーとかしき)	Marine Liner Tokashiki(特快) (マリンライナーとかしき)
航程時間	70 分鐘	40 分鐘
成人收費 **	單程 ￥1,690(HK$108) 來回 ￥3,210(HK$205)	單程 ￥2,530(HK$162) 來回 ￥4,810(HK$308)
小童收費	單程 ￥830(HK$54) 來回 ￥1,610(HK$103)	單程 ￥1,270(HK$81) 來回 ￥2,410(HK$155)
航班時間	**3-9 月** 那霸出發：10:00 渡嘉敷港出發：16:00 **10-2 月** 那霸出發：10:00 渡嘉敷港出發：15:30	**3-9 月 *** 那霸出發：09:40、17:10 渡嘉敷港出發：10:00、17:30 **10-2 月** 那霸出發：09:40、17:10 渡嘉敷港出發：10:00、17:00 * 日本黃金周假期、7-8 月及 9 月的星期五、六及日 加開各一班：那霸出發 13:40、渡嘉敷港出發 14:00

** 須額外繳付環境協力稅，每位 (來回)￥100(HK$7)。

 渡嘉敷島渡輪：www.vill.tokashiki.okinawa.jp

那霸市泊港碼頭 地圖P.91

位於那霸市的泊港碼頭，距離單軌美榮橋站約10分鐘路程。碼頭內設有數家食店，讓遊客購買食物與飲料上船食用。

▲泊港碼頭。

▲來往那霸與渡嘉敷島的普通渡輪。

購票表格

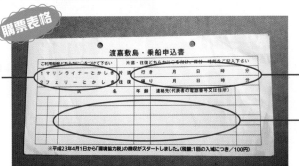

選擇乘搭特快船或普通渡輪，1號是特快船，2號是普通渡輪。

寫上去程及回程的出發日期及時間。

填上姓名，年齡，「連絡先」則可填上聯絡電話。

▲遊客可於購票前填好購票表格。

泊港碼頭INFO
- 沖繩縣那霸市前島3-25-1
- 098-861-3341
- 1. 從國際通駕車前往，約需10分鐘；
  2. 或乘搭單軌列車至美榮橋站，步行約10分鐘即達

▲渡輪內的座位十分舒適，更有電視提供免費娛樂。

▲渡輪最底層鋪有地毯供人休息，一大班朋友聚在這裏盤膝而坐，很有修學旅行的感覺！

渡嘉敷島碼頭 地圖P.289

渡嘉敷島碼頭內設有觀光案內所、當地手信店和售賣當地農製品的小攤檔。

▶渡嘉敷島碼頭。

▲碼頭內亦設有當地手信店，讓你一次過購買渡嘉敷島的名物。

▲小攤檔內則出售島內的農產製成品。

◀以渡嘉敷島種植的年柑製成的啫喱，可於碼頭購買，每個￥200(HK$13)。

位於渡嘉敷島碼頭內的觀光案內所。

·島上交通·

1. 租車：Seafriend　地圖P.289

◀Seafriend位於渡嘉敷島碼頭大樓的2樓，同時經營食堂。

租借輕型汽車(4人座)4小時為￥7,000(HK$412)，4小時後每小時加￥1,500(HK$88)，另加保險費用每日￥1,100(HK$80)。要留意，島上租借的車輛均沒有GPS導航系統裝置，遊客需利用地圖尋找目的地。與伊江島一樣，渡嘉敷道的面積不大，而且道路亦相當簡單，因此不用太擔心。

◀駕着小汽車出發探險去！

i INFO
☎098-987-2836
🚶從渡嘉敷島碼頭步行約1分鐘，碼頭大樓內2樓
🌐www.seafriend.jp

2. 單車：民宿かりゆし　地圖P.289

除了租汽車外，不少遊客也選擇租單車。民宿かりゆし提供單車租借服務，3小時￥1,500(HK$88)，3小時以上即日還車則為￥1,800(HK$106)。

i INFO
☎098-987-3311
🚶從渡嘉敷島碼頭步行約5分鐘
🌐www.kariyushi-kerama.com/rent

渡嘉敷島景點地圖

座間味島
(P.294)

N

儀志布島

集團自決跡地
(P.292)

民宿かりゆし
(P.288)

Seafriend
(P.288)

白玉之塔
(P.293)

渡嘉敷島碼頭
(P.287)

渡嘉敷島

港の見える丘
展望台 (P.292)

渡嘉志久海灘
(P.293)

旧日本軍特攻艇
秘匿壕 (P.293)

喰呑屋
バラック
(P.291)

阿波連展望台
(P.290)

阿波連海灘
(P.290)

阿波連園地
(P.291)

圖例

景點
租車
食肆
酒店
碼頭

400米

© 跨版生活圖書出版

289

沖繩島嶼最漂亮海灘 阿波連海灘

 地圖P.289　 必到！

☑ 免費泊車

阿波連海灘可稱為渡嘉敷島最美麗及著名的海灘，除了因為它位於島上最繁華的中心地帶外，從水質、透明度及環境都屬絕佳級別。不少人都特意前往阿波連海灘游泳及浮潛，一睹這個被稱為沖繩周邊最漂亮的海灘到底有多吸引。

▲所謂水清沙幼，大概就是如此光景。

▲阿波連海灘另一特別之處，就是四處都會發現可愛的小貓！

▲在沙灘入口處可找到水上活動受付處，遊客可於此處即時參加各種水上活動。

▲而喜歡靜態的朋友可乘搭玻璃底觀光船，出海觀賞美麗的海底世界。

◀喜歡挑戰自己的朋友，更可嘗試玩獨木舟出海暢遊一番。

 INFO
🏠沖繩縣島尻郡渡嘉敷村阿波連
☎098-987-2333
🚌距離渡嘉敷島碼頭約5公里

▲光以肉眼從岸上已感受到水質非常透明。

俯瞰海灘全景 阿波連展望台

地圖P.289

近距離接觸阿波連海灘後，意猶未盡的話，你可步行至距離海灘約10分鐘路程的阿波連展望台，試試從另一角度欣賞這個美麗的沙灘。

由高處遠眺阿波連海灘，單憑肉眼都可看到深淺不一的大海。▶◀

 INFO
🏠沖繩縣島尻郡渡嘉敷村阿波連
🚌距渡嘉敷島碼頭約5公里，從阿波連海灘步行約10分鐘即達

沖繩家庭料理 喰呑屋バラック 　地圖P.289

渡嘉敷島大部分食肆均位於阿波連海灘(P.290)一帶，喰呑屋バラック為其中一家日式家庭餐廳，以提供沖繩料理及咖哩飯等家庭料理為主。小店內的桌椅以杉木製成，充滿田園及大自然氣息，讓遊客可舒適地用餐及小歇一下。

◄ 店內以杉木作為家具，頗受當地及旅客歡迎。

▲小店位於阿波連海灘的中心地帶。

▲炸雞定食亦是日式飯堂必備的食物，每客￥850(HK$50)。

INFO
- ⌂沖繩縣島尻郡渡嘉敷村阿波連145
- ☏098-987-3108
- ⊙11:00-14:30，賣完為止，逢星期二休息
- ⊞距離渡嘉敷島碼頭約5公里
- ⊕tabelog.com/okinawa/A4706/A470602/47007479

▲ 日式家庭料理必有的菜單：咖哩豬扒飯，每客￥850(HK$50)。

渡嘉敷島盡頭 阿波連園地 　地圖P.289

位於渡嘉敷島南部的阿波連園地，是渡嘉敷島的南面盡頭。在此除了可遠眺阿波連岬外，步行10分鐘還可看到阿波連燈塔。慶良間諸島於2014年3月5日成被列為國立公園，作為其中一員的渡嘉敷島，當然要來阿波連園地好好觀賞一下這個大自然奇景了。

▲慶良間諸島被列為國立公園，可見這裏的風景非常珍貴。

▲園地備有展望台，讓遊客遠眺淺灘。

INFO
- ⊞距離渡嘉敷島碼頭約8.5公里

▲登上高處，能看到阿波連沿海一帶的景色。

遠眺渡嘉敷港 港の見える丘展望台 地圖P.289

　　港の見える丘展望台為與碼頭最接近的展望台，從小山丘上可遠眺渡嘉敷港一帶的景色，亦能看到碼頭附近的傳統沖繩赤瓦集落。

INFO
⊙沖繩縣島尻郡渡嘉敷村字渡嘉敷　　⊖距離渡嘉敷島碼頭約1.4公里

昔日慘劇發生地 集團自決跡地 地圖P.289

　　沖繩戰役中，渡嘉敷島的居民因害怕投降後可能受到美軍的凌辱，所以選擇集體自決(自殺)。當年有315人選擇集體自殺，而跡地位於現時的渡嘉敷島國立沖繩青少年交流之家附近。

◀ 為了防止有蛇蟲入侵，集體自決跡地以鐵閘攔着，參觀人士記緊出入時把閘門關好。

▶當年慘劇發生的地方。

▲為了悼念逝世的人民，紀念碑前長期供奉鮮花及紙鶴。

INFO
⊙沖繩縣島尻郡渡嘉敷村字渡嘉敷地志布原2772番地
⊖距渡嘉敷島碼頭約2公里

・伊江島 渡嘉敷島 ・久米島

海龜隨時出現！渡嘉志久海灘 (トカシクビーチ)

 免費泊車

地圖P.289

渡嘉志久海灘與阿波連海灘相連，雖然名氣不及阿波連海灘，但在這裏遇上海龜的機會率卻相當高！渡嘉志久海灘擁有呈三日月形的沙灘，許多遊客特意前來浮潛，就是為了要與海龜一同暢泳呢！

▲比起熱鬧的阿波連海灘，渡嘉志久海灘相對更寧靜惬意。

◀ 沙灘旁的散步道上，設有不少極具沖繩風味的雕像。

INFO
- 沖繩縣島尻郡渡嘉敷村渡嘉敷1919-1
- 開放游泳時間 09:00-18:00
- 距渡嘉敷島碼頭約3公里

可藏起戰艇 旧日本軍特攻艇秘匿壕

地圖P.289

 免費泊車

舊日本軍特攻艇秘匿壕在渡嘉志久海灘的停車場附近，是村指定戰爭遺跡。沖繩戰爭期間，不少日本軍的海上特攻艇藏身於沖繩島內的洞匿內。這些洞匿主要由島上的青年及朝鮮的軍人合力挖成，每個洞匿可收藏約一至兩艘長達5.6米的特攻艇。

▶ 為能掩藏特攻艇的行蹤，外面必定有茂盛的樹木作為掩護物。

INFO
- 渡嘉志久海灘停車場附近

悼念逃避美軍亡魂 白玉之塔

地圖P.289

沖繩於二次大戰期間成為美日開火的激戰區，至今仍保留不少與戰爭相關的遺跡。白玉之塔為紀念戰爭時期為逃避美軍而集體自殺的人們而建的紀念碑，每年3月28日均會於此舉行悼念儀式。

INFO
- 沖繩縣島尻郡渡嘉敷村渡嘉敷2760
- 098-987-2321
- 距離渡嘉敷島碼頭約1公里

潛水觀鯨勝地 座間味島

地圖P.278、289

☑ 浮潛　☑ 觀鯨

慶良間諸島有5座有人島,除了剛才介紹的渡嘉敷島外,座間味島是慶良間諸島另一個有名的島嶼,大概有600餘名居民。座間味島被珊瑚環繞,除了是潛水與游泳的好去處外,每年1月至3月更可找到鯨魚的蹤影!在初春,座頭鯨都會從北面的阿拉斯加來到座間味島一帶,為分娩作好準備。運氣好的話乘船出海便可邂逅這位長達15米的海中霸王。

在座間味島觀鯨魚!

座間味觀鯨協會於每年12月至4月初舉辦出海觀鯨魚團,有興趣的話,出發前需連同姓名、電話號碼、到達座間味島的時間與航班號碼、參加人數及回程那霸的時間與航班等資料,以電郵形式傳送至座間味觀鯨協會作預約。旅客需自行購買前往座間味島的船票。

◄▲ 日歸觀鯨團每天早上與中午各一團,遇上天氣好的話,一天最高會有幾十條鯨魚出現在海中!

ℹ️ **INFO**
- 每天兩次,早上10:00及12:30(全程約需2小時)
- 成人￥6,600(HK$388),小童￥3,300(HK$194)
- 觀鯨:zwwa.okinawa
- 預約:ws.formzu.net/fgen/S34410909

出發往座間味島

由那霸市泊港碼頭前往座間味島的船班次會因應不同季節有所不同,詳細時間表可參考www.vill.zamami.okinawa.jp/ship。

▲ 看到如此清澈的海底,再加上美麗的珊瑚,難怪日本當地居民也常來沖繩渡假。

泊港碼頭	往座間味島需時	成人	小童
Ferry Zamami（フエリーざまみ）	約90分鐘	單程￥2,150(HK$138) 來回￥4,090(HK$262)	單程￥1,080(HK$69) 來回￥2,060(HK$131)
Queen Zamami（クイーンざまみ）	約50分鐘	單程￥3,200(HK$204) 來回￥6,080(HK$388)	單程￥1,600(HK$102) 來回￥3,0400(HK$194)

(相片提供:沖繩觀光協會)

與海龜共潛 神山島

☑ 浮潛　　☑ 體驗潛水　　地圖P.278

神山島是慶良間諸島內其中一個無人島，在地理上較接近沖繩本島，兩者只相距約30分鐘航程。這個島的特別之處是它由珊瑚礁群組成，因此島的周圍孕育了無數色彩繽紛的熱帶魚，加上無污染的環境使周邊的海水清澈透碧，令這裏成為了潛水愛好者的烏托邦。如果想深入海底探索這個美麗的海島，可報名參加半天浮潛體驗團，從沖繩本島出發，沿途有專業的導師帶領和講解，即使沒有潛水經驗的人士亦能輕鬆享受浮潛的樂趣，與魚兒一起在珊瑚群中暢泳，運氣好的話還能見到海龜呢！

▲店鋪會提供相應的潛水裝備。

▲位於那霸市的Marine House Seasir (P.20)會舉辦半天或一天的浮潛和潛水體驗團，若是第一次浮潛的話建議參加半日行程體驗一下。

▶浮潛團提供的裝備齊全，沒有經驗也不用擔心。

TIPS!

為安全起見，參與浮潛的人士必須確保在乘坐飛機前後至少有18小時的地面休息時間，並需填寫身體狀況的調查表格。此外，乘船到浮潛點需時，容易暈船的參加者宜先預備有關藥物。

浮好裝備後就可以下水。

浮潛團由那霸港口出發。

▶神山島是海龜的棲息之所。

ℹ INFO

- ⌂(Marine House Seasir集合地點) 沖繩縣那霸市港町2-3-13
- ☎0120-105-578
- ⏰分08:00、13:00兩節，每節4.5-5.5小時
- 💲(10-6月)成人¥6,000(HK$353)，小童¥5,000(HK$291)；(7-9月)成人¥7,000-7,500(HK$412-441)，小童¥6,000-6,500(HK$353-382)
- 🚗1. 從國際通駕車前往，約需15分鐘，港口有免費停車場；
　 2. 店鋪會提供那霸市內一帶酒店的免費接送服務
- 🌐www.seasir.com/ct/naha/half

(撰文：Pak，攝影：蘇飛)

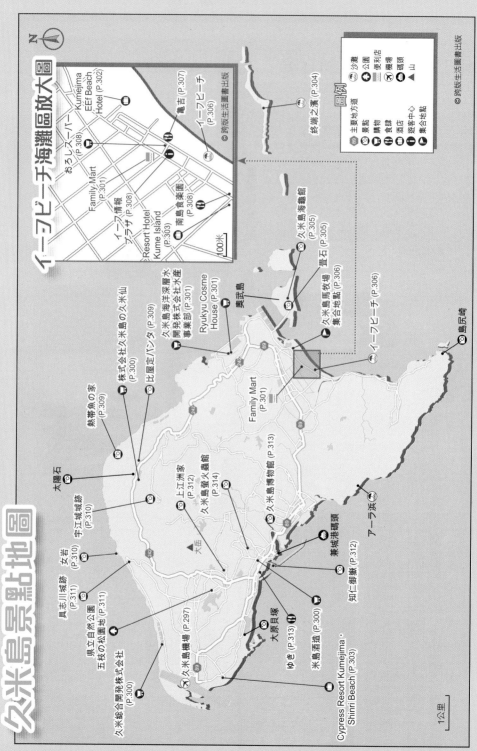

久米島景點地圖

イーフビーチ海灘區放大圖

N

イーフビーチ海灘區放大圖

- Kumejima E Ef Beach Hotel (P.302)
- 亀吉 (P.307)
- イーフビーチ (P.306)
- おろしスーパー (P.308)
- Family Mart (P.301)
- イーフ情報プラザ (P.308)
- Resort Hotel Kume Island (P.303)
- 南島食楽園 (P.308)

100米

© 跨版生活圖書出版

圖例

- 沙灘
- 公園
- 便利店
- 機場
- 碼頭
- 山
- 主要地方道
- 景點
- 購物
- 食肆
- 酒店
- 遊客中心
- 集合地點

© 跨版生活圖書出版

- 終端之濱 (P.304)
- 久米島海龜館 (P.305)
- 畳石 (P.305)
- 久米島馬牧場 (P.306)
- 奧武島
- 久米島海洋深層水開発株式会社水産事業部 (P.301)
- Ryukyu Cosme House (P.301)
- 久米島馬集合地點 (P.306)
- イーフビーチ (P.306)
- 島尻崎
- 株式会社久米島の久米仙 (P.300)
- 比屋定バンタ (P.309)
- 熱帯魚の家 (P.309)
- 太陽石
- 宇江城城跡 (P.310)
- 女岩 (P.310)
- 上江洲家 (P.312)
- 久米島螢火蟲館 (P.314)
- Family Mart (P.301)
- 久米島博物館 (P.313)
- 具志川城跡 (P.311)
- 五枝の松園地 (P.311)
- 県立自然公園
- 久米島綜合開発株式会社 (P.300)
- 大岳
- 兼城港碼頭 (P.312)
- アーラ浜
- 久米島機場
- 大原貝塚
- 米島酒造 (P.300)
- ゆき (P.313)
- 知仁御嶽 (P.312)
- Cypress Resort Kumejima・Shinri Beach (P.303)

1公里

296

著名浮潛聖地

久米島

位於沖繩島西面約100公里，是琉球群島第五大的島嶼，也是日本著名的浮潛旅遊聖地。

| 人口 約9,000餘人 | 位置 地圖P.278 |
| 面積 約59.11平方公里 | |

・出發往久米島・

1. 飛機

只有日航(JAL)分公司琉球空中通勤(RAC)和日本越洋航空(JTA)提供那霸至久米島的航班，航程需時35分鐘，每天均提供約7班航班，班次見右表。

i INFO
Ⓢ 來回成人約¥18,244(HK$1,073)，小童約¥13,564(HK$798)
Ⓔ www.jal.co.jp/en(英)

那霸→久米島：
07:45、09:50、11:05、12:05、15:45、17:25、18:10

久米島→那霸：
08:45、10:50、12:05、13:20、14:30、16:45、18:25

*以上航班時間只作參考，最新航班時間請向各航空公司查詢。

久米島機場

久米島機場的範圍很小，一下機就去到唯一的行李輸送帶，取行李後步出大堂可見土產商店、觀光資訊中心和食肆等，機場大堂也只有一層，右方是租車公司的櫃位。

▶機場大堂。

▲若你乘JAL航班往久米島，有可能坐到這架有趣的鯨鯊飛機。

▶機場內有小型土產賣店。

▲唯一一條行李輸送帶。

2. 渡輪

從沖繩那霸市泊港碼頭(地圖P.91)前往久米島的兼城港，航程約需3-4小時(途經渡名喜島)，或約3小時(不經渡名喜島)。

那霸(泊)→渡名喜島→久米島

班次	那霸(發)	渡名喜島(到)	渡名喜島(發)	久米島(到)
1	09:00	10:55	11:10	12:30
2 星期一休運	14:00	--	--	17:00

久米島→渡名喜島→那霸(泊) (1/1 - 3/31　11/1 -12/31)

班次	久米島(發)	渡名喜島(到)	渡名喜島(發)	那霸(到)
1	09:00	10:20	10:35	12:30
2 星期一休運	14:00	--	--	17:00

久米島→渡名喜島→那霸(泊) (4/1-10/31)

班次	久米島(發)	渡名喜島(到)	渡名喜島(發)	那霸(到)
1	09:00	10:20	10:35	12:30
2 星期一五休運	14:00	--	--	17:00
3 只開星期五	14:00	15:20	15:35	17:30

i 那霸市泊港碼頭INFO
- 沖繩縣那霸市前島3-25-1
- 098-861-3341
- 1. 從國際通駕車前往，約需10分鐘；
  2. 或乘搭單軌列車至美榮橋站，步行約10分鐘即達
- 成人單程￥3,390(HK$220)；來回￥6,450(HK$419)；小童單程￥1,700(HK$110)，來回￥3,060(HK$199)
- 沖繩那霸市泊港碼頭：www.tomarin.com (日)　久米商船株式會社網址(渡輪資料)：www.kumeline.com (日)

• 島上交通 •

1. 巴士

久米島巴士主要分為4條路線，包括空港線、一周線、島尻線及嘉儀山線，其中遊客大多使用空港線與一周線，主要經過右列的地區或景點：

空港線主要途經地方：
久米島機場、イーフビーチ、久米Island Hotel、兼城港碼頭、久米島Garden Hills Hotel、疊石(於西奧武站下車)等。

一周線主要途經地方：
兼城港碼頭、久米島Garden Hills Hotel、比屋定バンタ 等。

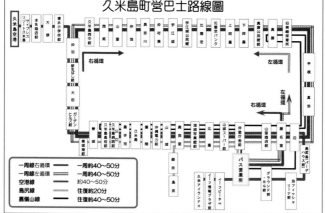

◀久米島巴士路線圖(資料來源：http://www.town.kumejima.okinawa.jp/docs/bus-map/file_contents/bus.pdf)。

i INFO
- 巴士收費以路程計算，由￥120(HK$8)至￥470(HK$31)不等。
- www.town.kumejima.okinawa.jp/docs/bus/timeline.html

2. 自駕租車

　　大型租車公司Orix於久米島機場設有租車中心。除此之外，還有一些小型的當地租車公司如Mangrove Rent-a-car (沖樂租車網預約)或Peace Rent a Car (官網預約)。沖繩旺季時租車的供應可以很緊張，尤其是暑假期間及島嶼上的車輛會很快被訂完，這種情況建議至少兩個月前預訂車輛，不要到達後才去租車，就算有供應價格也會貴。若在熱門租車網如TOYOTA Rent a Car或ORIX租車公司網站上找不到心儀的車輛，可使用綜合的租車網站如Tabirai沖繩租車網（tc.tabirai.net/car/okinawa/）、沖楽レンタカー（日文網頁：oki-raku.net）和REN@NAVI（www.rental-car.jp/cn/）等等。

　　若你的租車公司是Mangrove Rent-a-car或ABC Rent-a-car，辦好手續後，職員會帶你到機場大堂外大型停車場右方的小型停車場取車，該停車場也是還車時停泊的位置(見以下地圖)。由於久米島地方小，油站也不多，你可選擇另付￥1,000(HK$65)以換取還車時不用入滿油，方便遊玩時間的預算。另外，以Mangrove Rent-a-car為例，還車時可將車匙直接放在車內，然後到櫃位通知職員。若職員不在且在用車過程沒特別事故發生的話，還車匙後直接離開上機也可以。

▶ 機場租車櫃位。

機場出車還車地圖

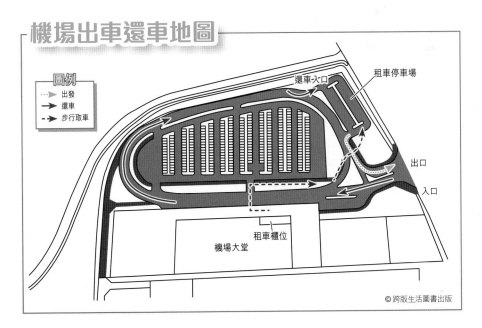

圖例
- ⋯⋯▶ 出發
- ──▶ 還車
- ⊷▶ 步行取車

還車入口

租車停車場

出口

入口

租車櫃位

機場大堂

© 跨版生活圖書出版

久米島 特產精選

　　來到久米島，會經常見到一樽樽可供飲用的海洋深層水發售。其實深層水即是由深海200公尺提取的水，由於久米島四周的海水未受污染，便造就了這種最重要的特產。此外，純淨不含浮游生物的深層水更進一步促進了島上的其他產業，例如製酒、漁業和健康美容業等，從而令這個小小的海島，自家出品了多種具標誌性的特產，下文介紹各種特產及其生產商。

1. 米島酒造　地圖P.296　MAPCODE 669 645 010*11

▲酒廠的外觀仿如民家。

　　米島酒造自1948年開業，是一間規模較小的清酒釀造廠，以家族式經營。廠方一直堅持以取自白瀨川、純淨無礦物質的軟水(Soft Water)來釀酒，令清酒份外甜美可口。此外，廠方在釀製過程中，都以人手控制發酵、製麴和熟成等工序，絕不馬虎，旅客可事先與酒廠聯絡，廠方會安排參觀和試酒。不得不提的是，由於品牌製作的清酒大部分只能夠在久米島上的旅遊點手信店或超市買到，是島上限定的手信，因此不論愛酒與否，都不容錯過。

▲旅客可到酒廠買酒和試酒。　▲有興趣的話可預約參觀清酒的生產過程。

INFO
⌖沖繩縣久米島町大田499　☎098-985-2326　⊙(參觀時間)10:00-17:00　🚶從兼城港碼頭步行約8分鐘即達　🌐yoneshima-shuzo.co.jp

2. 久米仙 (株式会社久米島の久米仙)地圖P.296

▲久米仙的售價並不昂貴(¥869，HK$51)，很多地方都可買到。

　　沖繩的製酒商主要以蒸餾法製酒，這些酒名為泡盛，味道類似燒酒，較為辛辣嗆喉。在芸芸琉球泡盛中，久米仙是其中一個較著名的品牌。這個品牌是久米島的地酒，使用天然泉水和南方質地較硬的大米製作，而製麴和搗米等工序都是全人手製作，標榜不論用料或製作，都務求最貼近大自然。泡盛的壽命是愈古老愈珍貴的，來久米島旅行時，不妨買一枝久米仙回家收藏！

INFO
⌖沖繩県久米島町字宇江城2157　☎098-985-2276　🌐www.k-kumesen.co.jp

3. 車蝦 (久米総合開発株式会社)地圖P.296　MAPCODE 669 732 283*00

▲久米総合開発株式会社。

▲參觀者可以即場試吃和購買肥大鮮美的車蝦。

車蝦養殖場。

　　久米島的車蝦(車海老)以純淨深層水養殖，讓蝦苗在最貼近自然的環境下生長。久米総合開発株式会社是其中一間規模較大的車蝦養殖中心，設有6個養殖池，收到訂單後以急速冷凍技術令車蝦在低溫中維持12小時壽命，再送到各地。11月至4月還會有限定的捉蝦活動，其餘日子旅客有興趣的話，可向中心預約參觀。

INFO
⌖沖繩縣久米島町北原1　☎098-985-3254　⊙08:30-17:00(逢星期六全日、星期日下午休息)　🚗從久米島機場駕車前往，約需5分鐘　🌐kumesougoukaihatsu.com

4. 海葡萄 (久米島海洋深層水開発株式会社水産事業部)地圖P.296

MAPCODE 669 682 049*61

▲海葡萄養殖場。

有沒有留意大多數沖繩料理餐廳都會以海葡萄沙律作為前菜？久米島就是這些海葡萄的主要生產地。海葡萄是綠色藻類植物，蘊含極高的營養價值，因外形仿似葡萄而得名。來到久米島，不妨預約到海葡萄養殖場(久米島海洋深層水開発株式会社水産事業部)參觀及試吃，這裏以612公尺深的海洋深層水養殖海葡萄，並悉心控制場內的溫度，使出產的海葡萄口感爽脆而極富健康價值。

▲海葡萄就是在這些池內生長。

i 久米島海洋深層水開発株式会社水産事業部 INFO
- 沖繩縣久米島町字真謝486-11
- ☎098-985-7822
- ⏰09:00-17:00(逢星期日及公眾假期休息)
- 🚗從兼城港碼頭駕車前往，約需14分鐘
- 🌐www.kumejima-kaiyoshinsosui.co.jp

5. ポイントピュール (Ryukyu Cosme House)地圖P.296

MAPCODE 669 682 170*58

ポイントピュール (Ryukyu Cosme House)是久米島的化粧品牌，品牌製作的化粧品和護膚品都是採用海洋深層水為基礎原料，再配合植物及海藻精華而成的，因此並無太多化學成分，對大自然無害之餘，也適合各類型膚質的人。品牌的本社位於久米島，旅客可直接到本社購買其產品，也可參觀本社內的展覽廳。大家選購手信時可考慮這種獨特的美容產品。

▲位於久米島的本社暨銷售店。

i (株)ポイントピュール本社 INFO
- 沖繩縣久米島町字真謝486-12
- ☎098-896-8701
- ⏰10:00-17:30(逢星期日及公眾假期休息)
- 🚗從兼城港碼頭駕車前往，約需16分鐘
- 🌐pointpyuru.co.jp

▲旅客可在展覽廳試用護膚品。

▲各種以深層水為原料的美容產品。

6. 特產離島便 (Family Mart 地圖P.296)

沖繩有多個大大小小的離島，各個離島的農產品和美食都有獨特的風味。特產離島便就以各地農作物為原料，純人手製作不同味道的調味料，以表現石垣島、伊良部島和与那国島等離島的地道風味，當中代表久米島的就有蒜味噌和松果醬等。離島便調味料在各便利店有售，把它們帶回家就能隨時回味沖繩離島料理的味道。

i Family Mart (久米島イーフビーチ前店) INFO
- 沖繩縣久米島町謝名堂583-1
- ☎098-896-8411 ⏰24小時
- 🚗從久米島機場駕車前往，約需20分鐘
- 🌐bit.ly/3OOhDSx

▶代表久米島的蒜味噌(￥780，HK$51)。

▲特產離島便佔據了Family Mart便利店的陳列架。

(撰文：Pak，攝影：蘇飛)

• 久米島度假酒店特集 •

Kumejima EEf Beach Hotel

地圖P.296

Check in
15:00
Check out
11:00

☑ 免費Wi-Fi　☑ 免費泊車

　　來到久米島，一定會去イーフビーチ(P.306)。Kumejima EEf Beach Hotel就建於這個人氣海灘旁邊，住客不但可以在房中眺望無敵海景，往海灘遊玩也十分方便。此外，酒店的設施也十分齊備，有放滿各式各樣遊戲機的康樂室、兩個戶外游泳池、高爾夫球場和手信店，住客還可以享用深層水Spa，以及在游泳池畔燒烤，可謂能滿足住客所有願望，是一家大小度假的首選！

▲酒店鄰近イーフビーチ沙灘。

◀酒店的室外泳池向海。

◀雙床房。

▲住客可以在這裏浸深層水熱湯，是酒店的重要賣點。

◀▲早餐採用自助形式，可自由配搭豐富的食物。

◀酒店提供燒烤晚餐(每位￥3,800起，HK$248)，住客不要錯過享用新鮮食材的機會啊！

ℹ️ **INFO**
📍沖繩縣久米島町謝名堂548
☎098-985-7111
🚗1. 從兼城港碼頭駕車前往，約需15分鐘；
　2. 或從機場乘搭町營巴士空港線，在イーフビーチホテル站下車
💲雙人房￥20,400(HK$1,200)起
🌐www.courthotels.co.jp/kumejima(日、英)

(撰文：Pak，攝影：蘇飛)

Resort Hotel Kume Island

地圖P.296

Check in 14:00
Check out 11:00

☑ 免費Wi-Fi　　☑ 免費泊車

　　Resort Hotel Kume Island的建築設計呈南歐別墅的風格，房間的落地玻璃、被鋪的設計圖案都營造了優閒的氣氛，而且職員親切真誠，熱心服務每一位住客，帶給住客一種安心度假的感覺。酒店設有戶外泳池，與イーフビーチ的距離也很近，酒店還會舉辦各種浮潛活動，十分適合喜歡陽光與海灘的旅客。

▶酒店正門。

INFO
- ⌂ 沖繩縣久米島町字真我里411
- ☎ 098-985-8001
- ⊟ 1. 從兼城港碼頭駕車前往，約需15分鐘；
  2. 或從機場乘搭町營巴士空港線，在久米アイランドホテル站下車
- ⑤ 雙人房￥20,250(HK$1,191)起
- ◉ www.kumeisland.com(日)

(撰文：Pak，攝影：蘇飛)

Cypress Resort Kumejima • Shinri Beach

地圖P.296

Check in 15:00
Check out 11:00

☑ 免費Wi-Fi　　☑ 免費泊車

　　若説游泳池是度假酒店裏的基本設施絕不為過，但泳池仍是這間酒店的賣點，全因這是一個無邊際的泳池(Infinity pool)，住客在這裏游泳彷彿置身於一望無際的大海中，有無拘無束的感覺，而且酒店前方就是Shinri Beach(シンリ浜)，方便住客前去這個清澈的海灘浮潛。酒店的另一賣點，是提供碳酸泉的大浴場，浸浴時會有一個個小氣泡包圍身體，具紓緩血壓的功效。由此可見，在這裏度假，不但可以放鬆心情，還能讓身體充電呢！

▶雖然Shinri Beach比較多礁石，但清澈的海水吸引不少旅客來浮潛。

INFO
- ⌂ 沖繩縣久米島町大原803-1
- ☎ 098-985-3700
- ⊟ 1. 從久米島機場駕車前往，約需3分鐘；
  2. 酒店會在久米島機場和兼城港碼頭提供免費穿梭巴士服務，往碼頭車程約10分鐘
- ⑤ 雙人房￥13,700(HK$806)起
- ◉ www.cypresshotels.jp/kumejima/(日、英、中)

(撰文：Pak，攝影：蘇飛)

▲酒店的外形設計得有點像一般郵輪。

最美麗的無人島沙灘 終端之濱

(はての浜)　MAPCODE® 上船地點 669 623 364*87　地圖P.296

終端之濱由3個沙灘組成，是一個位於海中央的沙洲，全長約7公里。來到這裏，可從360度觀看一望無際的蔚藍海洋，而且四周的海水清澈透碧，浮潛時可以清楚見到色彩繽紛的熱帶魚和珊瑚礁，美得像人間天堂，難怪被譽為日本最美麗的無人島沙灘。要到終端之濱遊覽需要參加當地團，建議選乘玻璃底船，沿途先聽導遊的講解，以肉眼認識海底世界，若是半天行程抵達沙洲後可逗留約1.5小時，親身潛入海底接觸數之不盡的生物！

▲終端之濱水清沙幼，海水碧綠得像寶石一樣。

▶旅客可乘玻璃底船前往終端之濱。

▲船家會提供浮潛裝備。

TIPS!

終端之濱上只有簡陋的設施，包括售賣飲品的小店、廁所和沙灘椅等，除此之外沒有遮陰的地方，建議前往之前帶備以下用品：

1. 現金(這很重要)，以便租用沙灘椅(每張￥3,000-4,500，HK$196-294)和購買飲品(每支約￥300，HK$20)，當然飲品也可自帶。

2. 自備泳衣、泳鏡和防曬用品，帶團的職員會提供浮潛用品及救生衣。

3. 浮潛時是在珊瑚礁旁邊游的，若穿上防珊瑚礁石劃傷的浮潛襪或沙灘鞋，可玩得更放心。

4. 浮潛時帶備少量餵魚的糧食可看到更多魚。

▲在淺水珊瑚礁旁浮潛。

ℹ INFO
⌂(上船地點)沖繩縣久米島町宇根1724-13
☎(玻璃船體驗)098-985-3311
🕐半天行程船程約30分，逗留終端之濱約1.5小時(12月到3月約1小時)
💲(玻璃船體驗)成人每位￥2,500 (HK$162)
🚌1. 從兼城港碼頭駕車前往碼頭，約需14分鐘；
　　2. 船公司會提供免費接送巴士，到各酒店接送參加者到碼頭
🖥(預訂玻璃船)www.japawalk.com

(撰文：Pak，攝影：蘇飛)

認識海龜生態 久米島海龜館

(久米島ウミガメ館) `MAPCODE` 669 594 820*71

地圖P.296

親子!

每年的5月至8月都是海龜到久米島產卵的季節,若旅客錯過了,也可以到島上的海龜館參觀。海龜館的成立目的是為了保護這種瀕臨絕種的海洋生物,館內除了有大水槽飼養了不同品種的海龜,讓遊客可以近距離觀察牠們的形態外,還有展示板和影片介紹海龜的生態和傳說。此外,每逢黃金週及暑假,館方還會舉辦餵飼海龜等體驗,有興趣的話謹記要預約啊!

▲海龜館入口。

◀館內展出多種貝殼標本。

INFO
- ⌂沖繩縣久米島町字奧武170
- ☎098-985-7513　Ｐ免費
- ◷09:00-17:00(逢星期二休息)
- Ⓢ成人￥300(HK$19),小學及中學生￥200(HK$13);參加體驗活動成人￥2,500(HK$162),小學及中學生￥1,500(HK$97)
- ⊟1. 從兼城港碼頭駕車,約需25分鐘
     2. 在久米島機場搭乘町營巴士機場線於奧武島(バーデハウス前)站下車,車程約30分鐘
- ⊕kumejimataro.okinawa

▲館內的手信店有很多可愛的精品。

▲▼旅客可在水槽看到大小不同的海龜。

▲秀峰文蛤。

(撰文:Pak,攝影:蘇飛)

特色大自然景觀 疊石

地圖P.296

☑免費泊車

位於島上西南部的疊石,是沖繩縣指定的天然記念物。疊石呈六角形,每塊直徑約1-2米長,由冷卻的溶岩拼砌成龜甲狀。潮退時,疊石群會露出地面,你在石縫間還會找到不同的海洋生物呢!從久米島可經海中道路通往東面的奧武島。

▶退潮時疊石群會露出水面,很壯觀!

INFO
- ⌂沖繩縣久米島町奧武
- ⊟交通見久米島海龜館

(攝影:蘇飛)

騎着溫馴馬匹上山下海 久米島馬牧場 地圖P.296

MAPCODE B&G 海洋中心 669 592 866*87

很久以前，沖繩人會飼養馬匹來勞動，因此久米島有騎馬的傳統。島上的馬匹都是放養的，牠們會隨意在田野間吃草散步，養成了不怕人的性格。久米島馬牧場會舉辦不同的騎馬體驗，帶領參加者在沙灘、叢林，甚至山丘或海中騎馬，讓他們感受與溫馴的馬匹一起遊玩的樂趣，體驗餵飼和撫摸馬兒！

▲ 參加騎馬體驗的集合地點B&G海洋中心。

▲ 旅客可摸摸溫馴的馬兒。

◀▲ 一家大小一起感受騎馬的樂趣，絕對是不錯的體驗！

i INFO
- (B&G海洋中心)沖繩縣久米島町字謝名堂548
- 080-6491-1950　10:00-17:00
- (海灘散步)￥6,000(HK$353)；(海馬遊)一人￥18,000 (HK$1,059)，兩人或以上￥12,000(HK$706)；(叢林探險)￥15,000(HK$882)
- 從兼城港碼頭駕車，約需13分鐘
- kumejimauma.jimdo.com
- 備註：騎馬體驗需預約，可網上或經酒店預約。

(撰文：Pak，攝影：蘇飛)

水上活動必到沙灘 イーフビーチ 地圖P.296

☑ 免費泊車　**MAPCODE** 669592399*30

イーフビーチ是久米島最有名的海灘，由珊瑚礁形成的白砂海濱，沿着海邊延綿達2公里，是日本百選海灘的其中一名。海上風浪平穩，加上海水清澈度非常高，適合進行各式各樣水上活動。

i INFO
- 沖繩縣久米島町謝名堂
- 1. 從兼城港碼頭駕車，約需20分鐘
  2. 在久米島機場搭乘町營巴士機場線於イーフビーチホテル站下車，車程約25分鐘

(相片提供：沖繩觀光協會)

必吃地道沖繩料理 亀吉

地圖P.296　MAPCODE® 669 592 216*48

亀吉的餐牌包攬多種沖繩料理，如豆腐料理、水雲、沖繩麵和煮魚定食等，當中較為特別的是沖繩名物長命草。雖然味道不怎麼樣，但長命草含有豐富的氨基酸和各種維生素，沖繩人相信每天吃的話能延長壽命。來到亀吉，就可以見識到各種特別的沖繩名物，而且店家採用家常的烹調手法，保證顧客能嘗到最地道的沖繩風味。

▲亀吉的門面。

◀沖繩麵，￥825(HK$49)。

▲魚の煮付定食，￥1,400(HK$91)，鯛魚煮得很入味，十分抵食。

推介！

▲島魚のチーズ焼き，￥770(HK$45)，芝士燒白身魚，味道令人驚喜。

▶長命草天婦羅。

ℹ️ INFO
- 沖繩縣久米島町字比嘉160-39
- 098-985-8703
- 11:30-23:00(逢星期二休息)
- 1. 從兼城港碼頭駕車，約13分鐘
  2. 在久米島機場搭乘町營巴士機場線於イーフ情報プラザ前站下車，車程約25分鐘
- www.instagram.com/kumejima_kameyoshi/

(撰文：Pak，攝影：蘇飛)

▲長命草御膳，￥1,500(HK$97)，若沒頭緒點這個最好，炒飯很好吃。

大量特產的平價超市 おろしスーパー

地圖P.296

MAPCODE 669 592 246*28

　　想把久米島的特產帶回家卻無從入手？推介大家來這間名為おろしスーパー的超級市場。這裏的貨物應有盡有，例如有島上的零食、調味料、水果和沖繩的地道即食麵等，價錢實惠之餘，店員還可以幫顧客把貨物大量郵寄，可惜只限於日本國內！

◄超市的門面雖小，裏面卻包羅萬有。

▲久米島獨有的醬料，￥819(HK$53)。

◄久米島特產蜜柑果汁，￥275(HK$18)。糖。

INFO
📍沖繩縣久米島町字比嘉160-54　📞098-896-8388　🕐09:00-20:00
🚍1. 從兼城港碼頭駕車，約需13分鐘
　　2. 在久米島機場搭乘町營巴士機場線於イーフ情報プラザ前站下車，車程約25分鐘

▲各種地區限定即食麵，適合當手信。

(撰文：Pak，攝影：蘇飛)

久米島遊客中心 イーフ情報プラザ

地圖P.296

MAPCODE 669 592 245*06

　　與おろしスーパー超市有一街之隔的，是久米島遊客中心。旅客享受完購物樂之後，可以到遊客中心稍事休息，並看看中心內的小冊子及單張，再了解一下島上的觀光情報。

INFO
📍沖繩縣久米島町字比嘉160-57　📞098-851-7973　🅿免費
🚍1. 從兼城港碼頭駕車，約需13分鐘
　　2. 在久米島機場搭乘町營巴士機場線於イーフ情報プラザ前站下車，車程約25分鐘

▲イーフ情報プラザ。

(撰文：Pak，攝影：蘇飛)

滿分海葡萄料理 南島食楽園

地圖P.296　　**MAPCODE** 669 591 029*21

　　南島食楽園是一間由飯店東主經營的居酒屋，規模頗大，專門提供一些以久米島特產製成的特色料理。餐廳的招牌菜是海葡萄玉子燒，是每桌必叫的名菜——軟滑的雞蛋包裹着爽脆的海葡萄，不但口感豐富，更給人一種清新的感覺。其他以久米島特產製成的料理還包括海葡萄春卷、炸車蝦、久米赤雞刺身和香蒜炒久米島雞腎等，每款都色、香、味俱全！

人氣！

▲南島食楽園是一間較為大型的居酒屋。

▲店內的氣氛頗熱鬧。

INFO
📍沖繩縣久米島町字比嘉160-81
📞098-985-8801
🕐17:30-22:30(逢星期四休息)
🚍1. 從兼城港碼頭駕車前往，約需15分鐘；2. 或從機場乘搭町營巴士空港線，在久米アイランドホテル站下車

(撰文：Pak，攝影：蘇飛)

在峭壁上俯瞰沖繩 比屋定バンタ 地圖P.296

MAPCODE 669 739 328*62

バンタ是沖繩方言，有懸崖峭壁的意思。這裏建有一座兩層高的展望台，旅客可登高俯瞰翠綠的山林和一望無際的大海，而且由於久米島被色彩繽紛的珊瑚礁群包圍，所以大海看起來會是漸層色的呢！天氣好的時候，在展望台還能看到慶良間諸島、渡名喜島和終端之濱，在旁邊的小食店買點小吃，一邊觀賞美景，一邊品嘗地道美食，必定令人心曠神怡！

▲兩層高的展望台。

▲▶放眼遠方，眼前都是一片綠和藍。

ℹ️ **INFO**
- 🏠沖繩縣久米島町比屋定
- 🚌1. 從兼城港碼頭駕車，約需20分鐘
  2. 在久米島機場搭乘町營巴士機場線於仲泊站轉乘一周線右循環線，於比屋定站下車 💰免費

(撰文：Pak，攝影：蘇飛)

▲展望台旁邊有一間小吃店，可買點食物來補充體力，例如這款炸紫薯餅很受歡迎，每件￥70(HK$5)。

知魚之樂 熱帶魚の家 地圖P.296   **MAPCODE** 669 769 442*65

熱帶魚の家由天然的地形組成，海灘邊數以百計的礁石之間住了不同品種的熱帶魚，它們色彩繽紛，有的只是小小的一條，有的則差不多有手掌般大，旅客可以站在礁石上仔細觀察牠們的特徵和習性，也可以自備食物餵飼牠們。看着魚兒悠閒地在水中游來游去，心情也會變得暢快！

▶很多魚兒在礁石之間游來游去。

▲家長可以帶小朋友來探訪這個熱帶魚的家園。

ℹ️ **INFO**
- 🏠沖繩縣久米島町比屋定(Google Plus Code 9QMQ+33)
- 🚌從兼城港碼頭駕車，約需40分鐘
- 💰免費

(撰文：Pak，攝影：蘇飛)

TIPS!

自駕遊的話，從國道242駕車到熱帶魚の家約20分鐘車程，沿路上都有相關的指示牌，這些指示牌會較導航清晰可靠。此外，宜選擇潮漲的時候前去熱帶魚の家，這段時間會有更多魚隨潮水湧入。熱帶魚の家附近沒有店鋪或汽水機，謹記裝備充足，自備食物餵魚之餘，要穿着適合在石灘上行走的鞋。

海拔最高的城跡 宇江城城跡 地圖P.296

MAPCODE 669 737 678*87

　　宇江城由伊敷索的久米仲城按司建成，於1510年遭到琉球王朝的尚真王火攻而土崩瓦解。由於軍事需要，城跡建於海拔310米的山丘上，旅客登高後可以360度俯瞰整

個久米島的風景。此外，考古學家曾在這裏挖掘到很多中國陶瓷的碎片，證明久米島很久以前的海上貿易已經很蓬勃。由此可見，來到這裏，不但可觀賞到怡人的風景，還能認識當地的軍事和經濟歷史，一舉兩得。

◀沿樓梯向上行，就到達城跡的頂峰。

◀因安全起見，城跡周圍有以石牆建成的圍欄，旅客可在圍欄內駐足觀看一望無際的美景。

ⓘ INFO
　⊙沖繩縣久米島町字宇江城2063
　⊖從兼城港碼頭駕車，約需20分鐘
　Ⓟ免費

(撰文：Pak，攝影：蘇飛)

有求必應的女性象徵 女岩 地圖P.296　**MAPCODE** 669 765 800*25

　　久米島北部的海岸有兩塊緊密相連的大型岩石，它們之間有一條新月形的裂縫，這條裂縫被視為女性的象徵，因此獲取名為「女岩」。女岩是人們心目中的女性之神，很多人都會專程前來膜拜，祈求女岩能保佑她們順利懷孕產子，據說很靈驗呢！即使暫時

沒有生兒育女的願望，也不妨來看看這個神奇的自然現象！

◀女岩位於海岸之上。

TIPS!

　　在兼城港碼頭附近，有一塊與女岩相對的岩石，名為男岩(即知仁御嶽，詳見P.312)，據說亦可以向它祈求順產。

▲女岩旁邊如火焰山般的火山岩石奇景也很壯觀。

▲這道新月形的裂縫是女性的象徵。

ⓘ INFO
　⊙沖繩縣久米島町字仲村渠
　⊖從兼城港碼頭駕車，約需17分鐘
　Ⓟ免費

(撰文：Pak，攝影：蘇飛)

三面環海的城跡 具志川城跡　地圖P.296

MAPCODE 669 765 488*58

　　在15世紀初，負責管理久米島的官員真達勃按司在島的北岸建造了具志川城。城郭以混合了安山岩和石灰岩的石牆劃分成4個堡壘，在當時來說是一種頗為特別的建築方法；而且它建於懸崖之上，三面環海，佔據了島上最易守難攻的地理優勢。城跡就在女岩附近，也是不能錯過的珍貴歷史遺產。

▶城跡現時只剩下石牆和幾塊紀念石碑。

TIPS!

　　琉球王朝時代，久米島淪陷後，據説具志川城城主逃難到沖繩本島，並在南部建造了一座建築方法相仿的城池，因此現時糸滿也有一處與具志川城跡同名的城跡。

i INFO
🏠沖繩縣久米島町字仲村渠
🚗從兼城港碼頭駕車，約需15分鐘　Ｐ免費

(撰文：Pak，攝影：蘇飛)

▲登上城跡之後，可以看到三面環海的景致。

年屆250的神奇松樹 縣立自然公園 五枝の松園地

地圖P.296　**MAPCODE** 669 674 519*06

　　旅客到訪久米島縣立自然公園的主要目的，都是一睹園內那棵獲指定為日本天然紀念物的巨木。巨木是棵擁有250年歷史的松樹，特別之處是它的5枝粗大樹枝都是向橫伸展的，差不多緊貼地面，看起來好像有個巨人伸出了巨爪，蔚為奇觀。這棵五枝の松高6米，樹幹粗4.3米，整棵樹的寬度足足覆蓋250米，是極為難得一見的古松樹。

▶五枝の松。

▶旅客可走進松樹旁的小路，感受被巨木護蔭的感覺。

i INFO
🏠沖繩縣久米島町上江洲縣立自然公園五枝之松園地
🚗從兼城港碼頭駕車，約需10分鐘
Ｐ免費

(撰文：Pak，攝影：蘇飛)

琉球王朝的世家大宅 上江洲家 地圖P.296

`MAPCODE` 669 675 122*63

　　大約在1754年，具志川城城主的後裔建造了一棟古老民房，是為上江洲家。這間屋雖然是沖繩現存最古老的民宅，但它的建設如水井、穀倉、豬舍，甚至是屋外的石牆、福木林等仍保存完好，參觀者能從中了解古時的生活風貌。此外，上江洲家的15代孫有時還會在民宅出現，向參觀者講解這裏的建築特色和上江洲家的古訓，喜愛日本世家大族歷史的人不容錯過。(**目前休業中。**)

▲穀倉。

◄上江洲家的外圍建有石牆，並種有許多植物，以防外人偷窺。

INFO
- 沖繩縣久米島町西銘816
- 09:00-18:00
- 高中生或以上￥300 (HK$19)，初中生￥200 (HK$13)，小學生或以下￥100(HK$6)，但不一定見到收費的管理人
- 1. 從兼城港碼頭駕車約需8分鐘，上江洲家入口就在路邊
  2. 在久米島機場搭乘町營巴士機場線於仲泊站轉乘一周線右循環線，於西銘站下車，再步行5分鐘
- 沒有停車場，車輛多停在路邊

▲民宅的柱子是以材質較佳的羅漢松製成的。

(撰文：Pak，攝影：蘇飛)

與女岩互相呼應 知仁御嶽 (ガラサー山) 地圖P.296

　　知仁御嶽位於兼城港碼頭附近，是一個連接着陸地的小島。這個小島上最矚目的，是一塊好像前臂和拳頭，筆直地向天空伸展的巨型石頭。這塊石頭被視為雄性的象徵，名為男岩，與北部海岸的女岩(P.310)互相呼應，同具神明作用，可保佑人們順利生兒育女。

◄知仁御嶽和男岩。

INFO
- 沖繩縣久米島町大田512
- 1. 從兼城港碼頭步行，約需10分鐘
  2. 在久米島機場搭乘町營巴士機場線於兼城站下車，車程10分鐘
- 免費

(撰文：Pak，攝影：蘇飛)

島上Number 1沖繩麵 ゆき 地圖P.296

在久米島上，有一間當地人評價頗高的沖繩料理餐廳，那就是ゆき了。餐廳的招牌菜是沖繩麵，湯底和麵條都是自家製的，前者清香，後者爽口，搭配其他沖繩地道食材，味道不錯；還有味增汁、豬肉蛋定食(ポーク＆たまご)等獨創料理，都值得一試，據說有很多日本藝人也曾光顧過這間餐廳！

▶沖繩炒麵(ふチャンブルー)，￥650(HK$38)。

店內的環境挺舒適。

▶味增汁定食，￥750(HK$44)。

INFO
- 沖繩縣久米島町鳥島298
- 098-985-3919
- 11:00-21:00(不定休)
- 從兼城港碼頭步行，約需11分鐘
- tabelog.com/okinawa/A4706/A470601/47004525/

(撰文：Pak，攝影：蘇飛)

集久米島的魅力於一室 久米島博物館 地圖P.296

在久米島看盡美麗的大自然，體驗了各種有趣活動，也嘗過地道美食，是時候深入了解這個島的內涵。久米島博物館綜合了不同主題，既展覽了地質模型、動植物和岩石的標本來介紹島上的生態和地形結構，也收集了古時百姓所用的家具和農具，重現久米島的歷史風貌。此外，館內還展出了一些珍貴的書法、陶器和雕塑等藝術品，是認識這個島的文化、歷史和地理的絕佳場所。

▲久米島博物館。

▶館外的草坪放置了富有久米島特色的石刻。

▲博物館展出了棲息於島上的動物標本。

INFO
- 沖繩縣久米島町嘉手苅542
- 098-896-7181　P 免費
- 09:00-17:00(逢星期一、公眾假期、12月28日至1月3日及6月23日休息)
- 成人￥200(HK$13)，高中及大學生￥150(HK$10)、小學及初中生￥100(HK$6)
- 1. 從兼城港碼頭駕車，約需5分鐘；
  2. 從兼城港碼頭步行，約需20分鐘(1.5公里)
- sizenbunka.ti-da.net

(撰文：Pak，攝影：蘇飛)

▶還有古時的生活用品。

夜遊觀察河川生態 久米島螢火蟲館 地圖P.296 親子！
(久米島ホタル館)

久米島螢火蟲館建於河川旁邊，營運的主要目的是讓參加活動的人士認識久米島的生態。螢火蟲館會定時舉辦不同體驗活動，帶參加者到河流、池塘、沼澤和叢林觀察不同的生物活動，而且各個季節的主題不同，例如春天觀察蝴蝶、螳螂等爬蟲類動物，夏天則可以看到獨角仙、貓頭鷹和沼蛙等生物，讓參加者從中感受大自然的奧妙；館方晚上還會舉行獨有的夜遊活動，帶領參加者看螢火蟲，當中有些品種是島上獨有的，是難能可貴的體驗活動！若對以上的歷奇活動沒有興趣，也不妨到館內的展覽館看看，裏面有很多昆蟲、淡水生物和標本，職員還會向大家展示和講解各種動物的飼育方法。

▲久米島螢火蟲館。

▲館內有水缸和雀籠飼養着各種生物。

▲▶還有不同的標本和研究展示。

▲參加夜遊活動前，導遊會先講解河川生物的生態。

◀ 夜遊時，各位參加者在導遊的帶領下，拿着電筒觀察河川及附近的螢火蟲和其他生物，運氣好的話還可以看到野生的鱸鰻。

ℹ INFO
- 🏠沖繩縣久米島町大田420
- ☎098-896-7100　Ｐ免費
- 🕐09:30-17:00(逢星期一、二休息)
- 💰(入場費)成人￥100(HK$6)，小童￥50(HK$3)；(各種體驗活動)成人￥3,500(HK$206)起，小童￥2,000(HK$118)起
- 🚗從兼城港碼頭駕車，約需10分鐘，螢火蟲館在山上
- 🌐kumejimahotaru.jimdofree.com

(撰文：Pak，攝影：蘇飛)

8

浪漫醉人星空
石垣島及八重山群島

沖繩全境地圖

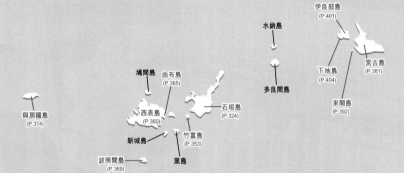

伊良部島
(P.401)

水納島

宮古島
(P.381)

下地島
(P.404)

鳩間島

由布島
(P.365)

多良間島

來間島
(P.392)

與那國島
(P.374)

西表島
(P.360)

石垣島
(P.324)

新城島

竹富島
(P.353)

波照間島
(P.369)

黑島

20公里

N

伊平屋島

伊是名島

粟國島

久米島
(P.297)

渡名喜島

座間味島
(P.294)

沖繩本島

阿嘉島

渡嘉敷島
(P.286)

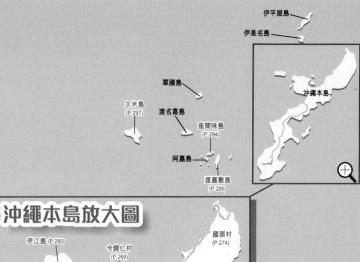

沖繩本島放大圖

伊江島 (P.280)

今歸仁村
(P.269)

國頭村
(P.274)

瀨底島 (P.267)

本部町
(P.258)

名護市 (P.234)

恩納村 (P.223)

宜野座村

讀谷村
(P.217)

宇流麻市 (P.192)

伊計島 (P.195)

北谷町
(P.202)

宮城島

浦添市
(P.196)

沖繩市
(P.213)

平安座島 (P.195)

那霸市
(P.94)

北中城村 (P.187)

中城村

宮古島
(P.381)

宜野灣市 (P.196)

久高島

南城市 (P.172)

豐見城市 (P.158)

糸滿市 (P.166)

島
(92)

10公里

圖例

329 國道

沖繩自動車道

那霸空港自動車道

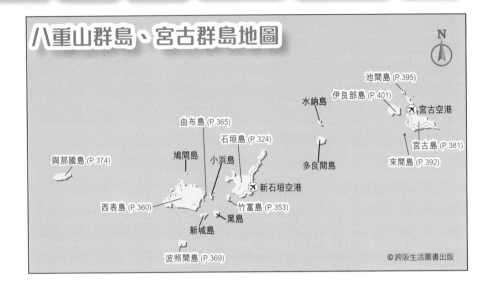

• 西面島嶼群：八重山群島 •

　　八重山群島指琉球群島西面一帶的島嶼群，包括石垣島、竹富島、西表島、波照間島、與那國島等。由於八重山群島與沖繩有一定距離，遊客大多會乘搭內陸機前往。日本大部分城市，例如東京、大阪等，均有提供頻繁班次供遊客前往石垣島與宮古島一帶。

　　八重山群島的島嶼群中，只有石垣島設有機場，可乘飛機前往(詳見P.326)；至於其他島嶼，包括竹富島、小濱島、黑島、西表島、鳩間島與波照間島，必須從石垣港離島碼頭乘船前往。而與那國島可從那霸或石垣島出發。

石垣島 P.324　　竹富島 P.353　　西表島 P.360　　波照間島 P.369　　與那國島 P.374

• 八重山群島節慶 •

2023年節慶一覽

*每年日期或有不同，出發前請查閱官網。

節慶 / 活動	日期	地點	備註
石垣島馬拉松 (石垣島マラソン)	1 月 15 日	石垣島	www.ishigakijima-marathon.jp
山貓馬拉松 (やまねこマラソン)	2 月 11 日	西表島	www.town.taketomi.lg.jp/yamanekomarathon/
旧正月の大綱引き	2 月 22 日	黑島	黑島於每年農曆正月初一都會舉行拔河大賽，祈求五穀豐收、島上居民身體健康。
黑島牛祭 (黑島牛まつり)	2 月 26 日	黑島	黑島以飼養和牛聞名，於每年 2 月下旬，島上都會舉行祭典以促進畜牧業發展，可以在祭典上吃到、買到一等一的和牛！
十六日祭	2 月 6 日	各島	全島同族族人會聚集在祖先墓前悼念。
八重山開海禮 (八重山の海びらき)	3 月 26 日	石垣島	每年 3 月下旬之前，在石垣島上的海灘會有祭典，以預祝初夏的來臨。yvb.jp/umibiraki.html

節慶 / 活動	日期	地點	備註
石垣島三項鐵人賽 （石垣島トライアスロン大会）	4 月 9 日	石垣島	ishigaki-triathlon.jp
サニズ（浜下り）	4 月 22 日	各島	每年農曆三月初三，八重山群島的女性都會到海邊用海水潔淨手腳，以祈求健康，現在更會在當日退潮時在岸邊掘蜆。
船浮音祭り	4 月 15 日	西表島	每年 4 月第 3 個星期六舉行的音樂祭。 www.suguru-i.jp/funauki
石垣島 Diving Festa （ダイビングフエスタ石垣島）	4 月 5 至 7 日	石垣島	marinediving.com/mdf/
鳩間島音樂祭	5 月 3 日	鳩間島	www.okinawastory.jp/event/600009386
海神祭 • ハーリー	6 月 21 日	各地	每年農曆五月初四，從事漁業的人會舉行龍舟競渡，以祈求海上作業安全、漁獲豐收。
上原デンサー祭り	6 月中旬	西表島	島上居民會舉行祭典祈求五穀豐收、無災無禍，居民會在道路上、舞台上載歌載舞。
國際釣旗魚大會 （国際カジキ釣り大会）	7 月 20 至 23 日	與那國島	jibt.jp
Orion 啤酒節 （オリオンビアフエスト）	7 月 8 日	石垣島	www.orionbeer.co.jp/event/beerfest/ishigaki.html
石垣島港口祭 （石垣港みなとまつり）	7 月 17 日	石垣島	海之日的文化活動，會有小型遊艇試乘體驗，水族館亦有相應活動。
大原祭（大原まつり）	8 月 4 日	西表島	西表島上舉行的夏祭，活動包括神輿巡遊、獅子舞、煙火大會等等。
南方小島夜星祭 （南の島の星まつり）	8 月 19 至 27 日	石垣島	star-festival.amebaownd.com
豐年祭（プーリイ）	7 至 8 月	各島	八重山群島在農曆六月會舉行豐年祭，感謝神靈保佑並祈求來年豐收。 yaimatime.com/events/2161
旧盆（ソーロン）	8 月 28 至 30 日	各島	於每年農曆七月十三至十五日，八重山群島都會組織家庭活動、紀念祖先，期間會有巡遊、獅子舞等表演。
ムシャーマ	8 月 29 日	波照間島	是島上旧盆最大的活動，獅子舞分成 3 組出發，並在公民館東面舞台匯集舉行盛大的獅子舞表演。
砂浜芸能祭	8 月 26 日	西表島	ja-jp.facebook.com/sunahamageinousai
獅子祭（イタシキバラ）	8 月 31 日	各島	旧盆過後翌日，為島上拔除邪氣、惡靈而舉行獅子舞紀念。
とうばらーま大会	9 月 27 日	石垣島	在每年農曆八月十三日舉行八重山民謠「とうばらーま」歌唱比賽。
結願祭（キツイガン）	9 至 11 月	各島	每年農曆八至九月舉行的祭典，小浜島的結願祭更成為了日本重要無形民俗文化財。
ちゅらさん祭・小浜節大会	10 月下旬	小浜島	在日劇「ちゅらさん」播畢後，劇集背景舞台小浜島開始有ちゅらさん祭，期間更有八重山古典民謠「小浜節」歌唱比賽。
節祭（シチイ）	9 至 11 月	各島	在農曆八至九月是日本神道教神之國的正月，節祭即是其間的活動，西表島的「オホホ」十分有名。
種子取祭（タナドウイ）奉納芸能	10 月	竹富島	島上最大祭典，會有各種舞蹈表演。
石垣島祭（石垣島まつり）	11 月	石垣島	在秋天舉行的祭典，會有盛大的煙火大會。
與那國島環島馬拉松（日本最西端 与那国一周マラソン大会）	11 月 10 日	與那國島	okinawasportsisland.jp/events/detail/4602/
マチリ（カンブナガ）	11 至 1 月	與那國島	與那國島最大的祭典，在 25 日間祈求各種願望，包括クブラマチリ（海賊退散祈願）、ウラマチリ（牛馬繁殖祈願）、ンデイマチリ（子孫繁榮祈願）等等。

石垣島

• 竹富島 • 西表島 • 波照間島 • 與那國島

·出發往八重山群島·

　　石垣港離島碼頭往各小島的班次十分頻密。為了方便旅客，石垣港離島碼頭內設置了大量座位供遊客候船時休息，小食店與商店也一應俱全，並設有多個儲物櫃，供旅客存放行李後再出發前往小島遊玩，十分細心。

　　石垣港離島碼頭提供客運服務的公司如下，每間公司的收費基本上一樣，個別公司則會提供「提前預約船票優惠」，詳情請參考個別公司的網頁公佈。

石垣港離島碼頭 (石垣港離島ターミナル) 地圖P.324

▲各船公司的船票均在石垣港離島碼頭發售。

ℹ INFO
🏠 沖繩縣石垣市美崎町1
🅿 開首1小時為￥100(HK$6)，其後每30分鐘￥50(HK$3)
🚌 1. 從石垣機場駕車前往，約需15分鐘；
　　2. 或乘搭東運輸空港線巴士，於石垣港離島ターミナル站下車，車費
　　　￥200(HK$13)，車程約20分鐘
🌐 www.ritou.com/spot/view-ishigaki-is39.html

1. 八重山觀光

提供航線	所需時間
竹富島	約 15 分鐘
小浜島	約 30-35 分鐘
黑島	約 35-40 分鐘
西表島 (大原港)	約 40 分鐘
西表島 (上原港)	約 50 分鐘
鳩間島	約 45 分鐘

www.yaeyama.co.jp
(日、英、中)

2. 安榮觀光

　　如旅客3天前於網站預約船票的話，可得額外95折優惠，遊客可列印出預約通知，並在購買船票時出示即可。

前往	所需時間
竹富島	約 10-15 分鐘
小浜島	約 25-30 分鐘
黑島	約 25-30 分鐘
西表島 (大原港)	約 35-40 分鐘
西表島 (上原港)	約 40-45 分鐘
波照間島	約 60-70 分鐘
鳩間島	約 40-70 分鐘

www.aneikankou.co.jp (日、英、中)
預約船票:www.aneikankou.co.jp/
pages/reserve (日、英、中)

·石垣島及八重群島定期船時間表·

石垣島來往竹富島

價錢：單程成人￥880(HK\$52)，小
　　　童￥460(HK\$27)；來回成
　　　人￥1,700(HK\$100)，小童
　　　￥890(HK\$52)

航程：約15分鐘

八重山觀光	
石垣出發	竹富出發
07:30、08:45、09:30、11:30、13:00、15:00、16:00、16:30、17:20	07:50、09:05、09:50、10:50、11:50、13:20、14:50、15:20、16:20、16:50、17:40

石垣島來往西表島(大原港)

價錢：成人￥2,290(HK\$135)

航程：約40分鐘

八重山觀光 / 安榮觀光	
石垣出發	大原港出發
07:00、08:30、11:30、13:00、14:30、16:40	07:50、09:30、12:30、14:00*、15:30、17:30

*(紅字)經竹富島

石垣島來往波照間島

● 高速船

價錢：成人￥4,070(HK\$239)

航程：約60-80分鐘

安榮觀光	
石垣出發	波照間出發
08:30、11:45	09:50、13:15

西表島(大原港)往竹富島

營辦公司：八重山觀光/安榮觀光

價錢：成人￥2,110(HK\$124)

航程：約35分鐘

時間：西表島(大原港)出發14:00(不定
　　　期)、14:30

石垣島來往西表島(上原港)

價錢：單程成人￥2,990(HK\$170)，小童半
　　　價；來回成人￥5,770 (HK\$339)，小
　　　童￥1,080(HK\$64)

航程：約45分鐘

八重山觀光	
石垣出發	上原港出發
07:30、08:30、11:30、13:30、15:20*	08:30、09:30*、12:30、14:30、16:30

*(紅字)經鳩間島

西表島(大原港)來往波照間島

營辦公司：安榮觀光

價錢：成人￥2,030(HK\$119)，小童
　　　￥1,020(HK\$60)

航程：約35-45分鐘

時間：西表島(大原港)出發12:30，波照間
　　　島出發13:15

石垣島來往與那國島

營辦公司：福山海運(fukuyama kaiun.ti-
　　　　　da.net)

價錢：成人￥3,550(HK\$231)，小童半價，
　　　汽車￥1,100(HK\$71)

航程：約4小時

時間：石垣島出發逢星期二、五10:00，
　　　與那國島出發逢星期三、六10:00

註：必須預約

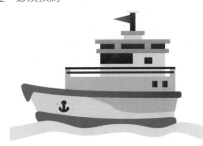

天上星河轉 石垣島觀星特輯 （撰文：Pak）

石垣島位於日本最南端的八重山群島，被84個星座包圍。八重山群島是全日本唯一可以看到南十字星的地方，因此吸引了很多天文愛好者來這裏觀星。不過，不要以為觀星需要專業的天文學設備，其實只要出發前做好資料搜集，也能享受一趟美妙的觀星之旅！

◀八重山群島的星空。(相片提供：沖繩縣)

參加觀星團

石垣當地有不少團體都會舉辦觀星活動，由專業人士作為嚮導，帶領參加者到島上的觀星勝地仰望星空。美ら星アイランド舉辦的觀星團「石垣島の星空体験と島唄三線ツアー」，可以舒服躺著聽星空導遊說明各星座位置，還能現場聽到石垣傳統三味線表演，是十分有趣的活動。

▲石垣文化村有空曠的草地可供觀星。(攝影：蘇飛)

除了靜靜地坐着觀星，也可考慮上山下海享受「星光浴」。當地旅行社推出了乘遊艇出海觀星的活動，讓參加者在無垠的海上觀賞數之不盡的星星。觀星期間，導遊會先關上巴士或遊艇的燈光，再以雷射筆指向不同星星，劃出不同星座的形狀，逐個介紹它們的特性和故事，講解完畢後，便靜下來讓大家專心欣賞閃爍的星空，感受浪漫的氣氛。

TIPS!

觀星團的舉行日期不定，參加前請先查閱相關資料。此外，如果觀星當天因天氣欠佳而不能成行，旅行社會以電郵方式或打電話到參加者的酒店通知，並會退還團費。

INFO
🌐ishigaki-diving.net/tingara_cruise/
備註：觀星團的導遊只會以日文講解

星空祭

每年8月，石垣都會舉行星空祭，為時約一個星期。星空祭開幕慶典在石垣港旁邊的南ぬ浜町綠地公園舉行，屆時會有不同的小食攤檔擺賣，並有歌手演唱，陪伴參加者迎接夜晚的重頭戲——關燈星空觀望會。

觀望會在晚上大約8時舉行，全島都會關燈，讓大家觀賞無光害的星空。現場會有專家以雷射筆指向夜空，向大家講解夏季獨有的星星，參加者更可在專人指導下，使用大會準備的天文望遠鏡。

開幕慶典過後，還會有一系列的相關活動，例如由石垣島天文台舉辦的七夕研討會和天體觀望會，同樣深受一眾天文愛好者歡迎。

▲南ぬ浜町綠地公園。(攝影：蘇飛)

▲南ぬ浜町有頗大的免費露天停車場。(攝影：蘇飛)

INFO
南ぬ浜町綠地公園
🏠沖繩縣石垣市南ぬ浜町
🚶從石垣港離島碼頭步行約18分鐘
🕐星空祭會於8月月缺的週末舉行，每年時間不定，詳情可留意facebook
🌐star-festival.amebaownd.com
📘搜尋「南の島の星まつり実行委員会」

TIPS!

注意每年星空祭舉行期間島上很多飯店都會爆滿，租金亦會上漲，有興趣參加這項盛事就要及早預訂。

觀星的最佳時機

雖然石垣擁有觀星的「地利」，但能否看到繁星，仍取決於「天時」。觀星前，宜先查詢天氣預報，降雨機率高的話就未必看到星空了。但若只是日間陰天多雲的話，因石垣天氣變化多端，晚間也是有機會轉為雲散天清的。此外，滿月時分是不宜觀星的，觀星團也不能成行，所以事前應查看月圓的時間，確保能看到醉人的星空。天氣好的話，甚至能用肉眼清楚看到銀河！

INFO
🌐石垣天氣預報www.jma.go.jp/jp/yoho/356.html
月圓時間查詢www.timejones.com/moon/Japan/Okinawa/Ishigaki

▶多雲天氣也有機會雲散，但若像這樣接近滿月的時候情況就不妙了。

觀星勝地

MAPCODE 白保海岸：366 074 079*64
MAPCODE 富崎海灘：956 404 721*32

石垣島光害少、沒有空氣污染問題，基本上只要晚間天氣晴朗，一抬頭就能見到星星，因此遊客除了參加觀星團，還可選擇駕車到光害更少的地方，例如Banna Park(P.342)、白保海岸和富崎海灘仰望滿天繁星，幸運的話還能清楚看到銀河呢！

TIPS!

除石垣島外，其他八重山群島也是不錯的觀星地點！

▲Banna Park遠離市區，又在山上，唯自駕較方便。
(攝影：蘇飛)

▲在西表島上，可以拍到星軌的相片。

▲幸運的話更可看到流星呢！

INFO
Banna Park
🏠沖繩縣石垣市961-15
白保海岸
🏠沖繩縣石垣市白保762-1
富崎海灘
🏠沖繩縣石垣市新川1625

▶波照間的星空可見到南十字星。

八重山群島樞紐

石垣島

石垣島是八重山群島中最為人熟悉的島嶼，亦是來往竹富島、西表島等島嶼的客船路線樞紐，許多遊客以石垣島作為據點，一併遊覽周邊的小島。如果要遊覽石垣島再加上其餘周邊小島的話，需要的時間說不定要比沖繩還要多呢！

| 人口 | 48,000餘人 | | 面積 | 222.6平方公里 | | 位置 | 地圖 P.318 |

| 酒店 | 推介酒店住宿見P.85 |

| 網址 | 石垣市觀光協會 www.yaeyama.or.jp (日、英、中) |

石垣島離島碼頭一帶地圖

島の美食やなかゆくい (P.333)
石垣市公設市場 (P.334)
石垣島キッズ (P.336)
ひらりよ商店 (P.337)
石垣島おみやげ市場 (P.336)
cucule 石垣島酒店 (P.86)
いしがきいちば (P.335)
ユーグレナモール商店街 (P.334)
海人石垣本店 (P.337)
八重山郵便局
南の美ら花ホテルミヤヒラ Hotel Miyahira
御菓子御殿石垣店 (P.332)
ENEOS 油站
石垣島巴士總站 (P.329)
石垣市立八重山博物館 (P.332)
FamilyMart (P.337)
石垣島離島碼頭 (P.320)
北海道物産館 (P.332)
郷土料理ひるぎ (P.333)
Hotel East China Sea
ハイパーホテル石垣島 Hyper Hotel Ishigakijima
Hotel Patina (P.86)

圖例
390 國道
87 主要地方道
購物
酒店
食肆
碼頭
BUS 巴士站
郵局
油站

100米

©跨版生活圖書出版

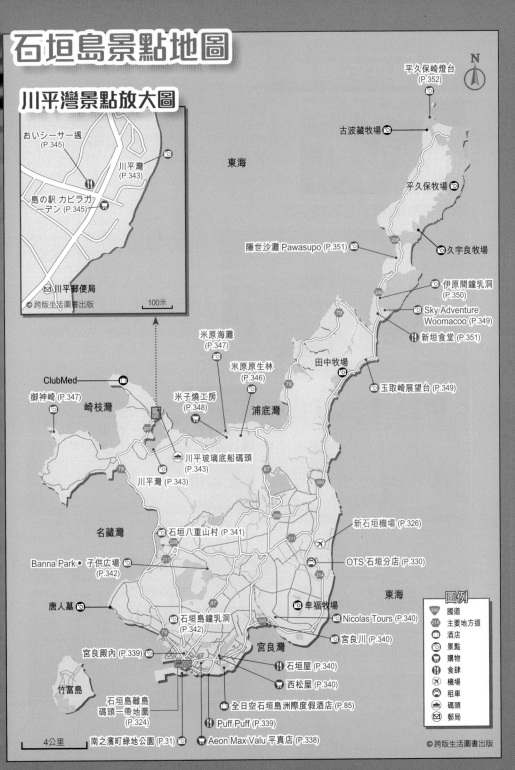

石垣島景點地圖

川平灣景點放大圖

おいシーサー遇 (P.345)
川平灣 (P.343)
島の駅 カビラガーデン (P.345)
川平郵便局
100米
© 跨版生活圖書出版

東海

平久保崎燈台 (P.352)
古波藏牧場
平久保牧場
久宇良牧場
隱世沙灘 Pawasupo (P.351)
伊原間鐘乳洞 (P.350)
Sky Adventure Woomacoo (P.349)
新垣食堂 (P.351)
米原海灘 (P.347)
米原原生林 (P.346)
田中牧場
玉取崎展望台 (P.349)
ClubMed
御神崎 (P.347)
崎枝灣
米子燒工房 (P.348)
浦底灣
川平玻璃底船碼頭 (P.343)
川平灣 (P.343)
新石垣機場 (P.326)
名藏灣
石垣八重山村 (P.341)
Banna Park
子供広場 (P.342)
OTS 石垣分店 (P.330)
東海
幸福牧場
唐人墓
石垣島鐘乳洞 (P.342)
Nicolas Tours (P.340)
宮良川 (P.340)
宮良殿內 (P.339)
宮良灣
石垣屋 (P.340)
西松屋 (P.340)
竹富島
石垣島離島碼頭一帶地圖 (P.324)
全日空石垣島洲際度假酒店 (P.85)
Puff Puff (P.339)
4公里
南之濱町綠地公園 (P.31)
Aeon Max Valu 平真店 (P.338)
© 跨版生活圖書出版

圖例

國道	
主要地方道	
酒店	
景點	
購物	
食肆	
機場	
租車	
碼頭	
郵局	

325

·出發往石垣島·

全日空(ANA)及日本航空(JAL)均提供內陸航班服務,由沖繩本島飛往石垣島。從沖繩乘搭內陸機前往石垣島只需1小時,而且班次頻密,每2小時便有一班飛機飛往石垣。

◀石垣新機場內部寬敞明亮。(相片提供:Transisle LTD)

新石垣機場(南め島石垣空港)

石垣機場,全名是南之島石垣機場,於2013年從舊機場搬到現址,共有2座航空大樓:國內線大樓及國際線大樓。國際線大樓設施簡單,只具備出入境功能,而且櫃台不多,每次只能負責一班航機的升降。國內線大樓設施相對較完善,有美食廣場、手信店等等,更有一個小小的蝴蝶園。

▲石垣機場國內線大樓。

◀國內線大樓有個小蝴蝶園,園內養了手掌般大的石垣市市蝶。

▲石垣機場常被稱為新石垣機場,以示與舊石垣機場作區別,在機場正門可以看到其真正的名稱:南方之島石垣機場(南め島石垣空港)。

▲國內線大樓設施較多,內有手信店、美食廣場等等。

▲美食廣場。

◀國內線大樓內有各式各樣的土產和手信。

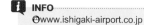

INFO
🌐www.ishigaki-airport.co.jp

石垣島

• 竹富島 • 西表島 • 波照間島 • 與那國島

TIPS!

由於國際線大樓地方較小，沒有任何停留或等候的空間，亦沒食肆餐廳。如要乘搭國際航班，建議先到國內線大樓解決吃喝問題或等候，起飛前約1小時才到國際線大樓辦理登機、候機手續。由國內線大樓步行至國際線大樓約3分鐘。

▲國際線大樓候機室。

候機室內沒有食物供應，只有飲品售賣機。

國際線大樓只有出入境功能。

國際線、國內線大樓平面圖

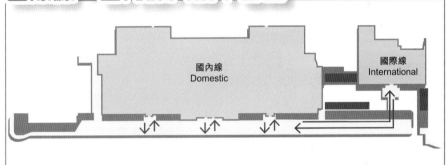

國內線
Domestic

國際線
International

國內線1樓設施圖

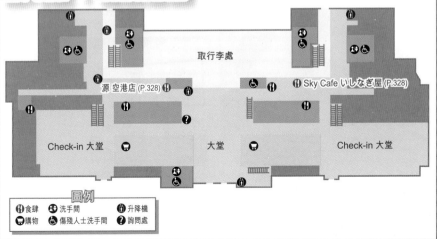

取行李處

源 空港店 (P.328)

Sky Cafe いしなぎ屋 (P.328)

Check-in 大堂

大堂

Check-in 大堂

圖例

🍴食肆　🚻洗手間　🛗升降機
🛒購物　♿傷殘人士洗手間　❓詢問處

石垣機場美食推介

招牌石垣牛汁 Sky Cafeいしなぎ屋　地圖P.327

　　いしなぎ屋是石垣島上一間以石垣牛燒肉為招徠的餐廳，在石垣機場國內線大樓也有分店，餐牌以石垣牛為主要食材，包括牛丼、燒肉定食等。筆者點了被稱為石垣島的soul food的黑毛和牛牛汁，即以牛肉及牛內臟煮成的肉湯，味道鮮美，而且不油膩，用來配飯真的一流！

▲被稱為石垣島的soul food的黑毛和牛牛汁，￥900（HK$58），味美而且用料紮實，不可不試。

▲いしなぎ屋在石垣島上合計有3間分店。

INFO
☎0980-87-0438
🕒08:00-20:00
🌐ishinagiya.com

（攝影：蘇飛，文字：IKiC）

新鮮直送海鮮丼 源 空港店　地圖P.327

　　源是以居酒屋起家的食店，在島上有多間分店，而且有自家的漁船，食店設有團隊從海上捕捉海產，並直送到各家分店，所以店內使用的食材絕對新鮮！機場店亦以海鮮作招牌，首選海鮮丼，刺身新鮮，更有沖繩的特色食物海葡萄，帶有自然的海水味，與其他食材配合，十分鮮美！

▲源在石垣島上有多間分店。

◀海鮮丼，蓋滿一層厚厚的魚生，還有沖繩特產海葡萄。（￥1,280，HK$83）

INFO
🕒09:00-20:00
☎0980-87-0448

（攝影：蘇飛，文字：IKiC）

‧島上交通‧

1. 巴士

　　石垣島雖然有巴士服務，但班次較為疏落，另還有定期觀光巴士線。島上的巴士服務由東運輸巴士提供，一般來説，遊客較多使用其中2條來往石垣巴士總站及機場的空港線(系統4和系統10，時間表及路線見下)，車費¥540(HK$35)，另有一日券(成人¥1,000、HK$65，小童¥500、HK$32)及五日券(成人¥2,000、HK$130，小童¥1,000、HK$65)發售。此外，カリー觀光巴士亦提供1條由石垣機場直達石垣離島碼頭的路線(系統55)，車費單程¥500(HK$32)，來回¥900(HK$58)，小童半價，每小時一班。

▶位於石垣島碼頭附近的巴士總站，可於此處乘搭巴士前往機場。

> 東運輸巴士：www.azumabus.co.jp
> 其他巴士路線：www.azumabus.co.jp/localbus

東運輸巴士系統10

車程： 約38分鐘
*路線： 巴士總站→Art酒店石垣島→Best Inn石垣島→全日空石垣島洲際度假酒店→石垣機場
時間： (巴士總站出發)06:10、07:15-19:45(每半小時一班)
(石垣機場出發)07:25、20:50、08:15-20:15(每半小時一班)

*主要巴士站

東運輸巴士系統4

車程： 約35分鐘
*路線： 巴士總站→博物館前→八重山支廳前→宮良團地前→石垣機場
時間： (巴士總站出發)06:30-20:00(每半小時一班)、21:00
(石垣機場出發)07:15-20:30(每半小時一班)、20:45、21:45

*主要巴士站

カリー觀光巴士機場直行巴士(系統55)

車程： 約30分鐘
時間： (離島碼頭出發)08:20-18:20，每小時一班
(石垣機場出發)09:10-19:10，每小時一班

2. 石垣島定期觀光巴士

　　東運輸巴士也提供定期觀光巴士服務，於觀光巴士出發前10分鐘抵達石垣島碼頭附近的巴士總站即場購票便可。定期觀光巴士的資料如下：

路線

　　行程途經桃林寺、唐人墓(下車參觀)、川平公園(下車參觀，可自費乘搭玻璃船*)、米原原生林(下車參觀)、玉取崎展望台(下車參觀，途經宮良川紅樹林)，費用已包括午餐。
*觀光巴士乘客可享玻璃船門票折扣：原價成人¥1,300(HK$76)，小童¥650(HK$38)，折扣後成人¥1,000(HK$59)，小童¥500(HK$29)

> **INFO**
> ○(每天出發) 09:30在巴士總站開出，14:00回程至總站
> ⑤成人¥4,700(HK$276)，小童¥3,730(HK$219)
> ⓦwww.azumabus.co.jp/sightseeing

3. 租車自駕

　　石垣島與沖繩一樣，有許多租車公司供選擇，包括本書介紹過的Toyota Rent a Car與OTS。與沖繩本島不同的是石垣島面積比沖繩本島小，島上交通亦比沖繩本島更為疏落，大部分道路都是單線行車。不過路面上的車子不多，你可在這裏盡情享受兜風的樂趣。

　　OTS石垣分店位於新石垣機場附近，你到OTS取車或還車後設有接送服務，職員亦可免費往機場或碼頭接送客人，旅客可於預約時詢問有關詳情。

地圖P.325

▲OTS石垣分店。

◀這次從OTS租的是本田車系，很像香港的工程車喔！

ⓘ INFO
　📍沖繩縣石垣市盛山222-35
　📞0120-34-3732　🕐08:00-19:00
　🚗從新石垣機場駕車前往需時約2分鐘
　🌐www.otsinternational.jp/
　　otsrentacar (日、英、中)

　　在石垣租車自駕有以下幾點建議或要留意的地方：

1. 機場接送服務

　　租車公司會提供免費機場接送服務，不過由於新石垣機場國際線大堂地方很小，租車公司職員多不會在國際線大樓內等候，自駕者可出國際線大樓轉右，到國內線對面的巴士站附近找接送的職員。

2. 接駁巴士

　　雖然取車處離機場很近，但也要坐幾分鐘的接駁巴士到租車公司辦手續。接駁巴士上可能沒有專放行李的地方，行李就放在座位邊，小心看管便可。

3. 還車入油

　　大部分租車公司的空港店都位於機場以南的同一處地方，那裏也有ENEOS油站，還車之前也可在這裏先入滿油，入油時有服務人員幫忙。在石垣自駕耗油很少，南北最遠距離約40多公里，以油電車為例：自駕兩天只需一千多日圓的油費。

ⓘ 新石垣空港ENEOS油站INFO
　MAPCODE 366 194 130*28
　📍沖繩縣石垣市白保盛山222-34
　📞0980-84-4182　🕐07:30-20:00
　🈚無休

4. 租車保險

　　保險方面，租車費已包括名為「免責補償保險」的第三者保險，如發生令他人受傷或物件損毀的事件，這個保險可作出有關賠償。自駕者也可以附加選項的方式購買安心保險，保險費為每日¥500-1,000(HK$32-65)，主要提供如爆胎時更換輪胎、拖車等車輛故障時的額外服務，也會包括因租用車輛損毀期間車輛無法租出，而導致駕駛者須支付營業補償費的賠償。安心保和豪華安心保的主要分別是賠償一次事故還是多次事故，多數駕駛者選擇賠償一次事故就足夠。

5. 交通意外處理

在日本自駕遇交通意外必須報警才能獲理賠，若有人受傷則要叫救護車。在租車公司營業時間內也應聯絡租車公司，營業時間以外改撥每星期7天24小時服務的JAF道路救援，所有車輛均可使用JAF道路服務。

> **INFO**
> 救護車電話：119(日)
> 報警電話：110(日)
> JAF道路救援：#8139(中、英)

6. 油電混合車

石垣和宮古島的租車公司常會提供油電混合車，油電車的啟動方法是：在P檔時，腳踩煞車不放→長按Power按鈕2秒→儀錶板上的Ready指示燈亮起就沒問題了。

7. 導航系統

租車公司多會提供多國語言的導航系統，看畫面操作一般都不難，只需確認哪個是Menu按鈕就可以。按下Menu後就會出現選擇以Map Code還是電話導航的畫面，按指示操作即可。

▶右下(圈着)是Menu按鈕。

8. 泊車位

近碼頭市中心的位置較難找泊車位，也需要收費，外圍的景點大都有免費露天停車位，但要注意有些景點如平久保崎燈塔的泊車位不多，旺季時較擠迫。

9. 隧道

石垣島只有一條隧道：於茂登隧道(Map Code 366 370 643)，長約1公里，在米原海岸附近的縣道87号線，順路可經過看看。

10. 車速限制

石垣和宮古島上都沒有高速公路，島上限速都在50公里以下，有些路面也偏窄，常有工程改道，建議留意路面，別超速行駛。

(圖文：蘇飛)

石垣市碼頭一帶

手信紅店 御菓子御殿石垣店 地圖P.324

　　御菓子御殿是到沖繩旅遊必到的當紅手信店，該店於2016年進駐石垣市，只到離島旅遊的朋友就不必為買不到而飲恨。商品位於離島碼頭附近，店面不大，但人氣商品一樣不缺，店內更有即買即吃的紅芋蛋糕，立即嘗到新鮮的紅芋甜品！

◀紅芋朱古力瑞士卷，紅芋與朱古力份量剛好，不會蓋過彼此的味道，￥302(HK$21)。

◀一盒盒紅芋撻，￥918 (HK$54)起。

ℹ INFO
🏠沖繩縣石垣市字Aza Okawa 10-1 1F
📞0980-88-0510
🚶從石垣港離島碼頭步行前往，約需5分鐘
🕐09:00-21:00
🌐www.okashigoten.co.jp

(攝影：蘇飛，文字：IKiC)

深入了解八重山 石垣市立八重山博物館 地圖P.324

　　建於1975年的八重山博物館規模較小，遠看會誤會是一般房屋，外型並不起眼。館內主要介紹石垣島、竹富島等的八重山群島上的琉球文化與歷史，可看到當地原住民的日常用品、藝術品和工具等等，除了常設展覽外，館內亦會定期舉辦專題展覽，如對八重山文化有興趣的朋友不妨入內參觀一下。

◀八重山博物館。

ℹ INFO
🏠沖繩縣石垣市字登野城4-1　　📞0980-82-4712　　🅿免費
🚌在石垣巴士總站乘搭東運輸空港線4號，至博物館前站下車即達
🕐09:00-17:00(逢星期一、公眾假期及年末年始休息)
💰成人￥200(HK$13)，初中生或以上￥100(HK$6)，小學生或以下免費
🌐www.city.ishigaki.okinawa.jp/kurashi_gyosei/kanko_bunka_sport/hakubutsukan/index.html

(攝影：蘇飛，文字：IKiC)

從日本最南買到最北 北海道物產館 地圖P.324

　　在沖繩離島可以買到北道道的土產？沒有想到吧！這間北道道物產館專營來自北海道的商品，單是種類已超過700種！所有商品均是由北海道直送，人氣商品包括有昆布、馬油、薰衣草系列的產品，讓遊客可以在日本最南端買到最北端出產的商品。店內亦有售賣蜜瓜味的雪糕，想嘗嘗北海道好滋味的朋友記得不要錯過！

ℹ INFO
🏠沖繩縣石垣市美崎町1福寶堂1F　　📞0980-87-6065
🚶從石垣港離島碼頭步行前往，約需5分鐘　　🕐10:00-20:00

(攝影：蘇飛，文字：IKiC)

吃石垣牛！鄉土料理ひるぎ

地圖P.324

位於石垣島離島碼頭對面的鄉土料理ひるぎ，屬南の美ら花ホテルミヤヒラ酒店的其中一員。除了可吃到沖繩地道料理外，亦可一嚐石垣名物：石垣牛。日式料理如壽司、魚生等亦有供應，可謂集居酒屋與日式餐廳於一身。

i INFO
- ⌂沖繩縣石垣市美崎町4-9
- ☎098-082-6111　⊙11:00-14:00、17:30-22:00
- ⊜從石垣港離島碼頭步行，約需1分鐘
- ⊕www.miyahira.co.jp/restaurant/hirugi.html(日)

地道居酒屋 島の美食やなかゆくい

地圖P.324

每到日本一處新地方，總要到居酒屋一趟才會更了解當地的生活文化。這間居酒屋十分傳統，座席大多都是榻榻米，不慣盤坐或跪坐的朋友就要注意了。店內以沖繩料理、中華料理及意式料理為主，主要使用當地新鮮食材，推薦酥炸甜蝦及苦瓜炒蛋，前者通透甘香，毫不油膩，是佐酒的絕佳配搭；後者是地道傳統美食，值得一試。店內有食物圖片的英文餐牌，即使不懂日文亦不怕不會點菜了。

推介!

▶島の美食やなかゆくい

▶店內是傳統的榻榻米座位，不擅長盤坐或是跪坐的朋友就要注意。

▶酥炸甜蝦，炸得通透，香脆微辣，可以一整隻食下，店家說是女性之選，¥500(HK$32)。

▼苦瓜炒蛋很地道，¥590(HK$38)。

◀想不到前菜也很好吃。

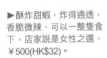

i INFO
- ⌂沖繩縣石垣市美崎町9-2
- ☎0980-82-7118
- ⊜從石垣港離島碼頭步行前往，約需8分鐘
- ⊙16:00-23:00　⊕bit.ly/49CojeD

(攝影：蘇飛，文字：IKiC)

▲鯛魚開邊油炸，兩邊魚肉都炸得鬆脆，¥590(HK$38)。

▲炸原條鯛魚。

最多特色手信 石垣市公設市場 地圖P.324

MAPCODE® 366 003 117*88

▲公設市場分為兩層。

市場有兩層，1樓主要售賣新鮮食物，例如海鮮、肉類等；2樓主要售賣石垣市特產及手信，例如海葡萄、黑糖等。要搜尋紀念品，除了市場外的商店街，石垣市公設市場也是好去處。

▲下層除了售賣一般的海鮮和肉類，還有石垣出名的貝殼類。

▲上層售賣特產和手信。

▲通往上層的樓梯。

ℹ️ INFO
🏠 沖繩縣石垣市大川208
🕐 09:00-21:00(每月第2與第4個星期日休息)
🌐 ishigaki-kousetu-ichiba.com

購物必到 ユーグレナモール商店街 地圖P.324

ユーグレナモール商店街內有過超過40家店鋪，除了一般日常用品外，亦有許多售賣土產如海鹽、風獅爺像的商店。右頁是商店街內推介的商店。

▲商店街就算在入夜後都十分熱鬧。
(攝影：蘇飛)

▲商店街。

▲商店街東入口。(攝影：蘇飛)

ℹ️ INFO
🏠 沖繩縣石垣市大川203
🚶 從石垣港離島碼頭步行前往需時約5分鐘
🌐 www.euglenamall.com

商店街精選

超讚海貝飾品 いしがきいちば

地圖P.324

　　商店街內有不少手信店，這間いしがきいちば很大，店內最吸引的是使用海貝製成的裝飾品和首飾！由於石垣及其離島海資源豐富，不少海的資源如貝殼都被製成手信，如把夜光貝打磨拋光而成的首飾，既天然又美觀，而且外觀獨一無二！還有令人眼花撩亂的貝殼燈，無論款式和設計都比沖繩其他地方的多和漂亮。

▲另一個入口，主要售賣土產零食。

▲這家店前後有兩個入口，這是其中一個入口，主要售買貝殼類飾物。

▲用夜光貝製成的手鏈，約￥5,800-6,000(HK$377-390)。

▶用海貝製成的各式飾品，全部都很吸引呢！

▲大貝殼燈（￥24,800，HK$1,610)。

INFO
⊙沖繩縣石垣市大川207-1
☎0980-83-9139　　⊙09:00-20:00
⊕www.instagram.com/ishigakiichiba_39/

(攝影：蘇飛，文字：IKiC)

▲用小貝殼砌成的球形燈（￥18,000，HK$1,168)。

▲夜光貝製成的燈（￥10,800，HK$701)。

石垣島 ・竹富島 ・西表島 ・波照間島 ・與那國島

熱門零食手信 石垣島おみやげ市場

地圖P.324

全店以粉紅色為主色的石垣島おみやげ市場十分搶眼，若想購買縣內特產，來這裏就一定不會有錯！店內以售賣食物土特產為主，包括紅芋撻、ミミガー(豬耳)、黑糖等等，價錢平易近人，是大手買手信的好地方。

◀店外粉紅色招牌十分搶眼。

◀當然少不得沖繩當地的名物ミミガー一豬耳(¥648，下天$42)及苦瓜製成的特產。

▲沖繩豬肉乾，12小包¥324(HK$21)。

▲黑糖椰子，¥356(HK$23)。

TIPS!

必買！石垣島特產

石垣島上可不止紅芋撻、ミミガー等等的手信，來到手信店，可以看看有沒有左方手信買回家了！

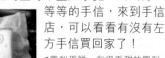

▲石垣產的對蝦蝦餅。

◀鳳梨蛋糕，有很香甜的鳳梨味道，內裏還有果肉。

ℹ INFO
⌂沖繩縣石垣市大川207-3(島のみやげ館)
☎0980-83-7111
◷09:00-21:00
🌐ishimanomiyagekan-ishigaki.jimdosite.com

(攝影：蘇飛，文字：IKiC)

名貴丼飯 石垣島キッズ

地圖P.324

開業11年、以可樂餅聞名的食店石垣島キッズ，店內的招牌菜是價值¥1,500(HK$88)的名貴石垣牛丼飯，碗內堆滿大塊的石垣牛肉，特別好味道！店內亦有石垣牛可樂餅、漢堡扒定食與石垣牛Taco Rice，售價均不過¥1,200(HK$71)左右，十分經濟呢！

ℹ INFO
⌂沖繩縣石垣市大川203-1
☎0980-83-8671
◷12:00-14:00，18:00-21:00
(Last Order：20:00)(不定休)
🌐ishigakijima-kids.jimdosite.com

TIPS!

甚麼是可樂餅？

可樂餅不是汽水製成，與「可樂」絕無關係，其實可樂餅與法國炸肉餅的做法類近，命名時利用了法語炸肉餅的相近讀音，所以被稱為可樂餅。

沖繩雜貨集中地 ひらりよ商店 地圖P.324

專售沖繩雜貨的ひらりよ商店，除了有琉球玻璃製品外，亦有店主從不同地方搜尋回來的染布、木器與飾物等，喜歡日式雜貨的朋友可在這裏找心頭好。

INFO
☎098-087-0797
🕙10:00-19:00
🌐hirariyo.jimdofree.com (日)

地區限定小食 FamilyMart 地圖P.324

不少人到日本旅遊都會到FamilyMart或其他便利店尋寶，有些當地限定小食只會於特定的便利店才有發售！這家位於石垣碼頭附近的FamilyMart也不例外，不僅有各款琉球(うちなー)限定的沖繩即食麵，更有不少使用沖繩出產食材製成的小食！

INFO
🏠沖繩縣石垣市字大川245番地
☎0980-88-1388
🚶從石垣港離島碼頭步行前往，約需5分鐘
🕙24小時
🌐www.family.co.jp

(攝影：蘇飛，文字：IKiC)

▲使用沖繩出產材料製成的黑糖冬甩棒及紅芋冬甩棒，每包￥194(HK$13)。

▲沖繩限定的沖繩麵條即食麵，能夠帶回家的美味，5包裝￥572(HK$37)。

代表沖繩的T恤 海人石垣本店 地圖P.324

１９７７年，石垣島出品了一系列手寫「海人」的T-Shirt，隨後成為了沖繩的一大品牌，現在整個沖繩地區有超過13家分店與加盟店，其中在石垣島離島碼頭對面便是海人的本店。海人在日文是「漁夫」的意思，店內的T-Shirt除了以大海為概念的圖案與文字外，亦滲入許多沖繩元素，其中最多的當然就是沖繩的代表物風獅爺了。石垣本店亦出售很多石垣島特產。

▶售賣許多海人設計的T-Shirt。

▶店內亦有許多不同種類的風獅爺出售，風格與用色比沖繩本島的更大膽熱情。

▶海人無記憶T恤，￥2,500 (HK$162)。

INFO
🏠沖繩縣石垣市美崎町4番地
☎0980-83-7878　🕙09:00-20:00
🚶從石垣港離島碼頭步行前往，約需2分鐘
🌐www.uminchu-okinawa.com (日)

24小時補給點 Aeon Max Valu平真店

地圖P.325　MAPCODE® 956 2928 10*55

　　Aeon旗下的超級市場Max Valu遍佈沖繩本島，連石垣島及宮古島(P.385)也有分店。石垣島上有2間Max Valu，一間在石垣市中央運動公園附近，另一間就是這間平真店，一般較多人選擇到平真店，因店內24小時營業，任何時候也可到此補給。店內貨品種類繁多，鮮果、熟食、零食手信、日用品、化妝品都一應俱全；店外還有餐廳、書店、藥妝店等，非常方便大肆搜購呢！

◀店內售賣過千種產品。

▲Max Valu平真店24小時全年無休。

熟食

▲▶各式串燒和炸物。

▲種類繁多的鮮果，有來自長崎的士多啤梨￥598(HK$39)。

熟食

◀▲還有便當和壽司，時間緊迫，可以在這裏買晚餐。

零食

◀零食也在必看之列。

零食

◀這款叮熱後更好吃的不二家朱古力餅￥278(HK$18)，做手信最好。

ℹ️ **INFO**
🏠沖繩縣石垣市字登野城632
☎0980-88-1500
🚌在石垣巴士總站乘搭東運輸川原線、東回一周線、平野經由伊原間線或西回一周線，至かねひで前站下車，約需步行8分鐘
🕐24小時　🌐www.aeon-ryukyu.jp/store/maxvalu/heishin　🅿免費

(攝影：蘇飛，文字：IKiC)

琉球王朝貴族宅邸 宮良殿內

地圖P.325

位於石垣市中心的宮良殿內,屬琉球王朝時代的建築,估計於1819年建成,現被列為國家重要文化財產。主要以石灰岩建成,內部有日式庭園,再加上琉球群島的紅磚瓦屋頂,整體保存得十分完整。

INFO
- 沖繩縣石垣市大川178
- 0980-82-2767
- 09:00-17:00(逢星期二休息)
- 成人￥200(HK$13),小童￥100(HK$7)
- 從石垣港離島碼頭步行前往,約需10分鐘

清新西式海景餐廳 Puff Puff

地圖P.325

☑免費泊車　☑免費Wi-Fi

靠近海邊有一家白色木造建築,充滿夏威夷風情的便是餐廳Puff Puff。店內設有梳化座位,讓你有家庭舒適感。陽台附近是一列開揚的座位,你可在此看到成水平線的大海。午餐時段還提供半自助餐,你可任吃各式水果、甜品與飲料,主菜則以西餐為主。

► Puff Puff是UCC集團旗下一家餐廳。

▲西式半自助餐,提供Taco飯、石垣牛漢堡排等,每位￥1,400(HK$84)起。

▲店內雖沒有冷氣設備,但陣陣海風再加上風扇,即使是夏天也覺得氣溫剛剛好。

INFO
- 沖繩縣石垣市真榮里193-1
- 0980-88-7083
- 11:00-20:00(Last order:19:30)
- 從石垣港離島碼頭駕車,約需5分鐘
- puff2.com (日、英、中)

石垣島南部

人氣石垣牛燒肉 石垣屋 　地圖P.325

MAPCODE 956 2928 10*55

石垣屋以多款石垣牛食法而聞名，其中最有受歡迎的是石垣牛燒肉。店內的高級燒肉採用A4-A5級別的石垣牛，並以炭火燒烤，在燒烤的過程中，肉香味已經撲鼻而來，十分滋味！除了燒肉，店內亦提供和牛壽司、漢堡扒等的料理。坐在使用琉球瓦及吉野杉建成的屋子內，品嚐不同款式、但同樣美味的石垣牛，真的是風味十足呢！

INFO
- 沖繩縣石垣市真榮里547-7
- 0980-82-4400
- 1. 從石垣港離島碼頭駕車前往，約需7分鐘；
  2. 或在石垣巴士總站乘搭米原キャンプ場線，至ショッピングプラザ站下車
- 11:30-14:00(Last Order：13:30)、17:00-21:30(Last Order：21:00)(逢星期二休息)
- ishigakiya.com　免費

(攝影：蘇飛，文字：IKiC)

媽媽必到 西松屋 　地圖P.325

MAPCODE 366 006 081*87

西松屋以專售嬰幼兒及小童用品而聞名，在沖繩縣內如名護(P.241)、那霸等地都有多間分店，其中一間就座落在石垣島上。石垣分店面積不小，最吸引一

眾媽媽的一定是放在黃色價錢牌下的折扣商品，而且店內遊人比沖繩本島內的少，實在是各位媽媽為子女入貨的好地方。

INFO
- 沖繩縣石垣市字真榮里549番1
- 080-4625-9629
- 1. 從石垣港離島碼頭駕車前往，約需7分鐘；
  2. 或在石垣巴士總站乘搭平野経由伊原間線、川原線、平野線、西回一周線或東回一周線，至平得東站下車
- 10:00-20:00　www.24028.jp　免費

(攝影：蘇飛，文字：IKiC)

划舟穿林乘風去 宮良川 　地圖P.325

MAPCODE 宮良大橋 366 070 497*35

▲宮良川上的宮良大橋。

宮良川是石垣島上最大的河流，流域主要集中在島上南部。河川源於於茂登岳，並於宮良灣入海，在宮良灣附近的河面上，架設了宮良大橋，站在橋上可一睹海口景色，而橋下亦是有名的宮良川紅樹林。紅樹林已被列為國家天然記念物，孕育不少濕地生物，遊客可駕乘獨木舟，於紅樹林間穿梭、尋找刺激，亦可以近距離觀察濕地生態。

◄在橋上可眺望到海口。

◄宮良川的紅樹林（宮良川のヒルギ林）是日本的天然記念物。

◄可以在宮良川上划艇，穿梭紅樹林。

INFO
- 沖繩縣石垣市宮良
- (宮良大橋) 1.從石垣港離島碼頭駕車前往，約需15分鐘；2.或在石垣巴士總站乘搭東運輸平野線、平野経由伊原間線或東回一周線，至宮良団地前站下車，步行5分鐘
- 免費，宮良大橋旁只能停兩三輛車

Nicloas Tours (划艇之旅) INFO
- 石垣市宮良923-151
- 0980-87-6344
- 從石垣港離島碼頭駕車前往，約需15分鐘
- 划舟需時90分鐘
- 成人 ￥5,000(HK$294)，小童 ￥3,000(HK$176)
- nicolastours.net

古民家建築主題公園 石垣八重山村
(石垣やいま村) `MAPCODE®` 366 242 076*01

地圖P.325

石垣八重山是一個以民家建築為主題的公園，園內有三寶——松鼠猴、古民家與展望塔(アンバル塔)。可愛小巧的松鼠猴在松鼠猴園(リスザル園)內自由活動，牠們大多都不怕人，遊客可以走進園中與牠們近距離接觸。多座古民家建築散佈在園內，大多建於20世紀初，年代久遠的更有一百年的歷史，當中最受人注目的是牧志邸。牧志邸是當時的醫生兼石垣市長牧志宗德的居所，是座極具代表性的八重山赤瓦建築，也是日本有形文化財產。園內還有餐廳和手信店。

▲入口。

▲農民之家(土地家)是小食店，可以坐下來買點小吃和飲品。

◀▲其中一座古民家海人之家(石垣家)，可以看到當時漁民的家居。

▲松鼠猴園。

▲活潑的松鼠猴是園內一大焦點。

▲園內可以見到古時平民家中常有的水牛。

▶牧志邸的正門很有氣派。

▶牧志邸建於1923年，是當時的醫生兼石垣市長牧志宗德的居所。

TIPS!

觀星アンバル塔

展望塔位於公園邊陲，登上塔上，可遠眺名藏灣的景色，而塔所在的寬闊草地更是星空ビレッジ舉辦的場地，由於四周空曠且杳無人煙的關係，晚上於這裏觀測星空，視野廣闊，鮮有障礙物阻擾，在星空ビレッジ舉行期間，不少人會來到觀測滿天星斗！ ▶在塔上可以看到名藏灣的美景。

▲展望塔和周邊的草地是星空ビレッジ舉辦的場地。

ℹ INFO
🏠 沖繩縣石垣市元名藏967-1　📞098-082-8798　🕐09:00-17:30
💲初中生或以上￥1,000(HK$65)，3歲或以上至小學生￥500(HK$32)
🚌1.從石垣港離島碼頭駕車前往，約需15分鐘；2.或乘搭東運輸川平リゾート線，在やいま村入口站下車，車程約30分鐘
🌐www.yaimamura.com　🅿免費

手信店

手信店就在出口，這裏除了常見的土產食品，還有很多觀星的飾物和手信。

(攝影：蘇飛，文字：IKiC)

▲這裏有不少觀星手信。
▶星座頸鏈￥1,728(HK$112)。

▲石垣島限定閃閃吊飾￥570(HK$37)。

沖繩第二大鐘乳石洞 石垣島鐘乳洞　地圖P.325

☑ 免費泊車　必到！

石垣島鐘乳洞全長3,200米，只開放其中660米供人參觀。沿着水泥造的樓梯緩緩走下，當你感到氣溫驟降時，表示你已處身鐘乳石洞的入口處。洞內設有國內唯一的自然水琴窟，當鐘乳石柱的水滴滴在大小各異的陶壺時會奏出叮叮咚咚的清脆聲響，這些響聲再加上洞內的回音，形成一首獨特的樂章。

▲ 充滿中國風的鐘乳洞正門。

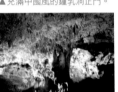

▲ 經過上萬年才能形成的自然景觀。

▲ 在水琴窟內可感受大自然為你奏出的悠然樂章。

ℹ INFO
- 🏠 沖繩縣石垣市石垣1666
- ☎ 098-083-1550
- 🕐 09:00-18:30
- 💲 高中生或以上￥1,200 (HK$71)，4歲或以上至初中生￥600(HK$35)
- 🚗 從石垣港離島碼頭駕車前往，約需10分鐘
- 🌐 www.ishigaki-cave.com(日)

依山而建的遊樂場 Banna Park・子供広場

(バンナ公園)　地圖P.325　**MAPCODE** 366 156 544*77　推介！　親子！

Banna Park設於石垣島中央のバンナ岳，整座山都是公園的範圍，佔地頗大。公園有東、南、西、北4個入口，並分成5個區域，除了Zone A因工程未有開放外，其餘4個區域各有主題，其中Zone E(北口)的子供広場(Adventure Playground)最受親子歡迎。子供広場內有多項遊樂設施，全部都是依山坡而建，如超長滾輪滑梯、兒童吊索、大型繩網陣和平衡木等等，小朋友來到一定會樂而忘返！

注意，由於巴士班次較疏落，只有公園南口設有巴士站，故比較適合自駕遊人士前往。

▲ 公園內有多項遊樂設施，小朋友一定會樂而忘返。

◀ 橫跨山坡的繩網和平衡木，是挑戰小朋友手腳協調的好時機。

▶ 滾輪滑梯的底部都有滾輪，滑起來很順暢，由山坡上面滑至山坡下，在香港很難見到吧！

▲ 兒童吊索，很受歡迎。

ℹ INFO
- 🏠 沖繩縣石垣市字登野域2241-1
- ☎ 0980-82-6993
- 🚗 1. 從石垣離島碼頭駕車前往，約需20分鐘；
- 🚌 2. 或在石垣巴士總站乘搭東運輸吉原線、西回伊原間線或西回一周線，至八重守の塔站下車即達公園南口，離子供広場約6公里
- 🕐 約09:00-21:00　🌐 www.banna7.com　ℙ 免費

(攝影：蘇飛，文字：IKiC)

石垣島西部

海水透明度極高！川平灣

地圖P.325

必到！

親子！

☑ 免費泊車　MAPCODE® 366 422 758*88

　　位於石垣島西北部的川平灣，屬西表石
垣國立公園的一部分。海水透明度極高，隨
着太陽光線與潮汐漲退，形成不同層次的色
彩，被評為日本百景之一。由於灣內風浪頗
大，所以禁止游泳，想親近川平灣的話可選
乘玻璃底觀光船出海，欣賞魚群在海中愜意
地游來游去，還可看到五彩繽紛的珊瑚礁。
另外川平灣亦有黑珍珠養殖場，你可於附近
的商店選購喜愛的黑珍珠紀念品。

▲看見白沙藍水的川平灣令人興奮！

▶玻璃底觀光船就停泊在沙灘上。

▲清澈的海底。

▲川平灣內的白貓。

▲展望台是拍攝整個川平灣的理想位
置。

▲玻璃底觀光船售票處。

▶在沙灘上面的川平觀音堂

ℹ️ **川平灣 INFO**
- 🏠 沖繩縣石垣市川平934　📞098-088-2335
- ⊙（玻璃底船）09:00-17:00
- 💲（玻璃底船）成人¥1,300(HK$76)，小童¥650(HK$38)
- 🚌1. 從石垣港離島碼頭駕車前往，約需30分鐘
- 　2. 於石垣巴士總站乘搭米原キャンプ場線，至川平郵
- 　　便局站下車，沿207縣道步行約5分鐘
- 🌐www.kabiramarine.jp（日）

川平灣玻璃底觀光船

地圖P.325　必到！　親子！

到川平灣必玩玻璃底觀光船，船程30分鐘，船家會把船駛到海灣各處，帶你觀賞不同的珊瑚礁和各種七彩繽紛的珊瑚魚。

▲在沙灘上登船。

▶觀光船很寬敞，橙色衫是船伕兼日語解說員。

◀船上貼有不同的相片介紹海中的生物。

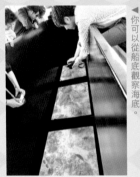

◀你可以從船底觀察海底。

◀▲可以看到不同的珊瑚。

◀▼從船底觀察海底的美麗世界。

◀發現巨大貝殼！讓你想到的是美食或是黑珍珠？

◀有很多巨大貝殼。

◀在船上看到的川平灣。

344

川平灣周邊食買推介

必買川平之雫 島の駅 カビラガーデン

地圖P.325

島の駅 カビラガーデン位於川平灣觀景台入口，是一間集餐廳及手信店於一身的綜合設施。餐廳以地道菜式為主，價錢不算貴。手信店內售賣多款人氣手信，其中一款筆者覺得最吸引的是有川平之雫(のしずく，即水滴)之稱的川平燒頸鏈墜子，水滴的形狀上有晶瑩得如真正水滴的顏料，猶如將川平灣的海水色融入其中，精美得教人愛不釋手，是必買之選！

▲餐廳部分。

▲島の駅 カビラガーデン是一間集合餐廳及手信店的綜合設施。

手信店。

▲被稱為川平之雫(即水滴)的項鍊，￥2,980(HK$194)。

ℹ INFO
- ⌖沖繩縣石垣市川平917-1　☎0980-88-2440
- 🚗1. 從石垣港離島碼頭駕車前往，約需30分鐘；
　 2. 或在石垣巴士總站乘搭米原キャンプ場場線，至川平郵便局站下車，沿縣道207步行約5分鐘
- 🕘09:00-18:00　🌐www.kabiragarden.com

(攝影：蘇飛，文字：IKiC)

令人難忘的手打麵 おいシーサー遇 必食！

地圖P.325　 **MAPCODE**® 366 452 043*07

店家以川平唯一自家製手打麵店自稱，主打各式手打麵條。店門前擺放一對高大的風獅爺，店內同樣有趣，部分椅桌使用不規則的廢棄木頭製成，十分有性格。店內提供各式手打麵，以冷麵最受歡迎，清爽彈牙的麵條，配以簡單的紫菜、蛋絲和沾麵汁，卻十分美味，更以巨大的貝殼盛裝，令人難忘。車蝦麵亦十分出色，用石垣出產的車蝦為主配料，每隻蝦均份量十足！除了手打麵外，店內另一邊有很多大大小小的貝殼及貝殼工藝品出售，非常別緻，吃完麵不妨看看。

▲店門前有一對高大的風獅爺。

▶店的其中一邊是手工藝品店，有很多大大小小的貝殼和珊瑚出售。

▲用廢棄木頭製成的桌椅，十分特別！

▶豬軟骨麵，￥850(HK$50)，軟骨煮得十分軟嫩，也是當地常見的料理。

▶車蝦麵，使用石垣出產的車蝦，￥1,100(HK$65)，蝦湯頭十分清甜。

ℹ INFO
- ⌖沖繩縣石垣市川平906-1
- ☎0980-88-2233
- 🚗1. 從石垣港離島碼頭駕車前往，約需30分鐘；
　 2. 或在石垣巴士總站乘搭米原キャンプ場場線，至川平郵便局站下車
- 🕘11:00-17:00(不定休)

▲用巨大的貝殼盛裝的冷麵，￥900(HK$53)，色香味全。

(攝影：蘇飛，文字：IKiC)

八重山特有椰樹 米原原生林

地圖P.325

(米原のヤエヤマヤシ群落)

MAPCODE® 366 399 031*50

▲入口。

▲八重山椰樹(ヤエヤマヤシ)只可在石垣島及西表島找到。

▲ぱぱ屋位於椰林的入口旁。

▲コニシイヌビワ(青果榕)也是特有的植物之一。

米原原生林是石垣島上的國定天然記念物,位於島的中部北面。這片椰林品種屬石垣島及西表島特有的八重山椰樹(ヤエヤマヤシ),由於數量稀少,這片椰林更顯珍貴。除了八重山椰樹外,林內亦有其他珍稀的動植物,如コニシイヌビワ(青果榕)、三葉山香圓、アカテツ(山欖)、石垣蟋蟀(イシガキニイニイ)等等。

INFO

- 沖繩縣石垣市桴海491 (ぱぱ屋)
- 1. 從新石垣機場駕車前往,約需20分鐘;
  2. 或在石垣巴士總站乘搭定期觀光巴士前往
- 免費　免費

(攝影:蘇飛,文字:IKiC)

米原原生林周邊

森林入口處的手信店 ぱぱ屋

椰林步道很短,幾分鐘已走完。值得一提的是椰林入口旁的ぱぱ屋有售賣現榨蔗汁,亦有少量的手信售賣,進入椰林前後不妨購買一杯,品嘗一下新鮮蔗汁。

▲陶笛。

▲ぱぱ屋。

▲芭蕉布小錢包。

▲大的蔗汁¥500 (HK$29)、小的蔗汁¥300 (HK$18)。

▲店內有現榨蔗汁售賣。

(撰文:HEI,攝影:蘇飛)

飾物體驗工房 アイランド ユー

ぱぱ屋旁邊有間小小的手作店,出售以ホタル玉、貝殼、珍珠製作的飾物,還可以親手製作一條。

▲アイランド ユー。

◀ホタル玉頸鏈。

(撰文:HEI,攝影:蘇飛)

浮潛勝地 米原海灘 (米原ビーチ)

地圖P.325　MAPCODE® 366 397 734*77

米原沙灘(米原海岸)，是一片又長又濶的淺灘，海水非常清澈透明，是島上的人氣海灘之一。海灘上的沙粒潔白，散佈着貝殼和珊瑚，運氣好的話或會拾到完整又漂亮的貝殼；離岸不遠的區域已有珊瑚礁及棲身其中的熱帶魚，吸引不少喜愛浮潛的人士到來。由於海灘的波浪大，而且沒有常駐的救生員，海灘上設有游泳禁止區，想到海灘上游泳或浮潛就要注意漲、退潮的時間，以免發生危險。海岸設有露營區，提供付費的更衣室和淋浴設施。

▲米原海灘是一片淺灘，海水清澈，退潮後，沙灘上出現美麗的沙紋。

▲浮潛區告示，不要觸摸海洋生物和珊瑚。

◀不少人來這裏曬太陽和散步。

◀由於離岸不遠已經有珊瑚礁，吸引不少喜愛浮潛的人士。

▲米原海灘的其中一個入口。

ℹ INFO
- 📍沖繩縣石垣市桴海644
- 🚗1. 從新石垣機場駕車前往，約需30分鐘；
  2. 或在石垣巴士總站乘11號米原線，於「米原キャンプ(Camping)場」下車，步行約1分鐘
- 🅿免費；另有收費停車場，每次¥500(HK$32)

(攝影：蘇飛，文字：IKiC)

日落最佳觀點 御神崎

☑ 免費泊車　MAPCODE® 956699463　地圖P.325

位於石垣島西端的御神崎，雖稱為「崎」而非「岬」，但一樣是指海岬的意思。御神崎建有一座白色的燈塔，可惜不對外開放，只可遠觀拍照。天氣良好時，從御神崎可遠眺西表島一帶，連帶泛着不同層次的蔚藍大海，是石垣島一大景點。

◀雨後在御神崎出現一道如天橋般的彩虹。

◀御神崎上的觀音，祈求海上平安。

▲御神崎燈塔。

▶一望無際的美景。

ℹ INFO
- 📍沖繩縣石垣市崎枝
- 🚗1. 從石垣港離島碼頭駕車前往，約需30分鐘；
  2. 或在石垣巴士總站搭吉原線，在崎枝站下車，再轉乘計程車前往

備註：御神崎一帶的計程車不多，要留意回程的交通工具。

七彩風獅爺 米子燒工房 地圖P.325 MAPCODE® 366 397 829*25 人氣!

　　米子燒工房就在米原海岸附近，是石垣島上有名的景點，店主將顏色單一的風獅爺塗上各種鮮艷的顏料，加上有趣的造型設計，使得傳統顏色單一的風獅爺立時童趣起來，十分受遊客歡迎。工房分為本館和キムサー館，還有シーサー農園。本館售賣各式風獅爺，亦有ふしぎな茶碗(教訓茶碗)的製作體驗，而キムサー館外有不少巨大風獅爺雕塑，店內則售賣大大小小、五顏六色的風獅爺，如果想嘗試製作風獅爺的話，就要到シーサー農園。

▶米子燒工房本館。

▶キムサー館就在本館對面。

▲▶色彩繽紛的風獅爺。

▶在工房內可以看到工作人員如何製作色彩繽紛的風獅爺。

▲▶可愛的風獅爺擺設，加了一些日語英文字，很想帶回家。

TIPS!

ふしぎな茶碗(教訓茶碗)如何教訓人？

　　ふしぎな茶碗是店內的人氣產品，但為何會取名為教訓茶碗？原來茶碗只可倒八分滿，超過八分的話，水就會全部從底下流走，喻意做事要留有餘地、適可而止，切忌人心太貪不知足。

ℹ INFO
⌂ 沖繩縣石垣市桴海447-1番地
☎ 0980-88-2559
🚌 從石垣港離島碼頭駕車前往，約需30分鐘
🕐 09:00-16:30
🌐 yonekoyaki.com
Ⓟ 免費

(攝影：蘇飛，文字：IKiC)

石垣島東部

MAPCODE® 366 558 350*64

晴空下大玩滑翔傘 玉取崎展望台

地圖P.325

玉取崎展望台被譽為可欣賞到石垣島最美海景的地方之一，是石垣島上熱門的景點。從停車場沿路往展望台，遙望一片山色，路邊種有一叢叢的木槿，風光明媚；走到展望台，可以一覽東海及太平洋的景色，深淺不同的藍在同一片海面上出現，絕美海景讓人讚嘆。玉取崎近海地方更是玩滑翔傘的熱門勝地，不時會看到色彩鮮艷的滑翔傘在半空中擦過呢！

▲沿路上展望台，風光明媚。

◀展望台頂部使用琉球瓦砌成，於藍天下更顯突出。

◀不少人會在玉取崎附近玩滑翔傘，想找刺激不妨到Sky Adventure Woomacoo報名參加。

▲▲展望台四周是不同顏色的大紅花。

INFO
- 沖繩縣石垣市伊原間
- 從石垣機場駕車前往，約需22分鐘
- 免費

Sky Adventure Woomacoo
(スカイアドベンチャーうーまくぅ)
- 沖繩縣石垣市伊原間249-42
- 80-1076-5844
- 1. 從石垣機場駕車前往，約需38分鐘；
  2. 或在石垣巴士總站乘搭東運輸平野線，至明石站下車
- 09:30-16:00
- 成人￥12,000(HK$706)，小童￥9,900 (HK$582)
- www.woomacoo.com
- 註：需預約

▲在玉取崎展望台可看到東海、太平洋及平久保崎呢！

陸地走到海邊 伊原間鐘乳洞 (伊原間サビチ洞) 地圖P.325

石垣島上有2個鐘乳洞，一個是島上最大規模的石垣島鐘乳洞(P.342)，另一個則是位於伊原間的サビチ鐘乳洞。サビチ鐘乳洞是日本國內唯一一個可以從陸地走到海邊的鐘乳洞，洞內除了可以看到千奇百怪的鐘乳石外，更放有八重山陶瓷，沿路前進更會在盡頭處看到一片美麗的海洋！要注意，洞內有蝙蝠棲息，如果害怕蝙蝠的話要仔細考慮是否進洞喔！

▲鐘乳洞的入口就像電影中的冒險洞穴。

◀可以看到千奇百怪的鐘乳石。

◀◀洞內更會有八重山陶瓷。

▲洞穴的盡頭不是出口，而是一片海灘！

ℹ INFO
📍沖繩縣石垣市伊原間185-44
☎0980-82-2809(石垣市観光交流協會)
🚗從石垣機場駕車前往，約需24分鐘
🕐09:00-18:00
💰成人￥1,250(HK$81)、小人￥600(HK$39)

(圖片提供：日本國家旅遊局，文字：IKiC)

石垣島

‧竹富島

‧西表島

‧波照間島

‧與那國島

碧海白沙遊人少 隱世沙灘 Pawasupo 地圖P.325

在前往平久保崎的途中，縣道206号線と一家牧場(とーフアーム)以南約650米處，會看到道路旁會有條小路通向大海的方向，沿着小路前進，就會來到這個隱世沙灘。沙灘因不出名而少遊人，但這裏卻不比石垣島上有名的海灘來得遜色，碧綠的大海映照蔚藍的天空，蒼翠的山峰與潔白的細沙，偶有貝殼或枯珊瑚沖到沙灘上，悦目的景色加上靜謐的環境，實在令人心曠神怡。注意，沙灘不設救生服務。

▲海水的透明度很高，配上藍天白沙，如畫美景令人不捨得眨眼。

▲沙灘的入口就在道路旁的小路，不注意就會看走眼。

▲沙灘上沒有遊客，只有當地人來曬太陽。

i INFO
- 沖繩縣石垣市平久保 (Google map plus code H72V+73)
- 從石垣機場駕車前往，約需30分鐘
- 不設停車場，小型車可沿公路旁的小路駛到沙灘邊

(攝影：蘇飛，文字：IKiC)

▲偶爾會在沙灘上發現枯化了的珊瑚。

當地人推薦 新垣食堂 地圖P.325 MAPCODE 366 619 635*23

新垣食堂位於平久保崎與玉取崎之間，是一間地道的平民食堂，不少當地人也會光顧。店內獨沽三味：牛肉燉湯配飯(牛汁)、牛肉麵(牛そば)及牛肉咖哩(ビーフカレー)，專注售賣牛肉料理。店內使用的牛肉皆是自家飼養的石垣牛，牛肉肉質嫩滑，配合店家的料理手法，食物質素不錯。食堂的營業時間短，而且料理售完即止，如想品嘗的朋友最好在13:00前到來。

▶新垣食堂的料理賣完即止，有興趣的朋友記得早點來等候。

i INFO
- 沖繩縣石垣市字伊原間59
- 0980-89-2550
- 從石垣機場駕車前往，約需22分鐘
- 11:30-15:00(賣完即止)

(攝影：蘇飛，文字：IKiC)

愛上藍寶石色大海 平久保崎燈台　MAPCODE 103 606 8603*06

位於石垣島最北端的平久保崎，三面環海，建有一座純白色的燈塔，是石垣島最具代表性的景點之一。燈塔附近是放養黑毛牛的區域，四周都長滿了青翠的牧草。平久保崎對出的海水亦以剔透的藍寶石色而聞名，白色的塔身，配上海天一色的景致，旁邊是青葱的牧場，絕美的景色使燈塔得到了「戀愛燈台(恋する灯台)」的認證，認為戀愛中的小情侶都會在這裏流連忘返呢！

地圖P.325

▲白色的塔身與藍寶石色的海水，美得讓人屏息。

▲停車場只有少量車位，於旺季時，可能需要將車停泊在較遠的位置。

▲沿山路直上就能到達燈台。

▲為了拍攝燈台的全貌，不少人登上旁邊的小山丘。

▶平久保崎燈台得到了「戀愛燈台(恋する灯台)」的認證。

▲沿途可看到絕美的藍色海水。

ℹ️ INFO
🏠 沖繩縣石垣市平久保
🚗 從石垣機場駕車前往，約需43分鐘
🅿️ 免費

(攝影：蘇飛・文字：IKiC)

單車環島原始遊

竹富島

位於石垣島西南方的竹富島，明治時期被稱為武富島，至近代才改稱為竹富島。竹富島上的古代民房保存良好，老街還保存着古老時期沖繩的舊貌，遊客更可乘搭水牛車穿梭於老街之間。島上盛產日本對蝦，位於南邊更有數個具規模的養蝦場。

人口	約300餘人	面積	5.42平方公里	位置	地圖 P.318

交通	石垣島往竹富島渡輪服務，詳見P.321

● 出發往竹富島：竹富島碼頭 ●

要前往竹富島，必須先前往石垣島，然後乘搭高速船前往，只需15分鐘。石垣港離島碼頭有兩家客運公司提供前往竹富島的渡輪服務，詳見P.321。

▲竹富島碼頭。

ℹ️ 往竹富島渡輪INFO

💲	成人	小童
單程	¥ 880(HK$52)起	¥ 460(HK$27)起
來回	¥ 1,700(HK$100)起	¥ 890(HK$52)起

⊙(從石垣出發) 最早07:30，最晚17:20，平均每半小時一班。
　(從竹富出發) 最早07:45，最晚17:40，平均每小時一班。
備註：冬季與夏季的班次及價錢可能不同，出發前請留意各間渡輪網頁。

● 島上交通：單車及小型巴士 ●

竹富島面積較小，島上沒有計程車與公共巴士，大多旅客會選擇踏單車。

抵達竹富島碼頭後，有不少租借單車商戶設有專車接載乘客至店鋪內租單車，收費由每小時¥800(HK$47)至每日¥2,500(HK$147)不等，亦有來往碼頭與各個主要景點間的小型巴士，車資¥200-310(HK$13-20)。可是，除了從碼頭出發的小型巴士，其餘都需要預約。

若對自己的體力有信心，用自己的雙腳慢慢閒逛整個竹富島也可以的啊！

▲ 除了單人單車，還有雙人單車出租。

▲竹富島的小型巴士。

竹富島交通有限會社(小型巴士資料)：
www.painusima.com/minfo?mid=777 (日)

竹富島景點地圖

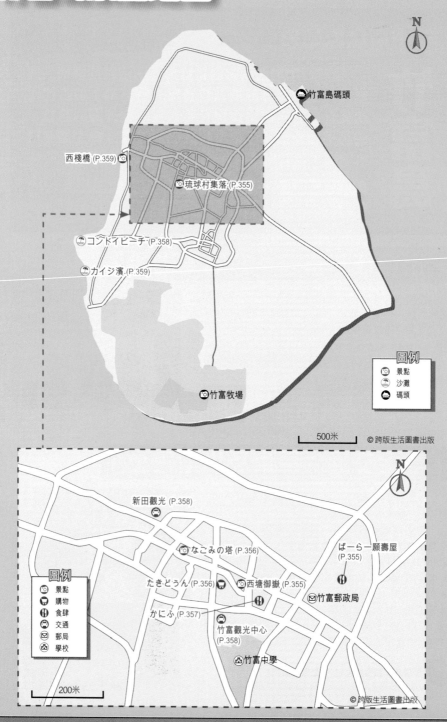

🚢 竹富島碼頭

N

西棧橋 (P.359) 🎡

🎡 琉球村集落 (P.355)

🏖 コンドイビーチ (P.358)

🏖 カイジ濱 (P.359)

🎡 竹富牧場

圖例
- 🎡 景點
- 🏖 沙灘
- 🚢 碼頭

500米

© 跨版生活圖書出版

N

新田觀光 (P.358) 🚌

🎡 なごみの塔 (P.356)

ばーらー願壽屋
(P.355)

たきどうん (P.356) 🚌 🎡 西塘御嶽 (P.355)

かにふ (P.357)

🏣 竹富郵政局

竹富觀光中心
(P.358)

🏫 竹富中學

圖例
- 🎡 景點
- 🛍 購物
- 🍴 食肆
- 🚌 交通
- 🏣 郵局
- 🏫 學校

200米

© 跨版生活圖書出版

地圖P.354

走入古時民居 琉球村集落

竹富島上的古代民家保存得十分完整。除了保留紅磚砌成的屋頂外，民家的圍牆均是約1.5米高的石牆，街道都鋪着白白細砂，令你彷似身處在古代的沖繩集落中。島上居民亦努力維持集落的風貌，如新建的建築均會鋪設紅瓦磚、建築物外不會胡亂掛招牌、每天或風暴過後都會清理白砂街道等。全靠島民的付出，才能看到這幅既有風味又有意思的美麗圖畫。

▶ 竹富島郵便局，可在這裏寄一封明信片給朋友喔。

◀ 平和之鐘。

▲ 每戶人家的花園都築起矮矮的石牆。

▶ 祭祀的地方：西塘御嶽（地圖P.354）。

▲ 整個集落都是紅磚瓦頂的房子。

INFO
距竹富島碼頭約1.2公里，踏單車前往約需15分鐘

消暑café ぱーらー願壽屋

地圖P.354

ぱーらー願壽屋是一家擁有紅磚屋頂的民家café，位於琉球村落群的入口處。店內除了室外坐位外，室內是和式裝潢的小店。夏天時經過這裡，可進內稍為歇腳小休一會再上路。

▲ 以貨櫃箱改建的小店，外牆塗上討人喜歡的圖案。

推介！

▶ 南國芭菲（南国パフエ），￥700(HK$41)。

INFO
沖繩縣八重山郡竹富町竹富2280
0980-85-2211　11:00-17:00
距竹富島碼頭約1.2公里，踏單車前往約需15分鐘
ganjuya.com

▶ 石垣島　竹富島　西表島　波照間島　與那國島

竹富島最高 なごみの塔　地圖P.354

なごみ之塔位於琉球村落群赤山公園內，雖然高6米，但已是全竹富島最高的建築物！なごみ之塔由8級樓梯組成，每次只能容納一人上落，斜度約為60度，十分陡峭，現已登錄為有形文化財產。

◀▲ 從塔上可俯瞰整個竹富島集落。

ℹ️ **INFO**
📍 沖繩縣八重山郡竹富町竹富
🚲 距竹富島碼頭約1.2公里，踏單車前往需15分鐘

竹富島士多 たきどぅん　地圖P.354

たきどぅん位於琉球村落群內，是一家位於轉角處毫不起眼的小店。與其說是商店，不如說像香港士多更為貼切。店內除了有飲料出售外，更具人氣的是 ¥100(HK$7)一條的果汁冰。乘搭水牛車的遊客經過時，也會忍不住下車買一條，回憶一下童年時代。

▲ 看着這些果汁冰，會否讓你想起童年時的「啷啷冰」？

ℹ️ **INFO**
📍 沖繩縣八重山郡竹富町竹富435
☎ 0980-85-2152　🕐 10:00-16:30
🚲 距竹富島碼頭約1.2公里，踏單車前往需15分鐘

肥沃土地餐廳 かにふ

地圖P.354

かにふ是琉球村落群內的餐廳，門外的圍牆上立着許多逗人喜歡、活潑生動的風獅爺。日文かにふ即肥沃的土地，餐廳主要的材料亦以島上自然產物為主，除了主售炸物，亦供應竹富產日本對蝦與石垣牛等製成的美食。

推介!

▲縣產新鮮蔬菜製成的天婦羅，外加蝦天婦羅一隻。

▲▲店外不同造型的風獅爺，表情生動豐富。

▲午餐每天只限15個名額，包含竹富島產的日本對蝦4隻，加上石垣牛可樂餅，¥1,150(HK$68)。

INFO
- 沖繩縣八重山郡竹富町竹富494
- 0980-85-2311
- 11:00-15:30、18:00-20:00
- 距竹富島碼頭約1.2公里，踏單車前往約需15分鐘
- suigyu.net/free/kanifu

TIPS!

八重山一帶看到染布上的花紋成五個與四個正方形，有意思的嗎？

這種花紋稱為八重山ミンサー，以藍色的布交織成五個與四個正方形，在日文發音就是一生一世的意思。八重山古時是即將結婚的女孩送給男孩作腰帶之用，寓意大家一生一世永不分離，藍色亦代表愛着對方的意思。現在八重山許多紀念品如情侶戒指或皮帶飾物均會使用這組圖案，雖然年代不同，但箇中意義還是一樣的呢。

最高人氣！水牛車觀光

竹富島最有名的除了是保留完整的琉球村落群外，另一人氣之選便是乘搭水牛車穿梭於集落之間，一邊聽着導遊奏着三味線，一邊哼着沖繩民謠。竹富島上有兩家水牛車觀光公司，觀光路線各有不同，你可按照自己喜好選擇。

旅客抵達竹富島碼頭後，新田觀光與竹富觀光中心均設有專車接載乘客至水牛車乘搭處購票。

▲停泊水牛車的停車場。

◀與由布島一樣，竹富島亦有水牛車體驗。

1. 新田觀光 　地圖P.354

ℹ INFO
☎0980-85-2103
🕐09:00-16:00
💲成人￥1,200(HK$78)，小童￥600
(HK$39)，觀光行程約為30分鐘
🌐www.nitta-k.net (日)

2. 竹富觀光中心 　地圖P.354

ℹ INFO
☎0980-85-2998
🕐09:00-16:00
💲成人￥1,200(HK$78)，小童￥600
(HK$39)，觀光行程約為30分鐘
🌐suigyu.net (日)

島上人氣最高沙灘 コンドイビーチ 　地圖P.354　必到！

位於竹富島西面的コンドイビーチ，絕對可稱為水清沙幼，接近白色既幼且細的白砂鋪滿整個沙灘，海水清澈得從岸邊都能看到水中的魚兒甚至海參。コンドイビーチ的水面平靜，即使帶同小孩前來游泳也沒問題，或索性脱掉鞋子，在這漂亮的海灘遊玩一番。

▲與廣告內的海天一色一模一樣。

◀清澈無垢的海水，難怪是島上人氣最高的沙灘。

▲即使不打算游泳，也可在水中遊玩一番。

ℹ INFO
📍沖繩縣八重山郡
竹富町竹富
🚲距竹富島碼頭約
2.5公里，踏單車
前往約需30分
鐘

最佳日落觀賞點 西棧橋

 地圖P.354

位於竹富島西面的西棧橋，建於1938年，是竹富島最初期的碼頭，以石灰建造而成，全長約105米。

西棧橋於2005年登錄為有形文化財產，亦是島上欣賞日落的好地方。

INFO
- 沖繩縣八重山郡竹富町竹富
- 距竹富島碼頭約1.8公里，踏單車前往需時約20分鐘

為星砂而來！カイジ濱

 地圖P.354 秘琉！

カイジ濱位於竹富島西南面，亦有星砂之濱的稱號。基於水流頗急，沙灘禁止游泳。旅客多是慕星砂之名而來，但因星砂數目大幅減少，即使找到星砂也不能隨意帶走。不過海水透明度高，在此海灘漫步亦是個不錯的選擇。

INFO
- 沖繩縣八重山郡竹富町竹富
- 距竹富島碼頭約2.8公里，踏單車前往需時約35分鐘

▲カイジ濱的小貓咪。

TIPS!

星砂是沖繩的名物，為何沙子會成星星的形狀？

雖然星砂稱為砂，但千萬不要誤會它是沙子！事實上星砂是孔蟲的外殼，風化後形成四角或六角的形狀，繼而成為星砂。由於過度被遊客收集，現在星砂的數目已大大減少，所以許多沙灘禁止遊客帶走星砂，大家也要做個負責任的遊客啊！

東方亞馬遜雨林

西表島

位於石垣島以西的西表島，是八重山群島中面積最大的島嶼，也是沖繩內本島以外的第二大島嶼。島上九成的土地都被森林與紅樹林所覆蓋，包括三成屬西表石垣國立公園所有。

| 人口 | 約2,200餘人 | 面積 | 289.27平方公里 | 位置 | 地圖 P.318 |

交通 石垣島往西表島渡輪服務，詳見P.321

網址 www.iriomote.com/web (日) 西表島之綜合情報

西表島景點地圖

放牧場
住吉牧場
唐變木 (P.364)
星砂之濱 (P.365)
上原港碼頭 (P.361)
鳩離島
浦內川 (P.363)
由布太陽牧場
由布島 (P.365)
仲間川 (P.363)
南風見田濱
東海
大原港碼頭 (P.361)
Orix(西表島大原店) (P.362)
鳩間島
N
東海
215

圖例
215 主要地方道
🚗 租車
🍴 食肆
📷 景點
🏖 沙灘
⚓ 碼頭

3公里

©跨版生活圖書出版

·出發往西表島·

要前往西表島，必須先前往石垣島，然後乘搭高速船或貨客船前往。在石垣港離島碼頭有兩間客運公司提供前往西表島的渡輪服務，詳見P.321。

往西表的航路分為東部的大原航路及西部的上原航路。從石垣港離島碼頭出發，乘搭高速船至西表島上的上原港，約需40分鐘；前往大原港的大原航路則需要約35分鐘。

兩條航路的收費及班次分別如下：

地圖P.360

▲大原港碼頭。

	大原航路 (大原港)	上原航路 (上原港)
成人	單程 ¥2,060(HK$121) 起 來回 ¥3,960(HK$233) 起	單程 ¥2,690(HK$158) 起 來回 ¥5,170(HK$304) 起
小童	單程 ¥1,050(HK$62) 起 來回 ¥2,020(HK$119) 起	單程 ¥1,350(HK$79) 起 來回 ¥2,600(HK$153) 起
班次 (石垣出發)	最早 07:00，最晚 16:40	最早 07:30，最晚 15:20(部分途經鳩間島)
班次 (大原港出發)	最早 07:50，最晚 17:30(部分途經竹富島)	最早 08:30，最晚 16:30(部分途經鳩間島)

▲上原港碼頭，規模比大原港略小。

▲候船室內設有電視。

▲八重山觀光的船票，登船時交給職員便可。

▲上原港內的小賣店，有許多山貓的紀念品出售。

▲除了載客，高速船還會運載貨物。

冬季與夏季的班次及價錢略有不同，詳盡班次資料：
www.yaeyama.co.jp (日)

・島上交通・

西表島上的交通以自駕為主，巴士班次則較為疏落。另有出租計程車供旅客選擇。

1. 路線巴士

> **主要途經地點：**大原港碼頭、由布島水牛車乘場、西表島溫泉、上原港碼頭、星砂之濱與浦內川等。

途經西表島上各主要旅遊景點，費用以路程計算，由￥130(HK$8)至￥1,470(HK$86)不等。

另設「一日乘車券」及「三日乘車券」，可於上車時購買，持有乘車券人士可於一日內無限次上落。巴士會途經大原港與上原港，旅客只需在港口旅客待合所外乘車便可。

ℹ️ **INFO**
Ⓢ一日乘車券：成人每位￥1,050(HK$67)，小童￥530(HK$33)
　三日乘車券：成人每位￥1,570(HK$100)，小童￥790(HK$50)
🕐巴士時間表：iriomote.com/web/access/bus

2. 計程車

西表島亦有提供計程車包車服務，可惜暫時只有日文預約服務，若你是日文高手又帶同三五知己同遊的話，包車也是一個省時又划算的選擇喔！

ℹ️ **計程車包車INFO**
☎山貓的士大原營業所：0980-85-5303
　山貓的士上原營業所：0980-85-6455

3. 租車自駕

要租車自駕的話，可考慮於西表島有一間分店的Orix，位於大原港碼頭。

地圖P.360

▲Orix西表島大原店。

▲Orix提供的簡易地圖。

ℹ️ **INFO**
📍沖繩縣八重山郡竹富町字南風見
　201-204
🕐08:00-18:00
☎0980-85-5888
🚗從西表島大原港碼頭沿斜路直上，
　步行約1分鐘即達，位於西表大原郵政局側
🌐car.orix.co.jp (日)

乘船遊最大紅樹林 仲間川

地圖P.360

　　西表島上分有兩大河川，分別是浦內川與仲間川。要輕鬆觀賞仲間川，你可參加仲間川マングローブクルーズ的1小時導賞團，隨船遊覽日本最大的紅樹林區，無需預約，只需直接前往大原港碼頭對出的西表島觀光案內所購票便可。仲間川屬於西表國立公園一部分，隨團至終點可下船參觀全日本最大、樹齡約達400年的蘇芳木。

ℹ INFO
- ⌂ 沖繩縣八重山郡竹富町字南風見201
- ☎ 0980-85-5304
- ⊙ 遊船導覽團：09:00/14:00
- ⑤ 遊船導覽團：
  成人￥2,000(HK$118)，
  小童￥1,000(HK$59)
- ⊟ 從西表島大原港碼頭步行，約需5分鐘
- 🌐 iriomote.com/web/spot/nakamagawa.html

▲深入仲間川後，兩旁是滿滿的紅樹林。(相片提供：沖繩觀光協會)

◀臨近仲間川種滿了紫色的牽牛花。

沖繩最長河流！浦內川

地圖P.360

☑ 免費泊車

　　浦內川是沖繩縣內最長的河流，你可乘搭遊覽船遊覽軍艦岩、マリユドウ瀑布與カンビレー瀑布等，旅程由1小時至半日遊都各有選擇。

▶內川的遊覽船觀光非常受旅客歡迎。

ℹ INFO
- ⌂ 沖繩縣八重山郡竹富町上原870-3
- ☎ 0980-85-6154(08:30-16:30)

⑤	路線	成人票價	小童票價	出發時間
	浦內川遊船	￥3,000 (HK$176)	￥1,500 (HK$88)	09:00~15:30 (6團)
	マリユドウ瀑布、カンビレー瀑布			09:00~15:30 (6團)

- ⊟ 從西表島上原港碼頭駕車前往，約需5分鐘。
- 🌐 www.urauchigawa.com (日)

(相片提供：沖繩觀光協會)

▲マリユドウ瀑布。

鮮味三疣梭子蟹 唐變木

 地圖P.360

☑ 免費泊車

　　位於西表島西北面，在叢林間毫不起眼的紅磚小店便是「唐變木」。除了有店主自製的咖哩飯與蛋糕外，另一款人氣之作是蟹汁套餐。店主利用新鮮的三疣梭子蟹，再把蟹膏製成湯汁，再把整隻大蟹放入煮熟而成。湯汁伴有濃郁蟹肉的鮮味與蟹膏的香味，一個加大套餐已足夠兩人份量，十分值得一試。

▲ 店內裝飾盡顯心思。

推介!

▲ 藏身於隱閉處的小店，穿越一條長長的綠林才到達。

▲蟹汁套餐(カニ汁定食)，與香港常吃的蒸蟹味道不大相同，是從未嘗過的另一種美味。

▲ 炎炎夏日，最好就是來一杯刨冰消暑一下。宇治かき氷・木 400(HK$26)。

▲店內的裝潢就像回家一樣溫暖。

ℹ INFO
🏠沖繩縣八重山郡竹富町字上原749
☎0980-85-6050
🕐11:30-17:00(逢星期二、三休息)
🚗從西表島大原港碼頭駕車，約需1小時

石垣島 · 竹富島 · **西表島** · 波照間島 · 與那國島

適合浮潛 星砂之濱 (星砂の浜) 地圖P.360

☑ 免費泊車

　　在西表島亦有一個與竹富島同名的星砂之濱，沙灘除了以出產星砂聞名之外，亦因擁有透明度甚高的海洋適合浮潛而聞名。因有幾座小島環繞沙灘外，形成灣內波浪較平穩，可安心在此暢泳。

▲比起星砂，透明度甚高的海濱更加吸引。

ℹ INFO
- 🏠 沖繩縣八重山郡竹富町上原
- 🚌 1. 從西表島大原港碼頭駕車，約需50分鐘；
  2. 或乘搭路線巴士，於星砂之濱下車即達

▶ 更多遊客是前來暢泳或浮潛，而不是找尋星砂呢。

坐水牛車暢遊 由布島 (ゆぶじま) 地圖P.360

　　由布島位於西表島東面，與西表島僅一海之隔，以海沙堆疊而成，全島周長僅2.15公里。潮漲時，由布島與西表島之間的水位會升至一公尺深，島民都會以水牛車代步來往兩島，因此水牛車成為由布島特色觀光點。

　　由布島的第一對水牛來自台灣，名為「大五郎」與「花子」，牠們的子孫現負責接載遊客。島民為了感激水牛祖先，於島上建立水牛紀念碑，亦製作了許多水牛相關的紀念品供遊客購買。由布島本身就是一座亞熱帶植物樂園，除了有蝴蝶園、貝殼館外，還飼養了各式各樣的動物如野豬、山羊等。

▲先在由布島旅人之驛購票，再等待水牛車接載前往由布島。

◀入場券就是這朵紅色的襟花，先把它扣在衣服上再坐水牛車吧！

◀水牛一口氣拉着車渡海。

ℹ 由布島INFO
- 🏠 沖繩縣八重山郡竹富町古見689
- ☎ 0980-85-5470　⏰ 09:00-16:00
- 💲(水牛車來回) 成人￥2,000(HK$118)，小童￥1,000(HK$59)
- 🚌 1. 乘搭路線巴士，在由布島水牛車乘場站下車，在巴士站旁的「旅人之驛」購票乘搭水牛車即達；
  2. 從西表島大原港碼頭駕車，約需20分鐘
- 🌐 www.yubujima.com (日)

由布島坐水牛車

▲充當車伕的伯伯一邊控制水牛車，一邊彈奏三味線唱民謠。

▲每輛水牛車上都有介紹負責的水牛，這次去程負責的水牛名為慎太郎。

▲車頂貼有民謠的歌詞，車上懂得唱的遊客都會跟着一起唱。

▲由布島水牛家大五郎的家族族譜。

◀回程時亦是乘坐水牛車，這次的水牛名為小次郎，翻查水牛的族譜後發現牠是慎太郎的弟弟！

◀亞熱帶植物樂園入口。

▼▶由布島上充滿有趣的玩意，可坐上去拍攝紀念照片。

• 石垣島 • 竹富島

西表島

• 波照間島 • 與那國島

◄ 小朋友一定很喜歡這些遊樂設施！

◄ 島民為了感謝水牛的辛勤，在樂園內建立了水牛始祖大五郎的紀念碑。

◄ 島上的指示牌與地圖。

▲下班的水牛在水牛之池休息，樣子很享受呢！

▲好像真的走進熱帶雨林。

▲以木頭製成的椅子，讓人坐在這裡靜靜欣賞大海。　▲茶屋由布。

◄舊式的水泵，讓人想起龍貓內的情節。

由布島特色景點

▲由布島上的貝殼展覽館。

▲島上另一端的淺灘。

▲島上的黑珍珠專賣店。

由布島熱門手信

◀由布島限定的水牛磁石公仔，中間可分開用磁力夾著紙張或卡片，¥450(HK\$29)。

◀大五郎一家三口磁石貼。

TIPS!

西表島代表動物：西表山貓

▲西表島上提醒駕駛人士小心山貓的標誌。

　　西表山貓是貓科動物的一種，是日本特有的品種，只能夠在西表島上見到。由於數量極為稀少，現時只剩下約100隻居於西表島上，現已被日本政府列為受保護動物。很可惜，筆者遊覽時遇不到這隻稀少的西表山貓呢！

觀賞南十字星

波照間島

位於石垣島西南方的波照間島，因緯度關係，是日本國內極少數能觀賞南十字星的地方，所以晚上各家波照間島民宿均會接載住客前往島上的星空觀測塔，在屋頂觀賞星星，天氣好時用肉眼也可看到銀河，令人印象難忘。

| 人口 | 約500餘人 | 面積 | 12.77平方公里 | 位置 | 地圖P.318 |

| 酒店 | 推介民宿請見P.84 |

| 交通 | 石垣島往波照間島渡輪服務，詳見P.321 |

石垣島
竹富島
西表島
波照間島
與那國島

波照間島景點地圖

波照間島碼頭 (P.370)

西之濱 (P.372)

N

波照間中學

House_美波 (P.84)

波照間機場

星空觀測塔 (P.373)

日本最南之碑 (P.372)

圖例
- 景點
- 酒店
- 沙灘
- 碼頭
- 學校
- 機場

800米

© 跨版生活圖書出版

・出發去波照間島・

地圖P.369

要前往波照間島，必須先前往石垣島，然後乘搭高速船前往，航程約需1小時。在石垣港離島碼頭只有一間客運公司提供前往波照間島的渡輪服務，詳見P.319。

石垣島→波照間島：
08:00、11:45、15:30/15:00
波照間島→石垣島：
09:50、13:15、17:20/16:20
*冬季與夏季班次及價錢略有不同，詳盡班次資料請參考網址。

▲ 波照間島碼頭。

ℹ️ INFO
💲 成人單程￥4,070(HK$239) 來回￥7,830(HK$461)，
　小童單程￥2,040(HK$120) 來回￥3,930(HK$231)
🌐 aneikankou.co.jp/timetable

・島上交通：單車・

由於波照間島總面積很小，而且島上並沒有公共交通工具，遊客以租借單車為主，穿梭於島上的甘蔗田間，也有以電單車與汽車代步。

▲ 即使是島上居民也多以單車代步。

波照間島特色逐處影

▲ 在波照間島，隨處可見牛和羊自由自在地四處走動。

◀ 波照間島的晚霞。

◀ 波照間島上民家都採用傳統的琉球石牆。

・石垣島 ・竹富島 ・西表島 **波照間島** ・與那國島

▲沙灘上堆滿奇形怪狀的貝殼與珊瑚。

▲秉承日本各地特色渠蓋的特色，波照間島也不例外。

▶在波照間島，即使是一個沒名字的沙灘都是景色怡人。

日本No. 3美麗海灘 西之濱 (ニシ浜) 地圖P.369

　　位於波照間島北面的西之濱，是島上唯一可供游泳的海灘。西之濱有着既白且幼的沙灘，放眼望去大海泛着不同深淺的藍色，日落的景色更是一絕。即使不諳泳術，也可來漫步，然後再於黃昏時段欣賞夕陽與晚霞。

▲西之濱被日本Trip Advisor評為全日本最佳沙灘第三名，親身到過後，果然是名不虛傳！

INFO
🚲從波照間碼頭踏單車，約需10分鐘

▲夕陽無限好，在日落西山前拍下最美的一刻。

永不分離 日本最南之碑 地圖P.369

　　北海道稚內建有「日本最北端之地」紀念碑，位於日本最南端的波照間島當然也有「日本最南之碑」。日本最南之碑建於1972年，由當時到訪的日本學生所建，碑旁有一條用日本各地的小石堆砌而成的石路，由於沖繩於二次大戰時曾與日本分離，所以這條小石路喻意日本與沖繩再也不會分開。

▲每顆石頭代表沖繩與日本不願分離的心願，堅守位於國家最南端的小島上。

INFO
🚲從波照間碼頭踏單車前往，約需1小時

▲位於最南之碑附近的高那崎，地勢十分險要。

滿天繁星 星空觀測塔 (星空観測タワー) 地圖P.369

☑ 免費泊車

波照間島最吸引的一定是觀星。小島上建有一座擁有200毫米屈折式望遠鏡的星空觀測塔，每年4月至6月更可觀賞到南十字星。晚上在觀測塔觀星時，會有工作人員以日語解釋天上不同星座的位置。即使不懂日文也不要緊，因為只要抬頭自會看到滿天繁星，對城市人絕對是很難得的體驗。觀測塔建於1994年，是日本最南端天文台。(**目前休館中。**)

▲中間白色部分便是銀河，美的令人差點忘了呼吸。(相片提供：House美波)

◀觀測塔內的天文望遠鏡。

▼隨着黑夜降臨，天上的繁星令人目不暇給。(相片提供：House美波)

◀上才熱鬧起來。
中午時分的星光觀測塔有點「寂寞」，到晚

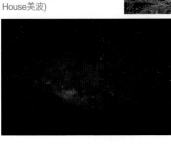

◀夏天日長夜短，天空尚算光亮，但星星們已忍不住出場了。(相片提供：House美波)

▲觀測塔內可購買登上日本最南端與參觀觀測塔的證書，每張¥500(HK$32)。

ℹ INFO

⌂ 沖繩縣八重山郡竹富町字波照間3905-1
☎ 0980-85-8112
⊙ 10:00-12:00、13:00-17:00，(4-10月)20:00-22:00、(11-3月)19:00-21:00，星期一休息
⑤ 成人¥400(HK$26)，小童¥200(HK$13)
🚲 從波照間碼頭踏單車，約需1小時
🌐 painusima.com/1009/

備註：晚上觀星的話，民宿會接載住客至觀測塔，會另外收取接送費用¥1,000(HK$65)。

最接近台灣的海底奇觀小島

與那國島

與那國島位於八重山群島最西端，亦是最接近台灣本島的島嶼。天氣晴朗時，從與那國島的最西端遠眺，單憑肉眼便能看到台灣宜蘭一帶的山脈！島上居民雖然只有1,000多人，但隨着由吉岡秀隆及柴咲幸等演出的日劇小孤島大醫生(Dr.コトー診療所)播出後，讓小島一舉成名。在80年代，日本探測隊於與那國島周邊海底發現大規模的海底遺迹，讓小島成為日本國內其中一個著名的觀光地點。

| 人口 | 約1,700餘人 | 面積 | 約28.91平方公里 | 位置 | 地圖P.318 |

| 酒店 | 推介民宿請見P.84 |

| 交通 | 石垣島往與那國島渡輪服務，詳見P.321 |

·出發往與那國島·

1. 飛機

那霸及石垣島均提供直航航班前往與那國島，航程時間分別約1小時40分鐘及35分鐘。每天來往那霸及與那國島的班次只有一班，來往石垣島及與那國島則較多，每日大約有3班。與那國島的機場雖然規模小，但也有觀光案內所。

▲機場規模雖小，同樣備有觀光案內所。

▲與那國島的機場充滿小島風情。

i INFO
🌐日本航空：www.jal.co.jp

(相片提供：沖繩旅遊會議局(OCVB))

2. 渡輪：與那國島久部良港碼頭

石垣島每星期有提供2班渡輪前往與那國島，船程約4小時，詳細資料如下：

	成人費用	6-12歲小童費用	班次
福山海運	單程 ￥3,550(HK$231) 來回 ￥6,750(HK$438)	單程 ￥1,780(HK$116)	石垣出發：逢星期二、五 10:00 出發，14:00 到達 與那國島出發：逢星期三、六 10:00 出發，14:00 到達

i INFO
🌐福山海運：fukuyamakaiun.ti-da.net

石垣島 ● 竹富島 ● 西表島 ● 波照間島

島上交通

島上以駕駛汽車、電單車、踏單車為主，也有觀光的士及小巴服務。以下是島上提供交通工具服務的公司介紹：

米浜レンタル

 ☑汽車出租

米浜レンタル於與那國機場內設有租借中心，租借輕型汽車(可供4人乘搭)3小時為￥3,300(HK$194)，6小時為￥4,400(HK$258)，24小時￥4,950(HK$291)，費用已包括汽油及保險費用。

i INFO
☎0980-87-2148
🌐www.yonehama.com

与那国ホンダ

☑汽車出租　☑電單車出租　☑單車出租

与那国ホンダ距離與那國機場約2公里，提供汽車、電單車及單車出租服務。租借輕型汽車(可供4人乘搭)5小時為￥4,500(HK$265)，24小時￥5,500(HK$325)；電單車5小時￥2,000(HK$130)；單車24小時￥2,000(HK$118)。

i INFO
📍沖繩縣八重山郡與那國町與那國12
☎0980-87-2376　🌐www.yonagunihonda.jp

最西端観光(SSKレンタカー)

 ☑汽車出租　☑電單車出租

最西端観光位於與那國機場出口對面，提供汽車出租服務。租借輕型汽車(可供4人乘搭) 3小時為￥3,000(HK$195)，6小時為￥4,000(HK$260)，24小時￥5,000(HK$325)；另提供觀光的士及小巴服務。

i INFO
☎0980-87-2441
🌐yonaguni-okinawa.com/ssk

バイク もすらのたまご

 ☑電單車出租

民宿もすら經營的租車店，距久部良港碼頭約600米，提供電單車出租服務，6小時為￥2,100(HK$136)，24小時￥3,150(HK$205)。(2023年6月至2024年6月休業。)

i INFO
📍沖繩縣八重山郡與那國町與那國4022-380
☎0980-87-2116

與那國島天然記念物：馬

與那國島的馬亦非常有名，更被指定為天然記念物。

(相片提供：沖繩旅遊會議局(OCVB))

與那國島

與那國島景點地圖

圖例

主要地方道
景點
租車
酒店
娛樂
機場
碼頭
山

立神岩
(P.378)

宇良部岳

Uridake 岳

志木那島 (P.378)

與那國
ホンダ
(P.375)

Diving
Service
Marlin
(P.377)

最西端観光
(P.375)

志木那島
診療所 (P.378)

與那國機場
(P.374)

眼那園岳

久部良岳

レンタカー及バイク
もすらのたまご
(P.375)

もすら
(P.375)

久部良港碼頭
(P.374)

民宿よし
まる荘
(P.84)

日本最西端
之碑 (P.378)

N

500米

沉沒海底的古城？海底遺跡

80年代日本在與那國島南部海底發現一片由巨石群組成的海底遺跡，巨石有如經人工切割一樣，像一座沉沒在海底的古城一般。直到現在，日本國內依然未能就遺跡為人工建設或天然形成而作出定論，但海底遺跡的獨特造形已讓它成為與那國島其中一個引人入勝的景點。要遊覽海底遺跡，最好的方法當然是潛水至海底一睹神秘遺跡的風貌了！另一方面亦可參加浮潛或乘搭玻璃船去觀賞這個與那國島的著名景觀。

▲潛下水底到海底遺跡探險去！

▲海底遺跡的範圍甚廣，放眼開去就像一個沉沒在海底的古城一般，讓人引發許多奇幻想像。
(相片提供：沖繩旅遊會議局(OCVB))

地圖P.376

提供觀賞海底遺跡的Diving Service Marlin INFO

⌂沖繩縣八重山郡與那國町字與那國4652-1
☎0980-87-3365
◷08:00-19:00
🚗距離與那國機場約1公里
🌐yonagunidiving.com

課程類別	需要時間	收費
潛水體驗 Visitors Diving	3 小時	2 次：￥26,250(HK\$1,544)
海底遺跡浮潛 Snorkel	1.5 小時	2 次：￥29,400(HK\$1,729)
Fun Diving	視次數而定	1 次：￥10,500(HK\$618) 2 次：￥14,750(HK\$868) 3 次：￥19,950(HK\$1,071) 追加 1 次：￥4,200(HK\$247) 需要另付潛水裝備費用

* 需要持有潛水執照

大熱日劇拍攝地 志木那島診療所(Dr.コトー診療所)

因日劇《小孤島大醫生》而聞名的與那國島，劇中的志木那島診療所位於與那國島的南部，開放予遊客入內參觀。除了可於診所內重溫劇中的點滴外，遊客更可穿上醫生袍，扮演劇中的主角五島醫生呢！

地圖P.376

▲小孤島大醫生原為漫畫作品(《孤島診療所》)，後來被改編成大受歡迎的日劇。
(相片提供：沖繩旅遊會議局(OCVB))

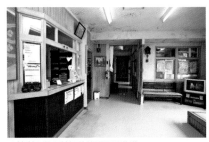

▲診所內保留拍攝時的用具及裝潢。

ℹ INFO
☎098-087-2402　　🕙10:00-17:00
💲成人￥300(HK$19)，高中生以下免費
📍距離與那國機場約5公里
🌐coto.welcome-yonaguni.jp

欣賞美麗日落 日本最西端之碑

地圖P.376

與那國島位於日本最西端，而在島上的西崎地帶建有日本最西端之碑，從此處可欣賞到美麗的日落。

◀日本最南端為波照間島，而最西端的就是與那國島了。

ℹ INFO
📍距離久部良港碼頭約1公里

(相片提供：沖繩旅遊會議局(OCVB))

與那國島神聖之物 立神岩

地圖P.376

立神岩位於與那國島的東南面，佇立在大海與港口之間。與那國島的居民尊稱岩石為立神岩，並視之為神聖之物及朝拜。直到現在，立神岩更被可稱為與那國島的象徵。

ℹ INFO
📍距離與那國機場約7公里

(相片提供：沖繩旅遊會議局(OCVB))

9

美麗的宮古藍
宮古群島

宮古島景點地圖

N

© 跨版生活圖書出版

東平安名岬 (P.399)

保良泉海灘 (P.400)

宮古島海寶館 (P.400)

シギラ黃金溫泉 (P.387)

Sea Sky 博覽號 (P.390)

Brisa Wellness Villa (P.87)

Ganko 肉卷老屋 (P.387)

宮古島市熱帶植物園 (P.386)
及體驗工藝村

MaxValu 宮古西店 (P.385)

島尻紅樹林公園 (P.394)

上野德國文化村 (P.390)

宮古機場

宮古島市
公設市場 (P.385)

海來美 (觀景台) (P.395)

池間大橋 (P.395)

雪鹽製鹽所 (P.399)

大神島

西平安名岬 (P.396)

池間大橋展望台 (P.396)

健康ふれあいランド公園 (P.398)

宮古島海中公園 (P.397)

砂山海灘 (P.393)

平良港 (碼頭) (P.384)

Hotel Atollemerald
Miyakojima (P.87)

Hotel Locus
Miyako (P.87)

Painagama
Beach (P.384)

平良港

Utopia Farms (P.388)

池間島 (P.395)

牧山公園 (P.402)

MaxValu 宮古南店 (P.385)

伊良部大橋 (P.401)

與那霸前濱 (P.391)

來間大橋 (P.391)

來間島 (P.392)

龍宮城展望台 (P.392)

Café & Yado
Como (P.402)

伊良部島

渡口の浜 (P.403)

下地島空港 (P.405)

下地島

通池 (P.405)

下地島巨岩 (帝岩) (P.404)

中之島海灘 (P.404)

圖例

國道
主要地方道
購物
食評
公園
酒店
景點
沙灘
碼頭
機場

2公里

最大珊瑚礁群

宮古島

位於沖繩島與石垣島之間的宮古島，屬宮古群島中的其中一員，其他島嶼包括池間島、來間島、伊良部島、下地島、大神島、多良間島與水納島。宮古島擁有全日本最大型的珊瑚礁群，加上海水透明度高，十分適合進行浮潛等水上活動。而宮古島的海鹽亦聞名於世，有名的雪鹽便是產於此地。

◀在飛機上可以看到藍藍的珊瑚礁和海水，不愧為擁有全日本最大型的珊瑚礁群。

人口 約50,000餘人	面積 159.22平方公里	位置 地圖P.318

・出發往宮古島・

宮古島對外交通發達，幾乎每天都有航班來往東京、沖繩及石垣島，現時全日空(ANA)與琉球空中通勤(RAC)等分別提供有關航班。

出發地	需時
東京羽田機場	3小時5分鐘
沖繩那霸機場	50分鐘
石垣機場	35分鐘

▶宮古機場為宮古島內唯一的機場，內陸機可直達沖繩、石垣島、東京及大阪等地。(攝影：蘇飛)

TIPS!

宮古島的吉祥物まもる君

在宮古島駕車，會不時見到一個穿着警察制服的人偶佇立在馬路旁，其實它們是交通安全協会自1991年推出的宣傳大使まもる君，用以提高駕駛者的安全意識。宮古島一共有19個交通黑點放置了まもる君，它們的表情和臉型都略有不同，並以兄弟為設定，現時已成為了島上的吉祥物，並推出了大量周邊產品，旅客遊覽宮古島時，不妨找他們「集郵」啊！

▶用貝殼砌成的風獅爺。(攝影：蘇飛)

19個まもる君的位置
www.eng.kagawa-u.ac.jp/~tishii/Lab/121009Miyako/121009Miyako.html

▲機場環境寬敞。(攝影：蘇飛)

• 島上交通 •

宮古島的交通尚算方便，除了租車自駕，也可以乘搭巴士：

1. 巴士

宮古島上主要由協榮巴士、八千代巴士及共和巴士經營島上的巴士服務，分別有7條巴士路線，協榮巴士管理其中5條，而八千代巴士則管理1條巴士線，另有1條9號線屬機場線。7條路線駛經的區域幾乎已囊括島上所有的旅遊景點，包括上野德國文化村、池間島、東西平安名岬等等，但班次較疏落，島上旅遊仍以自駕為主。

以下為7條巴士路線班次：

系統 1　新地・吉野・保良線		
車程	約 30 分鐘	
車費	全程 ¥560(HK$33)	
路線	協榮車庫→吉野 (部分時段)→保良 (東平安名岬)	
時間	協栄車庫出發	保良出發
	7:40*、11:00、13:30、15:30、17:30	7:35、8:25、11:45、14:21、16:21、18:21
途經吉野	14:18、16:18、18:18	7:38、8:28、11:48

* 只在平日運行

系統 3　友利線		
車程	約 30 分鐘	
車費	全程 ¥400(HK$24)	
路線	協栄車庫→友利 (Ingya Marine Garden)	
時間	協栄車庫出發	友利出發
	7:20*、8:40、11:30、14:00、17:20	9:25、12:10、14:35、17:55

* 只在平日運行

系統 5　新里・宮國線		
車程	約 25-40 分鐘	
車費	全程 ¥430(HK$25)	
路線	協栄車庫→宮古機場→宮國 (上野德國文化村)	
時間	協栄車庫出發	友利出發
	7:20*、8:50、11:00、13:30、16:00、17:40	7:42、9:27、11:37、14:18、16:37、18:28

* 只在平日運行

平良線 上里商店回り (共和巴士)		
車程	約 31 分鐘	
車費	¥140-710(HK$8-42)	
路線	宮古島市役所→佐和田車庫	
時間	宮古島市役所出發	佐和田車庫出發
	7:30、8:30、9:00、9:30*、10:30*	13:30、15:00、16:15、17:45

* 只在週末假期運行

系統 2　長北・山北線		
車程	約 20 分鐘	
車費	¥420(HK$25) 起	
路線	協栄車庫→更竹 (宮古島溫泉)→小原 (長北海岸)→比嘉	
時間	協栄車庫出發	比嘉出發
	9:25*、15:40	10:05、16:25

* 只在平日運行

系統 4　與那霸・嘉手苅線		
車程	約 20 分鐘，途經來間島需時約 45 分鐘	
車費	全程 ¥480(HK$28)	
路線	協栄車庫→與那霸→來間島 (部分時段)→嘉手苅 (部分時段)	
時間	協栄車庫出發	友利出發
	07:20*	18:15、19:15*
途經平良港	8:40*、11:30(總站為与那霸)、14:00(總站為来間)、17:20	7:40、9:22、18:12

* 只在平日運行

平良市內→狩俣・池間島方面 (八千代巴士)		
車程	約 45 分鐘	
車費	全程 ¥560(HK$35)	
路線	宮古島市役所→宮古第一ホテル前→漁協前	
時間	宮古島市役所出發	漁協前出發
	6:30、8:20、10:10、12:00、13:40、15:20、17:10*、18:50	7:20、9:00、10:50、12:50、14:20、16:00、18:00*、19:40

* 只在平日運行

協榮巴士：
385kyoei.com
八千代巴士：
yachiyo-bus-taxi.jp
共和バス：
kyowabus.studio.site
宮古群島巴士路線參考：
www.kotsu-okinawa.org/map_miyako.html

2. 租車自駕

你可透過OTS網頁租車自駕，網上預約後可指定職員於機場或平良港等候，至預約當日職員便會拿着寫上「OTSレンタカー」的牌，於指定地點等候，告知預約名字與號碼後，職員便會帶你前往取車，十分方便。

在宮古島租車自駕有以下幾點建議或要留意的地方：

1. 機場接送服務

宮古島的租車公司職員會直接在機場的入境大堂舉牌迎接，然後帶你乘坐接駁巴士到租車處。

2. 還車入油

宮古島上自駕耗油是很少的，在機場附近有兩家油站可供還車前入滿油，資料如下：

エネオス(ENEOS第三給油所) INFO

`MAPCODE` 310 455 260*11
- 沖繩縣宮古島市平良西里841-3
- 0980-72-3741
- 星期一至六07:00-21:00，星期日08:00-20:00
- www.at-ml.jp/72489

JAセルフSS INFO

`MAPCODE` 310 426 147*10
- 沖繩縣宮古島市平良字西里1434
- 0980-72-1426
- 24小時
- www.ja-okinawa.or.jp/store/detail.php?id=528

3. 有關租車保險、交通意外處理、導航系統和安全駕駛

詳見P.69、P.72及P.328-329。

4. 油電混合車

石垣島和宮古島的租車公司常會提供油電混合車，油電車的啟動方法是：在P檔時腳踩着煞車不放→長按Power按鈕2秒→儀錶板上的Ready指示燈亮起就沒問題了。

5. 泊車位

和石垣島一樣，除近碼頭市中心的地方外，大多數景點都有足夠免費露天停車位。但要注意的是，宮古島很多景點除泊車位外沒有其他設施，有時連汽水機也沒有，廁所的情況與日本其他地方相比也可能較不理想。

6. 連島大橋

宮古島的幾座連島大橋都很壯觀，包括伊良部大橋、來間大橋和池間大橋，橋的兩岸都有展望台。伊良部大橋在橋中間也有停車看風景的位置，自駕者不可錯過。

OTS租車：
www.otsinternational.jp/otsrentacar/cn/

(圖文：蘇飛)

島上交通中心點 平良港(碼頭) 地圖P.380

平良港是宮古島的重要港口,亦是郵輪停靠的港口。港口很大,附近有海灘、食店、酒店和巴士總站,前往其他景點交通便利,不少遊客選擇在這裏住宿。平良港的碼頭附近有不少步道和停車場,晚上可以在此觀星。

◀平良港很大。

◀另一面是貨輪上落貨碼頭和郵輪碼頭。

◀港口的一面是遊艇碼頭和步道,不少旅客晚上來這裏觀星。

ℹ INFO
- 沖繩縣宮古島市平良下里
- 從宮古機場駕車前往需時10分鐘

(圖文:蘇飛)

夕照美景 Painagama Beach 地圖P.380

(パイナガマビーチ) MAPCODE® 310 452 742*35

Painagama Beach在平良港附近,旁邊就是國道309號,要到海灘來十分方便。海灘有沖身設施,在泳季(4-10月)期間亦會設置水母防網,讓一眾泳客可安心暢泳。黃昏時間海灘風景最美,斜陽與晚霞將整片海灘渲染成金黃色,在這片泛着暈黃光輝的海灘漫步,想必十分浪漫。

▲Painagama Beach就在國道309號側。

◀海灘旁有一間名叫海鮮悟空的餐廳(不定休),可以對着海景用餐。

▲在海灘上可以看到平良港和港口附近的酒店。

◀圓滾滾的鹹蛋黃慢慢落下,散發柔和、暈黃的光輝。

ℹ INFO
- 沖繩縣宮古島市平良字下里
- 從宮古機場駕車前往需時10分鐘,從平良港步行約5分鐘

(攝影:蘇飛,文字:IKiC)

餐廳、手信集中地 宮古島市公設市場 地圖P.380

MAPCODE 310 453 889*44

宮古島與石垣島一樣，在島上同樣設有公設市場，但規模較小。市場1樓為商店，主要售賣宮古島上的農產品、加工食品、使用沖繩本土物料的化妝品等等，亦有手信售賣；2樓則為小型食肆，有各種使用島上食材製成的料理提供。

▶市場入口，旁邊是觀光案內所。

▶公設市場有免費停車場。

▶市場內有不少小型食肆及手信店。

▲要在這裏買手信不是件難事。

▶手作黑糖每包￥300(HK$19)。

ℹ INFO
- ⌂沖繩縣宮古島市平良字下里1番地
- ☏0980-79-0807　Ⓟ免費
- 🚗從宮古機場駕車前往需時約5分鐘，從平良港步行約8分鐘
- 🕐08:00-21:00(商店營業時間及休息日各有不同)
- 🔗bit.ly/3SHeaqh

(攝影：蘇飛，文字：IKiC)

二十四小時服務 Aeon MaxValu 宮古南店

(イオン マックスバリュ) ☑ 免費泊車　地圖P.380

宮古島上的餐廳與便利店都不多，要解決一日三餐怎辦才好？在宮古機場附近就有兩所大型的MaxValu，除了超市外內裏亦可買到不少即食食品及生活用具，更重要的是兩所超市都是24小時營業，即使半夜想吃宵夜，只要你是自駕就隨時隨地都能買到美食了！

▶和其他MaxValu一樣，附近有其他商店。(攝影：蘇飛)

▲全年無休，24小時營業。(攝影：蘇飛)

ℹ INFO

| 宮古西里(みやこにしざと)店：⌂沖繩縣宮古島市平良字西里1290　☏0980-74-2255 |
| 🚗從宮古機場駕車前往需時約5分鐘 |
| 宮古南(みやこみなみ)店：⌂沖繩縣宮古島市平良字松原631　☏0980-73-7711 |
| 🚗從宮古機場駕車前往需時約10分鐘 |

385

各式體驗工作坊 宮古島市熱帶植物園及體驗工藝村

 地圖P.380　MAPCODE® 310 458 511*26　 親子！

　　宮古島市的熱帶植物園和體驗工藝村在同一位置,可觀賞各式熱帶植物的同時,也可參與各式體驗工作坊。植物園內種植了超過1,600種以上的熱帶植物,有的更是由夏威夷、台灣及東南亞等熱帶地區移植到此,遊客可以在步道上一次過觀察各式動植物,了解更多熱帶地區的自然生態。

　　園內的一座座小平房則是各式體驗工房,遊客可以在宮古馬乘馬工房體驗騎宮古馬的滋味、在藍染工房親手製作藍染布、到琉裝・万華鏡工房試穿色彩繽紛的琉裝和製作萬花筒、在宮古織物工房用繩製作民具等等,工藝村內共有9個不同的體驗工房,有些需事前預約,詳細請參閱官網。

▲植物園與體驗工藝村其實是同一地方。

◀園內有寬闊而美麗的草地。

▲園內種植了各種熱帶植物,有的是從台灣、夏威夷等地進口的品種。

▲宮古馬乘馬工房,可以在此試騎宮古馬。

▲宮古織物工房內的織物可供購買,遊客也可參與織物工作坊。

織物工房內

◀工房內有各式籐製品可供購、造型特別,價錢也不貴。

◀工房內的籐製品很有創意。

◀簡單的宮古吊飾￥300(HK$19)。

INFO

- 🏠 沖繩縣宮古島市平良東仲宗根添1166-286
- ☎ 0980-73-4111
- 🚗 從宮古機場駕車前往需時約5分鐘
- 🕙 10:00-18:00(不同工房休息日各有不同,請參閱官網)
- 💲 入場免費,不同工房體驗收費不同,請參閱官網
- 🌐 (宮古島市熱帶植物園)miyakotaiken.com
- 🅿 免費
- 注意:植物園不大,如不參加體驗活動,逗留時間約1小時

▲琉裝・万華鏡工房,可試穿琉裝(沖繩傳統服飾),也可試製萬花筒(万華鏡)。

▲陶藝工房。

(攝影:蘇飛,文字:IKiC)

一嘗九州肉卷飯糰 Ganko肉卷き屋

地圖P.380

Ganko肉卷き屋是在植物園外的一間小食店,專售肉卷飯糰。肉卷飯糰(肉卷きおにぎり)是來自九州宮崎市的新興美食,將豬肉片用秘製醬料調味後,再用以包裹着飯糰同烤,飯糰吸收了肉片的香味,吃下去時整個飯糰都散發着肉香,十分不錯!

▶Ganko肉卷き屋就在植物園外。

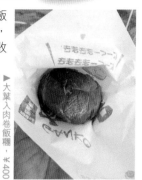

▶大葉入肉卷飯糰,¥400(HK$24),有頗濃的香草味,配上大片肉和飯,飽肚又好味。

i INFO
- 沖繩縣宮古島市平良東仲宗根添1166-597
- 10:00-18:00

(攝影:蘇飛,文字:IKiC)

龍女帶來的奇蹟之湯 シギラ黃金溫泉

地圖P.380

MAPCODE® 310 160 791*24

シギラ黃金溫泉位於宮古島的最南邊,是Shigira Resort(シギラリゾート)內的其中一個設施,除了入住resort的旅客可享用溫泉外,其他旅客亦可使用日歸溫泉設施。黃金溫泉泉水呈琥珀色,素有奇蹟之湯的美譽,館內設有大型的叢林風呂(ジャングル風呂),亦有適合三數知己共享的露天風呂,如想邊泡湯邊欣賞海景的話,更可以選擇分開男女賓的展望溫泉。館內提供泳裝租借服務,沒有帶備泳衣的旅客就不用擔心泡不到了!

▲シギラ黃金溫泉

◀整個黃金溫泉面積頗大,是Shigira Resort(シギラリゾート)的一部分。入住的旅客可享用溫泉設施外,其他旅客亦可參加日歸溫泉。

▲黃金溫泉內面積最大的叢林風呂(ジャングル風呂)。

◀亦有隱私度較高的露天風呂。

TIPS!

龍女與溫泉

據說,龍宮的神女就在這裏與戀人相會,酒店就按傳說及地質學家的分析挖出黃金溫泉來。

i INFO
- 沖繩縣宮古島市上野新里1405-223
- 0980-74-7340
- 從宮古機場駕車前往需時約15分鐘
- 11:00-22:00
- 12歲或以上¥2,000 (HK$118),4-11歲兒童¥1,000(HK$59),3歲或以下免費
- shigira.com/onsen

▲黃金溫泉與大海相隔不遠,故設有分開男女賓的展望溫泉,可邊浸溫泉邊欣賞海景。

(文字:IKiC)

繽紛鮮花熱帶果園 Utopia Farms

(ユートピアファーム宮古島)　MAPCODE 310 248 085*82

地圖P.380

農場位於宮古島中部較南方，內有花園及果園，面積不算大，但規劃完整，十分適合遊客觀光。農場內是一個個種有不同的植物的溫室，大致分為3類：芒果園、水果園及花園，水果園內種有多種的熱帶水果，包括楊桃、熱情果、蓮霧、菠蘿等等，而花園則以大紅花(朱槿)及簕杜鵑(九重葛)為主，遊客可漫步在由花組成的隧道，欣賞到色彩鮮艷的花卉，更可在農場中使用散落的花葉巧設拍照位「打卡呃like」。

逛完農場，更可到場內所設的食店品嘗園內所種的水果，當中以芒果製成的甜品最為有名。芒果布丁就是其人氣產品，布丁上鋪上一層濃厚的芒果汁及新鮮芒果粒，上方綴有忌廉，光是看到已經垂涎三尺呢！如不嗜甜的話，可以試試味道較為清淡的芒果果凍，內裏亦使用了大量的芒果粒，每一口都是啖啖果肉，十分滋味！

▲農場入口，圖右是大型溫室。

▲入口。

◀園內培植了多種顏色獨特的大紅花，連入口裝飾也是各色大紅花。

▲售票處就在餐廳收銀處旁邊，付款後便可以入內參觀。

▲▶溫室內種有超過250種大紅花，每一款的顏色都十分獨特呢！

花隧道

◀▲園內的簕杜鵑亦種得出色，不落俗套，更會使用散落的花葉巧設拍照位。

▲熱情果的花。

▲水果園區內種有不同水果，如芒果、菠蘿、楊桃等等。

▲入口處設有食店及紀念品部，可以即席品嘗農場內的水果。

▶人氣芒果pancake(￥980、HK$64)，每日限定供應10份。

▲ 杜鵑包葉製成的鎖匙扣，既美觀又實用，￥860(HK$56)。

紀念品部內最有特色的可說是這款由勒

▶餐廳最有名氣的一定是左面的芒果布丁(￥490、HK$51)，右面的是芒果凍(￥520、HK$34)。

▶如果想買水果的話，店內亦有水果禮盒，如相中這款內有2-3個芒果的禮盒售￥3,780(HK$245)。

ℹ Utopia Farms INFO
- ⌂ 沖繩縣宮古島市上野字宮國1714-2
- ☎ 0980-76-2949
- 🚗 從宮古機場駕車前往需時約15分鐘
- ⏰ 10:00-17:00(星期日休息)
- 💲 15歲或以上￥360(HK$23)
- 🌐 www.utopia-farm.net
- Ⓟ 免費

(攝影：蘇飛，文字：IKiC)

位於沖繩的歐陸國度 上野德國文化村
(うえのドイツ文化村)

地圖P.380

☑免費泊車　MAPCODE® 310158747*16

▲文化村的入口。

在純樸的宮古島上面，居然建了一座德國文化村？原來在18世紀，一位德國籍的船員曾為宮古島民所救，當時的德國國王為了答謝島民的幫助，於文化村內建立了一座博愛紀念碑。直到現在，為了紀念這件美事，紀念碑周邊遂發展成這個上野德國文化村，同時亦變成宮古島上一個著名的旅遊景點。文化村不收入場費用，在此可觀賞到不同的歐式建築。需要額外收費的博愛記念館及Kinder House分別可參觀到古代城堡的內部建築，以及胡桃夾子的童話複製畫與士兵玩偶。

▲築，置身德國一樣。
▲公園內的歐陸建

(相片提供：Jeff)

胡桃夾子士兵呢！
商店內還可找到德國著名的

ℹ️ **INFO**
🏠 沖繩縣宮古島市上野宮國775-1　☎0980-76-3771
🕐 09:30-17:30　🚗 從宮古機場駕車前往需時約15分鐘
💲 **博愛記念館**
　成人￥750(HK$49)，小童￥400(HK$26)
Kinder House
　成人￥210(HK$14)，小童￥100(HK$6)
兩館共通券
　成人￥850(HK$55)，小童￥400(HK$26)
🌐 www.hakuaiueno.com

島上唯一半潛式水中觀光船
Sea Sky博愛號 (シースカイ博愛)

地圖P.380

▲的Sea Sky博愛號。每次出海可載60名乘客

宮古島以水質清澈見底而聞名，若乘搭水中觀光船出海的話必定有豐富收穫！Sea Sky博愛號為島上唯一的半潛式水中觀光船，乘客可深入水底，慢慢觀賞美麗的海洋世界。

◀展望室內最多可容納38人，在這裏可更清楚看到海洋生物的真正一面。

(相片提供：Jeff)

急不及待出來歡迎你了！
尚未出海，海龜先生已

ℹ️ **INFO**
🏠 沖繩縣宮古島市上野宮國775-1
☎0980-76-6336
🕐 09:00-16:00，運行時間約45分鐘
🚗 從宮古機場駕車前往需時約15分鐘
💲 高中生或以上￥2,000(HK$130)，
　初中生及小學生￥1,000(HK$65)
🌐 www.hakuaiueno.com/seasky.html

日本沙灘No.1 與那霸前濱 (与那霸前浜)

☑免費泊車　[MAPCODE]® 310 211 622*44　地圖P.380

　　位於宮古島南面的「與那霸前濱」，白砂堆成的美麗海灘，加上透明藍色的海水，令與那霸前濱連續兩年成為日本國內最佳沙灘的第一位，日落的景色更是扣人心弦。海灘沿岸連綿達7公里，可遠眺來間島(P.392)。

▲(相片提供：沖繩觀光協會)

▲沙灘附近沒甚麼設施，只在停車場附近有些汽水機，沒有餐廳。

▲▶海水清澈，最適合玩水上運動。

▶美麗的沙灘上有新人正在影婚紗相。

INFO
🏠沖繩縣宮古島市下地與那霸1199-1
🕙10:00-18:00(夏季)，10:00-17:00(冬季)
🚗從平良港駕車，約需15分鐘
Ⓟ免費

(攝影：蘇飛)

TIPS!

來間大橋　地圖P.380　[MAPCODE]® 310 181 506*34

　　來間大橋位於宮古島的西南面，全長1,690公里，連接宮古島和來間島的大橋，於1995年開通。

◀在與那霸前濱沙灘上眺望來間大橋，十分宏偉。

宮古島・伊良部島及下地島

以甘蔗聞名 來間島 （地圖P.380）

宮古島可通過橋樑直達附近兩個島嶼，其一為來間島。來間島屬珊瑚礁島嶼，與宮古島距離只有1.5公里，整個島的面積只有2.84平方公里，人口也只有200人。島上以種植甘蔗及養牛為主，因此在島上隨處可見一大片的甘蔗田與養牛場，充滿鄉郊風情。

INFO
- 沖繩縣宮古島市下地字來間
- 從宮古機場駕車前往需時約20分鐘

▲連接來間島與宮古島的來間大橋，全長1,690米。(相片提供：Jeff)

現代浦島太郎 龍宮城展望台 (竜宮城展望台)

☑免費泊車　|MAPCODE| 310180553*21　（地圖P.380）

龍宮城展望台為三層高的展望台，佇立在來間大橋附近，從展望台可遠眺來間大橋及島上的田園風光。

▲雖然不是身處海底，仍能清楚看到水底的模樣，可想而知海灣是多麼的清澈。

▲歡迎來到龍宮城！說不定能在這碰到乙姬喔！

INFO
- 沖繩縣宮古島市下地字來間259-2
- 098-076-2991
- 10:00-19:00
- 從宮古機場駕車前往需時約20分鐘

(相片提供：Jeff)

有一種藍叫宮古藍 砂山海灘 地圖P.380

Sunayama Beach (砂山ビーチ) MAPCODE® 310 603 263*55

宮古島附近的海水顏色美得獨一無二又幻彩多變,日本人給予這種藍色一個特別的名稱——「宮古藍」,想看到迷人的宮古藍,砂山海灘是其中一個好地方了!到達海灘後需沿着舖滿白砂的山丘小路,開始時路兩邊是樹木植物,慢慢景致開揚,跨過沙丘後,一片剔透的藍海呈現在眼前!

這裏最特別是一座被海水侵蝕的岩橋,像迷你版的萬座毛,是必到打卡地點。由於附近海域曾有鯊魚出沒,加上有向外海流,建議不要離岸遊玩。

▶沿着這路登上砂山。

▲到了海灘門外,之後要走一段長長的砂丘山路才能到達沙灘。

▲別少看這砂山,坡度陡斜,加上砂是流動的,每行一步都很吃力。

▲越過砂山,隱約看到大海了!

▶被海水侵蝕成岩橋的巨岩是砂山海灘的標誌。

▶難怪日本人叫宮古島的海洋顏色為「宮古藍」,真的是美得不得了!

 INFO
- 沖繩縣宮古島市平良字荷川取705
- 從宮古機場駕車前往需時約15分鐘,再由停車場步行365步到海灘
- 免費

(攝影:蘇飛,文字:IKiC)

在紅樹林穿梭 島尻紅樹林公園 地圖P.380

(Shimajiri Mangrove) (島尻のマングローブ林) MAPCODE® 310 724 717*73

島尻紅樹林位於宮古島北面,是一片沿着海灣生長的紅樹林海,亦是宮古群島規模最大的紅樹林,被指定為宮古島的天然記念物。公園入口有一座架於水道上的木橋,走過木橋到達島尻入江石橋,這段路最漂亮,彷彿在紅樹林中穿梭。過了石橋便與一條沿河而建的步道,近距離觀察紅茄苳、木欖、水筆仔等的紅樹林植物。

◀島尻紅樹林入口。

▲過了木橋便是島尻入江橋,這裏可以看到漂亮的河口景致。

◀入口處是一座架於水面的木橋。

◀在石橋上看到的河口景色。

▲走入河道深處。

◀過了石橋是步道,來回整條步道約需半小時。

INFO
- 沖繩縣宮古島市平良島尻
- 0980-73-1881(社团法人宮古島観光協会)
- 從宮古機場駕車前往需時約20分鐘
- 免費

(攝影:蘇飛,文字:IKiC)

394

汪洋與大橋 池間島・池間大橋 地圖P.380

MAPCODE 池間大橋 310 871 737*88

池間島位於宮古島北面，島上只有七百多名居民，是個以半農半漁為主的小島。由於池間島的海岸生長了不少珊瑚，吸引無數喜愛潛水的旅客，是個熱門的潛水勝地。池間島以池間大橋與宮古島連接，大橋亦成為了有名的旅遊景點。

池間大橋長1,425米，於1992年開通，造橋的全部費用是99億日元。在島的手信店海來美2樓有個小型的觀景台，遊客可以在這裏拍攝到最佳角度的池間大橋，宏偉的大橋架設在碧綠的汪洋上，隨手一拍，已是絕美的明信片風景。另一個拍攝池間大橋的展望台在西平安名岬(見P.396)。

▲出發往池間島了！

▲深深淺淺不同的綠，頂着大風上去看也是值得。

▲宏偉的大橋架設在碧綠的汪洋上，隨手一拍，已是絕美的明信片風景。

INFO
- 沖繩縣宮古島市平良
- 從宮古機場駕車前往需時約40分鐘　免費

(攝影：蘇飛，文字：IKiC)

橋頭小店推介

觀橋最佳位置 海來美 地圖P.380

這家位於池間大橋橋頭的手信店，店內售賣不少宮古島手信和小吃，最特別是在店鋪2樓是觀景台，在此可看到最佳角度的池間大橋。當然，看完大橋後別忘了到店內買點手信啊！

▲一入島就看到手信店海來美，2樓是觀景台，可拍攝整條池間大橋。

推介這款菠蘿芒果糖，成份天然，不會太甜，放在熱水或熱飲中融化後便可飲用。(¥280，HK$18)

來自海洋的工藝品 海之家

在海來美附近有不少食店和手信店，這家店內售賣的工藝品售賣很多取材來自海洋的物品，如利用貝殼製成的裝飾品和手飾，還有玻璃鏈墜十分有特色。

▲店外。

玻璃吊飾(¥1,000，HK$65)，十分有特色。

大貝殼，每個(¥2,000，HK$130)。

西部日落勝地 西平安名岬

☑ 免費泊車 | MAPCODE® 310841572*55

地圖P.380

　　既有東平安名岬(P.399)，又有沒有西平安名岬的呢？原來真的有啊！西平安名岬位於宮古島的東北面，雖然名氣不及東平安名岬，亦是宮古島內的人氣景點之一。西平安名岬除了能欣賞池間大橋的景色外，還有5部風力發電機襯托蔚藍的大海，再加上日落的話必定能構成一幅絕景呢！

◀ 西平安名岬的風力發電機，是此處的賣點之一。

▲ 與東平安名岬各據一方，你又喜歡哪一個多點呢？

◀ 一望無際的海岸線，日落必定更美。

 INFO
　❍ 沖繩縣宮古島市平良狩俣
　❎ 從宮古機場駕車前往需時約25分鐘

（相片提供：Jeff）

一覽大橋全景 池間大橋展望台

地圖P.380

MAPCODE® 310 841 630*77

　　池間大橋展望台在西平安名岬附近，是一座結構對稱的觀景平台。展望台分成兩邊，一邊可回望宮古島方向，一排用以發電的風車靜靜佇立在海岬上；另一邊則可遠觀池間大橋，大橋全景盡收眼下，灰色的橋身在陽光映照下變成純白，架設在碧海與藍天之間，猶如溝通海天的橋樑一般。

▲ 展望台是對稱結構，一邊可遠觀池間大橋，一邊可回望宮古島的風景。

▲ 池間大橋展望台在西平安名岬附近。

◀ 藍天碧海中間是泛白的大橋，池間大橋全景盡收眼下。

 INFO
　❍ 沖繩縣宮古島市平良狩俣
　❎ 從宮古機場駕車前往需時約25分鐘

（攝影：蘇飛，文字：IKiC）

飽覽海中世界 宮古島海中公園 地圖P.380

☑免費泊車 MAPCODE® 310723821*28

　　宮古島海中公園為宮古島眾多觀光設施之一，內裏蘊含豐富的海洋資源供遊客參觀。公園主要分為3部分，分別為海中觀察觀景台、展望台及磯遊設施。海中觀察觀景台位於海底3米，遊客可在此透過窗戶欣賞海中魚類的生活狀況；展望台可飽覽伊良部島的美景；另外收費的磯遊設施則可讓小朋友親親大自然，近距離接觸不同的海洋生物如海星、珊瑚等。

▲公園於水底下方3米處設有24個觀覽窗，供遊客觀賞魚兒在水中的自然生態。

►公園上方設有高4米的展望台，在此可360度遠望伊良部島的風景。

▲海中觀景台是海中公園最受注目的設施。（攝影：蘇飛）

►可以在水深3米的海底觀察海洋生物。（攝影：蘇飛）

◄古時琉球列島的漁船稱為サバ二，館內亦有展出。

ℹ️ INFO
🏠沖繩縣宮古島市平良字狩俣2511-1
☎0980-74-6335　🕘09:00-17:00
💲成人￥1,000(HK$65)，
　高中生￥800(HK$52)，
　初中生及小學生￥500(HK$32)
🚗從宮古機場駕車前往需時約20分鐘
🌐miyakojima-kaichukoen.com
🅿免費

►既為海中公園，當然能看到不同種類的海洋生物了。

（相片提供：Jeff）

海中公園餐廳及手信店

環境一流 Seaside Cafe海遊 (シーサイドカフエ 海遊)

這家在海中公園內的咖啡店，位置就在海中觀察設施入口旁。由於位處較高且在海岬之上，坐擁的景觀極佳，店內更有大玻璃窗，可供食客邊賞景邊用餐。店內提供咖哩、麵食等，食物質素不俗，推介海鮮咖哩，份量不少，咖哩香濃，內有青口及大蝦，更有大量的蔬菜沙律，十分豐富。

◀ 海鮮咖哩(シーフードカレー)，¥980(HK$64)。

◀ 靠窗的食客可邊欣賞無敵大海景邊品嘗美食。

◀ 海遊在海中觀察設施旁。

◀ 一重草麵(アーサ野菜そば)，¥850(HK$50)，看似很多蔬菜，其實下面藏着大量肥瘦適中的肉片，份量足味道好。

i INFO
📞0980-74-6335
🕐11:00-16:00
🌐miyakojima-kaichukoen.com/cafe_kaiyu/

(攝影：蘇飛；文字：IKiC)

親手做工藝品 手信店及體驗工房

觀賞完海洋生態、欣賞完海景後，記得不要錯過海中公園內的手信店！手信店內有多款精品及手工藝品可供購買，手工藝品多使用貝殼製成，十分別致。店內還有貝殼工藝品體驗工房，遊客更可親手製作屬於自己的貝殼擺設呢！

◀ 有多款使用貝殼製成的工藝品。

◀ 手信店也有熱帶魚。

◀ 更可以自己親手製作擺設！

i INFO
🕐10:00-18:00　💲體驗工作坊 ¥1,650(HK$97)起

(攝影：蘇飛；文字：IKiC)

親子遊樂 健康ふれあいランド公園　地圖P.380 親子！

健康ふれあいランド公園就在海中公園旁邊，內有遊步道及休憩設施，但遊人較少。公園位處海灣之上，一邊是展望台，一邊是海中觀察設施。在公園木棧道上放眼看去，是美麗的海岬景色，令人心曠神怡；園內亦有遊樂設施，更有大型迷宮，十分適合親子同樂。

▲ 健康ふれあいランド公園的木棧道可通往海角景點。

◀ 公園內有大型迷宮。

i INFO
🏠沖繩縣宮古島市平良字狩俣2511-1
🕐24小時　🅿免費

(攝影：蘇飛；文字：IKiC)

宮古之最 雪鹽製鹽所 (雪塩製塩所) ☑免費泊車 [MAPCODE] 310812702*52

到沖繩除了御菓子御殿的紅芋撻及海葡萄外，另一名物當然就是雪鹽了。雪鹽產自宮古島，既然來到宮古島當然要到雪鹽製鹽所參觀一下，看看這種既細而且聞名於世的鹽是如何製造的了！雪鹽製鹽所就位於池間大橋入口不遠處，無須預約便可入內參觀。製鹽所內更有雪糕出售，遊客可根據自己喜好替牛奶雪糕加入不同味道的鹽來調味，混合出來的味道各有千秋，是一種全新口味的食感！

地圖P.380

▲小小的工場，便是聞名世界的雪鹽出生地。

◀除了可參觀雪鹽的製作過程，當然還能買得最新鮮的雪鹽了！

▶雪鹽雪糕每杯￥350 (HK$23)，遊客可替雪糕加入不同味道的雪鹽來炮製自己最愛的口味。

ℹ️ INFO
- 🏠沖繩縣宮古島市平良字狩俣191
- ☎0980-72-5667
- 🕐4月至9月09:00-18:00；10月至3月09:00-17:00
- 🚗從宮古機場駕車前往需時約20分鐘
- 🌐museum.yukishio.com

(相片提供：Jeff)

景觀一流！ 東平安名岬 (ひがしへんなざき) 地圖P.380

☑免費泊車 [MAPCODE] 310205235*52

位於宮古島最東端的東平安名岬，是宮古島最有名的景點。細長達2公里的海岬由石灰岩形成。東平安名岬的終端建有平安名崎燈塔，登上燈塔最高處可360度俯瞰只看到水平線的大海，2007年時更入選為日本百景之一。

ℹ️ INFO
- 🏠沖繩縣宮古島市城邊保良
- 🕐燈塔：09:00-16:00
- 💰燈塔：成人￥200(HK$13)，小童免費
- 🚗從宮古機場駕車或乘搭計程車，約需40分鐘

(相片提供：沖繩觀光協會)

世界之貝殼集中地 宮古島海寶館

地圖P.380

☑ 免費泊車　**MAPCODE** 310231112*24

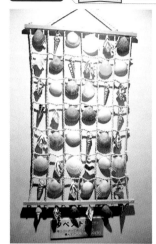

◄除了貝類展品外，也有其他海洋生物的化石展出。

　　宮古島海寶館位於保良川海灘上方，館內主要展出以貝殼製成的精品與潛水器具。除了展品以外，館內亦有體驗教室，參加的遊客可在專人指導下，製作出不同的貝殼精品如相架、吊飾等，製作精品不需事前預約，有興趣的朋友不妨即興參加，製作一件獨一無二的飾品作為紀念之用。名護的森之玻璃館內也有宮古島海寶館的產品出售。

◄既稱為貝殼集中地，館內當然展出了不少以貝類製作的展品。

ℹ INFO
⚲沖繩縣宮古島市城邊字保良591-1
☎0980-77-2323
🕘09:00-17:00　🌐www.kaihoukan.co.jp
💲高中生或以上￥500(HK$32)，
　初中生及小學生￥300(HK$22)
🚗從宮古機場駕車前往需時約30分鐘
🌐kaihoukan.co.jp

(相片提供：Jeff)

海中泳池 保良泉海灘 (保良泉ビーチ)

地圖P.380　☑ 免費泊車

MAPCODE 310231179*55

　　保良泉海灘全長約80米，除了擁有絕佳的水質與幼細的沙灘外，最特別之處是擁有一個私人泳池！與沙灘緊接的泳池使用天然的地下水，而沙灘和泳池之間更有一條溪流般的滑梯，每3次的收費為成人￥500(HK$32)，小童￥200(HK$13)。大家可在此一試在海邊滑梯的滋味呢！

ℹ INFO
⚲沖繩縣宮古島市城边字保良 1139-1
🚗從宮古機場駕車前往需時約30分鐘
💲成人￥500(HK$29)，
　兒童￥200(HK$12)
🌐uminooto.com

(相片提供：Jeff)

神秘新熱點

伊良部島及下地島

位於宮古島西面的伊良部島和下地島，自從伊良部大橋開通後成為旅遊新熱點，除了珊瑚礁和浮潛勝地外，下地島西面海岸充滿神秘傳說的通池，更是值得一看。

| 人口 約66,00人 | 面積 39.2平方公里 | 位置 地圖P.318 |

縣內最長橋樑 伊良部大橋　地圖P.380

 MAPCODE® 310 421 784*46

耗資380億日元、需時9年建成的伊良部大橋，全長約3.5公里，於2015年落成。橋樑連接宮古島及伊良部島，是日本免費公路中最長的大橋，同時是沖繩縣內最長的橋樑。大橋橋身起伏高低不斷，吸引不少人在橋的兩端拍照留影，遊客也可在途中停車處下車，拍下橋上的風光。有了這座橋，往伊良部島和下地島遊覽就方便多了。

▶長約3.5km的伊良部大橋。

必到！

▶橋上有停車處，可停下拍照，亦有行人路和單車路。

INFO
🏠 沖繩縣宮古市平良久貝
🚗 從宮古機場駕車前往需時約10分鐘

(攝影：蘇飛，文字：IKiC)

▲橋面高低起伏，有時像要衝入大海一般。

TIPS!

下地島空港　地圖P.380

下地島空港原為民用航空機師訓練機場，2019年改建為旅客用機場，提供往返那霸機場、東京羽田機場和神戶機場的航班。該機場一度打算和香港快運合作，提供直航班機到港，後因疫情擱置計劃至今。(網址：shimojishima.jp)

在鳥形展望台看伊良部大橋 牧山公園 地圖P.380

MAPCODE® 牧山展望台 721 221 550*00

　　牧山公園之所以成為較為熱門的景點，就是因為園內與公園同名的展望台。展望台位於公園最高處，同時是伊良部島的最高處。展望台仿照島上的守護神——灰面鷲而建，外形就像是一隻展翅飛翔的鳥。一登上展望台，伊良部大橋就在眼前，再細看，可遠觀來間大橋及池間大橋，這裏也是唯一一處可同時觀賞到三座大橋的地方。

◀▲牧山展望台的外形就像小鳥一般。

▲從停車場到展望台需走300米。

◀伊良部大橋。

◀在展望台上可以看到整條

▲展望台的內部建築令人聯想到教堂。

INFO
- 🏠 沖繩縣宮古島市伊良部字池間添923-1
- 🚗 從宮古機場駕車前往需時約15分鐘
- 💲免費　🅿️免費

(攝影：蘇飛，文字：IKiC)

海景獨立屋咖啡店 Café & Yado Como

地圖P.380

▲Café & Yado Como

　　在伊良部島的南面、渡口の浜以南約1.6公里的地方有幾家海景咖啡室，遊客可到此享受一個遊閒的午間時光，Café & Yado Como這間獨立平房式咖啡店也在這裏。餐廳面對海岸，擁有極佳的觀賞海景位置。店內提供午餐及下午茶，大多都是採用島上食材烹調而成，十分地道，個人推介使用宮古牛肉及沖繩豚肉製成的漢堡扒，兩種肉類混合，肉味香濃，肉汁豐富，相當好吃。店內更提供住宿，詳細可參考官網。

▲店內有落地大玻璃窗，可看到海景。

▲燉煮豚肉(豚肉のシチユー)配茄汁飯，￥900(HK\$58)，味道不錯，只是豚肉的份量少了些。

▶宮古牛與沖繩豚漢堡扒(宮古牛と沖繩豚のハンバーグステーキ)，￥1,200(HK\$78)，切開肉汁四溢，充滿驚喜。

推介！

▲使用島上的蔬菜製成的沙律，色香味全。

INFO
- 🏠 沖繩縣宮古島市伊良部758-7
- ☎ 0980-78-4980
- 🚗 從宮古機場駕車前往需時約20分鐘
- 🕐 11:30-14:00(Last Order 13:30)，18:00以後僅限預約
- 🌐 www.cafecomo.net/cafecomo　🅿️免費

(攝影：蘇飛，文字：IKiC)

美麗淺灘 渡口之濱

地圖P.380　MAPCODE® 721 186 855*77　必到!

　　渡口之浜在伊良部島及下地島之間，是伊良部島最具代表性的景點之一，與宮古島上的與那霸前濱(P.391)齊名。海灘長約800米，大部分都是淺水水域，海灘的沙幼細潔白，配上碧綠的海水，在在顯示出甚麼叫南國風情，迎着海風坐在海灘上更是使人心情放鬆呢！更重點的是，在此處入海的河口的水呈現如夢如幻的藍綠色，令人難以相信有這麼美麗的河水。

▲渡口之浜右面是河口，是一片美麗的淺灘。

▲好似能走到對岸一樣，但其實中間的水頗深。

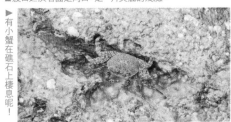
▶有小蟹在礁石上棲息呢！

▶一道海堤把河口與沙灘分隔。

▲河口另一邊是充滿南國風情的沙灘。

▲海灘旁的小店可提供餐飲和收費沖身服務，也可買到特色手信。

◀三味線鎖匙扣(￥900，HK$58)。

▶渡口之濱的砂(￥200，HK$13)。

 INFO
　🏠沖繩縣宮古島市伊良部1352-16
　🚗從宮古機場駕車前往需時約20分鐘
　🅿免費

(攝影：蘇飛，文字：IKiC)

海嘯的威力 下地島巨岩(帶岩)　地圖P.380

巨岩位於下地島的西面，據説是於1776年的大海嘯中被沖到現時的位置，因岩石中央較窄，就像圍上了腰帶，故又稱帶岩。當年的明和大海嘯威力強勁，連其中一個叫木泊的部落也被滅族，只遺下無數巨岩。在宮古機場興建時，這些巨岩大部分都被當作建材搬走，只有這一塊被留下，這塊巨岩也成為了當地居民的信仰，成為鎮守下地島的守護神。

▲巨岩已成為下地島居民的守護神。　▲巨岩高12.5米，體積十分巨大呢！

INFO
- 沖繩縣宮古島市伊良部字佐和田
- 從宮古機場駕車前往需時約30分鐘
- 通往巨岩約40米的小路路況不佳，建議在小路之前的空地上停車，然後步行前往

(攝影：蘇飛，文字：IKiC)

天然水族館 中之島海灘　地圖P.380　MAPCODE 721 212 110*60
(中の島ビーチ)

中之島海灘素有「天然水族館」之稱，有過百種熱帶魚在此棲息。海灘呈扇形，水質清澈，多有奇岩怪石，風景明媚，近岸水域只有3米左右的深度，較遠位置亦只有約10米深，而且在海灘中央岩石附近孕育了一片珊瑚礁，亦有大量不同品種的魚在此棲息，難怪會受到浮潛及潛水愛好者的喜愛！

▲中之島海灘

◀淡季也有人在此浮潛呢！

◀除了浮潛也有人到這裏划船，活動完了拍照留念吧！

▲海灘水質清澈，擁有珊瑚礁及過百種海洋生物棲息，是浮潛及潛水的勝地。

▲海灘入口十分隱蔽，要留意路牌。

INFO
- 沖繩縣宮古島市伊良部佐和田
- 從宮古機場駕車前往需時約30分鐘
- 在公路邊停車，然後步行前往

(攝影：蘇飛，文字：IKiC)

伊良部島及下地島

人魚傳説 通池
(通り池)

地圖P.380

MAPCODE® 721241463*74

必到!

通池是下地島西北海岸的著名景點，由於鐘乳洞上方陷落而形成兩個水池。兩個池的池底與海相通，較大的水池直徑有75米，較小的水池的直徑約約55米，兩個水池的水深同樣為25米。通池又以人魚傳說而聞名，相傳這裏曾住有2戶人，其中一戶為漁夫，他從海中捕獲人魚(海靈)並將之切開一半與鄰居分享，被分食的人魚向海中的母人魚哭訴，因而使漁夫及鄰居受海嘯侵襲的懲罰，這兩個通池亦因而形成。

▶通池入口附近有石碑介紹。

▲兩個池中間有步道。

▲這裏的海岸景觀和植被也很有特色，令人心曠神怡。

INFO
- 沖繩縣宮古島市伊良部字佐和田
- 從宮古機場駕車前往需時約40分鐘
- 免費

(攝影：蘇飛，文字：IKiC)

▲遇上陽光，池水澈藍。

▶左右兩個通池的水質都十分清澈，一個顏色較淺，另一個顏色偏向幽藍，由於洞深不同，一個顏色較淺，另一個顏色偏向幽藍。

TIPS!

另一個傳説

通池還有另外一個傳說，傳說中，一名鰥居的漁夫為了兒子而再婚，婚後繼母與繼子曾相處融洽，直至她的親兒子出生後，繼母逐漸疏遠並厭惡繼子。繼母乘漁夫出海後，將兩兄弟帶到通池露宿，將哥哥安排在濕滑的岩石上，弟弟則安排在堅硬的岩石上。入夜後，繼母將濕滑的岩石上的小孩推落通池，並立即揹起堅硬的岩石上的小孩回家，卻發現背上的竟然是哥哥！原來哥哥發現在堅硬岩石上的弟弟睡不着而與他交換了位置，發覺自己誤推親生子落湖的繼母難以接受現實，遂跑到通池投湖自盡。

Appendix
附錄

· 遊日必備日語對照 ·

日常篇

中文	拼音	日文
你好	Kon Ni Chi Wa	こんにちは
早晨	O Ha You Go Za I Ma Shi Ta	おはようございました
晚上好	Kon Ban Wa	こんばんは
謝謝	A Ri Ga Tou	ありがとう
請問 / 不好意思	Su Mi Ma Sen	すみません
對不起	Go Men Ku Da Sai	ごめんください
是的	Hai	はい
不是	I I E	いいえ
多少錢?	I Ku Ra De Su Ka	いくらですか
站	E Ki	駅（えき）
早餐	A Sa Go Han	朝ごはん（あさごはん）
午餐	Hi Ru Go Han	昼ごはん（ひるごはん）
晚餐	Ban Go Han	晩ごはん（ばんごはん）
洗手間	O Te A Ra I	お手洗い（おてあらい）
左	Hi Da Ri	左（ひだり）
右	Mi Gi	右（みぎ）
酒店	Ho Te Ru	ホテル
Check-in	Che Kku In	チェックイン
Check-out	Che Kku A U To	チェックアウト
信用卡	Kaa Do	カード

沖繩地區名稱

中文（漢字）	日文	拼音	英文
沖繩	おきなわ	O Ki Na Wa	Okinawa
那霸	なは	Na Ha	Naha
旭橋	あさひばし	A Sa Hi Ba Shi	Asahibashi
縣廳前（県庁前）	けんちょうまえ	Ken Cho U Ma E	Kencho-mae
牧志	まきし	Ma Ki Shi	Makishi
首里	しゅり	Syu Ri	Shuri
名護	なご	Na Go	Nago
久米島	くめじま	Ku Me Ji Ma	Kumejima
渡嘉敷島	とかしきじま	To Ka Shi Ki Ji Ma	Tokashikijima
座間味島	ざまみじま	Za Ma Mi Ji Ma	Zamamijima
宮古島	みやこじま	Mi Ya Ko Ji Ma	Miyakojima

石垣島	いしがきじま	I Shi Ga Ki Ji Ma	Ishigakijima
西表島	いりおもてじま	I Ri O Mo Te Ji Ma	Iriomotejima
由布島	ゆぶじま	Yu Bu Ji Ma	Yubujima
竹富島	たけとみじま	Ta Ke To Mi Ji Ma	Taketomijima
波照間島	はてるまじま	Ha Te Ru Ma Ji Ma	Haterumajima

數字與量詞篇

中文	拼音	日文
零	Ze Ro	ゼロ
一	I Chi	いち
二	Ni	に
三	San	さん
四	Shi/Yon	し / よん
五	Go	ご
六	Ro Ku	ろく
七	Na Na / Shi Chi	なな / しち
八	Ha Chi	はち
九	Kyu	きゅう
十	Jyu	じゅう
十一	Jyu I Chi	じゅういち
二十一	Ni Jyu I Chhi	にじゅういち
百	Hya Ku	ひゃく
千	Sen	せん
萬	Man	まん
円	En	えん

時間篇

中文	拼音	日文
時	Ji	時（じ）
分	Fun	分（ふん）
幾點鐘？	Nan Ji De Su Ka	なんじですか
上午	Go Zen	午前（ごぜん）
下午	Go Go	午後（ごご）
早上	A Sa	朝（あさ）
中午	Hi Ru	昼（ひる）
晚上	Yo Ru	夜（よる）
前天	O To To I	おととい
昨天	Ki No U	きのう
今天	Kyo U	きょう
明天	A Shi Ta	あした
後天	A Sa Te	あさって
星期一	Ge Tsu You Bi	月曜日（げつようび）
星期二	Ka You Bi	火曜日（かようび）
星期三	Su I You Bi	水曜日（すいようび）
星期四	Mo Ku You Bi	木曜日（もくようび）
星期五	Kin You Bi	金曜日（きんようび）
星期六	To You Bi	土曜日（とようび）
星期日	Ni Chi You Bi	日曜日（にちようび）

沖繩蔬果

中文（漢字）	拼音	日文
鳳梨	Pa I Na Pu Ru	パイナップル
苦瓜	Go Ya	ゴーヤー *
橙	O Ren Ji	オレンジ
香蕉	Ba Na Na	バナナ
甘蔗	U Ji	ウージ *
蘋果	Rin Go	りんご
西柚	Gu Re Pu Fu Ru Tsu	グレープフルーツ

*沖繩限定的名稱

· 沖繩各區醫院聯絡電話 ·

本島北部地區

縣立北部醫院	0980-52-2719
北部地區醫師會醫院	0980-54-1111

本島中部地區

縣立中部醫院	098-973-4111
Heart Life 醫院	098-895-3255
中部德州會醫院	098-937-1110
中頭醫院	098-939-1300
宜野灣紀念醫院	098-893-2101

宮古地區

縣立宮古醫院	0980-72-3151
宮古島德州會醫院	0980-73-1100

八重山地區

縣立八重山醫院	0980-83-2525
石垣島德州會醫院	0980-88-0123

那霸、浦添、南部地區、久米島

琉球大學醫學部附屬醫院	098-895-3331
浦添綜合醫院	098-878-0231
牧港中央醫院	098-877-0575
嶺井第一醫院	098-877-5806
縣立南部醫療中心、兒童醫療中心	098-888-0123
那霸市立醫院	098-884-5111
大濱第一醫院	098-866-5171
沖繩協同醫院	098-853-1200
沖繩紅十字醫院	098-853-3134
豐見城中央醫院	098-850-3811
南部醫院	098-994-0501
西崎醫院	098-992-0055
沖繩第一醫院	098-888-1151
南部德州會醫院	098-998-3221
與那原中央醫院	098-945-8101
公立久米島醫院	098-985-5555

· 緊急事故及交通天氣聯絡電話 ·

* 只能以日語溝通。

交通天氣資訊

沖繩都市單軌電車	098-859-2630
日本道路交通資訊中心	050-3369-6647
那霸機場大樓	098-840-1151
天氣、颱風資訊 (沖繩氣象台天氣諮詢所)	098-833-4290
飛機航班情況詢問處	
JAL、JTA、RAC	098-863-8522
ANA	098-861-8800
SKY	050-3116-7370
沖繩巴士	098-861-0385
琉球巴士	098-863-2821
那霸巴士	098-852-2500

東陽巴士	098-867-2313
沖繩出租計程車協會	098-855-1344
沖繩縣飯店旅館生活衛生同業公會	098-861-4166
(社)沖繩縣租車協會	098-859-3825

緊急事故聯絡電話

各地區警察局	110
救護車	119
海難事故通報	118
沖繩警察本部	098-862-0110
第十一管區海上保安部	098-867-0118

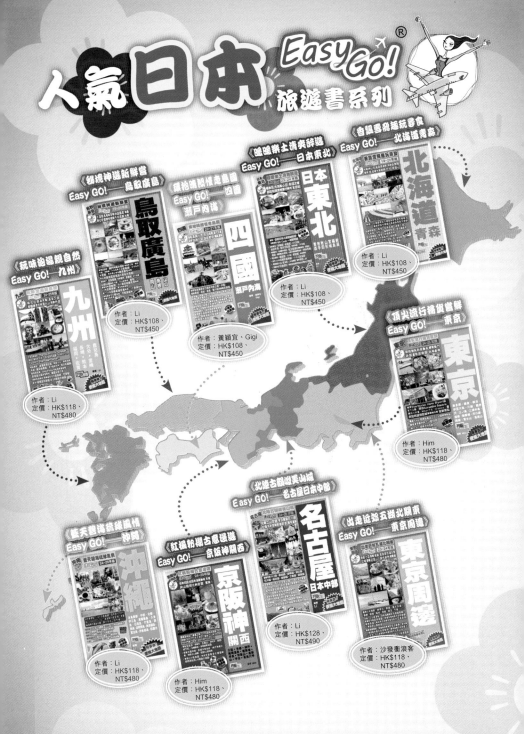

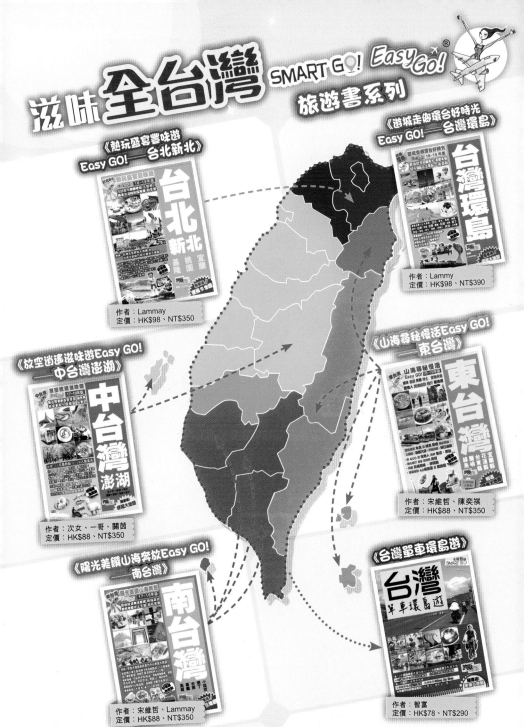

滋味全台灣 SMART GO! Easy GO! 旅遊書系列

《熱玩盛宴豐味遊
Easy GO! 台北新北》
作者：Lammay
定價：HK$98、NT$350

《遊城走曲環台好時光
Easy GO! 台灣環島》
台灣環島
作者：Lammy
定價：HK$98、NT$390

《放空逍遙滋味遊Easy GO!
中台灣澎湖》
中台灣澎湖
作者：次女、一哥、關茵
定價：HK$88、NT$350

《山海尋秘慢活Easy GO!
東台灣》
東台灣
作者：宋維哲、陳奕祺
定價：HK$88、NT$350

《陽光美饌山海奔放Easy GO!
南台灣》
南台灣
作者：宋維哲、Lammay
定價：HK$88、NT$350

《台灣單車環島遊》
台灣單車環島遊
作者：智富
定價：HK$78、NT$290

跨版生活

• 全港各大書店及便利店有售
• 網上88折免郵費訂購http://www.crossborderbook.net

《藍天碧海琉球風情 Easy Go! ——沖繩》

編著：Li、嚴潔盈、跨版生活編輯部
責任編輯：伍家碧、鍾漪琪、嚴潔盈、劉希穎
版面設計：楊藹琪
協力：鍾寶璇、李慧雯、吳碧琪、梁詠欣、李美儀、區嘉倩
攝影：Hikaru、Jan、Jeff、Anna、Selina、Rachel(排名不分先後)
相片授權：蘇飛、日本國家旅遊局(JNTO)、Melody的身為一道彩虹Blog、Natural Blue、
　　　　　Marine House Seasir、ANA International Manza Beach Resort、沖繩殘波岬皇
　　　　　家度假酒店、沖繩觀光協會、Tokyo Dai-ichi Hotel Okinawa Grand Mer Resort、
　　　　　Kafuu Resort Fuchaku Condo • Hotel、沖繩旅遊會議局(OCVB)、本部元気村、
　　　　　Him(排名不分先後)

出版：跨版生活圖書出版
地址：荃灣沙咀道11-19號達貿中心910室
電話：31535574　　　傳真：31627223
專頁：http://crossborder.com.hk/（Facebook專頁）
網站：http://www.crossborderbook.net
電郵：crossborderbook@yahoo.com.hk

發行：泛華發行代理有限公司
地址：香港新界將軍澳工業邨駿昌街7號星島新聞集團大廈
電話：2798-2220　　　傳真：2796-5471
網頁：http://www.gccd.com.hk
電郵：gccd@singtaonewscorp.com

台灣總經銷：永盈出版行銷有限公司
地址：231新北市新店區中正路499號4樓
電話：(02)2218 0701 傳真：(02)2218 0704

印刷：鴻基印刷有限公司

出版日期：2024年4月總第9次印刷
定價：HK$118 NT$480
ISBN：978-988-75022-7-2

出版社法律顧問：勞潔儀律師行